HACKERS
VOCABULARY

해커스 어학연구소

goHackers.com

토플 보카 베스트셀러 1위,
「Hackers Vocabulary」
개정판을 내면서

YES24 국어/외국어 사전 베스트셀러 TOEFL/SAT/GRE 유학관련서 분야 1위(2019.07.15. Yes24 베스트셀러 주간집계 기준)

영어 학습의 기본은 탄탄한 어휘 실력입니다.

영어 학습 시, 많은 사람들은 독해, 문법, 청취를 독립적인 영역으로 생각하고 각각의 분야를 따로 학습할 수 있다고 생각합니다. 뿐만 아니라, 단어는 독해 학습을 하면 저절로 해결할 수 있는 것으로 생각하기도 합니다. 그러나 독해, 문법, 청취 모두 기본적인 단어 학습 없이는 한계에 부딪칠 수밖에 없습니다. 독해, 문법, 청취에 쓰이는 모든 문장은 단어에서 출발하기 때문입니다.

「Hackers Vocabulary」는 "대한민국 표준 영어 단어책"입니다.

전문가들은 영어권 대학에서의 수학 능력에 대한 기준을 마련하기 위해 토플 시험을 개발하였습니다. 다시 말해 토플에서 출제되는 단어들은 영어권 대학에서 수학하기 위한 기본 단어일 뿐만 아니라 영어로 표현된 모든 학문의 기본이 되는 단어라는 의미입니다. 「Hackers Vocabulary」는 최신 토플 경향 및 시험에 출제된 단어들을 분석한 교재로, 토플 목표 점수 달성은 물론, 영어 실력까지 향상시킬 수 있는 "대한민국 표준 영어 단어책"이라고 할 수 있습니다.

체계적인 동의어 학습을 통한 토플 완전 정복!

「Hackers Vocabulary」의 근간은 기출 단어를 중심으로 한 동의어군을 통한 단어 학습입니다. 이러한 접근법은 실제 토플 단어 학습에 도움이 될 뿐만 아니라 목표 점수 달성에도 효과적임을 많은 수험생들이 입증하고 있습니다. 수년간의 연구와 분석 결과를 바탕으로 꼭 필요한 단어들만 엄선하여 수록하였기에, 단기간에 보다 효과적인 어휘 학습이 가능합니다.

「Hackers Vocabulary」 개정판은 최신 토플 경향에 더욱 강해졌습니다.

토플 시험의 최신 출제 경향을 철저히 분석하여 빈출 순서에 따라 표제어를 수록하였습니다. 표제어와 함께 기출동의어, 출제가 예상되는 중요동의어뿐만 아니라 혼동되는 단어, 문맥상으로 파악해야 하는 동의어 등 토플 시험의 정곡을 찌르는 최신출제 포인트를 수록하였습니다. 뿐만 아니라, 토플 전 영역에서 자주 나오는 빈출 어휘들을 주제별로 모아 <토픽별 빈출어휘 Book>을 별책으로 제공합니다. 이를 통해 시험 경향을 확실히 파악하고, 보다 완벽하게 실전에 대비할 수 있습니다.

「Hackers Vocabulary」는 영어 공부의 진수를 담으려는 마음에서부터 시작된 책입니다.

「Hackers Vocabulary」가 여러분의 토플 목표 점수 달성에 확실한 해결책이 되고 영어 실력 향상, 나아가 여러분의 꿈을 향한 길에 믿음직한 동반자가 되기를 소망합니다.

David Cho

CONTENTS

Hackers Vocabulary로 어휘 완전 정복   6
Hackers Vocabulary 미리보기   8
해커스 보카 어플 & 시험지 생성 프로그램   12
나에게 딱 맞는 학습법 찾기   14
Hackers Vocabulary 맞춤형 학습플랜   16

Day 01	18
Day 02	28
Day 03	38
Day 04	48
Day 05	58
Review TEST Day 1-5	68
Take a break	
Day 06	70
Day 07	80
Day 08	90
Day 09	100
Day 10	110
Review TEST Day 6-10	120
Take a break	
Day 11	122
Day 12	132
Day 13	142
Day 14	152
Day 15	162
Review TEST Day 11-15	172
Take a break	
Day 16	174
Day 17	184
Day 18	194
Day 19	204
Day 20	214
Review TEST Day 16-20	224
Take a break	

Day 21	226
Day 22	236
Day 23	246
Day 24	256
Day 25	266
Review TEST Day 21-25	276
Take a break	
Day 26	278
Day 27	288
Day 28	298
Day 29	308
Day 30	318
Review TEST Day 26-30	328
Take a break	
Final TEST 1	330
Final TEST 2	332
Final TEST 3	334
Answer key	336
Index	338

주제별 어휘를 한 번에 정리하는
"토픽별 빈출어휘 Book"

01 생물 (1) 일반	16 경영
02 생물 (2) 동물	17 법
03 생물 (3) 식물	18 심리
04 생물 (4) 곤충	19 역사
05 생리/해부	20 인류
06 의학/건강	21 고고학
07 물리	22 철학/종교
08 화학	23 언어
09 환경/생태	24 문학
10 기상	25 미술/공예
11 천문	26 음악
12 지리/지질	27 영화/연극
13 자원/에너지	28 사진
14 정치/외교	29 건축/도시계획
15 경제	30 기술/공학

언제 어디서나 쉽고 재미있게 단어를 외우는 **"해커스 보카 어플"**

[해커스 보카] 검색하여 어플 다운로드 >
시작 페이지에서 개정판 교재 선택 >
인증코드 입력하고 이용하기

클릭 한 번으로 단어 시험지를 만드는 **"시험지 생성 프로그램"**

고우해커스(goHackers.com) 접속 >
상단 메뉴에서 [TOEFL] 클릭 >
[보카시험지 생성기] 클릭하여 이용하기

최신 토플 경향을 반영한
Hackers Vocabulary로 어휘 완전 정복!

01 최신 토플 출제 경향 100% 반영, 출제율 높은 단어부터 우선 암기!

- 최근 10개년 최신 출제 표제어 집중 분석
- 최신 출제 표제어 빈도순 배치

iBT 토플의 최신 출제 경향을 철저히 분석하여 최근 10개년 시험에 출제되었던 기출 단어들을 30일 동안 학습할 수 있도록 구성하였습니다. 또한, 각 DAY 내에서는 출제 빈도에 따라 중요한 단어부터 순서대로 수록하여, 우선 순위가 높은 단어를 먼저 암기할 수 있도록 하였습니다.

02 정답이었던 단어는 또 나온다, "기출동의어" 완벽 정리!

- 실제 시험에 출제된 기출동의어 완벽 정리
- ＋
- 출제 예상되는 중요동의어 엄선

반복해서 출제되는 기출동의어에 보다 철저하게 대비할 수 있도록 최신 출제 경향을 바탕으로 토플 시험에 출제된 기출동의어를 완벽하게 정리하였습니다. 뿐만 아니라 출제 가능성이 높은 중요동의어 또한 엄선하여 시험에 보다 철저하게 대비할 수 있도록 하였습니다.

03 토플 단어, 이것만은 꼭 알아두자! "최신출제 포인트"

 최신출제 포인트
renew는 주로 '새롭게 하다'라는 뜻으로 쓰여서 replenish의 동의어가 아니라고 생각할 수 있다. 그러나 'replenish the supply of groundwater(지하수 공급량을 보충하다)'에서처럼 renew가 '보충하다'라는 뜻으로 사용될 때에는 replenish의 동의어가 될 수 있다.

얼핏 봐서는 동의어가 아닌 것 같지만 문맥으로 자세히 살펴보면 동의어로 쓰이는 단어, 일반적으로 쓰이는 뜻인데도 아직 시험에서는 출제된 적이 없는 뜻, 철자나 발음 때문에 혼동되는 단어 등 토플 시험의 정곡을 찌르는 최신출제 포인트를 수록하였습니다.

Hackers **Vocabulary**

04 주제별 어휘를 한 번에 정리하는 "토픽별 빈출어휘 Book"

토플 Reading, Listening 및 Speaking, Writing 지문에서 자주 출제되는 어휘를 30가지 주제별로 정리하여 별책으로 제공하였습니다. 주제별 어휘 정리를 통해 토플 모든 영역의 지문을 더욱 쉽게 이해하고 어휘 실력까지 함께 향상시킬 수 있습니다.

05 효과적인 단어 암기를 위한 "학습플랜"과 "Quiz & TEST"

1개월/2개월/3개월 맞춤형
학습플랜

실력을 점검하며
실전 감각도 높이는 풍부한
Quiz & TEST

1개월 완성 학습 플랜부터 2개월, 3개월 완성 플랜, 마스터 플랜까지 자신에게 알맞은 플랜을 선택하여 학습할 수 있도록 맞춤형 플랜을 제공합니다. 또한, DAY 학습 후 제공되는 Quiz를 통해 그 날 암기한 어휘를 확인할 수 있습니다. 5개 DAY마다 제공되는 Review TEST와 교재 마지막에 수록한 Final TEST를 통해서는 실전 감각을 익히고, 시험 전 최종적으로 자신의 실력을 점검할 수 있습니다.

06 단어 암기가 쉬워지는 해커스만의 다양한 학습 자료!

시험지 생성 프로그램

어플

다양한 버전의
유/무료 MP3

교재 동영상강의

클릭 한 번이면 나만의 시험지가 만들어지는 시험지 생성 프로그램과 쉽고 재미있게 단어를 외우는 해커스 보카 어플을 무료로 제공합니다. 또한 해커스인강(HackersIngang.com)에서 제공하는 다양한 버전의 유/무료 MP3와 동영상강의를 통해 보다 효과적인 학습이 가능합니다.

Hackers Vocabulary 미리보기

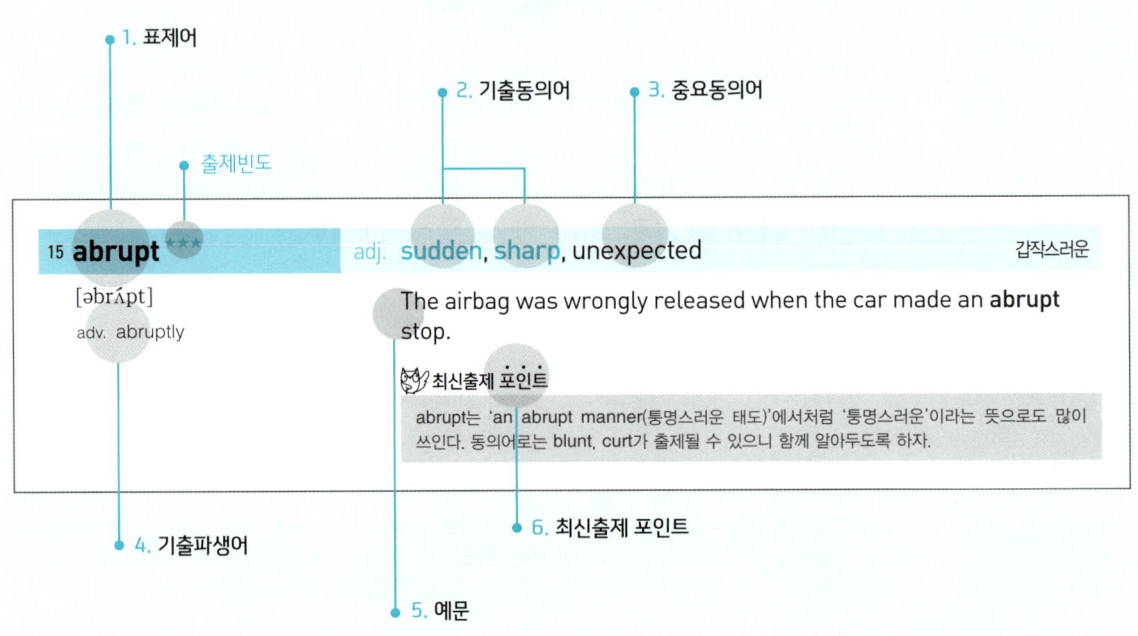

Hackers Vocabulary

1. 표제어 — "나온 단어는 또 나온다, 실제 토플 시험에 출제된 단어!"
- 표제어는 토플 시험에 실제로 출제된 적이 있는 기출 단어입니다.
- 최근 수년간의 토플 기출 단어 분석으로 최신 경향을 완벽 반영하였습니다.
- 출제빈도를 반영한 각 표제어의 중요도를 별 한 개부터 별 세 개까지 표시하였습니다.

2. 기출동의어 — "토플 시험에서 정답으로 출제된 바로 그 동의어!"
- 표제어의 동의어로, 토플 시험에서 정답 보기로 출제되었던 단어입니다.
- 표제어로 나오거나, 정답 동의어로 다시 출제될 가능성이 높은 단어입니다.

3. 중요동의어 — "출제 가능성이 높은 중요 동의어!"
- 표제어의 동의어로, 토플 시험에 출제될 가능성이 높은 중요 단어입니다.
- 실제 토플 시험의 출제 경향과 난이도를 고려하여 엄선한 단어입니다.

4. 기출파생어 — "표제어와 함께 외우자, 실제 시험에 출제된 기출파생어!"
- 표제어에 대한 파생어로, 실제 시험에 출제된 적이 있는 기출 단어입니다.
- 표제어와 연관시켜 함께 외우면, 보다 쉽게 암기할 수 있습니다.

5. 예문 — "표제어의 쓰임을 잘 보여주면서 토플 경향까지 반영한 예문!"
- 실제 토플에서 접하거나 활용할 수 있는 문장을 각 표제어의 예문으로 제공하였고, 이를 통해 표제어의 실제 쓰임도 파악할 수 있습니다.
- 예문 해석은 페이지 하단에 배치하여 먼저 스스로 해석해본 후에 확인할 수 있습니다.

6. 최신출제 포인트 — "토플 시험의 정곡을 찌르는 최신출제 포인트!"
- 표제어, 기출동의어와 관련된 토플 시험의 출제 포인트를 한 눈에 이해하기 쉽게 정리하였습니다.
- 토플 시험에 출제될법한 표제어의 추가적인 의미, 혼동되는 단어 등을 정리하였습니다.

Hackers Vocabulary 미리보기

오늘 공부한 단어, 잘 외웠는지 확인해보는
Quiz

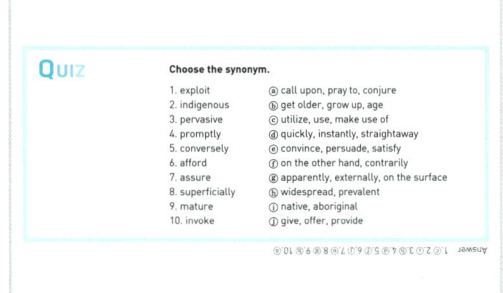

그 날 공부한 단어를 Quiz를 통해 제대로 외웠는지 확인하고 복습합니다.

실제 토플 유형에 가까운 문제로 실전 감각 UP!
"Review TEST"

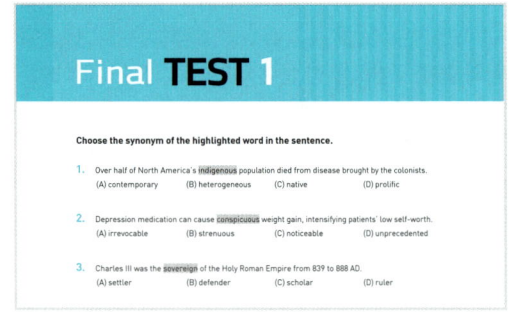

실제 토플 문제와 유사하게 문장 속에 쓰인 단어의 동의어를 찾는 Review TEST를 5개 Day마다 수록하여 실전 감각을 키울 수 있습니다.

* Review TEST의 해석은 고우해커스(goHackers.com)에서 확인할 수 있습니다.

시험 전, 최종 마무리를 위한
"Final TEST"

모든 DAY 학습이 끝난 후, 총 3회분의 Final TEST를 통해 암기한 단어를 시험 전 최종 점검할 수 있습니다.

* Final TEST의 해석은 고우해커스(goHackers.com)에서 확인할 수 있습니다.

Hackers Vocabulary

토플 지문에 자주 등장하는 단어, 한 번에 정리한다!
토픽별 빈출어휘 BOOK

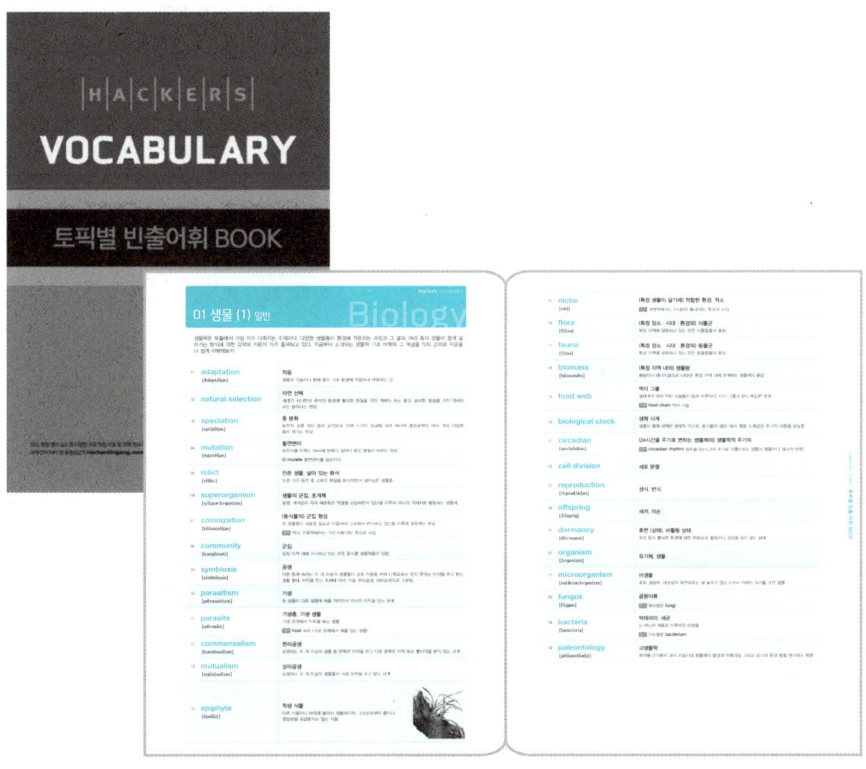

토플 Reading, Listening, Writing, Speaking 전 영역에 걸쳐 지문에 자주 출제되는 빈출어휘를 30가지 주제로 정리하여 발음기호와 함께 수록하였습니다. 또한, 의미 자체가 어려운 단어는 설명을 함께 수록하였고, 이미지도 추가하여 보다 쉽고 재미있게 단어의 의미를 이해할 수 있도록 하였습니다. 별책으로 제공되는 "토픽별 빈출어휘 Book"을 교재 단어 학습 후에, 또는 교재 단어와 함께 틈틈이 학습하면 실제 시험에서 지문을 쉽게 이해하고, 보다 빠르게 목표 점수를 달성할 수 있습니다.

단어 암기가 쉬워진다!
"해커스 보카 어플 & 시험지 생성 프로그램"

쉽고 재미있는 단어 암기
"해커스 보카 어플"

책과 노트를 매번 들고 다닐 수도 없고...

이젠 카페에서, 지하철에서 해커스 보카 어플로 간편하게 단어를 암기하세요!
재미있는 게임과 나만의 단어장으로 단어 암기가 쉬워집니다.

❶ 어플 다운받는 방법

[해커스 보카] 검색하여 어플 다운로드 > 인증코드 입력하고 이용하기

❷ 어플 화면 미리보기

Day 선택

학습할 Day를 선택합니다. Day 순서에 관계없이 5개 Day까지 선택 가능합니다.

게임 선택

OX문제풀기, 단어맞추기, 짝맞추기, 예문빈칸넣기 중에서 풀어볼 게임을 선택합니다.

결과 보기

게임 결과를 확인한 후, [게임에 나온 단어 다시 보기]를 클릭하고 단어 옆의 ☆을 터치하면 나만의 단어장에 저장됩니다.

나만의 단어장

외우지 못한 단어들만 모아 뜻을 확인하고 추가 학습 및 듣기 학습을 할 수 있습니다.

Hackers **Vocabulary**

클릭 한 번으로 만들어지는 단어 시험지
"해커스 보카 시험지 생성 프로그램"

단어를 제대로 외웠는지 확인은 하고 싶고,
누가 문제를 만들어서 내줬으면 참 좋겠는데...

해커스 보카 시험지 생성 프로그램만 있으면 내가 원하는 대로 단어 시험지가 뚝딱!
혼자 공부할 때도, 스터디에서 공부할 때도, 클릭 한 번으로 만들어 활용하세요.

❶ 시험지 생성 프로그램 찾아가는 방법

고우해커스(goHackers.com) 접속 **>** 상단 메뉴에서 [TOEFL] 클릭 **>** [보카시험지 생성기] 클릭하여 이용하기

❷ 시험지 생성 프로그램 화면 미리보기

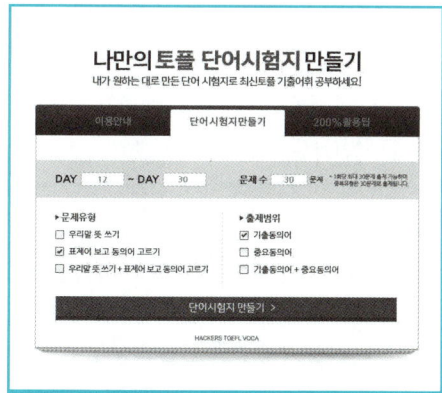

나만의 단어 시험지 만들기

시험 볼 Day, 문제 수, 문제 유형,
출제 범위를 선택한 후
[단어시험지 만들기]를 클릭합니다.

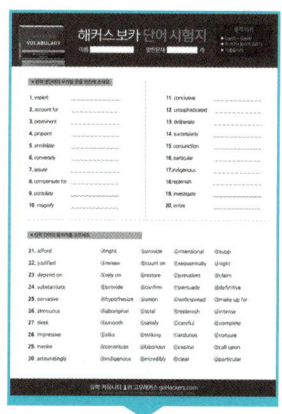

나만의 단어 시험 보기

우리말 뜻 쓰기, 표제어 보고
동의어 고르기 문제를 푼 후,
교재로 정답을 맞춰봅니다.

나에게 딱 맞는 학습법 찾기

개인 학습형 혼자 하는 공부가 제일 잘돼요!

1. 본 교재의 학습플랜을 활용하여 나만의 학습 계획을 세웁니다.
2. 학습플랜을 따라 단어를 학습하고, 그 날의 학습량은 반드시 끝마칩니다.
3. 본 교재를 학습한 후, 고우해커스에서 무료로 제공되는 시험지 생성 프로그램으로 자신의 실력을 점검합니다.
4. 학습 중 궁금한 점이 있다면, 고우해커스 게시판을 통해 해결합니다.
5. 해커스인강에서 제공하는 다양한 버전의 유/무료 MP3 및 해커스 보카 무료 어플을 다운로드 받아 자투리 시간도 효율적으로 활용합니다.

- **고우해커스**(goHackers.com)
  시험지 생성 프로그램으로 자신의 실력 점검, 토플 Q&A 또는 보카 Q&A 게시판에서 궁금증 해결
- **해커스인강**(HackersIngang.com)
  다양한 버전의 유/무료 MP3를 활용하여 자투리 시간에도 단어 암기

스터디 학습형 여러 사람과 함께 공부하고 싶어요!

1. 본 교재의 학습플랜을 활용하여 매일의 학습 분량을 계획합니다.
2. 스터디원들과 함께 고우해커스에서 제공되는 시험지 생성 프로그램을 활용하여 쪽지 시험을 보고, 자주 틀리는 단어는 표시하여 반드시 반복 학습합니다.
3. 해커스인강에서 제공하는 다양한 버전의 유/무료 MP3 및 해커스 보카 무료 어플을 다운로드 받아 스터디 전/후의 자투리 시간도 효율적으로 활용합니다.

- **고우해커스**(goHackers.com)
  시험지 생성 프로그램으로 자신의 실력 점검, 토플 Q&A 또는 보카 Q&A 게시판에서 궁금증 해결
- **해커스인강**(HackersIngang.com)
  다양한 버전의 유/무료 MP3를 활용하여 자투리 시간에도 단어 암기

Hackers Vocabulary

동영상 학습형   원하는 시간과 장소에서 공부하고 싶어요!

1. 해커스인강에서 '샘플보기'를 통해 강의를 미리 둘러보고, 강의 소개 페이지의 '스터디 플랜'을 통해 자신의 학습 계획을 세웁니다.
2. 강의를 듣기 전, 본 교재의 단어를 미리 예습합니다.
3. 강의를 들은 후, 그 날 배운 단어를 반드시 복습하고 강의 내용에 대한 질문은 '선생님께 질문하기' 게시판을 통해 질문합니다.
4. 본 교재를 학습한 후, 고우해커스에서 무료로 제공되는 시험지 생성 프로그램으로 자신의 실력을 점검합니다.
5. 해커스인강에서 제공하는 다양한 버전의 유/무료 MP3 및 해커스 보카 무료 어플을 다운로드 받아 자투리 시간도 효율적으로 활용합니다.

- **고우해커스**(goHackers.com)
  시험지 생성 프로그램으로 자신의 실력을 점검
- **해커스인강**(HackersIngang.com)
  '선생님께 질문하기'를 통해 의문점 해결, 다양한 버전의 유/무료 MP3를 활용하여 자투리 시간에도 단어 암기

학원 학습형   선생님의 강의를 들으며 공부하고 싶어요!

1. 수업 진도에 맞추어 학습하며 주어진 과제를 충실히 이행합니다.
2. 선생님의 설명을 들으며 교재에 꼼꼼히 필기하고, 배운 내용은 그 날 바로 복습하여 수업 내용을 익힙니다.
3. 해커스어학원 사이트의 '반별 게시판'에서 책 내용에 대한 문의 사항을 나눌 수 있습니다.

- **고우해커스**(goHackers.com)
  토플 Q&A 게시판에서 보카 암기에 도움이 되는 학습 방법 논의
- **해커스어학원**(Hackers.ac)
  '반별 게시판'에서 문의 및 답변 사항 공유

Hackers Vocabulary 맞춤형 학습플랜

▎최단기 집중공략　1개월 학습플랜

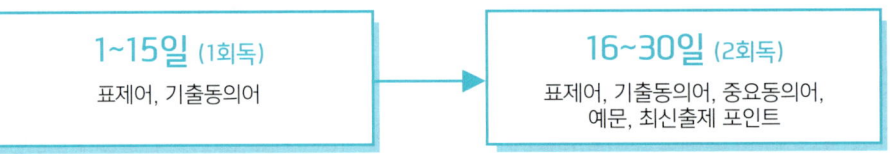

- 1~15일 (1회독): 하루에 DAY 두 개씩 표제어와 기출동의어를 암기합니다.
- 16~30일 (2회독): 하루에 DAY 두 개씩 표제어와 기출동의어를 외웠는지 확인 후, 중요동의어를 암기하면서 예문과 최신출제 포인트를 함께 학습합니다.

▎두 달 안에 완성하는　2개월 학습플랜

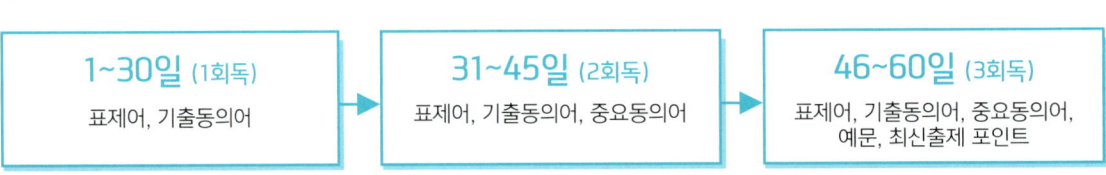

- 1~30일 (1회독): 하루에 DAY 한 개씩 표제어와 기출동의어를 암기합니다.
- 31~45일 (2회독): 하루에 DAY 두 개씩 표제어와 기출동의어를 외웠는지 확인 후, 중요동의어를 암기합니다.
- 46~60일 (3회독): 하루에 DAY 두 개씩 표제어와 기출동의어, 중요동의어를 외웠는지 확인 후, 예문과 최신출제 포인트를 함께 학습합니다.

* 5개 DAY마다 제공되는 <Review TEST>와 시험 전 최종 마무리 학습을 위한 <Final TEST>로 외운 단어를 확인해 보세요.
* 고우해커스에서 제공되는 <시험지 생성 프로그램>을 통해 나만의 시험지를 만들고 지속적으로 실력을 점검할 수 있습니다.

Hackers Vocabulary

▍기초부터 꼼꼼하게 초보형 3개월 학습플랜

- 1~30일 (1회독): 하루에 DAY 한 개씩 표제어를 암기합니다.
- 31~60일 (2회독): 하루에 DAY 한 개씩 표제어와 기출동의어를 암기합니다.
- 61~75일 (3회독): 하루에 DAY 두 개씩 표제어와 기출동의어를 외웠는지 확인 후, 중요동의어를 암기합니다.
- 76~90일 (4회독): 하루에 DAY 두 개씩 표제어와 기출동의어, 중요동의어를 외웠는지 확인 후, 예문과 최신출제 포인트를 함께 학습합니다.

▍한 번에 끝내는 마스터 학습플랜

1~30일 (1회독)
표제어, 기출동의어, 중요동의어, 예문, 최신출제 포인트

- 1~30일 (1회독): 하루에 DAY 한 개씩 표제어, 기출동의어, 중요동의어를 암기하고 예문, 최신출제 포인트를 함께 학습합니다.

---

* 이동 중에나 자투리 시간에는 <해커스 보카 어플>과 <단어암기 MP3>를 활용하여 복습해 보세요.
* <토픽별 빈출 어휘 BOOK>을 가볍게 휴대하며 암기하면 시간을 보다 효율적으로 활용할 수 있습니다.

Hackers Voca

Hackers TOEFL Vocabulary

이제부터 저를 믿고 depend on 하세요. 당신이 가는 길을 밝혀줄게요!

---

1 exploit ***

[iksplɔ́it]

n. exploitation

v. **utilize**, **use**, **make use of**, **take advantage of**   (부당하게) 이용하다

Human rights activists have led protests against companies that **exploit** child labor.

> 🦊 최신출제 포인트
>
> **exploit**는 동사가 아닌 명사로도 많이 쓰인다. 명사로는 'the exploits of brave knights(용감한 기사들의 위업)'에서처럼 '위업, 공적'이라는 뜻으로 주로 쓰이며, 동의어로는 **accomplishment**, **feat**가 출제될 수 있으니 함께 알아두도록 하자.

---

2 account for ***

phr. 1. **explain**, justify, give a reason for   (이유 등을) 설명하다

The suspect couldn't **account for** his whereabouts last night.

phr. 2. **make up**, **comprise**, constitute   (부분·비율을) 차지하다

Coffee exports **account for** nearly 60 percent of Ethiopia's gross national product.

phr. 3. **cause**   원인이 되다

Unsafe working conditions at the construction site **accounted for** a number of serious injuries.

---

3 particular ***

[pərtíkjulər]

adj. **specific**; **special**   특정한; 특별한

Galileo tried to disprove one **particular** statement of Aristotle's.

---

exploit
account for

인권 운동가들은 아동의 노동을 이용하는 회사들에 대항하는 시위를 이끌어 왔다.
그 용의자는 어젯밤 자신의 행방을 설명할 수 없었다.
커피 수출액은 에티오피아 국민 총생산의 거의 60%를 차지한다.
건축 현장에서의 위험한 작업 환경이 다수의 심각한 부상의 원인이 되었다.

particular

갈릴레오는 아리스토텔레스의 특정한 진술 하나가 틀렸음을 입증하려고 노력했다.

4 prominent ***
[prámənənt]
adv. prominently
n. prominence

adj. 1. **noticeable, conspicuous, outstanding, remarkable** — 눈에 띄는

Mt. Fuji is a **prominent** natural landmark in Japan.

adj. 2. **important, leading, notable** — 중요한

William Shakespeare is one of the most **prominent** figures in the history of English literature.

5 replenish ***
[riplénɪʃ]

v. **refill, restore, renew** — 보충하다

The travelers **replenished** their supplies of water before crossing the desert.

🐱 최신출제 포인트

renew는 주로 '새롭게 하다'라는 뜻으로 쓰여서 replenish의 동의어가 아니라고 생각할 수 있다. 그러나 'renew the supply of groundwater(지하수 공급량을 보충하다)'에서처럼 renew가 '보충하다'라는 뜻으로 사용될 때에는 replenish의 동의어가 될 수 있다.

6 indigenous ***
[indídʒənəs]

adj. **native, aboriginal** — 토착의

The government ignored environmental complaints by **indigenous** groups.

7 pinpoint ***
[pínpɔ̀int]

v. 1. **locate exactly, clearly identify** — (위치 등을) 정확히 찾아내다

With GPS technology, it is possible to **pinpoint** a person's position anywhere on the planet.

adj. 2. **precise, exact, accurate** — 정확한

After years of training, baseball pitchers develop **pinpoint** control of the ball.

8 annihilate ***
[ənáiəlèit]

v. **destroy, completely remove, exterminate** — 전멸시키다

An asteroid impact 65.5 million years ago nearly **annihilated** all living things on the planet.

DAY 1

Hackers Vocabulary

---

prominent 후지 산은 일본에서 눈에 띄는 자연 명소이다.
윌리엄 셰익스피어는 영문학사에서 가장 중요한 인물 중 한 명이다.
replenish 여행객들은 사막을 건너기 전에 물 저장량을 보충했다.
indigenous 정부는 토착 집단이 제기한 환경 관련 항의를 무시했다.
pinpoint GPS 기술을 사용하면 지구 어디에서나 사람의 위치를 정확히 찾아내는 것이 가능하다.
수년간의 훈련 후, 야구 투수들은 공에 대한 정확한 통제력을 발전시킨다.
annihilate 6,550만 년 전의 소행성 충돌은 행성의 모든 생물체를 거의 전멸시켰다.

9 conversely ***
[kənvə́:rsli]
adj. converse

adv. **on the other hand**, contrarily 반대로

Texting is growing more popular as a form of communication, while, **conversely**, phone calls are becoming less common.

10 investigate ***
[invéstəgèit]

v. **examine**, inquire into, look into 조사하다

The police will **investigate** the crime scene after they interview the witnesses.

> 🦊 최신출제 포인트
> investigate와 발음이 비슷한 instigate는 '유발하다(cause, provoke)'라는 뜻이므로 시험에서 혼동하지 않도록 주의하자.

11 assure ***
[əʃúər]

v. **convince**, **persuade**, **satisfy**; **guarantee** 확신시키다; 보장하다

The lawyer **assured** Tim that all his rights would be respected.

12 entire ***
[intáiər]
adv. entirely

adj. **whole**, **total**, **complete** 전체의, 전부의

Fire destroyed the **entire** factory, but the owner plans to rebuild it.

13 compensate for ***

phr. 1. **make up for**, **atone for**, make amends for ~을 보상하다

The chemical company was ordered to pay millions of dollars to **compensate for** polluting the river.

phr. 2. **balance**, offset 상쇄하다

The manager **compensated for** the unfair distribution of duties by assigning more work to certain staff.

14 postulate ***
[pástʃulèit]

v. **hypothesize**, suppose; **claim**, **propose** (자명한 일로) 가정하다; 주장하다

Isaac Newton **postulated** that gravity pulls objects toward the Earth.

---

conversely 휴대폰 문자 메시지는 통신 수단의 한 방식으로 인기가 더 많아지고 있는 반면에 전화 통화는 반대로 덜 흔해지고 있다.
investigate 경찰은 목격자들을 면담한 후에 범죄 현장을 조사할 것이다.
assure 그 변호사는 Tim에게 그의 모든 권리는 존중될 것이라고 확신시켰다.
entire 화재가 공장 전체를 파괴했지만, 소유주는 그것을 다시 지을 계획이다.
compensate for 그 화학 회사는 강을 오염시킨 것을 보상하기 위해 수백만 달러를 내도록 명령을 받았다.
관리자는 특정 직원에게 더 많은 업무를 맡김으로써 불공평한 업무의 분배를 상쇄했다.
postulate 아이작 뉴턴은 중력이 물체를 지구 쪽으로 끌어당긴다고 가정했다.

15 magnify ***
[mǽgnəfài]

v. **enlarge**, increase, amplify, intensify 확대하다

Microscopes are used to **magnify** objects that are not visible to the naked eye.

16 afford ***
[əfɔ́ːrd]

v. **give**, offer, provide, grant 주다, 제공하다

George's high marks in high school **afforded** him many opportunities to enter a good university.

🦊 최신출제 포인트

afford의 형용사형인 affordable은 '(가격 등이) 적당한'이라는 뜻이며, 동의어로는 moderate, budget가 출제될 수 있으니 함께 알아두도록 하자.

17 conclusive ***
[kənklúːsiv]
v. conclude
adv. conclusively

adj. **definitive**, final, enough to settle the issue, clear 결정적인, 확실한

The experiment failed to provide any **conclusive** evidence of the theory's validity.

18 unsophisticated **
[ʌ̀nsəfístəkèitid]

adj. **simple**, uncomplicated, not complex 단순한, 복잡하지 않은

The inventor used **unsophisticated** technology in his flying machine, and it crashed soon after takeoff.

19 justified **
[dʒʌ́stəfàid]

adj. **right**, legitimate, just, reasonable 정당한

The CEO felt **justified** in firing the dishonest employee.

20 deliberate **
[dilíbərət]
adv. deliberately

adj. 1. **intentional**, designed, planned 의도적인, 계획적인

The film's action scenes were **deliberate** attempts to grab the attention of a specific audience.

adj. 2. **careful**, cautious, thoughtful 신중한

The parliament reduced funding for many programs in a **deliberate** effort to cut the deficit.

---

magnify 현미경은 육안으로는 볼 수 없는 물체를 확대하는 데 사용된다.
afford George가 고등학교에서 받은 높은 성적은 그에게 좋은 대학에 입학할 수 있는 많은 기회를 주었다.
conclusive 그 실험은 그 이론의 타당성에 대한 어떠한 결정적인 증거도 제공하지 못했다.
unsophisticated 그 발명가는 자신의 비행기에 단순한 기술을 사용했고, 그것은 이륙 후 곧 추락했다.
justified CEO는 그 부정직한 직원을 해고하는 것이 정당하다고 느꼈다.
deliberate 그 영화의 액션 장면들은 특정 관객층의 관심을 끌기 위한 의도적인 시도였다.
의회는 적자를 줄이기 위한 신중한 노력의 일환으로 여러 프로그램들에 대한 재정 지원을 삭감했다.

21 depend on **   phr.   rely on, count on   ~에 의존하다, 의지하다

Baby dolphins **depend on** their mothers to feed and protect them.

22 substantiate **   v.   confirm, prove, authenticate, verify   입증하다

[səbstǽnʃièit]

Robert Peary was unable to **substantiate** that he had reached the North Pole in 1909.

23 successively **   adv.   one after another, sequentially   잇따라서

[səksésivli]
adj. successive
n. succession

The magazine editor spoke with each applicant **successively** to discuss their qualifications for the job.

24 pervasive **   adj.   widespread, prevalent   퍼지는, 만연하는

[pərvéisiv]

It is often argued that the **pervasive** influence of television on today's youth is harming society.

25 strenuous **   adj.   intense, arduous, laborious   격렬한, 힘든

[strénjuəs]

Gina's muscles were very sore after her **strenuous** workout at the gym.

26 sleek **   adj.   smooth, silky   매끄러운

[sli:k]

Octopuses usually have **sleek** skin, but it can become rough or bumpy when frightened.

27 invoke **   v.   call upon, pray to, conjure   빌다, 기원하다

[invóuk]

The Aztecs sometimes **invoked** their gods to bring a good harvest.

> 🐱 최신출제 포인트
> invoke는 'invoke the law(법을 적용하다)'에서처럼 '(규칙 등을) 적용하다'라는 뜻으로도 많이 쓰인다. 동의어로는 apply, implement가 출제될 수 있으니 함께 알아두도록 하자.

---

depend on   아기 돌고래들은 그들에게 먹이를 주고 보호해 주는 엄마 돌고래에 의존한다.
substantiate   로버트 피어리는 그가 1909년에 북극에 도달했다는 것을 입증할 수 없었다.
successively   그 잡지 편집장은 직무에 대한 자질을 논의하기 위해 각 지원자들과 잇따라서 이야기를 나누었다.
pervasive   오늘날의 젊은이들에게 퍼져 있는 텔레비전의 영향이 사회에 해를 끼치고 있다고 종종 주장된다.
strenuous   체육관에서의 격렬한 운동 후 Gina의 근육은 몹시 아팠다.
sleek   문어는 평소에는 매끄러운 표피를 가지고 있지만, 겁을 먹으면 그것이 거칠어지거나 울퉁불퉁해질 수 있다.
invoke   아즈텍 족은 때때로 신들에게 풍작을 가져다 달라고 빌었다.

28 impressive **
[imprésiv]
n. impression

adj. **striking**, remarkable

인상적인, 대단한

This fourth of July, the city of Boston gave an **impressive** fireworks show that lasted almost four hours.

29 conjunction **
[kəndʒʌ́ŋkʃən]

n. **combination**, union

결합

The abundant sea life near South Africa is due to the **conjunction** of two major ocean currents.

30 astoundingly **
[əstáundiŋli]
adj. astounding

adv. **incredibly**, surprisingly, shockingly, astonishingly

몹시 놀랍게도

The fall colors in the mountains are **astoundingly** beautiful.

31 aftermath **
[ǽftərmæθ]

n. **result**, outcome, consequence, aftereffect

여파, 결과

Many nations provided aid to Thailand in response to the **aftermath** of the tsunami.

32 promptly **
[prámptli]
v. prompt

adv. **quickly**, instantly, straightaway

신속하게, 즉시

With modern shipping methods, people are able to receive packages **promptly** after placing an order.

33 subdue **
[səbdjúː]

v. **defeat**, conquer, vanquish

정복하다

In 530 AD, Roman forces **subdued** the Persian army in Mesopotamia.

34 extant **
[ékstənt]

adj. **surviving**, in existence, existing, living, remaining

현존하는

The oldest **extant** painting of an American city is a portrait of Philadelphia in 1720.

🦊 최신출제 포인트

extant와 철자와 발음이 비슷한 extent는 '범위(range, scope)'라는 뜻이므로 시험에서 혼동하지 않도록 주의하자.

---

impressive 올해 7월 4일에 보스턴 시는 거의 네 시간 동안 지속된 인상적인 불꽃놀이를 선보였다.
conjunction 남아프리카 근처의 풍부한 해양 생물은 두 개의 주요 해류들의 결합에 기인한다.
astoundingly 산의 가을빛이 몹시 놀랍게도 아름답다.
aftermath 많은 국가들이 쓰나미의 여파에 대한 반응으로 태국에 원조를 제공했다.
promptly 최신 운송 방법 덕분에 사람들은 주문한 후 신속하게 소포를 받을 수 있다.
subdue 서기 530년에 로마 군대는 메소포타미아에서 페르시아 군대를 정복했다.
extant 미국 도시를 그린 가장 오래된 현존하는 그림은 1720년의 필라델피아 그림이다.

35 sedentary**
[sédntèri]

adj. stationary; settled

주로 앉아 있는; 정착성의

Rosa's obesity is partly due to her **sedentary** occupation.

36 eliminate**
[ilímənèit]

v. get rid of, remove, discard

없애다, 제거하다

The government **eliminated** funds for day care centers.

37 perfect**
[pərfékt]

v. refine, improve, develop

개선하다, 완벽하게 하다

Before moving to China, Greg wants to **perfect** his Chinese skills.

38 genuine**
[dʒénjuin]

adj. true, real, authentic

진짜의

Janet always keeps a **genuine** copy of the business contract in her files.

🦊 최신출제 포인트

genuine은 'a genuine person(성실한 사람)'에서처럼 '성실한'이라는 뜻으로도 많이 쓰인다. 동의어로는 sincere, earnest가 출제될 수 있으니 함께 알아두도록 하자.

39 dominant**
[dámənənt]

adj. prevailing, prominent, supreme, chief, ruling

우세한, 주요한

The **dominant** theory in healthcare is that obesity is caused by lifestyle choices.

40 unrivaled**
[ʌnráivəld]

adj. unequaled, unparalleled, matchless, peerless

비할 데 없는

The skill of Renaissance painters is **unrivaled** even today.

41 paradox**
[pǽrədàks]
adj. paradoxical
adv. paradoxically

n. contradiction, absurdity

모순된 말

Despite being a **paradox**, the saying "one must be cruel to be kind" is true in many situations.

---

sedentary — Rosa의 비만은 어느 정도는 주로 앉아 있는 직업 때문이다.
eliminate — 정부는 어린이집에 대한 재정 지원을 없앴다.
perfect — Greg는 중국으로 이주하기 전에 그의 중국어 실력을 개선하고 싶어한다.
genuine — Janet은 항상 사업 계약서의 진본을 그녀의 서류철에 보관한다.
dominant — 보건에서의 우세한 이론은 비만이 생활 방식 선택에 의해 야기된다는 것이다.
unrivaled — 르네상스 시대 화가들의 솜씨는 심지어 오늘날에도 비할 데가 없다.
paradox — 모순된 말이긴 하지만 '친절하기 위해선 잔인해져야 한다'라는 격언은 많은 상황에서 사실이다.

42 neglect**
[niglékt]

v. 1. **ignore**, disregard 무시하다

Because the sailor **neglected** the weather warnings, he put himself in danger.

v. 2. **fail**, forget (해야 할 일을) 하지 않다, 잊다

The tiger escaped when one of the zoo workers **neglected** to lock its cage.

43 recall**
[rikɔ́:l]

v. **remember**, recollect 상기하다, 생각해내다

Many famous writers have kept diaries to help them **recall** the past.

44 ascend**
[əsénd]

v. **rise**, **climb**, mount, go up 올라가다

A few moments after the plane made a smooth departure, it swiftly **ascended** into the clouds.

🦉 최신출제 포인트

ascend의 형용사형인 ascendant는 '상승하는'이라는 뜻 외에도 '우세한'이라는 뜻으로 많이 쓰이며, 동의어로는 dominant, prevailing이 출제될 수 있으니 함께 알아두도록 하자.

45 solid**
[sálid]

adj. **substantial**, **fixed**, sturdy, robust 확고한, 견고한

The case remained unsolved because there was a lack of **solid** evidence.

46 contour*
[kántuər]

n. **outline** 윤곽, 외형

The **contours** of the Atlantic coast are very irregular.

47 inhabit*
[inhǽbit]

v. **live in**, **occupy**, dwell in 거주하다

The first people to **inhabit** Cuba were the Ciboney, a friendly tribe related to the Arawak.

---

neglect 그 선원은 기상 경보를 무시했기 때문에 자기 자신을 위험에 빠뜨렸다.
그 호랑이는 동물원 직원 한 명이 우리를 잠그지 않았을 때 탈출했다.
recall 많은 유명 작가들은 자신들이 과거를 상기하는 것에 도움을 줄 일기를 썼다.
ascend 비행기는 순조롭게 이륙한 뒤 잠시 후에 구름 속으로 신속하게 올라갔다.
solid 확고한 증거가 부족했기 때문에 그 사건은 해결되지 않은 채로 남았다.
contour 대서양 해안의 윤곽은 매우 들쭉날쭉하다.
inhabit 쿠바에 거주한 최초의 사람들은 아라와크 족의 친족이자 우호적인 부족이었던 시보네이 족이었다.

48 irrevocably *
[irévəkəbli]
adj. irrevocable

adv. **permanently**, irreversibly, irretrievably — 돌이킬 수 없게

During World War II, many historical buildings in London were **irrevocably** damaged.

49 superficially *
[sù:pərfíʃəli]
adj. superficial

adv. **apparently**, **not deeply**, externally, on the surface — 표면적으로

The team-building workshop was **superficially** a success, but in reality, the office workers still had low morale.

50 stunted *
[stʌ́ntid]

adj. **underdeveloped**, **hindered**, **hampered** — 발달이 저해된, 성장을 멈춘

The **stunted** trees had grown to barely three feet high.

51 malleable *
[mǽliəbl]

adj. **flexible** — 두들겨 펼 수 있는

When heated to high temperatures, iron and steel become **malleable**.

52 mean *
[mi:n]

v. 1. **signify**, express, indicate — 의미하다, 나타내다

Harold's remark **meant** that he would retire from his position at the agency soon.

n. 2. **average** — 평균

Household incomes in the US vary, but the **mean** was around $60,000 in 2004.

> 🦊 최신출제 포인트
> mean은 동사나 명사가 아닌 형용사로도 많이 쓰인다. 형용사로는 'the man's mean behavior (그 남자의 비열한 행동)'에서처럼 '비열한'이라는 뜻으로 주로 쓰이며, 동의어로는 contemptible, despicable이 출제될 수 있으니 함께 알아두도록 하자.

53 exclude *
[iksklú:d]
adj. exclusive
adv. exclusively

v. **keep out**, leave out — 차단하다, 배제하다

It's possible to set up the online forum to allow some people to join and to **exclude** others.

---

irrevocably — 제2차 세계대전 동안 런던의 많은 역사적 건물들이 돌이킬 수 없게 훼손되었다.
superficially — 팀 빌딩 워크숍은 표면적으로는 성공이었지만, 사실 직원들은 여전히 사기가 떨어져 있었다.
stunted — 발달이 저해된 그 나무는 겨우 3피트 크기로 자랐다.
malleable — 쇠와 강철은 고온으로 가열하면 두들겨 펼 수 있게 된다.
mean — Harold의 발언은 그가 그 기관의 직위로부터 곧 은퇴할 것을 의미했다.
       미국의 가계 소득은 각기 다르지만, 2004년도에는 평균이 약 6만 달러였다.
exclude — 어떤 사람들이 가입하도록 하고 다른 사람들은 차단하는 것을 허용하는 온라인 토론방을 만드는 것이 가능하다.

54 **mature** *	v.	**get older**, grow up, age	성숙해지다
[mətʃúər]		As people **mature**, their personalities and interests often change.	

55 **pillar** *	n.	**column**, post	기둥
[pílər]		Classical Roman architecture featured several outdoor **pillars** surrounding a building.	

56 **encroachment** *	n.	**(gradual) invasion**, intrusion	잠식, 침입
[inkróutʃmənt] v. encroach		The **encroachment** of genetically modified organisms into the food supply worries many consumers.	

57 **no wonder** *	phr.	**unsurprisingly**, unsurprising	놀랄 일이 아닌
		Over eight million people live in New York City, so **no wonder** it is crowded.	

QUIZ

Choose the synonyms.

1. exploit
2. indigenous
3. pervasive
4. promptly
5. conversely
6. afford
7. assure
8. superficially
9. mature
10. invoke

ⓐ call upon, pray to, conjure
ⓑ get older, grow up, age
ⓒ utilize, use, make use of
ⓓ quickly, instantly, straightaway
ⓔ convince, persuade, satisfy
ⓕ on the other hand, contrarily
ⓖ apparently, not deeply, externally
ⓗ widespread, prevalent
ⓘ native, aboriginal
ⓙ give, offer, provide

Answer. 1.ⓒ 2.ⓘ 3.ⓗ 4.ⓓ 5.ⓕ 6.ⓙ 7.ⓔ 8.ⓖ 9.ⓑ 10.ⓐ

---

mature 사람들은 성숙해지면서 흔히 성격과 관심사가 변한다.
pillar 고대 로마 건축 양식은 건물을 둘러싸는 여러 개의 야외 기둥들을 특징으로 삼았다.
encroachment 유전자 변형 생물체들이 식량 공급을 잠식하는 것은 많은 소비자들을 불안하게 한다.
no wonder 8백만이 넘는 사람들이 뉴욕 시에 살고 있기 때문에, 그곳이 붐비는 것은 놀랄 일이 아니다.

DAY 2

Hackers TOEFL Vocabulary

Hackers Voca

한 곳에서만 머물러 살기엔 이 세상이 너무 expansive해요.

---

1 virtually ***
[vɜ́ːrtʃuəli]
adj. virtual

adv. **in effect**, **essentially**; **almost**, **nearly**, **almost totally**   사실상; 거의

Jane's decision to resign was **virtually** an admission of guilt.

---

2 unprecedented ***
[ʌnprésədèntid]

adj. **unlike anything in the past**, **unique**; **novel**, **new**   전례 없는; 새로운

To receive a patent, an invention's design and purpose must be **unprecedented**.

---

3 grow accustomed to ***

phr. **become used to**, become familiar with   ~에 익숙해지다

While living in Seoul, Tom **grew accustomed to** traffic jams.

---

4 intrigue ***
[intríːg]

v. **interest**, **fascinate**, **attract**   흥미를 끌다

The discovery of a new planet that is similar to the Earth **intrigued** scientists.

> 🦊 최신출제 포인트
> intrigue는 'intrigue with Susie against Tom(Susie와 함께 Tom에 대해 음모를 꾸미다)'에서 처럼 '음모를 꾸미다'라는 뜻으로도 많이 쓰인다. 동의어로는 plot, conspire가 출제될 수 있으니 함께 알아두도록 하자.

---

5 implausible ***
[implɔ́ːzəbl]

adj. **unlikely**, **unbelievable**, improbable   믿기 어려운

As **implausible** as it seems, a snake and a hamster in a Tokyo zoo have become friends.

---

virtually   사직하기로 한 Jane의 결정은 사실상 자신이 유죄라는 것에 대한 인정이었다.
unprecedented   특허를 받기 위해서는 발명품의 디자인과 용도가 전례 없어야 한다.
grow accustomed to   서울에 사는 동안 Tom은 교통 체증에 익숙해졌다.
intrigue   지구와 비슷한 새로운 행성의 발견은 과학자들의 흥미를 끌었다.
implausible   믿기 어려워 보이지만, 도쿄의 한 동물원에 있는 뱀과 햄스터가 친구가 되었다.

6 decline ***
[dikláin]

n. 1. **weakening**, decay 쇠퇴, 쇠약

The **decline** of the Roman Empire began in the 4th century.

v. 2. **decrease**, **lessen**, **fall** 줄다, 감소하다

The singer's popularity has been **declining** since the scandal.

v. 3. **refuse**, reject 거절하다

Daniel **declined** to go to the movie theater with Lisa despite her repeated invitations.

7 contemporary ***
[kəntémpərèri]

adj. 1. **modern**, **present-day**, **current** 현대의

The Internet is an essential tool for doing business in **contemporary** society.

adj. 2. **coexisting**, concurrent 동시대의

Van Gogh and Gauguin were **contemporary** artists and good friends.

8 allocate ***
[ǽləkèit]
n. allocation

v. **distribute**, allot; **designate**, earmark 할당하다; 배정하다

The plan **allocates** $24 million to City Opera for a new theater downtown.

> 🐺 최신출제 포인트
> allocate와 함께 다음의 단어들을 구별하여 알아두도록 하자.
> • relocate 이동시키다
> • mislocate 잘못 놓다

9 drastically ***
[drǽstikəli]

adv. **severely**, **strikingly**, extremely 극심하게

The National Weather Service issued a warning when the weather changed **drastically**.

---

decline 로마 제국의 쇠퇴는 4세기에 시작되었다.
그 가수의 인기는 스캔들 이후 줄어들고 있다.
Daniel은 Lisa의 거듭된 초대에도 불구하고 그녀와 함께 영화관에 가기를 거절했다.
contemporary 인터넷은 현대 사회에서 사업을 하기 위한 필수적인 도구이다.
반 고흐와 고갱은 동시대의 화가이자 좋은 친구였다.
allocate 그 계획은 시내의 새로운 극장을 위해 시립 오페라단에 2천 4백만 달러를 할당한다.
drastically 국립 기상청은 날씨가 극심하게 바뀌자 경보를 발령했다.

10 heterogeneous ***
[hètərədʒíːniəs]

adj. **varied**, assorted, mixed   잡다한, 혼성의

English includes words from a **heterogeneous** collection of other languages.

11 conspicuous ***
[kənspíkjuəs]

adj. **(very) noticeable**, **clearly visible**, **prominent**, **obvious**   뚜렷한

Sharon's addiction to alcohol became **conspicuous** as she lost control of her drinking habit.

12 prolific ***
[prəlífik]

adj. **fertile**, fruitful, productive; **abundant**   다산의; 풍부한

Rabbits are **prolific** breeders, with females able to produce hundreds of babies.

13 fluctuation ***
[flʌ́ktʃuéiʃən]
v. fluctuate

n. **change**, **variation**, **variance**   변동

Even minor temperature **fluctuations** can be dangerous to tropical fish.

14 encourage ***
[inkə́ːridʒ]

v. 1. **promote**, **prompt**, **motivate**   촉진하다

Many studies show that exercise **encourages** the growth of new brain cells.

v. 2. **cheer up**, **hearten**   격려하다

The patients at the hospital were **encouraged** by the movie star's visit.

15 abrupt ***
[əbrʌ́pt]
adv. abruptly

adj. **sudden**, **sharp**, unexpected   갑작스러운

The airbag was wrongly released when the car made an **abrupt** stop.

> 🐾 최신출제 포인트
>
> abrupt는 'an abrupt manner(퉁명스러운 태도)'에서처럼 '퉁명스러운'이라는 뜻으로도 많이 쓰인다. 동의어로는 blunt, curt가 출제될 수 있으니 함께 알아두도록 하자.

---

heterogeneous   영어는 다른 언어들의 잡다한 집합에서 따온 단어들을 포함한다.
conspicuous   Sharon이 자신의 음주 습관에 대한 자제력을 상실하면서 그녀의 알코올 중독이 뚜렷해졌다.
prolific   토끼는 암컷이 수백 마리의 새끼를 출산할 수 있는 다산하는 동물이다.
fluctuation   열대어에게는 작은 온도 변동조차도 위험할 수 있다.
encourage   많은 연구들은 운동이 새로운 뇌세포의 증가를 촉진한다는 것을 증명한다.
   병원의 환자들은 영화 배우의 방문으로 격려를 받았다.
abrupt   차가 갑작스러운 정지를 하자 에어백이 잘못 터졌다.

| 16 **evaluate** *** | v. | **judge**, assess, gauge, appraise | 평가하다 |

[ivǽljuèit]

Judges use several criteria to **evaluate** Olympic gymnasts' performances.

| 17 **comprehensive** *** | adj. | **thorough**, **complete**, exhaustive | 종합적인 |

[kàmprihénsiv]

Before entering a foreign market, firms conduct a **comprehensive** study of the country.

| 18 **engrave** ** | v. | **carve**, incise, etch | 새기다 |

[ingréiv]

Julie can **engrave** designs in all kinds of materials, such as wood, leather, and metal.

| 19 **slight** ** | adj. | **minor**, **small**, trivial; **mild** | 하찮은; 경미한 |

[slait]
adv. slightly

A proofreader will often make **slight** changes to the final draft of a novel.

| 20 **monotonous** ** | adj. | **unvaried**; **boring**, **tedious**, dull | 단조로운; 지루한 |

[mənátənəs]

Eric quit his job on the assembly line because his tasks were so **monotonous**.

| 21 **regard** ** | v. | 1. **consider**, think of, see | 생각하다, 간주하다 |

[rigá:rd]

Despite the depth and complexity of comic books, some people **regard** them as childish.

| | n. | 2. **attention**, notice | 관심 |

The professor gave little **regard** to student concerns about the exam's being too difficult.

🦊 최신출제 포인트

regarding은 '~에 관하여'라는 뜻의 전치사로 쓰이며, 동의어로는 concerning, with respect to가 출제될 수 있으니 함께 알아두도록 하자.

DAY 2

Hackers Vocabulary

---

evaluate 심판들은 올림픽 체조 선수들의 연기를 평가하기 위해 여러 가지 기준들을 사용한다.
comprehensive 해외 시장에 진출하기 전에 회사들은 해당 국가에 대한 종합적인 연구를 한다.
engrave Julie는 나무, 가죽, 금속과 같은 모든 종류의 소재에 무늬를 새길 수 있다.
slight 교정자는 종종 소설의 최종 원고에 경미한 변경을 가한다.
monotonous Eric은 자신의 직무가 너무 단조로워서 조립 라인에서 하던 일을 그만두었다.
regard 만화책의 깊이와 복잡성에도 불구하고, 어떤 사람들은 그것이 유치하다고 생각한다.
교수는 시험이 너무 어렵다는 학생들의 걱정에 관심을 거의 주지 않았다.

22 obsession with **   phr. **fixation on**, preoccupation with   ~에 대한 집착

Some teenagers have an **obsession with** the Internet and social media.

> 🦉 최신출제 포인트
> obsess는 '(망상 등이) 사로잡다'라는 뜻의 동사로 쓰이며, 동의어로는 preoccupy, possess가 출제될 수 있으니 함께 알아두도록 하자.

23 optimize **   v. **make the best use of**   최대한 잘 활용하다
[áptəmàiz]

The international community should **optimize** the use of non-renewable fossil fuel resources.

24 supplant **   v. **replace**, substitute, displace, supersede   대체하다
[səplǽnt]

3D printers are expected to **supplant** traditional manufacturing methods.

25 colossal **   adj. **enormous**, monstrous, gigantic   거대한, 엄청난
[kəlásəl]

The government paid a **colossal** sum for accidents regardless of the cause.

26 diffuse **   v. **spread**, distribute, scatter   퍼뜨리다
[difjú:z]

The stove **diffused** its warmth all over the house.

27 mechanics **   n. **procedure**   방법
[məkǽniks]

In the course, students will learn about the **mechanics** of good writing.

28 susceptible to **   phr. **likely to get**, **vulnerable to**, prone to   ~에 걸리기 쉬운, 영향 받기 쉬운

Thanks to her healthy immune system, Mrs. Ferguson was not **susceptible to** the flu.

---

obsession with   몇몇 십 대들은 인터넷과 소셜 미디어에 대한 집착이 있다.
optimize   국제 사회는 재생 불가능한 화석 연료 자원을 최대한 잘 활용해야 한다.
supplant   3D 프린터는 전통적인 제조 방법을 대체할 것으로 기대된다.
colossal   정부는 원인에 상관없이 사고에 대해 엄청난 액수를 지불했다.
diffuse   그 난로는 집 전체에 온기를 퍼뜨렸다.
mechanics   그 강의에서 학생들은 좋은 글을 쓰는 방법에 대해 배울 것이다.
susceptible to   건강한 면역 체계 덕분에 Ferguson 부인은 독감에 잘 걸리지 않았다.

29 emanate**
[émənèit]

v. **emerge**, spring, originate (향기·빛 등이) 나다

When an unpleasant odor **emanates** from a pipe, it could indicate a gas leak.

> 🦊 최신출제 포인트
> emanate의 명사형인 emanation은 '발산'이라는 뜻이며, 동의어로는 emission, discharge가 출제될 수 있으니 함께 알아두도록 하자.

30 conventionally**
[kənvénʃənəli]
adj. conventional
n. convention

adv. **customarily**, traditionally 관례적으로

Americans **conventionally** have a three-day break from work and school on Thanksgiving.

31 expansive**
[ikspǽnsiv]
v. expand
n. expansion

adj. **large**, broad, wide, extensive 넓은, 광대한

The **expansive** lawns in Central Park are popular among visitors.

32 sporadically**
[spərǽdikəli]
adj. sporadic

adv. **occasionally, at intervals**, infrequently 이따금씩

The Sun **sporadically** emits bursts of energy known as solar storms.

33 comparative**
[kəmpǽrətiv]

adj. **relative** 상대적인

Next to economy-class passengers, those seated in the business-class section travel in **comparative** comfort.

34 stamp out**

phr. **eliminate**, eradicate, extirpate 근절하다

Medical researchers are working hard to **stamp out** cancer.

35 stagnation**
[stægnéiʃən]
adj. stagnant

n. **low growth**, downturn 침체

The recent unemployment problem is due to **stagnation** in the economy.

---

emanate 파이프에서 불쾌한 냄새가 난다면 가스 누출의 가능성을 나타낼 수도 있다.
conventionally 미국인들은 관례적으로 추수감사절에 직장과 학교로부터 3일간의 휴일을 갖는다.
expansive 센트럴파크에 있는 넓은 잔디밭은 방문객들 사이에 인기가 있다.
sporadically 태양은 이따금씩 태양 폭풍이라고 알려진 에너지의 폭발을 내뿜는다.
comparative 이코노미석 승객들과 비교하면 비즈니스석에 앉은 승객들은 상대적인 안락함 속에서 여행한다.
stamp out 의료 연구진들은 암을 근절하기 위해 열심히 노력하고 있다.
stagnation 최근의 실업 문제는 경기 침체 때문이다.

36 innate **

[inéit]

adj. **inborn**, natural, native 선천적인

There are some **innate** differences between men and women.

37 obsolete **

[àbsəlí:t]

adj. **out of date**, **outdated**; **unused**, **out of use** 쓸모없게 된; 쓰이지 않는

The pager has now become **obsolete** because of advances in mobile communications.

38 specify **

[spésəfài]

v. **state**, define, stipulate 명시하다

The menu **specified** that all of the restaurant's dishes were prepared with organic ingredients.

39 endure **

[indʒúər]

v. 1. **tolerate**, **survive**, **suffer**, persevere 견디다

The first European colonists in North America **endured** many hardships.

> 최신출제 포인트
> suffer는 주로 '고통받다'라는 뜻으로 쓰여서 endure의 동의어가 아니라고 생각할 수 있다. 그러나 'I couldn't suffer her arrogance(나는 그녀의 오만함을 견딜 수 없었다)'에서처럼 suffer가 '견디다'라는 뜻으로 사용될 때에는 endure의 동의어가 될 수 있다.

v. 2. **last**, continue, persist 지속하다

Charles Darwin's reputation as a visionary has **endured** through the years.

40 conceivable **

[kənsí:vəbl]
v. conceive

adj. **imaginable**, thinkable, possible 생각할 수 있는

Volunteers are trying every **conceivable** method to control the wildfire.

41 sufficiently **

[səfíʃəntli]
adj. sufficient

adv. **adequately**, amply, satisfactorily 충분히

Teachers must **sufficiently** prepare their students to move up to the next grade level.

---

innate 남성과 여성 사이에는 몇몇의 선천적인 차이점들이 있다.
obsolete 이동 통신의 발달로 무선 호출기는 이제 쓸모없게 되었다.
specify 그 메뉴는 식당의 모든 요리가 유기농 재료로 조리되었다는 것을 명시했다.
endure 북미의 최초 유럽인 식민지 개척자들은 많은 고난을 견뎌냈다.
 공상가로서 찰스 다윈의 평판은 수년 동안 지속되었다.
conceivable 자원봉사자들은 들불을 통제하기 위해 생각할 수 있는 모든 방법을 시도하고 있다.
sufficiently 교사들은 자신의 학생들이 다음 학년 수준으로 진급할 수 있도록 충분히 준비시켜야 한다.

42 entail **
[intéil]

v. 1. involve; cause (필연적으로) 수반하다; 일으키다

Building the Panama Canal was dangerous, so it **entailed** a serious risk for the workers.

v. 2. require, demand 필요로 하다

Farming has always **entailed** long hours of labor.

43 depict **
[dipíkt]

v. picture, portray, represent 묘사하다

The people **depicted** in the painting are former senators.

44 integration **
[ìntəgréiʃən]
v. integrate

n. union, unification 통합

Race relations in America changed with the **integration** of white and black schools.

🦊 최신출제 포인트

integration과 발음이 비슷한 interrogation은 '심문(questioning, inquiry)'이라는 뜻이므로 시험에서 혼동하지 않도록 주의하자.

45 stockpile **
[stákpàil]

v. store up, save, reserve 비축하다

Squirrels **stockpile** food under the ground during the winter.

46 capture *
[kǽptʃər]

v. seize, catch, trap, grab 붙잡다

The spy was **captured** in a small town after hiding there for many years.

47 landscape *
[lǽndskèip]

n. scenery, scene, view 풍경

Even though it was dark, a giant moon lit the road so brightly that we could see the **landscape** clearly.

---

entail 파나마 운하를 건설하는 것은 위험했기 때문에 그것은 노동자들에 심각한 위험을 수반했다.
농업은 항상 장시간의 노동을 필요로 했다.
depict 그림에 묘사된 사람들은 전(前) 상원 의원들이다.
integration 미국에서 인종 간의 관계는 백인 학교와 흑인 학교의 통합과 함께 바뀌었다.
stockpile 다람쥐는 겨울 동안 땅속에 식량을 비축한다.
capture 그 첩자는 한 작은 마을에서 몇 년을 숨어 지낸 후 그곳에서 붙잡혔다.
landscape 비록 어두웠지만, 거대한 달이 길을 매우 환하게 비추고 있어서 우리는 풍경을 또렷하게 볼 수 있었다.

48 elaborately*
[ilǽbərətli]
n. elaboration

adv. **with great detail** 정교하게

Because the new law is very complicated, the senator explained it **elaborately**.

49 autonomous*
[ɔ:tánəməs]
n. autonomy

adj. **independent**, self-determining 자율적인

Many college students become **autonomous** for the first time in their lives.

50 boom*
[bu:m]

v. **flourish**, **thrive**, **prosper**, **rapidly expand** 갑자기 번창하다

During the Civil War, the American economy **boomed**.

51 supremacy*
[səpréməsi]

n. **dominance**, predominance, ascendancy 우위

In the 1920s, Henry Ford lost the battle for **supremacy** in the automobile industry to General Motors.

> 🦊 최신출제 포인트
> supremacy의 형용사형인 supreme은 '최고의, 최상의'라는 뜻이며, 동의어로는 paramount, superlative가 출제될 수 있으니 함께 알아두도록 하자.

52 ravage*
[rǽvidʒ]

v. **destroy**, demolish, devastate, ruin 파괴하다

The large hurricane that **ravaged** the city of New Orleans caused extensive flooding.

53 authority*
[əθɔ́:rəti]
adj. authoritative

n. **expert**, master, specialist 권위자, 대가

The keynote speaker of the seminar was an **authority** on cultural anthropology.

54 plug*
[plʌg]

v. **fill up**, stuff, pack 메우다, 채우다

The townspeople **plugged** the old, unused well with concrete so no one would fall in accidentally.

---

elaborately — 새 법률은 매우 복잡하기 때문에 상원 의원은 그것을 정교하게 설명했다.
autonomous — 많은 대학생들은 인생에서 처음으로 자율적이게 된다.
boom — 남북 전쟁 동안 미국 경제는 갑자기 번창했다.
supremacy — 1920년대에 헨리 포드는 자동차 산업에서 우위를 점하기 위한 경쟁에서 제너럴 모터스에 졌다.
ravage — 뉴올리언스 시를 파괴한 거대한 허리케인은 대규모 홍수를 야기했다.
authority — 그 세미나의 기조 연설자는 문화 인류학의 권위자였다.
plug — 그 도시 주민들은 잘못해서 떨어지는 사람이 없도록 사용하지 않는 오래된 우물을 콘크리트로 메웠다.

55 discrepancy *
[diskrépənsi]

n. **inconsistency**, disparity, dissimilarity　　불일치

Check your tax forms to ensure there is no **discrepancy** between your reported and actual income.

56 elucidate *
[ilú:sədèit]

v. **clarify**, explain, make clear　　(명료하게) 설명하다

Dr. Magness further **elucidated** the topic of his lecture on mink farming through a series of examples.

QUIZ

Choose the synonyms.

1. prolific
2. heterogeneous
3. colossal
4. drastically
5. sporadically
6. unprecedented
7. landscape
8. supplant
9. innate
10. endure

ⓐ inborn, natural, native
ⓑ tolerate, survive, suffer
ⓒ occasionally, at intervals, infrequently
ⓓ fertile, fruitful, productive
ⓔ scenery, scene, view
ⓕ replace, substitute, displace
ⓖ unlike anything in the past, unique
ⓗ varied, assorted, mixed
ⓘ enormous, monstrous, gigantic
ⓙ severely, strikingly, extremely

Answer 1.ⓓ 2.ⓗ 3.ⓘ 4.ⓙ 5.ⓒ 6.ⓖ 7.ⓔ 8.ⓕ 9.ⓐ 10.ⓑ

---

discrepancy　당신이 신고한 수입과 실제 수입간에 불일치하는 부분이 없도록 확실히 하기 위해 세금 신고서를 확인해라.
elucidate　Magness 박사는 일련의 사례들을 통해 밍크 사육에 대한 자신의 강의 주제를 더 명료하게 설명했다.

DAY 3

Hackers T O E F L Vocabulary
Hackers Voca

무료 음성 바로 듣기

놀랍다. portrait를 보고 한 눈에 반했는데 실물을 보니 전혀 다른 사람!

---

1 simultaneous ***
[sàiməltéiniəs]
adv. simultaneously

adj. **concurrent**, **happening at the same time**, synchronous   동시의

There was a flash of lightning and a **simultaneous** roll of thunder.

2 vast ***
[væst]
adv. vastly

adj. **extensive**, **immense**, **great**, **huge**, **enormous**   광대한, 거대한

The continent the pilgrims had begun settling upon was unimaginably **vast**.

3 reluctant ***
[rilʌ́ktənt]

adj. **unwilling**, disinclined, loath   꺼리는

The archaeologists were **reluctant** to disturb the fragile pottery at the ancient site.

4 conjecture ***
[kəndʒéktʃər]

n. **speculation**, guess, supposition   추측

The existence of intelligent life elsewhere in the universe is dismissed as **conjecture** by most scientists.

🐺 최신출제 포인트
conjecture와 철자가 비슷한 conjuncture는 '결합(combination, connection)'이라는 뜻이므로 시험에서 혼동하지 않도록 주의하자.

5 embed ***
[imbéd]

v. **fix**, **insert**, **implant**, root   박아 넣다

The story of the American Dream has been **embedded** deeply in American culture.

---

simultaneous   번개의 섬광과 동시에 천둥 소리가 났다.
vast   순례자들이 정착하기 시작했던 그 대륙은 상상할 수 없을 정도로 광대했다.
reluctant   고고학자들은 유적지에서 깨지기 쉬운 도자기를 건드리는 것을 꺼렸다.
conjecture   우주 다른 곳에 있는 지적 생명체의 존재는 대부분의 과학자들에 의해 추측이라고 일축된다.
embed   아메리칸 드림에 관한 이야기는 미국 문화에 깊이 박혀 왔다.

6 vow ***
[vau]

n. **pledge, promise,** oath 서약, 맹세

After the couple recited their **vows**, they were declared married.

7 counter ***
[káuntər]

v. **oppose, act against,** refute 반박하다

The two lawyers used different interpretations of the same data to **counter** each other's conclusions.

8 apparent ***
[əpǽrənt]
adv. apparently

adj. 1. **clear, evident, obvious** 분명한

It was **apparent** to all that Henry had not rehearsed his speech.

adj. 2. **seeming,** exterior, superficial 외관상의

The **apparent** cause of the car accident was faulty brakes, but investigators were considering other possibilities.

9 bombard ***
[bɑmbά:rd]

v. **strike, assail,** attack 폭격하다, 공격하다

Warplanes **bombarded** the city until it was demolished.

10 reveal ***
[rivíːl]

v. **make known, show, unveil,** uncover, expose 밝히다, 드러내다

Merill **revealed** that the company will concentrate on sales of its digital video cameras.

> 🐺 최신출제 포인트
> reveal의 명사형인 revelation은 '폭로'라는 뜻이며, 동의어로는 disclosure가 출제될 수 있으니 함께 알아두도록 하자.

11 sturdy ***
[stə́ːrdi]

adj. **well-built, strong,** robust, stalwart 튼튼한

The school purchased **sturdy** desks and chairs that are expected to last several years.

---

vow 그 커플이 서약을 낭독한 후 그들이 결혼했음이 선포되었다.
counter 두 변호사는 서로의 결론을 반박하기 위해 같은 자료에 대해 각기 다른 해석을 사용했다.
apparent Henry가 연설을 연습하지 않았다는 것이 모두에게 분명했다.
 그 자동차 사고의 외관상의 원인은 브레이크 결함이었지만 수사관들은 다른 가능성들을 고려하고 있었다.
bombard 전투기들은 그 도시가 완전히 파괴될 때까지 폭격했다.
reveal Merill은 회사가 디지털 비디오 카메라 판매에 집중할 것임을 밝혔다.
sturdy 그 학교는 수년을 버틸 것으로 예상되는 튼튼한 책상과 의자를 구입했다.

12 traditionally ***
[trədíʃənəli]

adv. **typically**

통상적으로, 관습적으로

In the early 20th century, girls and boys were **traditionally** taught separately.

13 correspondingly ***
[kɔ̀:rəspándiŋli]

adv. **similarly**, likewise

그에 상응하여

Oil prices went down, so the cost of airline tickets has **correspondingly** decreased.

> 🦊 **최신출제 포인트**
> correspondingly의 동사형인 correspond는 '일치하다, 부합하다'라는 뜻이며, 동의어로는 match, accord가 출제될 수 있으니 함께 알아두도록 하자.

14 trigger ***
[trígər]

v. **cause**, **generate**, **initiate**, **start**, **stimulate**, **activate**

일으키다

News of the court's decision **triggered** riots and fires in L.A.

15 vigorous ***
[vígərəs]
n. vigor

adj. 1. **strong and healthy**, **strong**; **energetic**

강건한; 활기찬

Despite the man's advanced age, he remained physically **vigorous**.

adj. 2. **forceful**

(작용·효과 등이) 강력한

The police officer was known for his **vigorous** enforcement of drinking and driving laws.

16 spontaneous ***
[spantéiniəs]

adj. 1. **voluntary**, **unprompted**

자발적인

Sarah's successful jump at the cheerleading contest brought a **spontaneous** cheer from the crowd.

adj. 2. **automatic**, **unplanned**, involuntary

무의식적인, 저절로 움직이는

When Cindy heard the good news, a **spontaneous** smile appeared on her face.

---

traditionally　20세기 초에는 여자 아이들과 남자 아이들은 통상적으로 따로따로 교육을 받았다.
correspondingly　유가가 내려갔기 때문에 그에 상응하여 항공권 값도 내려갔다.
trigger　법원의 판결에 대한 소식은 로스앤젤레스에서 폭동과 화재를 일으켰다.
vigorous　고령임에도 불구하고 그 남자는 신체적으로 여전히 강건했다.
　　　　　그 경찰관은 음주운전 관련 법규에 대한 강력한 집행으로 알려져 있었다.
spontaneous　치어리딩 대회에서 Sarah의 성공적인 점프는 군중으로부터 자발적인 환호를 이끌어냈다.
　　　　　Cindy가 그 좋은 소식을 들었을 때, 그녀의 얼굴에 무의식적인 미소가 나타났다.

17 miniature ***
[míniətʃər]

adj. **small**, tiny, diminutive   소형의

One museum in San Diego contains the world's largest collection of **miniature** trains.

18 commission **
[kəmíʃən]

v. **order**, hire   의뢰하다

In the past, it was common for countries to **commission** artists to create portraits of the king and queen.

> 🦊 최신출제 포인트
> commission은 동사가 아닌 명사로도 많이 쓰인다. 명사로는 'earn $2,000 in commissions (수수료로 2,000달러를 받다)'에서처럼 '수수료'라는 뜻으로 주로 쓰이며, 동의어로는 fee, cut가 출제될 수 있으니 함께 알아두도록 하자.

19 remarkable **
[rimá:rkəbl]
adv. remarkably

adj. **extraordinary**, **incredible**, **notable**, **significant**   놀라운, 주목할 만한

Charles Dickens had **remarkable** mental and physical energy.

20 effort **
[éfərt]

n. **attempt**, endeavor, exertion   노력

The **effort** to increase wages brought about hundreds of strikes in the 1850s.

21 manifestation **
[mæ̀nəfistéiʃən]
v. manifest

n. **indication**, sign, symptom, evidence   징후

Frequent high blood pressure may be a **manifestation** of extreme stress.

22 prior **
[práiər]

adj. **previous**, **former**, **earlier**   이전의

Unlike the **prior** administration, the current one supports universal health care.

23 cast about **
phr. **seek**, search, hunt   찾아다니다

Unsure how to increase the company's profits, George **cast about** for solutions from his colleagues.

---

miniature   샌디에이고의 한 박물관은 세계에서 가장 많은 소형 기차 수집품을 소장하고 있다.
commission   과거에는 국가가 화가들에게 왕과 왕비의 초상화를 그리도록 의뢰하는 것이 흔했다.
remarkable   찰스 디킨스는 놀라운 정신적, 신체적 에너지를 가지고 있었다.
effort   임금을 인상하려는 노력은 1850년대에 수백 건의 파업을 초래했다.
manifestation   빈번한 고혈압은 극심한 스트레스의 징후일 수 있다.
prior   이전 행정부와는 달리 현 행정부는 보편적 의료 혜택을 지지한다.
cast about   어떻게 해야 회사의 수익을 높일 수 있을지 확신이 없어서, George는 그의 동료들로부터 해결책을 찾아다녔다.

24 rigorous**
[rígərəs]
n. rigor

adj. 1. **strict**, **severe**, **demanding**, **precise**   엄격한

Athletes should follow a **rigorous** training schedule to be competitive.

adj. 2. **harsh**   (기후 등이) 혹독한

The **rigorous** climate of the Arctic makes it inhospitable to humans.

25 compulsory**
[kəmpʌ́lsəri]
adv. compulsorily

adj. **obligatory**, **forced**, **required**, **necessary**   의무적인, 강제적인

In Britain, education is **compulsory** between the ages of 5 and 16.

26 subsidiary**
[səbsídièri]

adj. **less important**, auxiliary, subordinate   부수적인

The CEO said that the rest of the details for the merger were **subsidiary** and could be discussed at a later time.

27 status**
[stéitəs]

n. **standing**, **prestige**, **importance**   지위, 위신

Donald's father was the town doctor, so he was a man of high **status** in the community.

28 emphasize**
[émfəsàiz]

v. **stress**, highlight, underline   강조하다

The president **emphasized** the need for the entire country to be on high alert against terrorism.

> 🦊 최신출제 포인트
> emphasize의 명사형인 emphasis는 '강조, 주안점'이라는 뜻이며, 동의어로는 accent가 출제될 수 있으니 함께 알아두도록 하자.

29 largely**
[láːrdʒli]

adv. **generally**, **mostly**, mainly   대부분

Korea's citizens are **largely** of Korean descent, although there is a sizeable foreign population as well.

---

rigorous 운동선수들은 경쟁력을 갖추기 위해 엄격한 훈련 일정을 따라야 한다.
북극의 혹독한 기후는 그곳에서 사람이 살기 어렵게 만든다.
compulsory 영국에서는 5세에서 16세까지의 교육이 의무적이다.
subsidiary 그 최고 경영자는 합병에 관한 나머지 세부 사항들이 부수적이고 나중에 논의될 수 있다고 말했다.
status Donald의 아버지는 그 마을의 의사여서 지역 사회에서 지위가 높은 사람이었다.
emphasize 대통령은 나라 전체가 테러에 대해 매우 경계하고 있어야 할 필요성을 강조했다.
largely 상당수의 외국인들도 있긴 하지만, 한국에 사는 사람들은 대부분 한국계이다.

30 experimental**
[ikspèrəméntl]

adj. **trial**, tentative 시험적인

Vaccines go through an **experimental** phase to make sure that they are safe before being released.

31 drain**
[drein]

v. **withdraw liquid gradually**, remove water 물을 빼내다

The sink should be **drained** after each use.

32 denote**
[dinóut]

v. **indicate**, signify, represent 나타내다, 표시하다

A raised head and flattened neck **denote** that a cobra is about to strike.

33 repudiate**
[ripjú:dièit]

v. **reject**, disclaim 거부하다

Martin Luther King Jr. **repudiated** violence as a means to solve problems.

34 contradictory**
[kàntrədíktəri]

adj. **inconsistent**, paradoxical, conflicting 모순되는

The soldiers were puzzled by the general's **contradictory** behavior.

35 propagate**
[prápəgèit]

n. propagation

v. **multiply**, reproduce 번식하다, 증식시키다

Many single-cell organisms **propagate** by dividing into two identical copies.

🐾 최신출제 포인트

propagate는 'propagate Christianity(기독교를 전파하다)'에서처럼 '전파하다'라는 뜻으로도 많이 쓰인다. 동의어로는 spread, disseminate가 출제될 수 있으니 함께 알아두도록 하자.

36 ensure**
[inʃúər]

v. **guarantee**, assure, warrant 보장하다

Stricter security regulations have been put in place at airports to **ensure** the safety of travelers.

---

experimental 백신은 그것이 안전하다는 것을 보장하기 위해 출시되기 전에 시험적 단계를 거친다.
drain 싱크대는 매번 사용한 후에 물을 빼내야 한다.
denote 높이 든 머리와 납작해진 목은 코브라가 곧 공격할 것이라는 것을 나타낸다.
repudiate 마틴 루터 킹 주니어는 문제를 해결하기 위한 수단으로 폭력을 사용하는 것을 거부했다.
contradictory 병사들은 장군의 모순된 행동에 당황했다.
propagate 많은 단세포 생물들은 두 개의 동일한 복제본으로 분할됨으로써 번식한다.
ensure 여행객들의 안전을 보장하기 위해 공항에서 더 엄격한 보안 규정이 시행되었다.

37 **pore** **
[pɔːr]

n. 1. **hole** — 작은 구멍

Plants have **pores** on their leaves so that they can breathe.

v. 2. **stare**, gaze — 자세히 보다, 응시하다

The copy editor had to **pore** over the report in order to find the tiny mistake.

> 🦊 최신출제 포인트
> pore는 'pore on the problem(문제에 대해 숙고하다)'에서처럼 '숙고하다'라는 뜻으로도 많이 쓰인다. 동의어로는 ponder, contemplate가 출제될 수 있으니 함께 알아두도록 하자.

38 **alternate** **
[ɔ́ltərnèit]
adj. alternative

v. **take turns**, **rotate**, interchange — 번갈아 일어나다

Good luck and misfortune **alternate** with each other throughout our lives.

39 **devastating** **
[dévəstèitiŋ]

adj. **destructive**, ruinous — 파괴적인

During World War II, Stalingrad suffered a **devastating** defeat, with some 1.5 million people losing their lives.

40 **mingle with** **

phr. **associate with**, mix with, consort with — ~와 어울리다

Company morale improves when managers **mingle with** staff at social events.

41 **continued** **
[kəntínjuːd]

adj. **ongoing**, constant, incessant, ceaseless — 계속적인

The **continued** success of the company depends on its ability to adapt to the changing economy.

42 **attempt** **
[ətémpt]

v. **try**, seek, endeavor — 시도하다

In Thomas More's *Utopia*, the characters **attempt** to create an ideal world.

---

pore   식물들은 호흡할 수 있도록 잎에 작은 구멍들이 있다.
         교열 담당자는 작은 실수를 찾아내기 위해 보고서를 자세히 봐야만 했다.
alternate   행운과 불운은 우리의 인생 내내 서로 번갈아 일어난다.
devastating   제2차 세계대전 동안 스탈린그라드는 약 150만 명의 사람들이 목숨을 잃는 파괴적인 패배를 당했다.
mingle with   관리자들이 사교 행사에서 직원들과 어울릴 때 기업의 사기가 높아진다.
continued   회사의 계속적인 성공은 변화하는 경제 상황에 적응하는 능력에 달려있다.
attempt   토마스 모어의 '유토피아'에서 등장인물들은 이상적인 세계를 만들려고 시도한다.

43 subterfuge**
[sʌ́btərfjùːdʒ]

n. **trick**, deception 속임수

The magician's act seemed real, but it was just a **subterfuge**.

44 convert**
[kənvə́ːrt]

v. **change, transform** 바꾸다

The workers at the factory perform dangerous tasks to **convert** raw iron ore into finished steel.

🦉 최신출제 포인트
convert와 철자가 비슷한 covert는 '비밀의(secret, private)'라는 뜻이므로 시험에서 혼동하지 않도록 주의하자.

45 contention*
[kənténʃən]
v. contend
adj. contentious

n. **debate**, argument, disagreement 논쟁

Contentions among evolutionists involve how the human species evolved.

46 migrate*
[máigreit]

v. **move around, travel** 이주하다

The five tribes agreed to **migrate** beyond the Mississippi in order to establish a new home.

47 succession*
[səkséʃən]
adj. successive
adv. successively

n. **sequence, series** 연속

Melody is the **succession** of sounds.

48 tentativeness*
[téntətivnis]
adj. tentative
adv. tentatively

n. **hesitation**, indecision 망설임

Tentativeness is often shown by young children in unfamiliar situations.

49 fragmentary*
[frǽgməntèri]
n. fragment

adj. **incomplete**, fractional, partial 단편적인

The trauma victim had only **fragmentary** memories of the accident.

---

subterfuge 마술사의 연기는 진짜 같아 보였지만, 그것은 그저 속임수였다.
convert 그 공장의 노동자들은 가공되지 않은 철광석을 연마된 강철로 바꾸기 위해 위험한 작업을 한다.
contention 진화론자들 간의 논쟁은 인류가 어떻게 진화했는지를 포함한다.
migrate 다섯 부족들은 새로운 거주지에 정착하기 위해 미시시피 강 너머로 이주하는 것에 동의했다.
succession 선율은 소리의 연속이다.
tentativeness 망설임은 낯선 상황에 놓인 어린 아이들에게서 자주 보여진다.
fragmentary 그 외상 환자는 사고에 대한 단편적인 기억들만 가지고 있었다.

50 legendary*
[lédʒəndèri]

adj. 1. **famous** — 유명한, 전설적인

Led Zeppelin's guitarist Jimmy Page became **legendary** for his unique playing style.

adj. 2. **mythical** — 전설상의

Dragons are **legendary** creatures that are featured prominently in the folklore of many cultures.

51 setback*
[sétbæk]

n. **defeat**, reverse — 패배

Despite early **setbacks**, George Washington led the Continental Army to victory against the British.

52 fine-tune*
[fáintjùːn]

v. **adjust slightly** — 미세하게 조정하다

Software companies use feedback from customers to **fine-tune** programs for better performance.

53 enthusiastic*
[inθùːziǽstik]

adj. **eager**, ardent, zealous — 열광적인

The citizenry was **enthusiastic** about the decision to cut taxes by 10 percent.

54 loose*
[luːs]

adj. **not strict**, relaxed, slack — 느슨한

The office dress code was **loose** and allowed employees to wear jeans and T-shirts.

> 🦉 최신출제 포인트
> loose는 형용사가 아닌 동사로도 많이 쓰인다. 동사로는 'loose a knot(매듭을 풀다)'에서처럼 '(매듭 등을) 풀다'라는 뜻으로 주로 쓰이며, 동의어로는 disentangle이 출제될 수 있으니 함께 알아두도록 하자.

55 portrait*
[pɔ́ːrtrit]
v. portray

n. **picture** — 초상화

Art students study how to draw **portraits** that capture the subject's personality.

---

legendary   레드 제플린의 기타 연주자인 지미 페이지는 그의 독특한 연주 스타일로 유명해졌다.
            용은 많은 문화권의 신화에 눈에 띄게 출연하는 전설상의 동물이다.
setback   초기의 패배에도 불구하고, 조지 워싱턴은 영국군에 대항해 미국군을 승리로 이끌었다.
fine-tune   소프트웨어 회사들은 더 나은 성능을 위해 프로그램을 미세하게 조정하려고 고객들로부터 받은 의견을 이용한다.
enthusiastic 시민들은 세금을 10% 삭감한다는 결정에 열광적이었다.
loose   그 사무실의 복장 규정은 느슨했고 직원들이 청바지와 티셔츠를 입는 것을 허용했다.
portrait   미술학도들은 대상의 개성을 담아내는 초상화를 어떻게 그리는지 배운다.

56 terminology *

[tə:rmənálədʒi]

v. term

n. **vocabulary**, jargon, language

전문 용어

Science articles that are meant for a general audience should avoid complex **terminology**.

QUIZ

Choose the synonyms.

1. reluctant
2. conjecture
3. counter
4. subsidiary
5. denote
6. vast
7. correspondingly
8. devastating
9. remarkable
10. contradictory

ⓐ extensive, immense, great
ⓑ unwilling, disinclined, loath
ⓒ inconsistent, paradoxical, conflicting
ⓓ destructive, ruinous
ⓔ less important, auxiliary, subordinate
ⓕ speculation, guess, supposition
ⓖ extraordinary, incredible, notable
ⓗ similarly, likewise
ⓘ oppose, act against, refute
ⓙ indicate, signify, represent

Answer 1.ⓑ 2.ⓕ 3.ⓘ 4.ⓔ 5.ⓙ 6.ⓐ 7.ⓗ 8.ⓓ 9.ⓖ 10.ⓒ

terminology   일반 독자를 위한 과학 기사는 복잡한 전문 용어를 피해야 한다.

Hackers Voca

Hackers TOEFL Vocabulary

무료 음성 바로 듣기

주위에 dependable한 친구 셋만 있어도 성공한 인생이래요.

1 readily ***
[rédəli]

adv. 1. easily, effortlessly; **quickly**   손쉽게; 즉시

In the experiment, rats **readily** learned to associate certain behaviors with rewards.

adv. 2. willingly, without reluctance   기꺼이

When Nathan was offered a larger office, he **readily** accepted it.

2 advocate ***
[ǽdvəkèit]

v. 1. promote, **speak in favor of**, **argue in support of**   지지하다

The lobbyist is **advocating** the new bill in his letter to the senator.

[ǽdvəkət]

n. 2. proponent, supporter, upholder   지지자

Norman Sisisky was a strong **advocate** for defense spending during nine terms in Congress.

3 utterly ***
[ʌ́tərli]

adv. completely, totally   완전히

John enjoyed the movie, but he was **utterly** surprised by the movie's ending.

> 🐺 최신출제 포인트
> utterly의 형용사인 utter는 '소리를 내다, 말하다'라는 뜻의 동사로도 쓰이며, 동의어로는 speak, voice가 출제될 수 있으니 함께 알아두도록 하자.

---

readily   실험에서 쥐는 특정 행동을 보상과 관련지어 생각하는 것을 손쉽게 배웠다.
Nathan은 더 넓은 사무실을 제안받았을 때, 그것을 기꺼이 받아들였다.

advocate   그 로비스트는 상원 의원에게 보내는 편지에서 새 법안을 지지하고 있다.
노먼 시시스키는 아홉 번의 국회 임기 동안 국방비 지출의 열렬한 지지자였다.

utterly   John은 그 영화를 즐겁게 보았지만 영화의 결말에 대해서는 완전히 놀랐다.

4 abound ***
[əbáund]

v. **overflow, teem, be plentiful, be numerous** 아주 많다, 풍부하다

Wild dolphins **abound** in Canada's Bay of Fundy.

5 formidable ***
[fɔ́ːrmidəbl]

adj. 1. **impressive** 어마어마한, 경외감을 일으키는

The creation of the United Nations was a **formidable** achievement in international cooperation.

adj. 2. **difficult to handle** 만만치 않은, 감당하기 어려운

For working parents, raising children is **formidable**.

6 enormous ***
[inɔ́ːrməs]

adj. **huge, very large, great, immense, vast, tremendous** 거대한

China's **enormous** population poses a major challenge for the country's food production system.

7 disband ***
[disbǽnd]

v. **dismiss, disperse, break up** 해산시키다

The government has promised to **disband** the rebel group before the end of the year.

8 alleged ***
[əlédʒd]
adv. allegedly

adj. **supposed, assumed** 추정의

Investigators interviewed the **alleged** victim of the crime several times.

9 renowned ***
[rináund]

adj. **famous, celebrated, prominent, eminent** 유명한

The **renowned** scientist was disgraced when it was discovered that he had lied about his work.

> 🦊 최신출제 포인트
>
> renown은 '명성'이라는 뜻의 명사로 쓰이며, 동의어로는 fame, reputation이 출제될 수 있으니 함께 알아두도록 하자.

---

abound 야생 돌고래들은 캐나다의 펀디 만에 아주 많다.
formidable 유엔의 창설은 국제 협력에 있어서 어마어마한 업적이었다.
일하는 부모들에게 아이들을 기르는 것은 만만치 않다.
enormous 중국의 거대한 인구는 국가의 식량 생산 체계에 큰 도전을 제기한다.
disband 정부는 올 연말 전에 그 저항 단체를 해산시킬 것을 약속했다.
alleged 수사관들은 그 범죄의 피해자로 추정되는 사람을 여러 번 면담했다.
renowned 그 유명한 과학자는 자신의 연구에 대해서 거짓말을 했던 것이 드러나자 망신을 당했다.

10 versatile ***
[vɚ́ːrsətl]

adj. **adaptable**, **flexible**

융통성 있는, 다방면의

Because of the ever-changing economy, the need for **versatile** workers is greater than ever before.

11 prohibitive ***
[prouhíbitiv]

adj. **unaffordable**, **extreme**, exorbitant

값이 엄청나게 비싼

For most New Yorkers, the cost of an apartment in Manhattan is **prohibitive**.

> 🦊 최신출제 포인트
> prohibitive는 'prohibitive local regulations(현지의 금지 규정들)'에서처럼 '금지의'라는 뜻으로도 많이 쓰인다. 동의어로는 proscriptive가 출제될 수 있으니 함께 알아두도록 하자.

12 option ***
[ápʃən]

n. **choice**, selection

선택(권)

John had the **option** of learning German or French.

13 inherent ***
[inhérənt]
adv. inherently

adj. **innate**, **built-in**, **essential**, congenital

타고난, 본래의

The need to be loved and recognized is an **inherent** part of human beings.

14 justly ***
[dʒʌ́stli]

adv. **rightfully**, justifiably, lawfully

공정하게, 정당하게

The judge **justly** sentenced the criminal to life in prison.

15 provoke ***
[prəvóuk]

v. **incite**, **bring about**, give rise to

불러일으키다

At some point during their argument, Betty's rude attitude **provoked** Sam's anger.

16 impermeable ***
[impə́ːrmiəbl]

adj. **impenetrable**, impervious

침투되지 않는, 통과시키지 않는

Shale is a compacted sedimentary rock that is more **impermeable** to water than sandstone.

---

versatile 변화무쌍한 경제 때문에 융통성 있는 직원의 필요성이 그 어느 때보다 높다.
prohibitive 대부분의 뉴욕 시민들에게 맨해튼의 아파트 값은 엄청나게 비싸다.
option John은 독일어나 프랑스어를 배울 수 있는 선택권이 있었다.
inherent 사랑받고 인정받고 싶어하는 욕구는 인간의 타고난 부분이다.
justly 판사는 공정하게 그 범죄자에게 종신형을 선고했다.
provoke 논쟁 중의 어느 시점에서 Betty의 무례한 태도가 Sam의 화를 불러일으켰다.
impermeable 셰일은 사암보다 더 물이 침투되지 않는 탄탄한 퇴적암이다.

17 momentous ***
[mouméntəs]

adj. **significant**, major, meaningful, substantial 중대한

The signing of the Declaration of Independence was a **momentous** occasion in American history.

18 forestall **
[fɔːrstɔ́ːl]

v. **prevent**, hinder, avert 미연에 방지하다

The union leader **forestalled** a riot by telling the strikers to disperse.

> 🦊 최신출제 포인트
> forestall과 함께 다음의 단어들을 구별하여 알아두도록 하자.
> • foresee 예견하다
> • forego 앞서다

19 therefore **
[ðɛ́ərfɔ̀ːr]

adv. **consequently**, as a result, **thus**, hence 그 결과

Giles was constantly falling asleep in history class and **therefore** scored very poorly on the final exam.

20 persuade **
[pərswéid]
adv. persuasively

v. **convince**, induce 설득하다

Dan **persuaded** Nancy to go to Italy with him for vacation.

21 proximity **
[prɑksíməti]

n. **closeness**, **nearness** 가까움

Proximity to a good school is a vital consideration for parents that plan on relocating to a new city.

22 dependable **
[dipéndəbl]

adj. **reliable**, trustworthy 신뢰할 수 있는

A successful president typically has a **dependable** staff that offers advice and guidance.

23 ensuing **
[insúːiŋ]

adj. **subsequent**, following, succeeding 뒤이은, 다음의

The earthquake and the **ensuing** aftershocks destroyed much of San Francisco in 1906.

---

momentous 독립 선언문 서명은 미국 역사에서 중대한 사건이었다.
forestall 노조 대표는 파업자들에게 해산하라고 말함으로써 폭동을 미연에 방지했다.
therefore Giles는 역사 수업 중에 계속해서 잠들었고, 그 결과 기말고사에서 매우 낮은 점수를 받았다.
persuade Dan은 Nancy에게 휴가 때 자신과 함께 이탈리아에 가자고 설득했다.
proximity 새로운 도시로 이사하는 것을 계획 중인 학부모들에게 좋은 학교와 가까운 것은 필수적인 고려 사항이다.
dependable 성공한 대통령에게는 보통 조언과 지도를 해주는 신뢰할 수 있는 보좌진이 있다.
ensuing 지진과 뒤이은 여진은 1906년에 샌프란시스코의 많은 곳을 파괴했다.

24 appreciably **

[əpríːʃiəbli]
adj. appreciable

adv. **noticeably**, **significantly**, considerably 상당히

The temperature dropped **appreciably** this morning.

25 obligate **

[ábləgèit]
n. obligation

v. **force**, coerce, compel, constrain 의무를 지우다, 강요하다

Most states **obligate** companies and other organizations to apply the minimum wage law.

26 wholesale **

[hóulsèil]

adj. 1. **extensive**, mass 대규모의

The oil spill in the Gulf of Mexico caused the **wholesale** destruction of the marine ecosystem.

adv. 2. **completely** 모조리, 통틀어서

The editor's suggestions regarding the document were accepted **wholesale**.

27 dweller **

[dwélər]

n. **inhabitant**, resident, occupant 거주자

City **dwellers** tend to have a higher cost of living than those residing in the country.

28 tacit **

[tǽsit]

adj. **implicit**, implied, unspoken 무언의, 암묵적인

The two countries made a **tacit** agreement to end the war, but they did not actually sign a peace treaty.

29 resolve **

[rizálv]

v. **settle**, **find a solution for**, solve 해결하다

In some cases, mediators can help parties **resolve** legal disputes without going to court.

> 🦊 최신출제 포인트
> resolve는 'resolve not to see him(그를 만나지 않기로 결심하다)'에서처럼 '결심하다'라는 뜻으로도 많이 쓰인다. 동의어로는 decide, determine이 출제될 수 있으니 함께 알아두도록 하자.

---

appreciably 오늘 아침에 기온이 상당히 떨어졌다.
obligate 대부분의 주에서는 기업체와 다른 단체들에 최저임금법을 적용할 것을 강요한다.
wholesale 멕시코 만의 기름 유출은 해양 생태계의 대규모 파괴를 야기했다.
　　　　 그 문서에 대한 편집장의 제안은 모조리 받아들여졌다.
dweller 도시 거주자은 교외에 사는 사람들보다 생활비가 더 많이 드는 경향이 있다.
tacit 두 나라는 전쟁을 끝내기로 무언의 합의를 했지만, 실제로 평화 조약에 서명을 하지는 않았다.
resolve 어떤 경우에는, 소송 당사자들이 법원에 가지 않고 법적 분쟁을 해결하도록 중재인이 도와줄 수 있다.

30 merit **
[mérit]

n. **value**, **worth**, virtue   (칭찬할 만한) 가치

The great **merit** of the poems is that they make us aware of previously unperceived possibilities.

31 notion **
[nóuʃən]

n. **concept**, **general idea**; **opinion**, view   개념; 견해

The **notion** that one is born as a blank slate has long been abandoned by most psychologists.

32 synthesize **
[sínθəsàiz]
n. synthesis

v. **integrate**, combine, coalesce   통합하다

A financial analyst must be able to **synthesize** data from a variety of sources.

33 spectrum **
[spéktrəm]

n. **range**, scope, extent   범위

A Renaissance man possesses a broad **spectrum** of interests that includes the academic and the artistic.

34 stream **
[striːm]

n. **flow**, current   흐름

It was difficult for the plumber to tell where the **stream** of liquid was coming from.

35 rupture **
[rʌ́ptʃər]

v. 1. **burst**, **break apart**, split, tear   파열되다, 찢어지다

Patty's eardrum **ruptured** due to the sound of the explosion.

n. 2. **breach**, discord   불화

The **rupture** in Amy and Diana's friendship was resolved after Amy apologized.

🦊 최신출제 포인트

breach는 주로 '위반'이라는 뜻으로 쓰여서 rupture의 동의어가 아니라고 생각할 수 있다. 하지만 'a breach between family members(가족 구성원들 사이의 불화)'에서처럼 breach가 '불화'라는 뜻으로 사용될 때에는 rupture의 동의어가 될 수 있다.

---

merit 시의 위대한 가치는 우리로 하여금 이전에는 눈에 띄지 않았던 가능성을 깨닫게 한다는 것이다.
notion 인간이 백지 상태로 태어난다는 개념은 대부분의 심리학자로부터 오랫동안 버림받아 왔다.
synthesize 재무 분석가는 다양한 출처의 자료들을 통합할 수 있어야 한다.
spectrum 르네상스적 교양인은 학문적인 것과 예술적인 것을 포함하는 넓은 범위의 관심사를 가지고 있다.
stream 배관공은 어디서부터 액체의 흐름이 시작되고 있는지 알기 힘들었다.
rupture Patty의 고막은 폭발 소리 때문에 파열되었다.
  Amy와 Diana의 우정에 생긴 불화는 Amy가 사과한 후 해결되었다.

36 presuppose **

[prìːsəpóuz]

v. **assume**, suppose, presume

(미리) 가정하다

High-level chemistry courses **presuppose** that students have a basic knowledge of chemical structures.

37 well-to-do **

[wèltədúː]

adj. **wealthy**, affluent, rich

부유한

In the early days of air travel, flight tickets were so expensive that only **well-to-do** people could afford them.

38 appeal **

[əpíːl]

v. **plead**, **request**, **ask**, beg

간청하다

The students **appealed** to the professor for more time to study for the exam.

> 🦊 최신출제 포인트
> appeal은 'his pictures appeal to me(그의 그림들이 내 흥미를 끈다)'에서처럼 '흥미를 끌다'라는 뜻으로도 많이 쓰인다. 동의어로는 interest, attract가 출제될 수 있으니 함께 알아두도록 하자.

39 accurately **

[ǽkjurətli]
adj. accurate

adv. **correctly**, precisely, exactly

정확하게

Many doctors use electronic thermometers to **accurately** determine their patients' temperatures.

40 fastidious **

[fæstídiəs]

adj. **demanding**, choosy

까다로운

The director would film the same scene hundreds of times because he was so **fastidious**.

41 contraction **

[kəntrǽkʃən]
v. contract

n. **reduction**, diminution

감소, 축소

For most companies, a **contraction** in sales can mean a huge loss in revenues.

42 stimulus **

[stímjuləs]
v. stimulate

n. **impetus**, **motivation**, incentive, incitement

자극(제)

Jack's dream of owning a house is a **stimulus** for him to work hard.

---

presuppose 고급 화학 강좌는 학생들이 화학 구조에 관한 기본적인 지식을 가지고 있다고 가정한다.
well-to-do 비행기 여행의 초창기에는 항공권이 매우 비싸서 부유한 사람들만이 그것을 살 수 있었다.
appeal 학생들은 교수에게 시험을 위해 공부할 시간을 더 달라고 간청했다.
accurately 많은 의사들이 환자의 체온을 정확하게 측정하기 위해 전자 체온계를 사용한다.
fastidious 그 감독은 매우 까다로워서 같은 장면을 수백 번씩 찍곤 했다.
contraction 대부분의 회사에서는 매출의 감소는 수익의 큰 손실을 의미할 수 있다.
stimulus 집을 갖고 싶다는 Jack의 꿈은 그가 열심히 일하도록 하는 자극제이다.

43 track ★★
[træk]

v. **follow**, chase; **monitor**　　　뒤쫓다; (진행 과정 등을) 추적하다

Investigators **tracked** the criminal to his hideout.

44 tame ★★
[teim]

v. **domesticate**, train　　　길들이다

According to a recent study, dogs were first **tamed** in prehistoric Europe.

45 install ★
[instɔ́ːl]

v. **put in place**, set up, position　　　설치하다

Many cities have **installed** radar systems at intersections to discourage reckless driving.

🦊 최신출제 포인트
> install은 'install as club president(클럽 회장으로 임명하다)'에서처럼 '임명하다'라는 뜻으로도 많이 쓰인다. 동의어로는 induct, inaugurate가 출제될 수 있으니 함께 알아두도록 하자.

46 chronicle ★
[kránikl]

n. **record**, history　　　기록, 연대기

Anne Frank's diary was a **chronicle** of her life during the Holocaust.

47 novel ★
[nάvəl]

adj. **new**, **innovative**, **unusual**　　　새로운, 신기한

Graphic calculators were highly **novel** in the 1960s.

48 isolated ★
[áisəlèitid]

adj. **remote**, **solitary**, secluded　　　외딴

Henry David Thoreau spent years living in an **isolated** cabin.

49 exposed ★
[ikspóuzd]

adj. **visible**, revealed, uncovered　　　드러난, 노출된

In the 19th century, it was considered shocking to see a woman with **exposed** ankles in public.

---

track　　수사관들은 범인을 그의 은신처까지 뒤쫓았다.
tame　　최근 연구에 따르면, 개는 선사 시대 유럽에서 처음으로 길들여졌다.
install　　많은 도시들이 난폭 운전을 막기 위해 교차로에 레이더 장치를 설치했다.
chronicle　　안네 프랑크의 일기는 유대인 대학살 동안의 자신의 삶에 대한 기록이었다.
novel　　그래픽 계산기는 1960년대에 굉장히 새로운 것이었다.
isolated　　헨리 데이비드 소로는 외딴 오두막집에서 몇 년을 살았다.
exposed　　19세기에는 공공 장소에서 발목이 드러난 여성을 보는 것은 충격적인 것으로 여겨졌다.

50 **intermingled** *
[ìntərmíŋgld]

adj. **mixed**, combined, blended — 섞인

Toss the salad and chill it overnight until the flavors are **intermingled**.

51 **succulent** *
[sʌ́kjulənt]

adj. **juicy**, pulpy — 즙이 많은

Aloe is a plant that stores water in its **succulent** leaves.

52 **homogeneous** *
[hòumədʒíːniəs]
v. homogenize

adj. **unvarying**, akin — 동종의, 균질의

The new apartment building is composed of one hundred **homogeneous** units.

53 **era** *
[íərə]

n. **period**, **epoch**, age — 시대

The microchip initiated the **era** of the personal computer.

54 **threat** *
[θret]
v. threaten

n. **intention to harm**, menace — 위협

Rabbits' large ears give them excellent hearing that allows them to detect any **threats** in their environment.

55 **foul** *
[faul]

v. **pollute**, contaminate — 더럽히다

During the Industrial Revolution, the smoke from factories **fouled** the air of many urban areas.

56 **prey** *
[prei]

n. **victim** — 희생자

Elderly people are often the **prey** of phone scams and identity theft.

> 🦊 **최신출제 포인트**
> prey는 명사가 아닌 동사로도 많이 쓰인다. 동사로는 'prey on the weak(약자들을 착취하다)'에서처럼 '착취하다'라는 뜻으로 주로 쓰이며, 동의어로는 **take advantage of, exploit**가 출제될 수 있으니 함께 알아두도록 하자.

---

intermingled	샐러드를 버무리고 맛이 섞일 때까지 하룻밤 동안 차게 두어라.
succulent	알로에는 즙이 많은 잎에 물을 저장하는 식물이다.
homogeneous	그 새로운 아파트 건물은 100개의 동종 가구들로 구성되어 있다.
era	마이크로칩은 개인 컴퓨터의 시대를 열었다.
threat	토끼의 큰 귀는 주변 환경의 어떤 위협도 감지할 수 있도록 하는 뛰어난 청력을 준다.
foul	산업 혁명 동안 공장에서 나오는 연기는 많은 도시 지역의 공기를 더럽혔다.
prey	노인들은 종종 전화 사기와 신원 도용의 희생자가 된다.

57 practically *

[præktikəli]

adv. **nearly** 거의

By the 1970s, brown pelicans were **practically** extinct in the US.

QUIZ

Choose the synonyms.

1. justly
2. isolated
3. synthesize
4. renowned
5. enormous
6. dweller
7. impermeable
8. stimulus
9. novel
10. era

ⓐ huge, very large, great
ⓑ impenetrable, impervious
ⓒ rightfully, justifiably, lawfully
ⓓ period, epoch, age
ⓔ new, innovative, unusual
ⓕ integrate, combine, coalesce
ⓖ remote, solitary, secluded
ⓗ famous, celebrated, prominent
ⓘ inhabitant, resident, occupant
ⓙ impetus, motivation, incentive

Answer. 1.ⓒ 2.ⓖ 3.ⓕ 4.ⓗ 5.ⓐ 6.ⓘ 7.ⓑ 8.ⓙ 9.ⓔ 10.ⓓ

practically 1970년대에 갈색 펠리컨은 미국에서 거의 멸종되었다.

Hackers Voca

Hackers T O E F L Vocabulary

우와, 이런 trend라면 조만간 영어 단어 박사가 되겠는데요?

---

1 compelling ***   adj. **convincing, persuasive**, cogent   설득력 있는

[kəmpéliŋ]

The speaker made some **compelling** arguments against immigration reform.

2 ultimately ***   adv. **eventually, finally, in the end**, lastly   마침내, 결국

[ʌ́ltəmətli]
adj. ultimate

After submitting his book to numerous publishers, the author **ultimately** succeeded in getting it published.

3 bulk ***   n. 1. **mass, large quantity, great quantity**   큰 규모, 대량

[bʌlk]

Buying its supplies in **bulk**, the department store chain was able to sell for less than its competitors.

n. 2. **majority, main part**   대부분

Although the **bulk** of the movie was boring, parts of it were funny.

> 🦉 최신출제 포인트
> bulk의 형용사형인 bulky는 '부피가 큰'이라는 뜻이며, 동의어로는 huge, enormous가 출제될 수 있으니 함께 알아두도록 하자.

4 incompatible ***   adj. **in conflict**, discrepant, contradictory   양립할 수 없는

[ìnkəmpǽtəbl]

Budget proposals submitted by different political parties are usually **incompatible**.

---

compelling 그 연설자는 이민 개혁에 반대하는 몇 가지 설득력 있는 주장을 펼쳤다.
ultimately 그 작가는 자신의 책을 수많은 출판사에 제출한 후에 마침내 그 책을 출판하는 데 성공했다.
bulk 대량으로 물품을 구매함으로써 그 백화점 체인점은 경쟁 업체들보다 더 싼 값에 판매할 수 있었다.
　　　 그 영화의 대부분은 지루했지만, 몇 부분은 재미있었다.
incompatible 다른 정당들에 의해 제출된 예산안들은 대개 양립할 수 없다.

5 substantially ***
[səbstǽnʃəli]
adj. substantial

adv. **1. significantly, considerably** 상당히

In the mid-1800s, the enrollment of females in American schools increased **substantially**.

adv. **2. largely, mainly** 대체로

Analysts expect the political situation to remain **substantially** the same over the next few years.

6 seek ***
[siːk]

v. **1. look for, search for, pursue** 찾다, 조사하다

The investigator **sought** the truth regardless of the consequences.

v. **2. attempt, try, essay** 시도하다, 노력하다

Governments must **seek** to balance the interests of diverse social groups.

7 unanticipated ***
[ʌnæntísəpèitid]

adj. **not expected, unforeseen** 예상하지 못한

It is important to save money for **unanticipated** expenses.

8 merge ***
[məːrdʒ]

v. **combine, blend, fuse** 합치다, 융합하다

The team members decided to **merge** their ideas and make the presentation together.

🦊 최신출제 포인트

merge와 발음이 비슷한 emerge는 '나타나다(appear, loom)'라는 뜻이므로 시험에서 혼동하지 않도록 주의하자.

9 encounter ***
[inkáuntər]

v. **meet (with), experience, confront, face** 마주치다, 부닥치다

Bill **encountered** many obstacles that delayed the publication of his book.

---

substantially 1800년대 중반에 미국 학교에서 여성의 입학이 상당히 증가하였다.
            분석가들은 향후 몇 년 동안 정치적 상황이 대체로 같은 상태일 것이라고 예상한다.
seek   그 수사관은 그것이 미칠 결과에 상관없이 진실을 조사했다.
            정부는 다양한 사회 집단들의 이해관계가 균형을 이루도록 노력해야 한다.
unanticipated 예상하지 못한 지출을 위해 저축하는 것은 중요하다.
merge   팀원들은 그들의 생각을 합쳐서 발표를 같이하기로 결정했다.
encounter   Bill은 그의 책의 출판을 지연시키는 많은 장애물과 마주쳤다.

10 residue ***
[rézədjùː]

n. **remains**, **remnant**, **remainder** 잔여물

Chalky **residue** on the sole of Vincent's shoe proved that he had recently visited the murder scene.

11 circumstance ***
[sə́ːrkəmstæ̀ns]

n. **condition**, **situation** 상황

There are no **circumstances** under which rare books are allowed out of the library.

12 astonishing ***
[əstániʃiŋ]

adj. **incredible**, **amazing**, **startling**, astounding 놀라운, 눈부신

Estonia's geography is **astonishing** because of its unusual and diverse mix of landscapes.

13 intermittently ***
[ìntərmítntli]

adv. **occasionally**, **periodically**, **from time to time** 간헐적으로

In eastern North America, it rains **intermittently** throughout the year.

14 application ***
[æ̀pləkéiʃən]

n. **use**, **utilization**, employment 응용, 이용

A microcomputer has a wide range of **applications** for mobile businesses.

15 predominant ***
[pridámənənt]
adv. predominantly

adj. **principal**, main, primary, leading 주된, 주요한

Blue is the **predominant** color in Van Gogh's *Starry Night*.

16 remote ***
[rimóut]

adj. **distant**, **secluded**, removed 멀리 떨어진

While Watson was smoking, George would sit in a **remote** corner of the garden.

> 🦊 최신출제 포인트
> remote은 'remote possibility(희박한 가능성)'에서처럼 '희박한'이라는 뜻으로도 많이 쓰인다. 동의어로는 faint, slim이 출제될 수 있으니 함께 알아두도록 하자.

---

residue　　　　Vincent의 신발 밑창에 묻어 있는 가루 같은 잔여물은 그가 최근에 살인 현장에 다녀왔다는 것을 증명했다.
circumstance　 희귀 서적들을 도서관 밖으로 가지고 나갈 수 있는 상황은 절대로 없다.
astonishing　　에스토니아의 지형은 특이하고 다양한 풍경의 조합 때문에 놀랍다.
intermittently　북미 동부에서는 일 년 내내 간헐적으로 비가 내린다.
application　　초소형 컴퓨터는 모바일 비즈니스에서 매우 넓은 응용 범위를 가지고 있다.
predominant　 파란색은 반 고흐의 '별이 빛나는 밤'의 주된 색상이다.
remote　　　　Watson이 담배를 피우는 동안, George는 정원의 멀리 떨어진 구석에 앉아 있곤 했다.

17 inordinate ***
[inɔ́:rdənət]

adj. **excessive**, exorbitant, undue   과도한

The use of **inordinate** amounts of pesticide and synthetic fertilizer on crops is against the law.

18 launch **
[lɔ:ntʃ]

v. **start**, **begin**, **initiate**, commence   시작하다

The government is planning to **launch** a major forestry campaign.

19 trend **
[trend]

n. **tendency**, inclination, direction   경향, 추세

The current **trend** is towards more part-time employment.

20 embodiment **
[imbádimənt]
v. embody

n. **concrete example**, epitome   전형, 구체화된 것

Olympic athletes are often considered to be the **embodiment** of physical fitness.

21 colonize **
[kálənàiz]

v. 1. **inhabit**, populate   (동·식물이) 서식하다

Fire ants **colonize** grasslands whereas carpenter ants tend to live in wooded areas.

v. 2. **conquer**   식민지화하다

The Spanish were the first Europeans to **colonize** America.

22 affect **
[əfékt]

v. **influence**, impact, act on   영향을 미치다

The scientists are currently studying how climate **affects** marine animal populations.

> 🦊 **최신출제 포인트**
> affect는 'affect a calmness(태연한 척하다)'에서처럼 '~인 척하다'라는 뜻으로도 많이 쓰인다. 동의어로는 pretend, assume이 출제될 수 있으니 함께 알아두도록 하자.

---

inordinate 농작물에 과도한 양의 살충제와 합성 비료를 사용하는 것은 법에 위반된다.
launch 정부는 중대한 삼림 관리 캠페인을 시작하려고 계획 중이다.
trend 현재 추세는 시간제 고용이 더 많아지는 쪽으로 가고 있다.
embodiment 올림픽 선수들은 종종 육체적 건강의 전형으로 여겨진다.
colonize 왕개미들이 나무가 우거진 지역에서 사는 경향이 있는 반면에 불개미들은 초원 지대에 서식한다.
 스페인 사람들은 미국을 식민지화한 첫 유럽인이었다.
affect 과학자들은 기후가 해양 동물 개체수에 어떻게 영향을 미치는지 현재 연구 중이다.

23 speculation**
[spèkjuléiʃən]
v. speculate

n. **supposition, conjecture**, surmise   추측

There was much **speculation** in the office as to who the new employee would be.

24 compound**
[kəmpáund]

v. **add to**, intensify, worsen   (정도를) 더하다, 악화시키다

The doctor said that scratching an insect bite would only **compound** the itchiness.

> 🦊 최신출제 포인트
> compound는 동사가 아닌 명사로도 많이 쓰인다. 명사로는 'a compound of copper and zinc (구리와 아연의 혼합물)'에서처럼 '혼합물'이라는 뜻으로 주로 쓰이며, 동의어로는 mixture, blend가 출제될 수 있으니 함께 알아두도록 하자.

25 fascinating**
[fǽsənèitiŋ]

adj. **extremely attractive**, captivating, enthralling   매혹적인

Jackson Pollock's paintings are characterized by **fascinating** combinations of colors and shapes.

26 constellation**
[kànstəléiʃən]

n. **collection, combination**, group   (유사한 것들의) 모임, 무리

Jerusalem is a city that is known for its **constellation** of cultures.

27 unconsolidated**
[ʌ̀nkənsálədèitid]

adj. **loose**, incoherent   굳지 않은

Erosion rates are highest in places with **unconsolidated** soil.

28 outstanding**
[àutstǽndiŋ]

adj. 1. **excellent, remarkable, prominent**   뛰어난

The writer's speech was so **outstanding** that years later people still quote from it.

adj. 2. **unpaid**, unsettled, owing   미지불의, 처리되지 않은

Susan has quite a few **outstanding** debts this month.

---

speculation 신입 사원이 누가 될지에 대해 사무실 내에서 많은 추측이 있었다.
compound 의사는 벌레에 물린 데를 긁는 것은 가려움의 정도를 더할 뿐이라고 말했다.
fascinating 잭슨 폴록의 그림은 색채와 형태의 매혹적인 조합으로 특징지어진다.
constellation 예루살렘은 문화들의 모임으로 알려져 있는 도시이다.
unconsolidated 침식률은 굳지 않은 토양이 있는 지역에서 가장 높다.
outstanding 그 작가의 연설은 매우 뛰어나서 수년 후에도 사람들이 여전히 그것에서 인용한다.
Susan은 이번 달에 상당량의 미지불된 빚이 있다.

29 outcome**
[áutkʌm]

n. **result**, consequence, conclusion 결과

The researchers were surprised by the **outcome** of the psychology experiment.

30 document**
[dákjumənt]

n. **record**, report, paper 문서, 기록

The archaeologists found ancient **documents** in a cave in the desert.

> 🦊 **최신출제 포인트**
> document는 명사가 아닌 동사로도 많이 쓰인다. 동사로는 'document the corruption(부패를 입증하다)'에서처럼 '(문서로) 입증하다'라는 뜻으로 주로 쓰이며, 동의어로는 verify, support가 출제될 수 있으니 함께 알아두도록 하자.

31 intrinsically**
[intrínsikəli]
adj. intrinsic

adv. **fundamentally**, essentially 본질적으로

Unlike money, gold and diamonds are considered to be **intrinsically** valuable.

32 disputatious**
[dìspjutéiʃəs]
v. dispute

adj. **contentious**, argumentative, quarrelsome 논쟁을 좋아하는

The disagreement got heated quickly because both people involved were highly **disputatious**.

33 diverse**
[dáivəːrs]
n. diversity

adj. **varied**, various, manifold; **dissimilar** 다양한; 다른

Russell's genius lies in getting people of **diverse** backgrounds to work together.

34 eerie**
[íəri]

adj. **odd**, strange 기묘한

The book *1984* was an **eerie** prediction of the future.

35 tenuous**
[ténjuəs]

adj. **weak**, insubstantial 빈약한

Germany provided a **tenuous** justification for its invasion of Poland in 1939.

---

outcome 연구원들은 심리 실험 결과에 놀랐다.
document 고고학자들은 사막에 있는 동굴에서 고대 문서를 발견했다.
intrinsically 화폐와는 달리 금과 다이아몬드는 본질적으로 가치가 있다고 여겨진다.
disputatious 관련된 두 사람 모두 매우 논쟁을 좋아했기 때문에 논쟁은 빠르게 격양되었다.
diverse Russell의 천재성은 다양한 배경의 사람들이 함께 일하도록 만드는 데 있다.
eerie '1984년'이라는 책은 미래에 대한 기묘한 예견이었다.
tenuous 독일은 1939년 폴란드 침공에 대해 빈약한 변명을 내놓았다.

36 eradicate **

[irædəkèit]

v. (completely) remove, root up, extirpate, eliminate 근절하다

The US spends $50 billion per year trying to **eradicate** drug use.

37 prone to **

phr. susceptible to, likely to get ~하기 쉬운

Young children are **prone to** illness because their immune systems are not well developed.

38 lodge **

[lɑdʒ]

v. embed, implant 박히다

The meteor flew in from outer space and **lodged** in the rock.

39 gather momentum **

phr. make progress, gain impetus 탄력이 붙다

Business at the new book shop was slow at first, but soon it started to **gather momentum**.

40 viable **

[váiəbl]
n. viability

adj. able to survive 생존 가능한

A fetus is considered **viable** after it has endured 20 weeks inside the womb.

41 impediment **

[impédəmənt]
v. impede

n. obstacle, obstruction, barrier 장애물

If Ben puts his mind to something, no **impediment** can stop him from reaching his goals.

42 arid **

[ǽrid]
n. aridity

adj. dry, barren, sterile, waterless 메마른

To perform a construction project in an **arid** desert, a great amount of water is needed.

🦊 최신출제 포인트

arid와 철자가 비슷한 acrid는 '(냄새나 맛 등이) 매운, 콕 쏘는 듯한(pungent)'이라는 뜻이므로 시험에서 혼동하지 않도록 주의하자.

---

eradicate 미국은 마약의 사용을 근절하기 위해 일 년에 500억 달러를 쓴다.
prone to 어린 아이들은 면역 체계가 잘 발달되어 있지 않아서 질병에 걸리기 쉽다.
lodge 유성이 우주 공간에서 날아와서 암석에 박혔다.
gather momentum 신규 서점에서의 사업은 처음에는 부진했지만 곧 탄력이 붙기 시작했다.
viable 태아는 자궁 안에서 20주를 견딘 후에 생존 가능하다고 여겨진다.
impediment Ben이 어떤 일에 몰두하면, 어떤 장애물도 그가 목표를 달성하는 것을 막을 수 없다.
arid 메마른 사막에서 건설 프로젝트를 수행하기 위해서는 엄청난 양의 물이 필요하다.

43 credible **

[krédəbl]

adj. **believable**, reliable, plausible — 믿을 수 있는

Internet websites are not always **credible** sources of information.

44 vacate **

[véikeit]
adj. vacant

v. **abandon**, evacuate, void — 떠나다, 비우다

The typhoon forced residents to **vacate** the area near the coast.

45 cushion *

[kúʃən]

v. **protect**, buffer — 보호하다, 충격을 완화하다

Exercise shoes have a layer of foam that **cushions** the foot from the impact of running.

46 peculiar *

[pikjú:ljər]
n. peculiarity

adj. 1. **unique**, distinct, particular — 특유의, 독특한

The idiomatic expression is **peculiar** to the British dialect of the English language.

adj. 2. **strange**, unusual, odd — 이상한

The zoologists were puzzled by the animal's **peculiar** behavior.

47 attributable to *

phr. **caused by**, ascribable to — ~에 기인하는

The World Health Organization stated that 12 percent of global deaths is **attributable to** smoking.

48 enact *

[inǽkt]
n. enactment

v. **make into law**, establish, pass, adopt — (법률 등을) 제정하다

The civil rights movement pressured Congress to **enact** a new law in 1964.

> 🦊 최신출제 포인트
>
> enact는 'enact a play(연극을 상연하다)'에서처럼 '상연하다'라는 뜻으로도 많이 쓰인다. 동의어로는 stage, perform이 출제될 수 있으니 함께 알아두도록 하자.

---

credible 인터넷 웹사이트들이 항상 믿을 수 있는 정보의 출처는 아니다.
vacate 태풍은 거주민들이 해안 근처 지역을 떠나도록 만들었다.
cushion 운동화에는 달리기의 충격으로부터 발을 보호해 주는 발포 고무층이 있다.
peculiar 그 관용 표현은 영국식 영어 방언 특유의 표현이다.
동물학자들은 그 동물의 이상한 행동에 어리둥절했다.
attributable to 세계 보건 기구는 전 세계 사망의 12%가 흡연에 기인한다고 언급했다.
enact 시민권 운동은 1964년에 국회가 새로운 법을 제정하도록 압력을 가했다.

49 stratified *
[strǽtəfàid]

adj. **layered**   층으로 이루어진

Stratified rock helps geologists determine the age of geological deposits.

50 with regard to *

phr. **in terms of**, with respect to, concerning   ~에 관하여

Stricter regulations **with regard to** genetically modified foods are being considered.

51 turbulent *
[tə́ːrbjulənt]
n. turbulence

adj. **violent**, **agitated**, tumultuous   격동하는

The increase in civil wars around the world is a sign of our **turbulent** times.

52 appraisal *
[əpréizəl]

n. **evaluation**, assessment, estimation   평가

Employees are given formal **appraisals** every six months.

53 erroneous *
[iróuniəs]

adj. **wrong**, **incorrect**, mistaken, false   잘못된

All of the team agreed that it was an **erroneous** conclusion.

54 proponent *
[prəpóunənt]

n. **supporter**, **advocate**, adherent, partisan   지지자

Huxley's grandfather was a famous biologist and **proponent** of Darwin's theories.

55 absolute *
[ǽbsəlùːt]

adj. **unqualified**, **complete**, utter   절대적인, 완전한

Mr. Jones developed a worldwide reputation as an **absolute** expert in his field of study.

> 🦉 최신출제 포인트
> unqualified는 주로 '자격이 없는'이라는 뜻으로 쓰여서 absolute의 동의어가 아니라고 생각할 수 있다. 그러나 'an unqualified success(절대적인 성공)'에서처럼 unqualified가 '절대적인'이라는 뜻으로 사용될 때에는 absolute의 동의어가 될 수 있다.

---

stratified   층으로 이루어진 암석은 지질학자들이 지질 침전물의 연대를 알아내는 데 도움을 준다.
with regard to   유전자 변형 식품에 관하여 더 엄격한 규제가 고려되고 있다.
turbulent   세계 곳곳에서 일어나는 내전의 증가는 격동하는 우리 시대의 징후이다.
appraisal   직원들은 6개월마다 공식적인 평가를 받는다.
erroneous   그 팀의 전원은 그것이 잘못된 결정이었다는 데 동의했다.
proponent   헉슬리의 할아버지는 유명한 생물학자이자 다윈 이론의 지지자였다.
absolute   Jones씨는 그의 학문 분야에서 절대적인 전문가로서 세계적인 명성을 얻었다.

56 gratify * v. **satisfy**, **please** 만족시키다, 기쁘게 하다

[grǽtəfài]

With its new and unique sound, Beethoven's symphony **gratified** audiences in Vienna.

QUIZ

Choose the synonyms.

1. remote
2. incompatible
3. application
4. diverse
5. inordinate
6. ultimately
7. launch
8. impediment
9. vacate
10. eerie

ⓐ abandon, evacuate, void
ⓑ distant, secluded, removed
ⓒ odd, strange
ⓓ start, begin, initiate
ⓔ varied, various, manifold
ⓕ obstacle, obstruction, barrier
ⓖ excessive, exorbitant, undue
ⓗ use, utilization, employment
ⓘ eventually, finally, in the end
ⓙ in conflict, discrepant, contradictory

Answer 1.ⓑ 2.ⓙ 3.ⓗ 4.ⓔ 5.ⓖ 6.ⓘ 7.ⓓ 8.ⓕ 9.ⓐ 10.ⓒ

gratify | 베토벤의 교향곡은 새롭고 독특한 소리로 비엔나의 청중들을 만족시켰다.

Review TEST   DAY 1-5

Choose the synonym of the highlighted word in the sentence.

1. After the long drought, heavy rains replenished the lakes and ponds in the region.
   (A) increased   (B) elevated   (C) refilled   (D) located

2. *The Chicago Tribune* began publishing newspapers in 1847, but its oldest extant copy is from 1850.
   (A) remaining   (B) present-day   (C) contributing   (D) pervasive

3. Because of the very warm summer, many of the glaciers on the mountain are virtually gone.
   (A) nearly   (B) barely   (C) definitely   (D) promptly

4. The Rocky Mountain locust is an extinct species of insect that once ravaged crops in the US.
   (A) utilized   (B) devastated   (C) suppressed   (D) reduced

5. On December 7, 1941, Japan launched simultaneous attacks on Pearl Harbor and the Philippines.
   (A) concurrent   (B) successful   (C) unexpected   (D) intentional

6. The contention that high taxes have a negative impact on the economy is controversial.
   (A) estimation   (B) proposal   (C) debate   (D) contradiction

7. The alleged health benefits of fasting have not been confirmed by medical professionals.
   (A) supposed   (B) distinctive   (C) famous   (D) significant

8. In coastal areas, the ensuing tidal wave causes more damage than the earthquake itself.
   (A) developing   (B) destructive   (C) following   (D) initial

9. Concern about pesticide residues has made organic fruits and vegetables popular with consumers.
   (A) procedures   (B) outbreaks   (C) remnants   (D) dimensions

10. Many states have enacted laws to halt the trade of African ivory.
    (A) passed   (B) assaulted   (C) considered   (D) abolished

정답 p.336

Hope 희망

Hope is a waking dream.　희망은 백일몽이다.

— Aristotle　아리스토텔레스

While there's life, there's hope.　삶이 있는 한 희망도 있다.

— Cicero　키케로(로마 정치가, 철학자)

All human wisdom is summed up in two words. 　모든 인간의 지혜는 두 가지 말로 요약된다.
Wait and hope. 　기다림과 희망.

— A. Dumas　A. 뒤마(프랑스 소설가)

Hope is the parent of faith.　희망은 신념의 어버이이다.

— C.A. Bartol　C.A. 바르톨(미국 목사)

He who has never hoped can never despair.　희망을 가져본 적이 없는 자는 절망할 자격도 없다.

— Bernard Shaw　버나드 쇼(영국 극작가, 평론가)

DAY 6

Hackers T O E F L Vocabulary

Hackers Voca

우리가 서로를 만나게 된 것은 결코 coincidence가 아니에요.

---

1 disperse ★★★   v.   scatter, dissipate; spread, disseminate   흩어지게 하다; 퍼뜨리다

[dispə́ːrs]
n. dispersal

The smoke from the fire was rapidly **dispersed** by the strong winds.

2 adjacent ★★★   adj.   nearby, neighboring, adjoining   인접한

[ədʒéisnt]

In addition to the World Trade Center, **adjacent** buildings were damaged on 9/11.

3 sequence ★★★   n.   1. progression, series, string, succession   연속

[síːkwəns]
adv. sequentially

A **sequence** of political events in the West caused war to break out.

   n.   2. order   순서

The **sequence** of the dance steps should be followed exactly.

4 detect ★★★   v.   discover, find, identify, recognize, sense   발견하다, 인지하다

[ditékt]

The scientists **detected** a trace of toxic chemicals in the city's water supply.

> 🦊 최신출제 포인트
>
> detect와 철자와 발음이 비슷한 defect는 '결점(shortcoming, blemish)'이라는 뜻이므로 시험에서 혼동하지 않도록 주의하자.

---

disperse   화재에서 발생한 연기는 강한 바람에 의해 빠르게 흩어졌다.
adjacent   세계 무역 센터뿐만 아니라 인접한 건물들도 9.11 테러 때 훼손되었다.
sequence   서양에서 일어난 정치적 사건들의 연속은 전쟁의 발발을 야기했다.
             댄스 스텝의 순서는 정확히 따라야 한다.
detect   과학자들은 도시의 상수도에서 유독성 화학물질의 흔적을 발견했다.

5 flexible ***
[fléksəbl]
n. flexibility

adj. **pliable**, **bendable**; **adaptable**, **adjustable** 유연한; 적응성 있는

The tongue is a **flexible** organ that helps produce a wide variety of sounds.

6 surpass ***
[sərpǽs]

v. **exceed**, **outrun**, **be higher than**, excel 능가하다

The student's art project **surpassed** the teacher's expectation.

7 invariable ***
[invέəriəbl]
adv. invariably

adj. **constant**, consistent, unchanging 변함없는

There has been an **invariable** struggle for justice in Cuba since the 1950s.

8 dramatic ***
[drəmǽtik]
adv. dramatically

adj. **striking**, **significant**, impressive 극적인, 인상적인

Alaska has **dramatic** changes in temperature throughout the year.

9 master ***
[mǽstər]
n. mastery

v. 1. **learn thoroughly**, **learn**, acquire 습득하다

Amanda has **mastered** several languages, including French and German.

v. 2. **control**, manage 제어하다

Chris **mastered** his fear of water and eventually became a good swimmer.

10 assimilate ***
[əsíməlèit]

v. **absorb**, take in, digest (지식 등을) 흡수하다, 이해하다

The research indicates that the human mind can **assimilate** languages most rapidly before the age of seven.

> 🦊 최신출제 포인트
>
> assimilate는 'assimilate immigrants to British culture(이민자들을 영국 문화에 동화시키다)'에서처럼 '동화시키다, 적응시키다'라는 뜻으로도 많이 쓰인다. 동의어로는 accommodate, adjust가 출제될 수 있으니 함께 알아두도록 하자.

---

flexible 혀는 매우 다양한 소리를 내는 데 도움을 주는 유연한 기관이다.
surpass 그 학생의 미술 프로젝트는 교사의 기대를 능가했다.
invariable 1950년대 이래로 쿠바에서는 정의를 위한 변함없는 투쟁이 있었다.
dramatic 알래스카는 일 년 내내 기온에 극적인 변화가 있다.
master Amanda는 프랑스어와 독일어를 포함해 여러 가지 언어를 습득했다.
        Chris는 물에 대한 공포를 제어했고 마침내 훌륭한 수영 선수가 되었다.
assimilate 그 연구는 인간의 정신이 7세 이전에 언어를 가장 빨리 흡수할 수 있다는 것을 보여준다.

11 overwhelming ***
[òuvərhwélmiŋ]

adj. **powerful**, **enormous**, compelling, tremendous 압도적인, 굉장한

Due to the **overwhelming** evidence, the jury convicted the man of the crime.

12 curious ***
[kjúəriəs]

adj. 1. **inquisitive**, questioning, inquiring 호기심이 강한

A child who is **curious** about the world will often do well in school.

adj. 2. **strange**, mysterious, extraordinary 이상한, 별난

The Bermuda Triangle is believed to be the site of many **curious** events.

13 alteration ***
[ɔ̀:ltəréiʃən]
v. alter

n. **change**, modification 변화, 수정

The tailor made an **alteration** to Kelly's wedding dress allowing it to drape more loosely about her shoulders.

🦊 최신출제 포인트

alteration과 철자가 비슷한 altercation은 '언쟁(argument, contention)'이라는 뜻이므로 시험에서 혼동하지 않도록 주의하자.

14 consequence ***
[kánsəkwèns]
adj. consequent
adv. consequently

n. 1. **result**, **effect**, **ramification**, outcome 결과

The economic depression in the US was unique in its **consequences**.

n. 2. **importance**, **significance** 중요성

Electing a president is a decision of great **consequence** for a country.

15 deceive ***
[disí:v]

v. **mislead**, delude, cheat 속이다

The company was accused of engaging in a deliberate effort to **deceive** its shareholders.

---

overwhelming   압도적인 증거 때문에 배심원단은 남자에게 그 범죄에 대한 유죄 판결을 내렸다.
curious   세상에 대한 호기심이 강한 아이는 보통 학업에 뛰어나다.
               버뮤다 삼각지대는 이상한 사건들이 많이 일어나는 장소로 여겨진다.
alteration   재단사는 Kelly의 어깨에 더 느슨하게 드리워지도록 그녀의 웨딩드레스에 변화를 주었다.
consequence   미국의 경제 불황은 그 결과적 측면에서 독특했다.
               대통령을 선출하는 것은 국가에서 굉장한 중요성을 갖는 결정이다.
deceive   그 회사는 주주들을 속이려는 의도적인 활동에 가담한 것으로 기소되었다.

16 ample ***
[æmpl]

adj. 1. **sizable**, **large**, spacious, vast   넓은, 광대한

The backyard of the house has **ample** room for a swimming pool and a large garden.

adj. 2. **plentiful**, **abundant**, **more than enough**   풍부한

Richard stocks his refrigerator with an **ample** supply of food and beverages for unexpected guests.

17 resilient ***
[rizíljənt]

adj. **quick to recover**, **easy to recover**   금방 회복하는

After injury, young people are usually more **resilient** than old people.

18 detach **
[ditǽtʃ]

v. **separate**, disconnect, disengage   분리하다

The inner lining of the coat can be **detached** to make the coat less bulky.

> 🦊 최신출제 포인트
> detach의 명사형인 detachment는 '분리'라는 뜻 외에도 '무관심'이라는 뜻으로 많이 쓰이며, 동의어로는 unconcern, indifference가 출제될 수 있으니 함께 알아두도록 하자.

19 account **
[əkáunt]

n. **description**, **report**, narrative   (사건 등에 대한) 기술, 보고

John Reed wrote a famous **account** of the Russian Revolution.

20 equilibrium **
[ì:kwəlíbriəm]

n. **balance**, symmetry   균형

A market is considered to be stable when supply and demand are in **equilibrium**.

21 surmise **
[sərmáiz]

v. **infer**, **guess**, **speculate**, suspect   추측하다

Without any hard evidence to rely upon, researchers can only **surmise** how the death of King Tutankhamen occurred.

---

ample   그 집의 뒷마당에는 수영장과 큰 정원을 위한 넓은 공간이 있다.
        Richard는 예상치 못한 손님에 대비해 냉장고 안에 풍부한 양의 음식과 음료를 채워 둔다.
resilient   부상 후에 젊은 사람들이 보통 나이 든 사람들보다 더 금방 회복한다.
detach   코트의 부피를 줄이기 위해서 그 코트의 안감은 분리될 수 있다.
account   존 리드는 러시아 혁명에 관한 유명한 기술서를 썼다.
equilibrium   시장은 공급과 수요가 균형 상태에 있을 때 안정적이라고 여겨진다.
surmise   어떤 신뢰할 만한 확실한 근거가 없기 때문에, 연구자들은 투탕카멘 왕의 죽음이 어떻게 일어났는지 추측만 할 수 있을 뿐이다.

22 unsuitable**
[ʌ̀nsúːtəbl]

adj. **inappropriate**, **unfit**, improper — 적합하지 않은

Films that are rated R are **unsuitable** for children under the age of 17.

23 imaginative**
[imǽdʒənətiv]

adj. **creative**, inventive, original — 창의적인

Imaginative people often find unconventional solutions to difficult problems.

24 imposing**
[impóuziŋ]

adj. **impressive**, striking — 인상적인

The Empire State Building is an **imposing** structure situated in the heart of New York City.

25 vitality**
[vaitǽləti]
adj. vital

n. **energy**, liveliness, vigor — 활력

A person's **vitality** is affected by what he or she eats and how much sleep he or she gets.

26 vehicle**
[víːikl]

n. **means**, medium, instrument — 수단, 매체

In democracies, voting is the primary **vehicle** for social change.

27 hitherto**
[híðərtùː]

adv. **previously**, so far, until now — 지금까지

The rose bushes that had **hitherto** looked dead suddenly produced flowers.

28 plague**
[pleig]

v. **cause a problem for**, bother, annoy — 괴롭히다

Frequent delays **plagued** the construction project, but finally it was completed.

> 🦉 최신출제 포인트
> plague는 동사가 아닌 명사로도 많이 쓰인다. 명사로는 'deaths caused by plague(전염병으로 인한 사망)'에서처럼 '전염병'이라는 뜻으로 주로 쓰이며, 동의어로는 epidemic, infection이 출제될 수 있으니 함께 알아두도록 하자.

---

unsuitable R 등급이 매겨진 영화는 17세 미만의 아이들에게 적합하지 않다.
imaginative 창의적인 사람들은 종종 어려운 문제에 대한 색다른 해결책을 찾아낸다.
imposing 엠파이어 스테이트 빌딩은 뉴욕 시의 심장부에 위치한 인상적인 건축물이다.
vitality 사람의 활력은 그가 무엇을 먹는지와 얼마나 수면을 많이 취하는지에 영향을 받는다.
vehicle 민주주의에서 투표는 사회적 변화를 위한 주된 수단이다.
hitherto 지금까지 죽은 것처럼 보였던 장미 덤불이 갑자기 꽃을 피웠다.
plague 잦은 지연이 그 건설 프로젝트를 괴롭혔지만, 그것은 결국 완성되었다.

29 domain **
[douméin]

n. **area**, field 영역

In the **domain** of art, nobody is more famous than Leonardo da Vinci.

30 indifferent **
[indífərənt]

adj. **uninterested**, unconcerned, careless 무관심한

Many of Thomas Edison's inventions did not succeed because the public was **indifferent**.

31 champion **
[tʃǽmpiən]

v. **support**, **promote**, advocate, endorse 옹호하다

John Dewey **championed** the idea that students should actively participate in the learning process.

32 deteriorate **
[ditíəriərèit]

v. **get worse**, degenerate 악화되다

My grandmother's health **deteriorated** last year, but she's much better now.

33 assault **
[əsɔ́:lt]

v. **attack**, aggress, assail 폭행하다, 공격하다

John was arrested last night because he **assaulted** his neighbor during a noise dispute.

34 appropriate **
[əpróupriət]

adj. **suitable**, **proper**, **applicable** 적절한

Brittany's clothes were not **appropriate** for a job interview.

35 adept **
[ədépt]

adj. **skillful**, proficient, deft, adroit 능숙한

The restaurant's new chef is **adept** at preparing both Italian and French cuisine.

> 🐺 최신출제 포인트
> adept와 철자와 발음이 비슷한 adapt는 '적응하다(adjust, accommodate)'라는 뜻이므로 시험에서 혼동하지 않도록 주의하자.

---

domain 예술의 영역에서는 레오나르도 다빈치보다 더 유명한 사람은 없다.
indifferent 토머스 에디슨의 발명품 중 많은 것들은 대중들이 무관심했기 때문에 성공하지 못했다.
champion 존 듀이는 학생들이 학습 과정에 적극적으로 참여해야 한다는 생각을 옹호했다.
deteriorate 작년에 할머니의 건강이 악화되었지만 지금은 많이 나아지셨다.
assault John은 소음 때문에 논쟁을 하다가 이웃을 폭행해서 어젯밤에 구속되었다.
appropriate Brittany의 옷은 취업 면접용으로 적절하지 않았다.
adept 그 식당의 새 요리사는 이탈리아 요리와 프랑스 요리 둘 다 조리하는 데 능숙하다.

36 indeed **

[indíːd]

adv. in truth, in fact — 사실은

Indeed, technological innovations have dramatically reduced the demand for manual labor.

37 pursuit **

[pərsúːt]
v. pursue

n. interest, pastime, hobby — 취미, 오락

Pursuits such as playing cards or reading books can prevent dementia in the elderly.

> 🦊 최신출제 포인트
> pursuit는 'the pursuit of happiness(행복의 추구)'에서처럼 '추구'라는 뜻으로도 많이 쓰인다. 동의어로는 search, quest가 출제될 수 있으니 함께 알아두도록 하자.

38 incite **

[insáit]

v. stimulate, provoke, inflame, spur — 자극하다

The love poem incited Todd's emotions and he asked his girlfriend to marry him.

39 guarantee **

[gæ̀rəntíː]

v. ensure, secure, warrant — 보장하다

The linking of medical institutions will guarantee better health care systems.

40 prosperity **

[praspérəti]
v. prosper

n. economic well-being, wealth, fortune — 번영

In the 1800s, economic freedom brought the US great prosperity.

41 primarily **

[praimérəli]

adv. 1. mostly, mainly, chiefly — 주로

Members of the country club were primarily wealthy old men.

adv. 2. originally, at first, initially — 원래, 처음에

The Republican Party was primarily created to stop the spread of slavery.

---

indeed
pursuit
incite
guarantee
prosperity
primarily

사실, 기술 혁신은 육체 노동의 수요를 급격하게 감소시켰다.
카드놀이나 독서 같은 취미는 노인들이 치매에 걸리는 것을 예방할 수 있다.
그 연애시는 Todd의 감정을 자극했고, 그는 여자친구에게 청혼했다.
의료 기관들의 연계는 더 나은 보건 제도를 보장할 것이다.
1800년대에는 경제적 자유가 미국에 큰 번영을 가져왔다.
컨트리 클럽의 회원들은 주로 부유한 나이 많은 남성들이었다.
공화당은 원래 노예 제도의 확산을 막기 위해 만들어졌다.

42 erupt **

[irʌ́pt]

v. **explode**, burst, blow up   폭발하다

In 1980, Mount St. Helens **erupted** and destroyed the surrounding forest.

43 trace *

[treis]

n. **evidence**, **vestige**, **imprint**, mark   자취, 흔적

The results of the blood test showed **traces** of an illegal drug in the patient's blood.

🦉 최신출제 포인트

trace는 명사가 아닌 동사로도 많이 쓰인다. 동사로는 'trace the suspicious man(수상한 남자를 추적하다)'에서처럼 '추적하다'라는 뜻으로 주로 쓰이며, 동의어로는 track down, trail이 출제될 수 있으니 함께 알아두도록 하자.

44 prestigious *

[prestídʒəs]

adj. **highly regarded**, esteemed, respected   명성이 있는

Harvard University is one of the most **prestigious** colleges in North America.

45 shape *

[ʃeip]

v. **affect**, form, influence   (영향을 미쳐) 형성하다

Experiences that occur during childhood can **shape** a person's personality.

46 inflict *

[inflíkt]

v. **cause**, administer, exact   (고통 등을) 주다, 가하다

Harsh weather can **inflict** serious damage on fruit crops.

47 portion *

[pɔ́ːrʃən]

n. **part**, **segment**, fragment   부분

Some **portions** of the massive sculpture are made of metal, while others are made of stone.

48 coincidence *

[kouínsidəns]

n. **chance happening**   우연의 일치

According to the police, the suspect's presence during the robbery was a **coincidence**.

---

erupt   1980년에 세인트 헬렌스 산이 폭발해서 인근의 숲을 파괴했다.
trace   혈액 검사 결과는 환자의 혈액에서 불법적인 약물의 흔적을 보여주었다.
prestigious   하버드 대학교는 북미에서 가장 명성이 있는 대학 중 하나이다.
shape   유년기에 일어나는 경험들은 한 사람의 성격을 형성할 수 있다.
inflict   혹독한 날씨는 유실 작물에 심각한 피해를 줄 수 있다.
portion   그 거대한 조각상의 어떤 부분은 금속으로 만들어졌는데, 다른 부분들은 석재로 만들어졌다.
coincidence   경찰에 따르면 강도 사건이 일어났을 때 그곳에 용의자가 있었던 것은 우연의 일치였다.

49 **propel** *

[prəpél]

v. **push**, **force**, drive, impel 몰아대다

The store's security guard **propelled** the unruly customer out the door.

50 **thoroughly** *

[θə́:rouli]
adj. thorough

adv. **completely**, entirely 철저히, 완전히

The professor covered the collapse of the Mayan civilization **thoroughly** in class.

51 **contemplate** *

[kántəmplèit]

v. **consider**, ponder 곰곰이 생각하다

John accepted a teaching position in Vancouver while he **contemplated** the future.

52 **unethical** *

[ʌnéθikəl]

adj. **improper**, immoral 비윤리적인

The students protested against the **unethical** treatment of animals by researchers.

53 **replicate** *

[réplikèit]

v. **reproduce**, copy, duplicate 모사하다, 복제하다

Janine tried to **replicate** the clothing style she saw in a fashion magazine.

54 **hasty** *

[héisti]
v. hasten

adj. **hurried**, rushed 황급한, 서두르는

Overwhelmed by the Russian winter, Napoleon's army performed a **hasty** retreat out of the country.

55 **representative** *

[rèprizéntətiv]
v. represent

adj. **indicative**; **typical**, exemplary 나타내는; 전형적인

The fact that many celebrities attended the award show was **representative** of its importance.

> 🦊 최신출제 포인트
>
> representative는 형용사가 아닌 명사로도 많이 쓰인다. 명사로는 'the Korean representative (한국 대표)'에서처럼 '대표'라는 뜻으로 주로 쓰이며, 동의어로는 delegate가 출제될 수 있으니 함께 알아두도록 하자.

propel 그 상점의 경비는 제멋대로인 고객을 문 밖으로 몰아댔다.
thoroughly 교수는 수업 시간에 마야 문명의 멸망에 대해 철저히 다루었다.
contemplate John은 미래에 대해 곰곰이 생각하면서 벤쿠버에서의 교직을 받아들였다.
unethical 학생들은 연구원들의 동물에 대한 비윤리적인 취급에 항의했다.
replicate Janine은 패션 잡지에서 본 옷 스타일을 모사하려고 노력했다.
hasty 러시아의 겨울에 압도되어서 나폴레옹의 군대는 러시아 밖으로 황급히 후퇴했다.
representative 그 시상식에 많은 연예인이 참석했다는 사실은 시상식의 중요성을 나타내는 것이다.

56 range * n. **scope, spectrum, extent** 범위

[réindʒ]

With the invention of the Internet, the **range** of media sources increased dramatically.

QUIZ

Choose the synonyms.

1. resilient
2. assimilate
3. adept
4. appropriate
5. contemplate
6. adjacent
7. dramatic
8. champion
9. trace
10. surpass

ⓐ striking, significant, impressive
ⓑ exceed, outrun, be higher than
ⓒ evidence, vestige, imprint
ⓓ consider, ponder
ⓔ quick to recover, easy to recover
ⓕ absorb, take in, digest
ⓖ support, promote, advocate
ⓗ nearby, neighboring, adjoining
ⓘ skillful, proficient, deft
ⓙ suitable, proper, applicable

Answer: 1.ⓔ 2.ⓕ 3.ⓘ 4.ⓙ 5.ⓓ 6.ⓗ 7.ⓐ 8.ⓖ 9.ⓒ 10.ⓑ

---

range — 인터넷의 발명으로 언론 매체의 범위가 극적으로 늘어났다.

Hackers TOEFL Vocabulary
Hackers Voca

공부뿐만 아니라 모든 일은 rudiments가 탄탄해야 잘 할 수 있어요.

1 considerable ***
[kənsídərəbl]
adv. considerably

adj. 1. **substantial**, **a large amount of**, **large** 상당한

Plankton is gaining **considerable** interest among marine scientists.

adj. 2. **meaningful**, **significant** 중요한

For Pavlov, winning the Nobel Prize was a **considerable** achievement.

2 dominate ***
[dámənèit]

v. 1. **control**, govern, rule 지배하다

The Spartans were a strong military force that **dominated** Ancient Greece.

v. 2. **be widespread in** 압도적으로 우세하다

Feelings of concern **dominated** the climate conference.

🐱 최신출제 포인트
dominate의 명사형인 dominance는 '우위, 우세'라는 뜻이며, 동의어로는 ascendancy, supremacy가 출제될 수 있으니 함께 알아두도록 하자.

3 ratio ***
[réiʃou]

n. **proportion**, rate, percentage 비율

The **ratio** of women in the workforce is higher than ever.

---

considerable   플랑크톤은 해양 과학자들 사이에서 상당한 관심을 얻고 있다.
               파블로프에게 있어서 노벨상을 탄 것은 중요한 공적이었다.
dominate   스파르타인들은 고대 그리스를 지배했던 강력한 군사 세력이었다.
               우려의 감정이 그 기후 회의에서 압도적으로 우세했다.
ratio   노동 인구 중에서 여성의 비율은 그 어느 때보다 더 높다.

4 duplicate ***
[djúːplikèit]

v. 1. **copy**, **reproduce**, **imitate** 복제하다

It is considered stealing to illegally **duplicate** a copyrighted work without permission.

v. 2. **repeat** 되풀이하다

The baseball team won the championship last year, and they **duplicated** that success this year.

5 barely ***
[bɛ́ərli]

adv. 1. **hardly**, **scarcely**, **almost not** 거의 ~않게

There has been **barely** any evidence that taking zinc helps prevent colds.

adv. 2. **just**, only just 간신히

We arrived **barely** in time to see the beginning of the performance.

6 strew ***
[struː]

v. **scatter**, sprinkle, disperse 흩뿌리다

The tsunami **strewed** debris over several miles of shoreline.

7 legitimately ***
[lidʒítəmətli]

adv. **properly**, lawfully, legally 합법적으로, 정당하게

The president was elected **legitimately** through a nationwide vote.

🦊 최신출제 포인트

legitimately의 형용사형인 legitimate는 '합법적인'이라는 뜻 외에도 '합리적인'이라는 뜻으로 많이 쓰이며, 동의어로는 reasonable, logical이 출제될 수 있으니 함께 알아두도록 하자.

8 encapsulate ***
[inkǽpsjulèit]

v. **summarize**, sum up, condense 요약하다

The paper includes a concluding paragraph that **encapsulates** the main points.

---

duplicate 저작권이 있는 작품을 허가 없이 불법으로 복제하는 것은 절도 행위로 간주된다.
그 야구팀은 작년에 우승을 차지했고, 올해 그 성공을 되풀이했다.
barely 아연을 섭취하는 것이 감기 예방을 돕는다는 증거는 거의 없다.
우리는 공연의 시작을 볼 수 있게 간신히 제 시간에 도착했다.
strew 그 쓰나미는 해안가 수 마일에 걸쳐 잔해를 흩뿌려 놓았다.
legitimately 그 대통령은 전국적인 투표를 통해 합법적으로 선출되었다.
encapsulate 그 논문은 요점을 요약하는 결론 단락을 포함하고 있다.

9 relatively ***
[rélətivli]
adj. relative

adv. **comparatively**, by comparison 비교적으로

Roses have a **relatively** stronger fragrance than sunflowers.

10 hazard ***
[hǽzərd]
adj. hazardous

n. **risk**, **danger**, peril, jeopardy 위험

Reduced regulation created **hazards** to public health and safety.

11 paramount ***
[pǽrəmàunt]

adj. **supreme**, prime, chief 최고의, 중요한

The company's **paramount** concern was its declining sales.

12 unwieldy ***
[ʌ̀nwíːldi]

adj. **difficult to manage**, **awkward** (크기·무게 때문에) 다루기 힘든

Heavy vehicles such as trucks and tractors can be **unwieldy** to operate.

🐺 최신출제 포인트

awkward는 주로 '어색한'이라는 뜻으로 쓰여서 unwieldy의 동의어가 아니라고 생각할 수 있다. 그러나 'the ship's awkward size(다루기 힘든 배의 크기)'에서처럼 awkward가 '다루기 힘든'이라는 뜻으로 사용될 때에는 unwieldy의 동의어가 될 수 있다.

13 subsequent ***
[sʌ́bsikwənt]
adv. subsequently

adj. **succeeding**, **following**, **later**, **following in time** 그 다음의

The first earthquake was strong, but luckily the **subsequent** ones were weak.

14 striking ***
[stráikiŋ]
adv. strikingly

adj. **noticeable**, **remarkable**, **attention-getting** 현저한

There was a **striking** difference in the building's appearance after the renovation.

15 extended ***
[ikstèndid]

adj. **long-lasting**, prolonged 장기간에 걸친

Images of Venus indicate that the planet may have had **extended** periods of geological activity.

---

relatively 장미는 해바라기보다 비교적 더 강한 향기를 가지고 있다.
hazard 완화된 규제가 공공 보건과 안전에 위험을 초래했다.
paramount 그 회사의 최고 관심사는 감소하는 매출이었다.
unwieldy 트럭이나 트랙터와 같은 대형 차량들은 운전하기 힘들 수 있다.
subsequent 첫 번째 지진은 강했지만, 다행히도 그 다음의 지진들은 약했다.
striking 보수 후에 그 건물의 외관에는 현저한 차이가 있었다.
extended 금성의 사진들은 이 행성이 장기간에 걸친 지질학적 활동을 겪었을 수도 있다는 것을 보여준다.

16 ephemeral ***
[ifémərəl]

adj. **short-lived**, **living for a short time**; **temporary** 단명하는; 덧없는

A mayfly is an **ephemeral** insect that has a lifespan of less than 48 hours.

17 rigid ***
[rídʒid]
adv. rigidly

adj. 1. **strict**, **exact**, severe, rigorous 엄격한

The rules at the military boot camp are so **rigid** that many drop out on the first day.

adj. 2. **stiff**, hard, firm 굳은, 경직된

When Ted heard the news, his whole body went **rigid** with shock.

18 chief **
[tʃi:f]

adj. **major**, main, primary, principal 주요한

Victorian writer Alfred Lord Tennyson was a **chief** influence on the poet T.S. Eliot.

> 🐺 최신출제 포인트
> chief는 형용사가 아닌 명사로도 많이 쓰인다. 명사로는 'the chief of a family(가장)'에서처럼 '(조직의) 장(長)'이라는 뜻으로 주로 쓰이며, 동의어로는 leader, head가 출제될 수 있으니 함께 알아두도록 하자.

19 severity **
[səvérəti]
adj. severe
adv. severely

n. **seriousness** 심함

The effects of black widow spider bites vary widely in **severity**, from mild skin irritation to death.

20 typical of **

phr. **characteristic of**, representative of ~을 대표하는

Family-owned stores were **typical of** nineteenth-century American commercial establishments.

21 enable **
[inéibl]

v. **allow**, **permit**, facilitate 가능하게 하다

Smartphones **enable** people to share information with others easily.

---

ephemeral 하루살이는 48시간 미만의 수명을 가진 단명하는 곤충이다.
rigid 군대 신병 훈련소의 규율은 매우 엄격하여 많은 사람들이 첫째 날에 낙오한다.
Ted가 그 소식을 들었을 때, 그의 온몸은 충격으로 굳어졌다.
chief 빅토리아 시대 작가인 알프레드 로드 테니슨은 시인 T.S. 엘리엇에게 주요한 영향을 준 인물이었다.
severity 검은 과부 거미에게 물린 상처의 결과는 가벼운 피부 염증에서 죽음까지 그 심함에 있어서 가지각색이다.
typical of 가족에 의해 운영되는 상점들은 19세기의 미국 상업 체제를 대표하는 것이었다.
enable 스마트폰은 사람들이 다른 사람들과 정보를 쉽게 공유하는 것을 가능하게 한다.

22 empirical **

[impírikəl]

adj. **based on observation**, experimental

실험상의, 실험에 의한

The scientists studied the rats' movements in order to gain **empirical** evidence about their behavior.

23 controversy **

[kántrəvə̀ːrsi]
adj. controversial

n. **dispute**, **debate**, **disagreement**, contention

논쟁

How to distribute education funding is a **controversy** in many school districts.

24 accomplish **

[əkámpliʃ]

v. **achieve**, **execute**, **work out**, **put through**

성취하다

To **accomplish** its plan for a new building, the community center must raise a lot of money.

25 set **

[set]

adj. 1. **fixed**, settled

고정된

Doctors recommend sticking to a **set** sleeping schedule in order to get good rest.

v. 2. **situate**, place, put

놓다

The movers will **set** the furniture inside the house.

26 lag **

[læg]

n. **delay**

지연

There is a slight **lag** between the transmission and reception of an electronic signal.

🦊 최신출제 포인트

lag는 명사가 아닌 동사로도 많이 쓰인다. 동사로는 'lag at the station(역에서 꾸물거리다)'에서처럼 '꾸물거리다'라는 뜻으로 주로 쓰이며, 동의어로는 linger, dawdle이 출제될 수 있으니 함께 알아두도록 하자.

27 exude **

[igzúːd]

v. **give off**, **release**, emit

(액체·냄새 등을) 발산하다

Human skin **exudes** sweat as a cooling mechanism.

---

empirical 과학자들은 쥐의 행동에 대한 실험상의 근거를 얻기 위해서 쥐의 움직임을 연구했다.
controversy 교육 기금을 어떻게 배분할지는 많은 학군에서 논쟁이 되고 있다.
accomplish 새 건물을 위한 계획을 성취하기 위해 주민센터는 많은 돈을 마련해야 한다.
set 의사들은 충분한 휴식을 취하기 위해 고정된 수면 스케줄을 고수할 것을 권한다.
 운반업자들은 집 안에 가구를 놓을 것이다.
lag 전기 신호의 송신과 수신 사이에는 약간의 지연이 있다.
exude 인간의 피부는 냉각 방법으로 땀을 발산한다.

28 interplay**
[íntərplèi]

n. **interaction**, reciprocity　　상호 작용

The **interplay** of supply and demand helps determine the price of goods.

29 precede**
[prisíːd]

v. **come before**, antecede, forerun　　~에 앞서다

A recovery in airline stocks typically **precedes** a rebound in the economy.

30 manipulation**
[mənìpjuléiʃən]
v. manipulate

n. **deliberate alteration**　　조작

The **manipulation** of people's personal information without consent is a criminal offense.

31 dry**
[drai]
n. dryness

adj. **arid**, rainless, parched　　건조한

Mars has a very **dry** environment, although some frozen water lies below the surface.

32 assist with**

phr. **help with**, aid, support　　~을 돕다

Financial advisors **assist with** managing and increasing their clients' personal wealth.

33 acute**
[əkjúːt]

adj. **severe**, intense, extreme　　극심한

The Environmental Protection Agency has documented many cases of **acute** injury and death from fires.

🦉 최신출제 포인트
acute는 'an acute observation(예리한 관찰)'에서처럼 '예리한'이라는 뜻으로도 많이 쓰인다. 동의어로는 keen, sharp가 출제될 수 있으니 함께 알아두도록 하자.

34 article**
[áːrtikl]

n. **object**, item, thing　　물품

Every single **article** in the museum is more than a thousand years old.

---

interplay 수요와 공급의 상호 작용은 상품의 가격을 결정하는 것을 돕는다.
precede 항공사 주식의 주가 회복은 보통 경제의 회복보다 앞선다.
manipulation 허락 없이 사람들의 개인 정보를 조작하는 것은 형사 범죄이다.
dry 표층 아래에 얼어붙은 물이 조금 있기는 하지만 화성은 매우 건조한 환경을 가지고 있다.
assist with 재정 자문가들은 고객들의 개인 재산을 관리하고 늘리는 것을 돕는다.
acute 미국 환경 보호국은 화재로 인한 극심한 부상과 사망의 여러 사례들을 기록해 왔다.
article 그 박물관의 모든 물품들은 천 년 이상 된 것이다.

35 scrutiny**

[skrú:təni]
v. scrutinize

n. close observation, examination, inspection   정밀 검사

After much **scrutiny**, experts determined that the painting was authentic.

36 recompense**

[rékəmpèns]

n. repayment, compensation   보상

Bobby offered to mow his neighbor's lawn as **recompense** for accidentally breaking her window with his baseball.

37 reflect**

[riflékt]

v. 1. show, indicate, display, demonstrate   나타내다

Chants of "Encore!" **reflected** the crowd's enjoyment of the performance.

v. 2. meditate, think, consider, ponder   숙고하다

Casey needed some time to **reflect** before making her decision.

38 immeasurably**

[iméʒərəbli]

adv. greatly, extremely   대단히

Quality of life has improved **immeasurably** because of modern technology.

39 rudiments**

[rú:dəmənts]

n. basics, elements, fundamentals   기초, 기본

George mastered the **rudiments** of Russian grammar in one year.

40 mortality**

[mɔ:rtǽləti]

n. death   사망

In the 19th century, world **mortality** rates declined due to advances in medicine.

🐺 최신출제 포인트

mortality의 형용사형인 mortal은 '치명적인'이라는 뜻이며, 동의어로는 lethal, fatal이 출제될 수 있으니 함께 알아두도록 하자.

---

scrutiny   많은 정밀 검사 후, 전문가들은 그 그림이 진품이라고 결론지었다.
recompense   Bobby는 잘못하여 야구공으로 창문을 깬 것에 대한 보상으로 이웃의 잔디를 깎아주겠다고 제안했다.
reflect   "앙코르!"라는 구호는 공연에 대한 관중들의 즐거움을 나타냈다.
              Casey는 결정을 내리기 전에 숙고할 시간이 조금 필요했다.
immeasurably 삶의 질은 현대 기술 덕분에 대단히 향상되었다.
rudiments   George는 러시아어 문법의 기초를 1년 만에 터득했다.
mortality   19세기에는 의학의 발전으로 인해 세계의 사망률이 감소했다.

41 awkward**
[ɔ́ːkwərd]

adj. **clumsy**, unskillful — 서투른

A child's **awkward** first steps are an important milestone in his or her physical development.

42 constrain**
[kənstréin]

v. 1. **oblige**, **bind**, force, pressure — 강요하다

The threat of social exclusion **constrains** people to behave in culturally acceptable ways.

v. 2. **inhibit**, **restrain**, **restrict** — 억제하다

The country's economic growth was **constrained** by a high level of inflation.

43 turmoil**
[tə́ːrmɔil]

n. **unrest**, agitation, stir — 소란, 동요

When the electricity went out across the city, it created **turmoil** among the residents.

44 property*
[prápərti]

n. 1. **characteristic**, **character**, **quality** — 특성

Professor Kim discussed the **properties** of gas molecules in detail during the lecture.

n. 2. **estate**, **possession**, **havings** — 재산

Albert lost all of his **property** in the fire.

45 fuel*
[fjúːəl]

v. **give energy to**; **encourage** — 연료를 공급하다; 자극하다

Coal **fueled** the engines used in the steamships of the 19th century.

> 🐺 최신출제 포인트
>
> encourage는 주로 '격려하다'라는 뜻으로 쓰여서 fuel의 동의어가 아니라고 생각할 수 있다. 그러나 'encourage the revolution(혁명을 자극하다)'에서처럼 encourage가 '자극하다'라는 뜻으로 사용될 때에는 fuel의 동의어가 될 수 있다.

---

awkward 아이의 서투른 첫 걸음은 신체적 발달에서 중요한 사건이다.
constrain 사회적으로 배제되는 것의 위협은 사람들이 문화적으로 용인되는 방식으로 행동하도록 강요한다.
그 국가의 경제 성장은 높은 수준의 인플레이션으로 인해 억제되었다.
turmoil 온 도시의 전기가 나가자, 주민들 사이에서 소란이 일어났다.
property Kim 교수는 강의에서 기체 분자들의 특성에 대해 자세히 논했다.
Albert는 화재로 그의 전 재산을 잃었다.
fuel 석탄은 19세기의 증기선에 사용된 엔진에 연료를 공급했다.

46 **majestic** *

[mədʒéstik]

adj. **magnificent**, grand, august   위엄 있는, 웅대한

The bald eagle is so **majestic** that the US made the animal its national bird.

47 **preeminent** *

[priémənənt]

adj. **outstanding**, **distinguished**, **foremost**   뛰어난

Marcel Duchamp was one of the **preeminent** artists of the 20th century.

48 **crude** *

[kru:d]

adj. **rough**, **primitive**, raw, unrefined   가공하지 않은

Dietary experts believe that **crude** sea salt contains more nutrients than its refined counterparts.

49 **variety** *

[vəráiəti]

n. 1. **diversity**, **multiplicity**   다양성

The **variety** of trees is a result of millions of years of evolution.

n. 2. **type**, species, sort, kind   종류

The catfish is a popular **variety** of freshwater fish.

50 **typically** *

[típikəli]

adv. **usually**, **normally**, **ordinarily**   보통

Pain relief tablets **typically** take ten to thirty minutes to start working.

51 **supplementary** *

[sÀpləméntəri]

adj. **additional**, extra   추가의

These days, many people work a second job for **supplementary** income.

> 🐾 최신출제 포인트
>
> supplemental은 supplementary와 동일하게 '추가의'라는 뜻의 형용사로 쓰이므로 함께 알아 두도록 하자.

---

majestic 흰머리 독수리는 매우 위엄 있어서 미국은 그 동물을 국조로 지정하였다.
preeminent 마르셀 뒤샹은 20세기의 가장 뛰어난 화가들 중 하나였다.
crude 식이 요법 전문가들은 가공되지 않은 천일염이 정제된 소금보다 더 많은 영양분을 포함하고 있다고 믿는다.
variety 수목의 다양성은 수백만 년에 걸친 진화의 산물이다.
        메기는 민물고기 중 인기 있는 종류이다.
typically 진통제는 효과가 있기까지 보통 10분에서 30분 정도 걸린다.
supplementary 요즘에는 많은 사람들이 추가적인 소득을 위해 부업을 한다.

52 reduce ＊
[ridjúːs]

v. **decrease, diminish**, cut
감소시키다

The poor tobacco crops of 1755 greatly **reduced** the amount of tobacco exports.

53 subject ＊
[sʌ́bdʒikt]

n. 1. **participant**
피실험자

The **subjects** in the medical experiment have been screened for health issues.

[səbdʒékt]

v. 2. **expose**
(싫은 일 등을) 겪게 하다

After a few weeks, young owls leave the nest and **subject** themselves to danger.

54 flee ＊
[fliː]

v. **run away from, escape**, abscond
도망치다, 벗어나다

Although many criminals attempted to **flee** Alcatraz Prison, it was nearly escape-proof.

Quiz

Choose the synonyms.

1. unwieldy
2. dominate
3. controversy
4. exude
5. dry
6. striking
7. ephemeral
8. crude
9. precede
10. accomplish

ⓐ achieve, execute, work out
ⓑ noticeable, remarkable, attention-getting
ⓒ difficult to manage, awkward
ⓓ come before, antecede, forerun
ⓔ give off, release, emit
ⓕ short-lived, living for a short time
ⓖ arid, rainless, parched
ⓗ control, govern, rule
ⓘ rough, primitive, raw
ⓙ dispute, debate, disagreement

Answer 1.ⓒ 2.ⓗ 3.ⓙ 4.ⓔ 5.ⓖ 6.ⓑ 7.ⓕ 8.ⓘ 9.ⓓ 10.ⓐ

---

reduce 1755년의 저조한 담배 수확량은 담배 수출량을 크게 감소시켰다.
subject 의학적 실험의 피실험자들은 건강상의 문제가 있는지 검진을 받았다.
         몇 주 후에, 새끼 부엉이들은 둥지를 떠나 위험을 겪게 된다.
flee 많은 죄수들이 앨커트래즈 교도소에서 도망치려 시도했지만, 그곳은 탈옥이 거의 불가능했다.

DAY 8

Hackers T O E F L Vocabulary

Hackers Voca

생각해 보면 성취감은 arduous한 과정이 있기 때문에 생기는 것 같아요.

---

1 furthermore ***
[fə́:rðərmɔ̀:r]

adv. **in addition, moreover** 　게다가

Using organic compost reduces the need for chemical fertilizers. **Furthermore**, it strengthens the soil.

---

2 proliferate ***
[prəlífərèit]
n. proliferation

v. **multiply, become numerous, increase in number** 　증식하다

Mosquitoes **proliferate** faster and bite more as the air becomes warmer.

---

3 assess ***
[əsés]
n. assessment

v. **evaluate, estimate**, judge, appraise 　평가하다

With the help of her counselors, Helen began to **assess** her life in a more positive way.

> 🐱 최신출제 포인트
> assess와 철자와 발음이 비슷한 access는 '접근, 입장(approach, admission)'이라는 뜻이므로 시험에서 혼동하지 않도록 주의하자.

---

4 spur ***
[spəːr]

n. 1. **stimulus**, incitement, incentive 　자극

The coach's speech was a much needed **spur** for the team.

v. 2. **stimulate**, prompt 　자극하다

The free trade agreement **spurred** economic development in the region.

---

furthermore
proliferate
assess
spur

유기농 퇴비를 사용하는 것은 화학적 비료의 필요성을 줄인다. 게다가, 그것은 토양을 강화시킨다.
모기는 대기가 따뜻해질수록 더 빨리 증식하고 더 많이 문다.
Helen은 상담사들의 도움을 받으면서 자신의 삶을 더 긍정적인 방향으로 평가하기 시작했다.
코치의 연설은 팀에 매우 필요했던 자극이었다.
자유 무역 협정은 그 지역에 경제적 발전을 자극했다.

5 eclectic ★★★　　adj. **diverse, various**, manifold　　(취미·의견 등이) 폭넓은, 다방면의
[iklέktik]

Social media sites reflect the **eclectic** opinions that exist in society today.

6 crucial ★★★　　adj. **decisive, important, essential, vital, acute**　　결정적인, 중대한
[krú:ʃəl]
adv. crucially

Public opinion was the **crucial** factor in entering the war.

7 intricate ★★★　　adj. **complex, complicated**, elaborate, tangled　　복잡한
[íntrikət]

The exterior walls of the Aztec temple are covered with **intricate** designs.

8 palatial ★★★　　adj. **magnificent**, grand, majestic, splendid　　웅장한, 대궐 같은
[pəléiʃəl]

Many tourists visit Beverly Hills to see the **palatial** homes of celebrities.

9 potent ★★★　　adj. **powerful, strong**, influential　　(영향 등이) 강력한
[poutnt]

Scorpions have a stinger at the end of their tail, and it is a very **potent** weapon.

🐺 최신출제 포인트
potent의 명사형인 **potency**는 '(약 등의) 효능'이라는 뜻이며, 동의어로는 **efficacy**가 출제될 수 있으니 함께 알아두도록 하자.

10 extract ★★★　　v. **draw, derive, remove**　　끌어내다, 뽑아내다
[ikstrǽkt]

Slaves were put to work on plantations to **extract** maximum harvests from the cotton fields.

11 course through ★★★　　phr. **run through**　　~속을 흐르다

The Amazon River **courses through** the Brazilian rainforest.

---

eclectic　　소셜 미디어 사이트들은 오늘날 사회에 존재하는 폭넓은 의견들을 반영한다.
crucial　　전쟁에 참가하는 데 있어서 여론은 결정적인 요소였다.
intricate　　아즈텍 신전의 외벽들은 복잡한 문양으로 뒤덮여 있다.
palatial　　많은 관광객들이 유명인들의 웅장한 집을 보기 위해 비벌리 힐스를 방문한다.
potent　　전갈은 꼬리 끝에 침을 가지고 있고, 그것은 매우 강력한 무기이다.
extract　　목화밭에서 최대한의 수확물을 끌어내기 위해 노예들은 농장에서 일하도록 배치되었다.
course through　　아마존 강은 브라질의 열대 우림 속을 흐른다.

12 criterion ***
[kraitíəriən]

n. **standard**, measure, norm 기준

Criteria for graduate school admissions vary greatly depending on the university.

🦊 최신출제 포인트
예문에서 사용된 criteria는 criterion의 복수형이므로 시험에서 다른 단어로 혼동하지 않도록 주의하자.

13 enjoy ***
[indʒɔ́i]

v. **experience** 재미를 보다, 즐겁게 경험하다

The record company **enjoyed** an increase in album sales after it opened an online store.

14 inadvertently ***
[ìnədvə́ːrtntli]

adv. **unintentionally**, **accidentally**, unwittingly 무심코

Grace **inadvertently** deleted the accounting files from her computer.

15 peril ***
[pérəl]

n. **danger**, jeopardy, hazard 위험

Travelers who visit countries where sickness is common put themselves in **peril**.

16 arduous ***
[áːrdʒuəs]

adj. **difficult**, **strenuous**, laborious 힘든

Only 38 percent of climbers have been able to make the **arduous** trek to Annapurna's summit.

17 feat ***
[fiːt]

n. **achievement**, accomplishment, exploit 위업

The Taj Mahal is considered a remarkable **feat** of structural engineering.

18 friction **
[fríkʃən]

n. **conflict**, clash, discord, strife 마찰, 불화

Friction between France and Germany existed before the start of World War I.

---

criterion   대학원 입학의 기준은 대학에 따라 매우 다르다.
enjoy   그 음반 회사는 온라인 매장을 연 후에 앨범 판매량이 증가하는 재미를 보았다.
inadvertently   Grace는 무심코 컴퓨터에서 회계 파일들을 지웠다.
peril   질병이 흔한 나라를 방문하는 여행객들은 자기 자신을 위험에 빠뜨린다.
arduous   겨우 38%의 산악인만이 안나푸르나의 정상으로 가는 힘든 여행을 할 수 있었다.
feat   타지마할은 구조 공학의 주목할 만한 위업으로 여겨진다.
friction   프랑스와 독일 간의 마찰은 제1차 세계대전의 발발 이전부터 존재했다.

19 materialize **

[mətíəriəlàiz]

v. **appear**, emerge, loom 나타나다

The people in the lifeboat were relieved when a ship **materialized** in the distance.

> 🦊 최신출제 포인트
> material은 '물질'이라는 뜻의 명사로 쓰이며, 동의어로는 substance, matter가 출제될 수 있으니 함께 알아두도록 하자.

20 regulate **

[régjulèit]

v. **adjust**, **control** 조절하다

Mammals differ from other animals in the way they **regulate** body temperature.

21 demise **

[dimáiz]

n. **end**, fall, collapse, downfall 종말, 몰락

The Battle of Midway ensured the **demise** of the Japanese Empire.

22 frankly **

[fræŋkli]

adv. **honestly**, **openly**, truthfully, candidly 솔직히

In the interview, the celebrity spoke **frankly** about her recent personal problems.

23 immensely **

[iménsli]
adj. immense

adv. **extremely**, **excessively**, enormously, incredibly 굉장히

The world's population grew **immensely** during the 20th century.

24 deem **

[di:m]

v. **consider**, regard, believe 생각하다, 여기다

The doctor **deemed** it necessary for the patient to undergo surgery immediately.

25 consumption **

[kənsʌ́mpʃən]
v. consume

n. **use**, utilization 소비, 소모

The **consumption** of drugs has increased in the country despite the government's best efforts to prevent it.

---

materialize 구명정에 있던 사람들은 멀리서 배가 나타나자 안도했다.
regulate 포유동물은 체온을 조절하는 방식에 있어서 다른 동물들과 다르다.
demise 미드웨이 해전은 일본 제국의 종말을 확실하게 했다.
frankly 인터뷰에서 그 유명인사는 요즘 그녀의 개인적인 문제에 대해 솔직하게 말했다.
immensely 세계 인구는 20세기 동안 굉장히 증가했다.
deem 의사는 그 환자가 당장 수술을 받을 필요가 있다고 생각했다.
consumption 마약 소비를 막으려는 정부의 최선을 다한 노력에도 불구하고 국가의 마약 소비는 증가했다.

26 suspend **
[səspénd]

v. **hang**, dangle, swing — 매달다

The workers **suspended** the lights from the ceiling of the building's lobby.

> 🐺 최신출제 포인트
> suspend는 'suspend the road construction(도로 공사를 연기하다)'에서처럼 '연기하다'라는 뜻으로도 많이 쓰인다. 동의어로는 defer, postpone이 출제될 수 있으니 알아두도록 하자.

27 prevent **
[privént]

v. **preclude**, **avoid**, **impede**, avert — 막다, 방해하다

The environmental bill **prevents** citizens from dumping garbage into the lake.

28 authentic **
[ɔːθéntik]
n. authenticity

adj. **genuine**, true, real — 진짜의

The museum has a large collection of **authentic** artifacts from the late 1400s.

29 redundant **
[ridʌ́ndənt]

adj. **superfluous**, unnecessary; **wordy**, repetitious — 불필요한; 장황한

Students often make the mistake of including **redundant** information in their essays.

30 profuse **
[prəfjúːs]

adj. **abundant**, **plentiful**, **copious**, **lavish** — 풍부한

The old English sheepdog has a **profuse** coat of fur that keeps it warm in the winter.

31 ornament **
[ɔ́ːrnəmənt]
adj. ornamental

v. **decorate**, adorn, embellish — 장식하다

Timothy's house was **ornamented** with various flowers.

32 demolish **
[dimáliʃ]

v. **destroy**, wreck — 파괴하다

Large hurricanes and typhoons can easily **demolish** entire cities.

---

suspend 인부들은 건물 로비의 천장에 전등을 매달았다.
prevent 그 환경 법안은 시민이 호수에 쓰레기를 버리는 것을 막는다.
authentic 그 박물관은 1400년대 후기의 많은 진짜 유물 수집물들을 가지고 있다.
redundant 학생들은 종종 과제물에 불필요한 정보를 포함시키는 실수를 한다.
profuse 올드 잉글리시 쉽독은 겨울에 따뜻하게 유지시켜주는 풍부한 털을 가지고 있다
ornament Timothy의 집은 여러 가지 꽃들로 장식되어 있었다.
demolish 거대한 허리케인과 태풍은 쉽게 도시 전체를 파괴할 수 있다.

33 voracious **

[vɔːréiʃəs]

adj. **insatiable**, greedy, gluttonous

만족할 줄 모르는, 탐욕적인

Because growing children can have **voracious** appetites, they may need to eat more often than most adults.

> 🦊 최신출제 포인트
> voracious와 철자와 발음이 비슷한 veracious는 '진실한(truthful, honest)'이라는 뜻이므로 시험에서 혼동하지 않도록 주의하자.

34 as well as **

phr. **in addition to**, not to mention

~뿐만 아니라

Florida is a popular tourist destination because it has a warm climate **as well as** beautiful beaches.

35 extreme **

[ikstríːm]

adj. **intense**, severe; **excessive**

극심한; 지나친

A polar bear's thick fur protects it from the **extreme** cold.

36 reform **

[rifɔ́ːrm]

n. 1. **betterment**

개혁, 개선

The protestors hoped that their actions would lead to **reform**.

v. 2. **amend**, improve, ameliorate

개선하다, 개정하다

The company would go bankrupt unless it **reformed** its spending.

37 determinant **

[ditə́ːrmənənt]

n. **cause**, factor

결정 요인

Unsanitary water is one major **determinant** for the spread of infectious diseases.

38 inclination **

[ìnklənéiʃən]

n. **tendency**, trend; **preference**, taste

경향; 기호

The Mongols had little **inclination** to ally with other nomadic peoples of Northern Asia.

---

voracious 성장기의 아이들은 만족할 줄 모르는 식욕을 갖고 있을 수 있기 때문에 대부분의 성인보다 더 자주 먹어야 할지도 모른다.
as well as 플로리다는 아름다운 해변뿐만 아니라 따뜻한 기후를 갖고 있기 때문에 인기 있는 관광지이다.
extreme 북극곰의 두꺼운 모피는 극심한 추위로부터 그것을 보호한다.
reform 시위자들은 자신들의 활동이 개혁으로 이어지기를 희망했다.
  그 회사는 지출을 개선하지 않는 한 파산할 것이다.
determinant 비위생적인 수질은 전염병 확산의 중요한 결정 요인 중 하나이다.
inclination 몽골인들은 북아시아의 다른 유목 민족들과 동맹을 맺으려는 경향이 거의 없었다.

39 inflation**

[infléiʃən]
v. inflate

n. **expansion**, swelling, enlargement 팽창

According to the theory, the universe began a rapid **inflation** following the Big Bang.

40 routine**

[ruːtíːn]
adv. routinely

adj. **ordinary**, **normal**, conventional 틀에 박힌, 평범한

Successful applicants avoid giving **routine** answers in interviews.

41 accessible**

[æksésəbl]

adj. **reachable**, **able to be reached**; **obtainable** 접근할 수 있는; 얻을 수 있는

Eagles nest high on cliffs that are **accessible** by few predators.

42 constituent**

[kənstítʃuənt]
v. constitute
n. constitution

adj. **component**, elemental 구성 요소의

Carl Linnaeus conducted a great deal of research on the **constituent** parts of the human body.

🦊 **최신출제 포인트**

constituent는 형용사가 아닌 명사로도 많이 쓰인다. 명사로는 'support of the constituents (유권자들의 지지)'에서처럼 '유권자'라는 뜻으로 주로 쓰이며, 동의어로는 voter, elector가 출제될 수 있으니 함께 알아두도록 하자.

43 insolent*

[ínsələnt]

adj. **impertinent**, **impudent**, rude 무례한

The waiter's **insolent** attitude offended the customers in the restaurant.

44 to be sure*

phr. **certainly**, definitely, surely 틀림없이

To be sure, Shakespeare's contributions to the English language cannot be discounted.

45 broadly*

[brɔ́ːdli]

adv. **generally**, mostly 대체로

Broadly speaking, Alfred Hitchcock's films are suspenseful.

---

inflation 그 학설에 의하면, 빅뱅 후에 우주는 빠른 팽창을 시작했다.
routine 성공적인 지원자들은 면접 때 틀에 박힌 대답을 하는 것을 피한다.
accessible 독수리들은 접근할 수 있는 포식자들이 거의 없는 절벽 높은 곳에 둥지를 튼다.
constituent 칼 린네는 인체의 구성 요소에 대해 많은 연구를 했다.
insolent 웨이터의 무례한 태도는 식당의 고객들을 불쾌하게 했다.
to be sure 틀림없이, 영어에 대한 셰익스피어의 공헌은 무시될 수 없다.
broadly 대체로 말하자면, 알프레드 히치콕의 영화는 긴장감이 넘친다.

46 echo*
[ékou]

v. 1. **reflect**, resound, resonate   울리다, 반향하다

The sound of Mozart's music **echoed** off the walls of the concert hall.

v. 2. **imitate**; **repeat**, reiterate   흉내 내다; (말 등을) 되풀이하다

The ballet students **echoed** the movements of their instructor.

47 shoddy*
[ʃádi]

adj. **inferior**, poor   질이 떨어지는

The car repair shop had a reputation for doing **shoddy** work.

48 gear*
[giər]

v. **adjust**, adapt, change   맞게 조정하다

The teacher **geared** her lessons to the individual abilities of each class.

> 🦊 최신출제 포인트
> gear는 동사가 아닌 명사로도 많이 쓰인다. 명사로는 'climbing gear(등산 장비)'에서처럼 '(특정 목적을 위한) 장비'라는 뜻으로 주로 쓰이며, 동의어로는 equipment, tool이 출제될 수 있으니 함께 알아두도록 하자.

49 absorb*
[æbsɔ́ːrb]

v. **take in**, imbibe, soak up   흡수하다

Alcohol that is stored in barrels **absorbs** the wood's scent, giving it a unique flavor.

50 whereby*
[hwɛərbái]

conj. **through which**, by which   (그것에 의하여) ~하는

Plants engage in a process called photosynthesis **whereby** they produce sugars and starches.

51 assemble*
[əsémbl]

v. **gather together**, bring together, collect   모으다

The family was **assembled** in the big, white dining room.

---

echo   모차르트의 음악이 콘서트 홀의 벽에 반향되었다.
        발레 학생들은 교사의 동작을 흉내 내었다.
shoddy   그 자동차 정비소는 질이 떨어지는 작업을 하는 것으로 유명하다.
gear   선생님은 자신의 수업을 각 반의 개별적인 역량에 맞게 조정했다.
absorb   나무통에 저장된 술은 나무의 향을 흡수해서 독특한 맛을 낸다.
whereby   식물은 당과 녹말을 생산하는 광합성이라고 불리는 과정을 수행한다.
assemble   그 가족은 넓고 하얀 식당에 모여 있었다.

52 liberate
[líbərèit]

v. **free**, release, loosen — 해방하다

Rebel forces **liberated** many political prisoners when they took over the city.

53 rational
[rǽʃənl]

adj. **logical**, sensible, reasonable — 합리적인

Big purchases, such as a car or home, should be based on **rational** thinking, not on emotions.

54 resistance
[rizístəns]

n. **opposition**, objection, refusal to accept — 반대, 저항

In the 1960s, American people protested in the streets to show their **resistance** to the Vietnam War.

> 🦊 최신출제 포인트
> resistance의 동사형인 resist는 '저항하다'라는 뜻 외에도 '(하고 싶은 것을) 참다'라는 뜻으로 많이 쓰이며, 동의어로는 refrain from, abstain from이 출제될 수 있으니 함께 알아두도록 하자.

55 indefinite period

phr. **a period whose end has not been determined** — 무기한

Due to safety issues, the bridge will be closed for an **indefinite period**.

56 ardent
[á:rdənt]

adj. **enthusiastic**, passionate, fervent — 열렬한

Thousands of **ardent** fans gathered at the stadium to watch the Olympics.

57 extinct
[ikstíŋkt]

adj. **having died out**, defunct — 멸종된

Plants and animals are becoming **extinct** at the fastest rate ever known in human history.

58 be accompanied by

phr. **occur together with** — ~을 동반하다

The patient's sore throat **was accompanied by** a fever.

---

liberate · 반란군은 그 도시를 장악하고 나서 많은 정치범들을 해방시켰다.
rational · 차나 집과 같은 큰 구매는 감정이 아닌 합리적인 사고에 기초해야 한다.
resistance · 1960년대에 미국 사람들은 베트남 전쟁에 대한 그들의 반대를 표현하고자 길거리에서 항의했다.
indefinite period · 안전 문제 때문에 그 다리는 무기한 폐쇄될 것이다.
ardent · 수천 명의 열렬한 팬들이 올림픽을 보기 위해 경기장에 모였다.
extinct · 인류 역사상 지금껏 알려진 것 중 가장 빠른 속도로 식물과 동물이 멸종되고 있다.
be accompanied by · 환자의 인후염은 발열을 동반했다.

59 overestimated *
[òuvəréstəmeitid]

adj. **bigger than actual value**

과대평가된

Recent studies have shown that the benefits of dieting are **overestimated**.

QUIZ

Choose the synonyms.

1. proliferate
2. extract
3. prevent
4. authentic
5. peril
6. inadvertently
7. arduous
8. regulate
9. rational
10. resistance

ⓐ adjust, control
ⓑ unintentionally, accidentally, unwittingly
ⓒ difficult, strenuous, laborious
ⓓ draw, derive, remove
ⓔ genuine, true, real
ⓕ opposition, objection, refusal to accept
ⓖ danger, jeopardy, hazard
ⓗ multiply, become numerous
ⓘ preclude, avoid, impede
ⓙ logical, sensible, reasonable

Answer 1.ⓗ 2.ⓓ 3.ⓘ 4.ⓔ 5.ⓖ 6.ⓑ 7.ⓒ 8.ⓐ 9.ⓙ 10.ⓕ

overestimated — 최근의 연구들은 식이 요법의 이점이 과대평가되었다는 것을 보여준다.

Hackers Voca

Hackers TOEFL Vocabulary

initiate하는 것이 반이라고 했으니, 이미 반도 넘게 공부했네요!

---

1 initiate ***
[iníʃièit]
n. initiative

v. **start**, **begin**, **originate**, commence 시작하다

The government has **initiated** several new welfare policies to assist the poor.

2 tremendous ***
[triméndəs]

adj. **great**, **large**, **gigantic**, **huge** 엄청난

The Arab-Israeli conflict has had a **tremendous** impact on the world economy.

🐺 최신출제 포인트
tremendous와 철자가 비슷한 tremulous는 '떨리는(trembling, vibrating)'이라는 뜻이므로 시험에서 혼동하지 않도록 주의하자.

3 breakthrough ***
[bréikθrù:]

n. **(sudden) advance**, **progress** 큰 발전

The discovery of a cure for AIDS would be a huge **breakthrough** for modern medicine.

4 cope with ***

phr. **deal with**, **manage**, **handle** ~에 대처하다, ~을 다루다

The soccer players **coped with** heavy rain and a muddy field as they played the game.

5 inducement ***
[indjú:smənt]
v. induce

n. **incentive**, incitement, lure 유인(책), 장려

The research shows that the greatest **inducement** to productivity in the workplace is managerial style.

---

initiate 정부는 가난한 사람들을 돕기 위해 여러 가지 새로운 복지 정책을 시작했다.
tremendous 아랍과 이스라엘의 분쟁은 세계 경제에 엄청난 영향을 끼쳤다.
breakthrough 에이즈 치료법의 발견은 현대 의학에 있어서 엄청나게 큰 발전이 될 것이다.
cope with 축구 선수들은 경기를 하면서 폭우와 진흙투성이인 경기장에 대처했다.
inducement 그 연구는 직장에서의 생산성을 위한 가장 좋은 유인책이 경영 방식이라는 것을 보여준다.

6 irreversible ***
[irivə́ːrsəbl]

adj. **irreparable**, irrevocable, irremediable   돌이킬 수 없는

Long exposure to freezing temperatures can cause **irreversible** damage to skin.

7 comprise ***
[kəmpráiz]

v. 1. **include**, encompass   포함하다

The textbook **comprises** a large number of detailed illustrations and charts.

v. 2. **consist of**, **be made up of**, be composed of   ~으로 구성되다

The Dow Jones Industrial Average **comprises** thirty of the largest companies in the US.

8 culmination ***
[kʌ̀lmənéiʃən]

n. **high point**, apex, pinnacle   정점, 최고조

Being promoted to company president was the **culmination** of Timothy's 20-year career.

> 🦊 최신출제 포인트
>
> culmination의 동사형인 culminate는 '최고조에 달하다'라는 뜻 외에도 '끝나다'라는 뜻으로 많이 쓰이며, 동의어로는 end, finish, terminate가 출제될 수 있으니 함께 알아두도록 하자.

9 allegiance ***
[əlíːdʒəns]

n. **loyalty**, fidelity, commitment, dedication   충성, 헌신

Immigrants must promise their **allegiance** to their new country.

10 notable ***
[nóutəbl]
adv. notably

adj. **remarkable**, **outstanding**; important   주목할 만한; 중요한

Professor Dixon's **notable** achievements in academia earned him the respect and admiration of his colleagues.

11 idiosyncrasy ***
[ìdiəsíŋkrəsi]

n. **peculiarity**, eccentricity, oddity   특징, 이상한 점

An **idiosyncrasy** of modern life is that people are busier than ever despite technology.

---

irreversible   영하의 기온에 장시간 노출되는 것은 피부에 돌이킬 수 없는 손상을 유발할 수 있다.
comprise   그 교과서는 다수의 상세한 삽화와 도표를 포함한다.
   다우존스 산업 평균지수는 미국에서 가장 큰 서른 개의 기업들로 구성된다.
culmination   회사의 사장으로 승진된 것은 Timothy의 20년 경력의 정점이었다.
allegiance   이민자들은 새로운 나라에 대한 충성을 약속해야 한다.
notable   학계 내 Dixon 교수의 주목할 만한 업적은 동료들의 존경과 찬사를 얻게 해주었다.
idiosyncrasy   현대 생활의 특징은 과학 기술에도 불구하고 사람들이 그 어느 때보다도 더 바쁘다는 것이다.

12 minute ***
[main júːt]
adv. minutely

adj. **tiny**, **very small**, diminutive 아주 작은

Bacteria are so **minute** that they can only be observed using a microscope.

13 markedly ***
[máːrkidli]
adj. marked

adv. **significantly**, **noticeably**, **considerably**, substantially 현저하게

The Moon's density is **markedly** less than the Earth's.

14 phenomenon ***
[finámənàn]
adj. phenomenal

n. **occurrence**, incident 현상, 사건

The Great Red Spot on Jupiter is one of many natural **phenomena** that fascinate astronomers.

> 🦊 최신출제 포인트
> 예문에서 사용된 phenomena는 phenomenon의 복수형이므로 시험에서 다른 단어로 혼동하지 않도록 주의하자.

15 disseminate ***
[disémənèit]
n. dissemination

v. **spread**, **disperse**, **distribute** 퍼뜨리다

The rumor about Kate's mysterious absence was **disseminated** by word of mouth.

16 current ***
[kə́ːrənt]
adv. currently

adj. **present**, existing 현재의

If one wants to see the **current** trends in fashion, there is no better place to visit than Paris.

17 detrimental ***
[dètrəméntl]

adj. **harmful**, injurious, damaging, pernicious 해로운

Drinking and smoking have been proven to be **detrimental** to health.

18 presume **
[prizúːm]

v. **believe**, **accept as true** ~이라고 생각하다, 추정하다

Biologists **presume** that a massive asteroid was responsible for the extinction of the dinosaurs.

---

minute 박테리아는 너무 작아서 현미경을 사용해야만 관찰할 수 있다.
markedly 달의 밀도는 지구의 밀도보다 현저하게 작다.
phenomenon 목성에 있는 대적점은 천문학자들을 매료시키는 여러 자연 현상 중 하나이다.
disseminate Kate의 불가사의한 결근에 대한 소문은 입에서 입으로 퍼졌다.
current 만약 현재 패션의 추세를 보고 싶다면 파리보다 방문하기 더 좋은 도시가 없다.
detrimental 음주와 흡연은 건강에 해롭다고 증명되었다.
presume 생물학자들은 거대한 소행성이 공룡 멸종의 원인이었을 것이라고 생각한다.

19 anarchy**
[ǽnərki]

n. **disorder**, chaos, disorganization 무질서, 혼란

During the protests, **anarchy** filled the city's streets.

20 snake**
[sneik]

v. **wind**, meander, curve, twist 구불구불 가다

The highway **snakes** through the mountains and has many incredible views along the way.

21 sophisticated**
[səfístəkèitid]

adj. **complex**, highly developed 정교한, 고도로 발달한

A more **sophisticated** approach was needed to solve the problem.

> 🦊 최신출제 포인트
> sophisticated는 'sophisticated styles and tastes(세련된 스타일과 취향)'에서처럼 '세련된'이라는 뜻으로도 많이 쓰인다. 동의어로는 cultured, refined가 출제될 수 있으니 함께 알아두도록 하자.

22 derive**
[diráiv]

v. **originate**, trace; **obtain**, gain 유래하다; 얻다

The name of Colorado's Pueblo County is **derived** from the Spanish word for "village."

23 sole**
[soul]
adv. solely

adj. **only**, single, solitary 유일한

In the movie, the **sole** survivor of a plane crash learns to live on a deserted island.

24 embellish**
[imbéliʃ]
n. embellishment

v. **decorate**, **make attractive**, adorn, beautify, ornament 장식하다

Louis XIV **embellished** his palaces with luxurious furniture.

25 antagonize**
[æntǽgənàiz]

v. **anger**, aggravate; **counteract** ~의 반감을 사다; 대항하다

The author **antagonized** her critics by writing angry responses to reviews on her website.

---

anarchy 시위 동안 무질서가 도시의 거리를 가득 메웠다.
snake 그 고속도로는 산 속을 구불구불 지나가고, 그 길을 따라 굉장한 경관이 많이 있다.
sophisticated 그 문제를 해결하기 위해서는 좀 더 정교한 접근법이 필요했다.
derive 콜로라도의 푸에블로 카운티의 이름은 '마을'을 뜻하는 스페인어에서 유래된 것이다.
sole 영화에서 비행기 사고의 유일한 생존자는 무인도에서 사는 법을 터득한다.
embellish 루이 14세는 사치스러운 가구로 그의 궁전들을 장식했다.
antagonize 그 저자는 그녀의 웹사이트에서 논평에 대해 성난 답변을 써서 비평가들의 반감을 샀다.

26 **yearn****

[jəːrn]

v. **long**, desire, crave, pine   갈망하다

After more than a decade of war, everyone in the two countries **yearned** for peace.

> 🦉 **최신출제 포인트**
> yearn은 'yearn over the poor(가난한 사람들을 동정하다)'에서처럼 '동정하다'라는 뜻으로도 많이 쓰인다. 동의어로는 sympathize, feel compassion이 출제될 수 있으니 함께 알아두도록 하자.

27 **permit****

[pərmít]

v. **allow**, let, approve   허락하다

Visitors to national parks are not **permitted** to have campfires during the dry season.

28 **scarcity****

[skɛ́ərsəti]
adj. scarce

n. **lack**, **shortage**, insufficiency, deficiency   부족

A **scarcity** of fish damaged the seaside town's economy.

29 **renounce****

[rináuns]

v. **give up**, **reject**, relinquish   포기하다, 버리다

Monks **renounce** material possessions and live a very simple life.

30 **keep in check****

phr. **limit**, control, restrict, restrain   제어하다, 억제하다

If government spending is not **kept in check**, economic problems will result.

31 **subsistence****

[səbsístəns]
v. subsist

n. **survival**, existence, living   생존

Early humans relied on hunting as their primary means of **subsistence**.

32 **annually****

[ǽnjuəli]
adj. annual

adv. **each year**, **yearly**, every year   매년

Interest on the bank loan is usually calculated **annually**.

---

yearn   10년이 넘는 전쟁 후에 양국의 모든 사람들은 평화를 갈망했다.
permit   국립공원 방문객들은 건기에 캠프파이어를 하는 것이 허락되지 않는다.
scarcity   물고기의 부족은 그 해안 마을의 경제에 피해를 입혔다.
renounce   수도승들은 물질적 소유를 포기하고 매우 검소한 삶을 산다.
keep in check   만약 정부 지출이 제어되지 않는다면 경제 문제들이 발생할 것이다.
subsistence   초기 인류는 생존의 주요 수단으로 사냥에 의존했다.
annually   은행 융자에 대한 이자는 보통 매년 산정된다.

33 emerge**

[imə́:rdʒ]
n. emergence

v. **appear, loom, spring up, come out, develop**   나타나다

Every 17 years, cicadas **emerge** by the millions in North America.

> 🦊 최신출제 포인트
> develop은 주로 '발달하다'라는 뜻으로 쓰여서 emerge의 동의어가 아니라고 생각할 수 있다. 그러나 'the symptoms developed rapidly(증세가 빠르게 나타났다)'에서처럼 develop이 '나타나다'라는 뜻으로 사용될 때에는 emerge의 동의어가 될 수 있다.

34 customary**

[kʌ́stəmèri]

adj. **habitual, traditional, typical, accustomed**   습관적인, 관례적인

It is **customary** to burn an American flag when it becomes torn.

35 widely**

[wáidli]

adv. **extensively, broadly**   널리

Franz Schubert's compositions did not become **widely** known until many years after his death.

36 assign**

[əsáin]

v. **specify, designate, appoint**   지정하다

The teacher **assigned** a seat to each student.

37 equivocal**

[ikwívəkəl]

adj. **ambiguous, vague, obscure, uncertain**   모호한

The president was criticized for giving **equivocal** responses about his immigration policy during an interview.

38 release**

[rilíːs]

v. 1. **free, liberate, loose**   석방하다

Johnson will be **released** from prison tomorrow.

v. 2. **emit, give off, discharge, exude**   방출하다

The burning of fossil fuels **releases** poisonous gases into the air.

---

emerge 매 17년마다 북미에 매미가 수백만 마리씩 나타난다.
customary 미국 국기가 찢어지면 불태우는 것이 관례적이다.
widely 프란츠 슈베르트의 작품들은 그의 죽음 후 수년이 흘러서야 널리 알려졌다.
assign 교사는 각 학생들에게 자리를 지정해 주었다.
equivocal 대통령은 한 인터뷰 중 이민 정책에 대한 모호한 답변을 내놓은 것에 대해 비난을 받았다.
release Johnson은 내일 감옥에서 석방될 것이다.
화석 연료의 연소는 대기 중으로 유독 가스를 방출한다.

39 essentially**

[isénʃəli]
adj. essential

adv. **basically**, fundamentally, primarily   기본적으로, 본질적으로

Dogs are **essentially** loyal companions, but a mistreated or untrained pet may still run away.

40 oversee**

[òuvərsíː]

v. **supervise**, control, superintend   감독하다

It is the job of the manager to **oversee** factory workers.

41 rapidly**

[ræpidli]
adj. rapid

adv. **quickly**, fast   급속히, 빨리

Theodore's health declined **rapidly**, and in 1933, he died of cancer.

42 acknowledge**

[æknάlidʒ]

v. **recognize**, admit, accept   인정하다

The professor **acknowledged** the unrealistic deadline for the assignment and changed it.

> 🐺 최신출제 포인트
> acknowledge의 명사형인 acknowledgement는 '인정'이라는 뜻 외에도 '감사'라는 뜻으로 많이 쓰이며, 동의어로는 appreciation, gratitude가 출제될 수 있으니 함께 알아두도록 하자.

43 rough**

[rʌf]
adv. roughly

adj. **uneven**, **rugged**, **bumpy**, **coarse**   울퉁불퉁한, 거친

The merchants completed the trip over the **rough** mountain road.

44 preclude*

[priklúːd]

v. 1. **prevent**, stop, hinder   막다

According to Adam Smith, the feudal system **precluded** economic progress.

v. 2. **rule out**, exclude   배제하다

Sherlock Holmes always said that once you **preclude** all impossibilities, whatever is left is the answer.

---

essentially   개는 본질적으로 충성스러운 동반자이지만, 학대를 받거나 훈련되지 않은 반려동물은 여전히 달아날지도 모른다.
oversee   공장 근로자들을 감독하는 것이 감독의 직무이다.
rapidly   Theodore의 건강은 급속히 나빠졌고, 1933년에 그는 암으로 사망했다.
acknowledge   교수는 과제의 비현실적인 마감 기한을 인정하고 그것을 변경했다.
rough   그 상인들은 울퉁불퉁한 산길을 넘는 여정을 마쳤다.
preclude   애덤 스미스에 따르면 봉건 제도가 경제 발전을 막았다.
　　 셜록 홈스는 불가능을 모두 배제한 뒤에 남아 있는 것이 무엇이든 그것이 해답이라고 항상 말했다.

45 portable *
[pɔ́ːrtəbl]

adj. **able to be carried**, mobile, movable 휴대용의

Engineers are developing new **portable** medical devices that can be taken wherever you go.

46 presumable *
[prizúːməbl]
v. presume
adv. presumably

adj. **probable**, likely, possible 그럴듯한, 있음직한

An undetected gas leak was the **presumable** cause of the explosion.

47 calculatedly *
[kǽlkjulèitidli]

adv. **deliberately**, intentionally, knowingly 계획적으로

Spaces in the seminar have been **calculatedly** limited to facilitate more intimate discussions.

48 deviation *
[dìːviéiʃən]
v. deviate

n. **departure**, divergence, aberration 일탈

Jenny is a talented skater and her poor performance in the competition was a **deviation** from the norm.

🦊 최신출제 포인트
deviation과 철자가 비슷한 devotion은 '헌신(dedication, commitment)'이라는 뜻이므로 시험에서 혼동하지 않도록 주의하자.

49 hairline *
[hɛ́ərlàin]

adj. **slight**, thin 아주 가느다란

The contractor noted that the **hairline** cracks in the wall needed to be repaired before they got bigger.

50 formulate *
[fɔ́ːrmjulèit]

v. 1. **develop**, devise, forge 고안하다, 발전시키다

The marketing department is **formulating** a plan to attract more clients.

v. 2. **state**, specify, express 명확히 말하다

The speaker **formulated** his ideas in clear and concise language that the audience understood easily.

---

portable 기술자들은 어딜 가든 가지고 다닐 수 있는 새로운 휴대용 의료 기기를 개발하는 중이다.
presumable 감지되지 않은 가스 누출이 그 폭발의 그럴듯한 원인이었다.
calculatedly 조금 더 친밀감 있는 토론을 조장하기 위해서 세미나의 공간은 계획적으로 제한되었다.
deviation Jenny는 재능이 있는 스케이트 선수이고 대회에서 그녀의 부진한 성적은 일반적인 수준에서 일탈한 것이었다.
hairline 하청업자는 벽에 있는 아주 가느다란 금들이 더 커지기 전에 보수되어야 한다고 언급했다.
formulate 마케팅 부서는 더 많은 고객을 유치할 방안을 고안하고 있다.
그 연설자는 청중이 쉽게 이해하는 분명하고 간결한 말로 그의 생각을 명확히 말했다.

51 astute *
[əstjúːt]

adj. **insightful**, shrewd; **clever**, sharp

통찰력 있는; 영악한

The professor was impressed with Daniel's **astute** observations about the poem.

52 reliable *
[riláiəbl]

adj. **dependable**, trustworthy, credible

신뢰할 수 있는

Jane wanted to know if there was someone **reliable** in her life.

53 take precedence over *

phr. **be more important than**, come before

~보다 우선하다

In a hospital emergency room, patients with severe trauma **take precedence over** people with minor injuries.

54 allusion *
[əlúːʒən]

n. **reference**, mention, implication, suggestion

(간접적인) 언급, 암시

During his presentation, the speaker made an **allusion** to one of the scenes in Shakespeare's *Macbeth*.

> 🦊 최신출제 포인트
> allusion과 함께 다음의 단어들을 구별하여 알아두도록 하자.
> • delusion 망상
> • illusion 환상, 착각

55 locomotion *
[lòukəmóuʃən]

n. **movement**, motion

이동 능력

The invention of the airplane took human **locomotion** to a higher level.

56 principally *
[prínsəpəli]
adj. principal

adv. **mainly**

주로

Edgar Allen Poe **principally** wrote poems and short stories, although he did produce one play.

57 rebellion *
[ribéljən]

n. **uprising**, revolt

반란

The **rebellion** of British colonists in North America led to the formation of the United States.

---

astute — 교수는 그 시에 대한 Daniel의 통찰력 있는 논평에 감동했다.
reliable — Jane은 자신의 인생에서 신뢰할 수 있는 사람이 있는지 알고 싶었다.
take precedence over — 병원 응급실에서는 심한 외상이 있는 환자들이 가벼운 부상이 있는 사람들보다 우선한다.
allusion — 발표를 하는 동안 그 연설자는 셰익스피어의 '맥베스' 중 한 장면에 대해 언급했다.
locomotion — 비행기의 발명은 인간의 이동 능력을 더 높은 수준으로 끌어올렸다.
principally — 희곡 한 편을 제작하기는 했지만, 에드거 앨런 포는 주로 시와 단편 소설을 썼다.
rebellion — 북미에서의 영국 식민지 개척자들의 반란은 미국의 형성으로 이어졌다.

58 revive *
[riváiv]

v. **recover** — 회복하다, 소생하다

The economy **revived** following an extended period of increased consumer spending.

QUIZ

Choose the synonyms.

1. initiate
2. tremendous
3. subsistence
4. assign
5. rough
6. permit
7. sophisticated
8. emerge
9. acknowledge
10. customary

ⓐ allow, let, approve
ⓑ uneven, rugged, bumpy
ⓒ start, begin, originate
ⓓ complex, highly developed
ⓔ habitual, traditional, typical
ⓕ survival, existence, living
ⓖ recognize, admit, accept
ⓗ specify, designate, appoint
ⓘ great, large, gigantic
ⓙ appear, loom, spring up

Answer: 1.ⓒ 2.ⓘ 3.ⓕ 4.ⓗ 5.ⓑ 6.ⓐ 7.ⓓ 8.ⓙ 9.ⓖ 10.ⓔ

revive 장기간에 걸친 개인 소비 지출의 증가에 뒤이어 경제가 회복되었다.

DAY 10

Hackers T O E F L Vocabulary

Hackers Voca

아리송해, 아리송해, 너의 마음은 enigma. 너의 말들도 모두 enigma.

무료 음성 바로 듣기

---

1 modify ***
[mádəfài]

v.   change, alter, adjust, adapt   바꾸다, 조정하다

Many software settings can be **modified** to improve the performance of a computer.

2 initially ***
[iníʃəli]
   v.   initiate
   adj. initial

adv.   at first, originally, primarily   처음에

Ben **initially** supported Roger's plan, but later opposed it.

3 critical ***
[krítikəl]
   adv. critically

adj.   1. (most) important, crucial, essential   중요한

Air traffic controllers must make **critical** decisions every day that affect the lives of many people.

adj.   2. dangerous, risky   위독한, 위험한

The patient's adverse reaction to the medicine caused his heart rate to drop to a **critical** level.

4 luminous ***
[lú:mənəs]

adj.   brilliant, bright, shining, glowing   빛나는

The **luminous** object that appeared over Europe in AD 1066 was Halley's Comet.

> 🦊 최신출제 포인트
> luminous는 'a concise and luminous explanation(간결하고 명쾌한 설명)'에서처럼 '명쾌한' 이라는 뜻으로도 많이 쓰인다. 동의어로는 clear, explicit가 출제될 수 있으니 함께 알아두도록 하자.

---

modify 컴퓨터의 성능을 향상시키기 위해 여러 가지 소프트웨어 설정들이 조정될 수 있다.
initially Ben은 처음에는 Roger의 계획을 지지했지만, 나중에는 반대했다.
critical 항공 교통 관제사는 많은 사람들의 생명에 영향을 주는 중요한 결정을 매일 내려야 한다.
         그 환자의 약물에 대한 거부 반응은 그의 심박수를 위독한 수준까지 떨어지게 만들었다.
luminous 서기 1066년에 유럽에 나타났던 빛나는 물체는 핼리 혜성이었다.

5 facilitate ***
[fəsílətèit]

v. **ease, make easy, help, assist, aid** 용이하게 하다

Freedom of information laws **facilitate** access to government documents for researchers.

6 refinement ***
[ri:fáinmənt]
v. refine

n. **small improvement, advancement, enhancement** 개선

For 14 years, Alfred Wegener made numerous **refinements** to his theory of continental drift.

7 attribute ***
[ǽtrəbjùːt]

n. 1. **characteristic, trait, quality, property** 특성

The prime minister's ability to speak eloquently is considered one of his greatest **attributes**.

[ətríbjuːt]

v. 2. **ascribe, credit, impute, refer** ~의 탓(덕)으로 돌리다

The world's increase in energy use can be **attributed** to the population growth.

8 belch ***
[beltʃ]

v. **suddenly emit, discharge, erupt, vent** 분출하다

Volcanoes can **belch** toxic fumes without warning.

9 underrate ***
[ʌ̀ndəréit]

v. **undervalue, underestimate, belittle** 과소평가하다

Many parents **underrate** the importance of playing with their children.

10 immense ***
[iméns]
adv. immensely

adj. **large, enormous, huge, tremendous** 거대한

The **immense** statue of the Greek goddess Athena attracted many tourists to the Acropolis.

> 🐺 최신출제 포인트
> immense와 철자가 비슷한 immerse는 '담그다, 파묻다(bury, submerge)'라는 뜻이므로 시험에서 혼동하지 않도록 주의하자.

---

facilitate 정보 공개법은 조사원들이 정부 문서를 이용하는 것을 용이하게 한다.
refinement 14년 동안 알프레트 베게너는 자신의 대륙 이동설을 수없이 개선했다.
attribute 유창하게 말할 수 있는 수상의 능력은 그의 가장 대단한 특성 중 하나로 여겨진다.
세계적인 에너지 사용의 증가는 인구 증가 탓으로 돌릴 수 있다.
belch 화산은 예고 없이 유독 가스를 분출할 수 있다.
underrate 많은 부모들이 자녀들과 놀아주는 것의 중요성을 과소평가한다.
immense 그리스 여신 아테나의 거대한 조각상은 많은 관광객들을 아크로폴리스로 끌어모았다.

11 virtue ***
[vә́ːrtʃuː]

n. 1. **goodness** — 미덕

According to legend, King Arthur was both a great warrior and a man of **virtue**.

n. 2. **merit**, **desirable quality**, strength — 장점

A **virtue** shared by all great leaders is the ability to motivate others.

12 bustling ***
[bʌ́slɪŋ]

adj. **busy**, **lively** — 붐비는, 떠들썩한

During the summer, the sidewalks and shops near the beach are **bustling** with people.

🦊 최신출제 포인트
bustle은 '서두르다'라는 뜻의 동사로 쓰이며, 동의어로는 rush, hasten이 출제될 수 있으니 함께 알아두도록 하자.

13 distinct ***
[distíŋkt]
n. distinction

adj. 1. **different**, **separate**, discrete — 다른, 별개의

Each region of Italy maintains its own **distinct** traditions.

adj 2. **definite**, **clear and recognizable** — 뚜렷한

There was a **distinct** difference in the twins' personalities.

14 thriving ***
[θráiviŋ]

adj. **prosperous**, **successful**, flourishing — 번영하는

Our town used to be very small, but it has grown into a **thriving** community.

15 obvious ***
[ábviəs]

adj. **evident**, **clear**, **apparent**, **conspicuous** — 분명한

It was **obvious** that Fred didn't understand what Wilma meant.

---

virtue
전설에 따르면 아서 왕은 위대한 전사이자 미덕을 지닌 사람이었다.
모든 위대한 지도자들이 공유하는 장점은 다른 사람들에게 동기를 부여하는 능력이다.

bustling
여름 동안에는 해변 근처의 인도와 상점들이 사람들로 붐빈다.

distinct
이탈리아의 각 지방은 독자적인 별개의 전통을 유지하고 있다.
그 쌍둥이의 성격에는 뚜렷한 차이가 있었다.

thriving
우리 마을은 매우 작았지만 번영하는 공동체로 성장했다.

obvious
Fred는 Wilma가 의도한 바를 이해하지 못했던 것이 분명했다.

16 exceptional ***
[iksépʃənl]
adv. exceptionally

adj. extraordinary, abnormal, unusual 이례적인

The Ancient Greek Olympians displayed an **exceptional** amount of strength and endurance.

17 cumbersome ***
[kʌ́mbərsəm]

adj. difficult to handle, burdensome, awkward 다루기 힘든

Although the cultivator looks **cumbersome**, it is actually easy to use.

18 boon **
[buːn]

n. great benefit, advantage 큰 이익, 혜택

Due to so many people purchasing gifts, the Christmas season is always a **boon** to retail stores.

> 최신출제 포인트
> boon과 철자가 비슷한 boom은 '갑자기 번창하다(flourish, thrive)'라는 뜻이므로 시험에서 혼동하지 않도록 주의하자.

19 optimum **
[áptəməm]

adj. best, most favorable, supreme 최고의

Machines achieve **optimum** performance when they are properly maintained and regularly used.

20 uniformly **
[júːnəfɔ̀ːrmli]
adj. uniform

adv. evenly, regularly, consistently 균일하게, 한결같이

If the paint is not spread **uniformly** on the wall, there will be variations in color when it dries.

21 unleash **
[ʌnlíːʃ]

v. release, unloose (속박을) 풀다

We took our dogs to the fenced park so that we could **unleash** them and let them run free.

22 acquire **
[əkwáiər]

v. obtain, gain, procure, earn 얻다

Some people **acquired** great wealth by investing in the stock market.

---

exceptional 고대 그리스의 올림픽 선수들은 이례적인 힘과 지구력을 발휘했다.
cumbersome 그 경운기는 다루기 힘들어 보이지만, 사실은 사용하기 쉽다.
boon 선물을 구입하는 많은 사람들 덕택에 크리스마스 시즌은 소매 상점들에게 항상 큰 이익이다.
optimum 기계 장치들은 제대로 유지되고 정기적으로 사용될 때 최고의 성능을 낸다.
uniformly 페인트가 벽에 균일하게 발라지지 않으면, 말랐을 때 색에 차이가 있을 것이다.
unleash 우리는 개들을 풀어 자유롭게 뛰어다니도록 해주기 위해 울타리가 쳐진 공원으로 그들을 데리고 갔다.
acquire 몇몇 사람들은 주식 시장에 투자함으로써 엄청난 부를 얻었다.

23 enigma**

[ənígmə]
adj. enigmatic

n. **mystery**, puzzle, riddle 수수께끼

Even today, the origin of Egypt's great pyramids is an **enigma**.

24 steadfast**

[stédfæst]
adv. steadfastly

adj. **unwavering, firm, enduring**, resolute 변함없는, 단호한

It is the president's **steadfast** belief that Congress needs more women.

25 dainty**

[déinti]

adj. **delicate**, exquisite, refined 우아한, 섬세한

At the wedding, the decorations included thousands of **dainty** flowers.

26 anomaly**

[ənáməli]

n. **irregularity**, abnormality, exception 이례적인 것, 예외

Modern airplanes are very safe, so crashes are **anomalies**.

27 splendid**

[spléndid]
n. splendor

adj. **marvelous, magnificent** 멋진

The Palace of Versailles is a **splendid** example of French architecture.

28 rapport**

[ræpɔ́:r]

n. **bond**, relationship, link, tie (친밀한) 관계

The friendly teacher had a strong **rapport** with his students.

29 question**

[kwéstʃən]

v. **take a critical look at**, dispute ~에 대해 이의를 제기하다

Some people **question** the educational value of certain testing methods, such as multiple-choice exams.

> 🐺 최신출제 포인트
> questioning은 '미심쩍어하는'이라는 뜻의 형용사로 쓰이며, 동의어로는 suspicious, doubtful이 출제될 수 있으니 함께 알아두도록 하자.

---

enigma 오늘날까지도, 이집트의 거대한 피라미드의 기원은 수수께끼이다.
steadfast 의회에 더 많은 여성이 있어야 한다는 것이 대통령의 변함없는 신념이다.
dainty 결혼식에서 장식은 수천 송이의 우아한 꽃을 포함했다.
anomaly 현대 비행기들은 매우 안전하기 때문에 추락 사고는 이례적인 것이다.
splendid 베르사유 궁전은 프랑스 건축 양식의 멋진 예이다.
rapport 그 친절한 교사는 학생들과 끈끈한 관계를 가지고 있었다.
question 어떤 사람들은 객관식 시험과 같은 특정 시험 방식의 교육적 가치에 대해 이의를 제기한다.

30 scatter **

[skǽtər]

v. disperse, dissipate, distribute, spread out, widely spread 흩뿌리다

The man **scattered** grass seeds all over the lawn.

31 escalate **

[éskəlèit]

v. intensify, increase, mount, rise 확대되다, 증대하다

The demonstration quickly **escalated** when a protestor threw a glass bottle at the police.

32 temporary **

[témpərèri]

adj. short-lived, makeshift, for a limited time, transitory 일시적인

The pill caused a few **temporary** side effects.

33 attest **

[ətést]

v. confirm, support, prove 증명하다, 입증하다

Three witnesses signed the will to **attest** its authenticity.

34 fortify **

[fɔ́ːrtəfài]

v. strengthen, reinforce 강화하다

To prepare for war, the general had his men **fortify** the walls of the fort.

35 remove **

[rimúːv]

v. eliminate, extract, withdraw 제거하다

A plastic surgeon can **remove** scars using a laser.

36 end **

[end]

n. purpose, goal, aim 목적, 목표

The **end** of the project is to increase agricultural yields in Sub-Saharan Africa.

> 🐺 최신출제 포인트
>
> end는 'the end of one's tolerance(한 사람의 인내심의 한계)'에서처럼 '한계'라는 뜻으로도 많이 쓰인다. 동의어로는 limit, boundary가 출제될 수 있으니 함께 알아두도록 하자.

---

scatter	남자는 잔디밭 곳곳에 잔디 씨앗을 흩뿌렸다.
escalate	한 시위자가 경찰에게 유리병을 던지자 시위는 빠르게 확대되었다.
temporary	그 약은 몇 가지 일시적인 부작용을 일으켰다.
attest	그것의 진위 여부를 증명하기 위해 세 명의 증인들이 유언장에 서명했다.
fortify	전쟁에 대비하기 위해, 그 장군은 병사들에게 요새의 장벽을 강화하도록 했다.
remove	성형외과 의사는 레이저를 사용하여 상처를 제거할 수 있다.
end	그 프로젝트의 목적은 사하라 사막 이남 아프리카에서 농업 수확량을 증가시키는 것이다.

37 plentiful **
[pléntifəl]

adj. **abundant**, **bountiful**, rich 풍부한

Fish and plankton are **plentiful** in the sea.

38 make it **

phr. **arrive** (제시간에) 도착하다

Despite the traffic congestion downtown, all the fans managed to **make it** on time for the concert.

🦊 최신출제 포인트
make it은 'make it as a singer(가수로서 성공하다)'에서처럼 '성공하다'라는 뜻으로도 많이 쓰인다. 동의어로는 get on, succeed가 출제될 수 있으니 함께 알아두도록 하자.

39 devastate **
[dévəstèit]
n. devastation

v. **destroy**, demolish, ravage, ruin 완전히 파괴하다

The logging industry has **devastated** many tropical rainforests in South America.

40 eminently **
[émənəntli]
adj. eminent

adv. **exceptionally**, highly, extremely 대단히, 현저히

The city's new subway system is **eminently** practical.

41 subtraction **
[səbtrǽkʃən]

n. **decrease**, deduction, reduction 삭감, 공제

Many teachers opposed the **subtraction** of funds for art and music.

42 as a rule of thumb **

phr. **in general** 경험적으로 보아 대개

As a rule of thumb, people should visit the dentist for a check-up every six months.

43 blur **
[blə:r]

v. **make less distinct**, obscure, cloud 흐리게 하다

The new political party **blurred** the lines between conservatives and liberals.

---

plentiful   바다에는 물고기와 플랑크톤이 풍부하다.
make it   시내의 교통 혼잡에도 불구하고, 모든 팬들은 용케 제시간에 콘서트에 도착했다.
devastate   벌목 산업은 남미의 많은 열대 우림을 완전히 파괴했다.
eminently   그 도시의 새 지하철 체계는 대단히 실용적이다.
subtraction   많은 교사들이 미술과 음악에 대한 재정 지원의 삭감에 반대했다.
as a rule of thumb 경험적으로 보아 대개 사람들은 매 6개월마다 검진을 위해 치과를 방문해야 한다.
blur   그 새로운 정당은 보수정당과 진보정당의 경계를 흐리게 했다.

44 relay*
[ríːlei]

v. **transfer**, communicate, transmit, impart 전달하다

In the 19th century, news reports were **relayed** by telegram.

45 expandable*
[ikspǽndəbl]
v. expand

adj. **able to be enlarged**, extendable 펼칠 수 있는, 확장할 수 있는

The dining room table is **expandable** to accommodate dinner guests.

> 🦊 최신출제 포인트
> expandable과 철자와 발음이 비슷한 expendable은 '필요 없는(dispensable, unnecessary)'이라는 뜻이므로 시험에서 혼동하지 않도록 주의하자.

46 scrupulous*
[skrúːpjuləs]

adj. 1. **careful**, fastidious, meticulous 세심한, 꼼꼼한

The police officer was praised for his **scrupulous** performance of duties.

adj. 2. **honest**, moral 양심적인

A **scrupulous** real estate agent does not charge clients excessive fees.

47 approximately
[əprάksəmətli]
adj. approximate
n. approximation

adv. **about**, roughly, nearly 대략

Approximately 25 percent of the world's electricity is used by the US alone.

48 paradoxical*
[pæ̀rədάksikəl]
adv. paradoxically
n. paradox

adj. **seemingly contradictory**, ironic 역설적인

Einstein thought that using violence to restore peace was **paradoxical**.

49 source*
[sɔːrs]

n. **origin**, beginning, derivation 근원, 기원

Located in central Africa, Lake Victoria is the **source** of the Nile River.

---

relay 19세기에는 뉴스 보도가 전보를 통해 전달되었다.
expandable 그 식탁은 저녁 식사 손님들에게 충분한 공간을 제공하기 위해 펼칠 수 있다.
scrupulous 그 경찰관은 꼼꼼한 직무 수행으로 칭찬을 받았다.
  양심적인 부동산 매매 중개인은 고객에게 과도한 수수료를 청구하지 않는다.
approximately 전 세계 전력의 대략 25%가 미국 한 나라에서 쓰인다.
paradoxical 아인슈타인은 평화를 되찾기 위해 폭력을 사용한다는 것이 역설적이라고 생각했다.
source 중앙 아프리카에 위치한 빅토리아 호수는 나일 강의 근원이다.

50 **adhere** *
[ædhíər]

v. **stick**, cleave, cling 부착되다, 달라붙다

The glue that covers a stamp's back allows it to **adhere** to an envelope.

51 **available** *
[əvéiləbl]

adj. **accessible**, **obtainable** 구할 수 있는

Books were **available** to the masses for the first time with the invention of Gutenberg's printing press.

52 **get rid of** *

phr. **eliminate**, remove, dispose of ~을 없애다

Meditation has become a popular way for people to **get rid of** stress.

53 **repel** *
[ripél]

v. **drive away**, beat off 물리치다

The high walls of Medieval castles made it easy to **repel** attackers.

🦊 **최신출제 포인트**
repel의 형용사형인 **repellent**는 '혐오감을 주는'이라는 뜻이며, 동의어로는 **disgusting, repulsive**가 출제될 수 있으니 함께 알아두도록 하자.

54 **maximize** *
[mǽksəmàiz]

v. **increase to the greatest possible degree** 극대화하다

Manufacturers set prices for their products that will **maximize** their potential profits.

55 **outermost** *
[áutərmòust]

adj. **farthest away**, farthest, most remote 가장 바깥의

Neptune is the **outermost** planet in the solar system.

56 **bind** *
[baind]

v. **tie**, fasten 묶다

For hygiene reasons, restaurant employees with long hair must **bind** it before they start work.

---

adhere 우표 뒤에 발려 있는 접착제는 그것이 봉투에 부착될 수 있게 한다.
available 구텐베르크의 인쇄기 발명으로 대중들은 처음으로 책을 구할 수 있게 되었다.
get rid of 명상은 사람들이 스트레스를 없애는 대중적인 방법이 되었다.
repel 중세 성들의 높은 벽은 공격자들을 물리치기 쉽게 해 주었다.
maximize 제조사들은 제품에 자신들의 잠재적 이익을 극대화할 가격을 책정한다.
outermost 해왕성은 태양계에서 가장 바깥의 행성이다.
bind 위생적인 이유로 긴 머리를 가진 식당 종업원들은 일을 시작하기 전에 머리를 묶어야 한다.

57 visible *
[vízəbl]

adj. **perceptible** — 눈에 띄는, 명백한

The symptoms of the life-threatening disease may not be **visible** for several years after infection.

Quiz

Choose the synonyms.

1. luminous
2. facilitate
3. rapport
4. scatter
5. immense
6. attest
7. obvious
8. escalate
9. available
10. paradoxical

ⓐ disperse, dissipate, distribute
ⓑ evident, clear, apparent
ⓒ intensify, increase, mount
ⓓ accessible, obtainable
ⓔ brilliant, bright, shining
ⓕ bond, relationship, link
ⓖ ease, make easy, help
ⓗ seemingly contradictory, ironic
ⓘ confirm, support, prove
ⓙ large, enormous, huge

Answer | 1.ⓔ 2.ⓖ 3.ⓕ 4.ⓐ 5.ⓙ 6.ⓘ 7.ⓑ 8.ⓒ 9.ⓓ 10.ⓗ

---

visible | 생명을 위협하는 질병의 증상은 감염 후 수 년 동안 눈에 띄지 않을 수도 있다.

Review TEST

DAY 6-10

Choose the synonym of the highlighted word in the sentence.

1. The Greeks deceived the Trojans with a giant wooden horse that concealed a group of soldiers.
   (A) liberated   (B) decorated   (C) misled   (D) detached

2. An ample supply of oxygen is required for the cells of the body to function correctly.
   (A) even   (B) abundant   (C) improved   (D) average

3. Talented art forgers are able to perfectly duplicate famous works of art.
   (A) reproduce   (B) depict   (C) capture   (D) absorb

4. Supplementary information is found in an appendix at the back of the textbook.
   (A) Detailed   (B) Useful   (C) Specific   (D) Extra

5. Beneath the city of Paris is a 200-mile intricate network of tunnels that date back to 13th century mining.
   (A) extensive   (B) isolated   (C) elaborate   (D) invisible

6. Many procedures became redundant with the advent of the Ford assembly line in the early 20th century.
   (A) vague   (B) superfluous   (C) absurd   (D) aggressive

7. The US government offered extremely cheap land as an inducement for people to settle the West.
   (A) aftermath   (B) alternative   (C) enterprise   (D) incentive

8. The ancient Japanese samurai code required an oath of absolute allegiance to the Emperor unto death.
   (A) consensus   (B) dedication   (C) power   (D) recompense

9. Architects are tasked with finding the optimum balance between form and function in their structures.
   (A) supreme   (B) required   (C) firm   (D) delicate

10. A common attribute of animal species that live on islands is their comparatively small size.
    (A) characteristic   (B) shortcoming   (C) condition   (D) truism

정답 p.336

A RED, RED ROSE 새빨간 장미

Robert Burns

O My luve's like a red, red rose,
That's newly sprung in June;
O My Luve's like the melodie
That's sweetly played in tune.

As fair art thou, my bonnie lass,
So deep in luve am I;
And I will luve thee still, my dear,
Till a' the seas gang dry.

Till a' the seas gang dry, my dear,
And the rocks melt wi' the sun;
I will love thee still, my dear,
While the sands o' life shall run.

And fare thee weel, my only luve!
And fare thee weel awhile!
And I will come again my luve,
Thou' it were ten thousand mile.

오 나의 님은 유월에 새로이 피어난
새빨간 장미
오 나의 님은 곡조 맞춰 감미롭게
연주된 멜로디.

이처럼 너는 예뻐, 사랑스런 소녀야,
이처럼 깊이 나는 너를 사랑해
언제까지나 나는 너를 사랑하리, 내 님이여,
바다가 다 마를 때까지.

바다가 다 마를 때까지, 내 님이여,
그리고 바윗돌이 태양 빛에 녹는 그 날까지.
언제까지나 나는 너를 사랑하리, 내 님이여,
삶의 모래가 멈추는 순간까지.

단 하나의 내 사랑, 내 님이여 안녕!
님이여 안녕, 잠시 동안만!
내 사랑 그대 곁으로 돌아가리
그 길이 먼 길이라 해도.

DAY 11

Hackers TOEFL Vocabulary

Hackers Voca

누군가와 함께 한다는 것은 그 사람의 flaw마저 안고 간다는 뜻이죠.

---

1 plausible ***
[plɔ́:zəbl]

adj. **possible**, **believable**, likely, probable — 그럴듯한

The story seemed **plausible**, but witnesses said it was untrue.

2 transform ***
[trænsfɔ́:rm]

v. **convert**, **change**, alter — 변형시키다, 바꾸다

Generators **transform** physical energy into electrical energy.

3 counterpart ***
[káuntərpà:rt]

n. **complement**; **equivalent** — (쌍을 이루는) 한 쪽; 동등한 것

Medieval religious books often included beautiful illustrations as a **counterpart** to the written text.

4 nevertheless ***
[nèvərðəlés]

adv. **in spite of that**, **however**, **still**, **yet**, nonetheless — 그럼에도 불구하고

Beagles make excellent pets. **Nevertheless**, they can become unruly without proper training.

5 pronounced ***
[prənáunst]

adj. **notable**, **striking**, **marked**, **significant**, **noticeable**, **distinct**, **strong** — 현저한

The development of agricultural pesticides led to a **pronounced** increase in crop yields.

> 🦊 최신출제 포인트
> pronounced는 'her pronounced confidence(그녀의 단호한 확신)'에서처럼 '단호한'이라는 뜻으로도 많이 쓰인다. 동의어로는 decided가 출제될 수 있으니 함께 알아두도록 하자.

---

plausible 그 이야기는 그럴듯해 보였지만, 증인들은 그것이 사실이 아니라고 말했다.
transform 발전기는 물리적 에너지를 전기적 에너지로 변형시킨다.
counterpart 중세의 종교 서적들은 문자로 쓰여진 글과 쌍을 이루는 것으로써 아름다운 삽화들을 종종 포함했다.
nevertheless 비글은 훌륭한 애완동물이다. 그럼에도 불구하고, 비글은 적절한 훈련을 받지 않으면 다루기 힘들어질 수 있다.
pronounced 농업용 살충제의 개발은 곡물 수확량의 현저한 증가로 이어졌다.

6 celebrated ***
[séləbrèitid]

adj. **famous**, **renowned**, well-known 유명한

General Sherman's march to the sea was probably the most **celebrated** military campaign in US history.

7 exceedingly ***
[iksí:diŋli]

adv. **highly**, extremely, excessively, hugely 대단히

Prior to the 2008 economic crisis, real estate prices had become **exceedingly** expensive.

8 chancy ***
[tʃǽnsi]

adj. **risky**, perilous, dangerous 위험한

Climbing Mt. Everest is **chancy**, as many people die on the mountain every year.

9 vertical ***
[vɚ́ːrtikəl]

adj. **upright**, **up-and-down**, erect 수직의

The three **vertical** bands of the French flag symbolize liberty, equality, and brotherhood.

10 persist ***
[pərsíst]
adj. persistent
n. persistence

v. **continue**, **last**, **endure**, remain 지속되다

Fears **persisted** even after weather forecasters declared that the hurricane would not come ashore.

11 magnitude ***
[mǽgnətjùːd]

n. **extent**, **size**, **degree**, **measure**, amount 규모, 정도

The **magnitude** of an earthquake is measured on the Richter scale.

12 discern ***
[disɚ́ːrn]

v. **identify**, **detect**, distinguish 파악하다, 알아내다

A leader must be able to **discern** the best course of action for the group.

> 🐱 최신출제 포인트
> discerning은 '통찰력이 있는'이라는 뜻의 형용사로 쓰이며, 동의어로는 astute, perceptive가 출제될 수 있으니 함께 알아두도록 하자.

DAY 11

Hackers Vocabulary

celebrated 셔먼 장군의 바다로의 행진은 아마도 미국 역사상 가장 유명한 군사 작전이었을 것이다.
exceedingly 2008년 경제 위기 이전에 부동산 가격은 대단히 비싸졌었다.
chancy 매년 많은 사람들이 에베레스트 산에서 죽기 때문에 그 산을 등반하는 것은 위험하다.
vertical 프랑스 국기의 세 개의 수직 줄무늬는 자유, 평등, 박애를 상징한다.
persist 허리케인이 상륙하지 않을 것이라고 일기 예보자들이 공표한 뒤에도 두려움은 지속되었다.
magnitude 지진의 규모는 리히터 척도로 측정된다.
discern 지도자는 집단을 위한 최고의 행동 방침을 파악할 수 있어야 한다.

13 generate ***
[dʒénərèit]

v. **produce**, **create** — 만들어 내다

To **generate** enough electricity for the countryside, the mayor had 200 wind turbines built.

14 eccentric ***
[ikséntrik]

adj. **unusual**, bizarre, peculiar, odd — 별난, 특이한

Vaudeville actors typically wore **eccentric** costumes on stage.

15 alternative ***
[ɔːltə́ːrnətiv]
v. alternate

adj. 1. **substitutive**; **different** — 대안이 되는; 다른

The city encouraged people to take **alternative** means of transportation to help reduce traffic congestion.

n. 2. **substitute**, **choice**, **option** — 대안

Applesauce can be a good non-dairy **alternative** for eggs when baking.

16 strategy ***
[strǽtədʒi]

n. **plan**, **method**, scheme — 전략, 방법

The **strategy** of some predators is to camouflage themselves and wait perfectly still for hours.

17 refine ***
[riːfáin]
n. refinement

v. **improve**, perfect — 개선하다

The writing tutor suggested ways for the student to **refine** his essay and garner a better grade.

18 precious **
[préʃəs]

adj. **valuable**, dear, priceless — 귀중한

The colonies were forced into providing **precious** metals to the mother country.

> 🦉 최신출제 포인트
> precious와 철자가 비슷한 precise는 '정확한(exact, accurate)'이라는 뜻이므로 시험에서 혼동하지 않도록 주의하자.

---

generate 시골 지역을 위한 충분한 전력을 만들어 내기 위해, 시장은 200개의 풍력 터빈을 짓게 했다.
eccentric 보드빌 배우들은 보통 무대에서 별난 의상을 입었다.
alternative 그 도시는 교통 혼잡을 줄이는 걸 돕기 위해 사람들에게 대안이 되는 교통수단을 이용할 것을 권장했다.
사과 소스는 제빵을 할 때 달걀의 좋은 비(非)유제품 대안이 될 수 있다.
strategy 어떤 포식자들의 전략은 자신을 위장하고 몇 시간 동안 완벽하게 정지한 채로 기다리는 것이다.
refine 작문 가정교사는 학생에게 에세이를 개선해서 더 좋은 성적을 얻는 방법들을 제안했다.
precious 식민지들은 본국에 귀금속을 제공하도록 강요받았다.

19 subtle **

[sʌtl]

adj. **hard to recognize**, **hardly perceived**, **slight**   미묘한, 감지하기 어려운

The signs of dishonesty are so **subtle** that they often go undetected.

20 conducive to **

phr. **favorable to**, helpful for, beneficial to   ~에 도움이 되는

Energetic teachers and fun lessons are **conducive to** student learning.

21 preoccupied with **

phr. **concentrated on**, absorbed in, immersed in   ~에 몰두한

The crook made his getaway while officials were **preoccupied with** the fire he started.

22 swift **

[swift]
adv. swiftly

adj. **quick**, speedy, fleet   재빠른

With a **swift** movement, Maggie stood upright.

23 menace **

[ménəs]

v. **threaten**, intimidate, frighten   위협하다

The thief **menaced** the neighborhood for weeks before being caught.

24 akin to **

phr. **similar to**, like   ~과 유사한

Ukrainians are culturally and racially **akin to** Russians.

25 expend **

[ikspénd]

v. **use**, use up, spend, consume   (시간·에너지 등을) 쓰다

Athletes **expend** more energy in hot and humid weather, so they are likely to feel tired more quickly.

🦊 최신출제 포인트

expend와 철자와 발음이 비슷한 expand는 '확장하다(enlarge, increase)'라는 뜻이므로 시험에서 혼동하지 않도록 주의하자.

---

subtle 부정직의 징후는 매우 미묘해서 종종 간파되지 않고 지나간다.
conducive to 활동적인 교사와 재미있는 수업은 학생들의 학습에 도움이 된다.
preoccupied with 그 사기꾼은 관리들이 그가 일으킨 화재에 몰두해 있는 동안 도주했다.
swift Maggie는 재빠른 동작으로 똑바로 섰다.
menace 그 도둑은 잡히기 전에 몇 주 동안이나 주민들을 위협했다.
akin to 우크라이나인들은 문화적, 인종적으로 러시아인들과 유사하다.
expend 운동선수들은 덥고 습한 날씨에 더 많은 에너지를 쓰기 때문에 더 빨리 피로를 느낄 가능성이 높다.

26 belittle**
[bilítl]
v. **disregard**, underestimate — 경시하다

Jane did not realize that she was **belittling** her colleagues by constantly interrupting them.

27 commend**
[kəménd]
v. **admire**, praise, compliment — 칭찬하다

The general **commended** the soldiers for their bravery during the battle.

> 🦊 최신출제 포인트
> commend와 철자와 발음이 비슷한 command는 '명령(order, dictate)'이라는 뜻이므로 시험에서 혼동하지 않도록 주의하자.

28 sue**
[suː]
v. **take a strong legal action against**, charge — 고소하다

The company **sued** its supplier for breach of contract.

29 innovation**
[ìnəvéiʃən]
adj. innovative

n. **new development**, novelty, new idea — 혁신, 새로 도입한 것

Built-in cameras and web browsing capabilities are amazing **innovations** in cellular phone technology.

30 fragmentation**
[fræ̀gməntéiʃən]
n. **destruction**, disintegration, disruption — 붕괴, 분열

The Cultural Revolution in China caused a **fragmentation** of societal ideals.

31 mainly**
[méinli]
adv. **principally**, generally, primarily, chiefly — 주로

In California, rain occurs **mainly** during the winter months.

32 sufficient**
[səfíʃənt]
adv. sufficiently

adj. **enough**, adequate, ample — 충분한

For most healthy adults, a few days of rest is **sufficient** to get over a cold.

---

belittle Jane은 끊임없이 동료들의 이야기를 중단시킴으로써 자신이 동료들을 경시하고 있었다는 것을 깨닫지 못했다.
commend 장군은 전투 동안의 용감함에 대해 군인들을 칭찬했다.
sue 그 회사는 계약 위반으로 납품업자를 고소했다.
innovation 내장형 카메라와 웹 검색 기능은 휴대 전화 기술에서 놀라운 혁신이다.
fragmentation 중국의 문화 혁명은 사회적 사상의 붕괴를 야기했다.
mainly 캘리포니아에서는 비는 주로 겨울 몇 개월 동안에 내린다.
sufficient 대부분의 건강한 성인들에게 며칠 동안의 휴식이면 감기가 낫는 데 충분하다.

33 abnormally**
[æbnɔ́ːrməli]

adv. **unusually**, oddly, exceptionally, atypically 　　이례적으로, 이상하게

An **abnormally** rapid heart rate may indicate a serious health problem.

34 barrier**
[bǽriər]

n. **bar**, **obstacle**, obstruction 　　장벽, 장애물

The mountains form a natural **barrier** between the two countries.

🦊 최신출제 포인트
bar는 주로 '술집'이라는 뜻으로 쓰여서 barrier의 동의어가 아니라고 생각할 수 있다. 그러나 'a bar to effective communication(효과적인 의사소통의 장애물)'에서처럼 bar가 '장애물'이라는 뜻으로 사용될 때에는 barrier의 동의어가 될 수 있다.

35 gigantic**
[dʒaigǽntik]

adj. **huge**, immense, colossal 　　거대한

The **gigantic** thunderstorm in Japan was much more serious than anyone had anticipated.

36 reproduce**
[rìːprədjúːs]

v. 1. **copy**, **duplicate**, imitate 　　복제하다, 모사하다

The director sometimes **reproduces** others' styles as homage to their work.

v. 2. **breed**, multiply, propagate 　　번식하다

All living organisms need to **reproduce** to keep their species alive.

37 allow**
[əláu]

v. **enable**, permit, let 　　허락하다

Farmers **allowed** firefighters to use water from their ponds to put out the wildfire.

38 penetrate**
[pénətrèit]

v. **pierce**, **go through**, **enter** 　　꿰뚫다

A large iceberg **penetrated** the Titanic's steel frame and caused the ship to sink.

DAY 11

Hackers Vocabulary

---

abnormally 　　이례적으로 빠른 심박수는 심각한 건강 문제를 나타내는 것일 수도 있다.
barrier 　　그 산맥은 두 나라 사이에 천연 장벽을 형성한다.
gigantic 　　일본에서 일어난 그 거대한 뇌우는 모든 사람이 예상했던 것보다 훨씬 더 심각했다.
reproduce 　　그 감독은 때때로 다른 사람들의 작품에 대한 존경의 표시로 그들의 스타일을 모사한다.
　　　　　　　모든 살아 있는 생명체들은 자기 종을 존속시키기 위해 번식해야 한다.
allow 　　농부들은 소방관들이 산불을 끌 수 있도록 그들의 연못에서 물을 쓰는 것을 허락했다.
penetrate 　　큰 빙산이 타이타닉 호의 철골을 꿰뚫어서 배가 가라앉게 만들었다.

39 **device** **

[diváis]
v. devise

n. **mechanism**, apparatus, appliance 장치, 기구

The smartphone is one of the most useful **devices** for communication.

40 **divergent** **

[daivə́ːrdʒənt]
v. diverge

adj. **varying**, different, dissimilar (의견 등이) 다른, 갈라지는

In the debate, the political candidates discussed their **divergent** views.

41 **flaw** **

[flɔː]

n. **defect**, **fault**, blemish, shortcoming 결점

In the play *Cyrano De Bergerac*, the protagonist's most obvious **flaw** is his grotesque nose.

42 **buffer** **

[bʌ́fər]

v. **protect**, cushion (충격을) 완화하다, 보호하다

Installing thick windows in your home will **buffer** against the cold weather.

43 **refute** **

[rifjúːt]

v. **disprove**, rebut, prove false 논박하다

Galileo **refuted** the theory that the Earth was at the center of the universe.

44 **domestic** *

[dəméstik]

adj. **household**, **home**, family 가정의

If both the husband and wife work, they should share the **domestic** chores.

🦊 최신출제 포인트
domestic의 동사형인 domesticate는 '길들이다, 사육하다'라는 뜻이며, 동의어로는 tame, train이 출제될 수 있으니 함께 알아두도록 하자.

45 **on the spur of the moment** *

phr. **without planning**, on impulse 충동적으로

On the spur of the moment, Lucy and Henry drove to the beach to enjoy the unexpectedly warm day.

---

device	스마트폰은 의사소통을 위한 가장 유용한 장치 중 하나이다.
divergent	토론에서 정치 입후보자들은 그들의 다른 견해에 대해 논의했다.
flaw	연극 '시라노 드 베르주라크'에서 주인공의 가장 눈에 띄는 결점은 그의 기이한 코이다.
buffer	집에 두꺼운 창문을 설치하는 것은 추운 날씨로부터 집을 보호해줄 것이다.
refute	갈릴레오는 지구가 우주의 중심에 있다는 학설을 논박했다.
domestic	만약 남편과 아내가 둘 다 일한다면, 가정의 일을 분담해야 한다.
on the spur of the moment	충동적으로, Lucy와 Henry는 뜻밖의 따뜻한 날을 즐기기 위해 해변으로 차를 몰았다.

46 temperate *
[témpərət]

adj. **moderate**, mild, clement (기후 등이) 온화한

Fruits such as apples and pears grow in **temperate** climates.

47 consistent with *

phr. **in agreement with**, congruent with ~과 일치하는

Erica chose a major that was **consistent with** her goal of being a doctor.

48 splendor *
[spléndər]
adj. splendid

n. **magnificence**, grandeur, majesty 장려함, 화려함

The **splendor** of the massive statues on Easter Island impressed early European explorers.

49 prosper *
[práspər]
n. prosperity
adj. prosperous

v. **succeed**, flourish, thrive 번창하다, 성공하다

Careful planning and good opportunities can help a business **prosper**.

50 brew *
[bru:]

v. **develop**, loom, be on the way 일어나려고 하다

Meteorologists use radar and satellite imaging to determine whether a typhoon is **brewing**.

51 persevere *
[pə̀:rsəvíər]

v. **continue**, carry on, persist 인내하며 계속하다

Despite his injury, the marathon runner **persevered** until the end of the race.

> 🦊 최신출제 포인트
> persevere와 철자가 비슷한 preserve는 '보호하다, 보존하다(protect, conserve)'라는 뜻이므로 시험에서 혼동하지 않도록 주의하자.

52 bias *
[báiəs]

n. **prejudice** 편견

Some nutritionists have a strong **bias** against genetically modified food.

---

temperate   사과나 배와 같은 과일은 온화한 기후에서 자란다.
consistent with   Erica는 의사가 되려는 그녀의 목표와 일치하는 전공을 택했다.
splendor   이스터 섬에 있는 거대 조각상들의 장려함은 초기 유럽 탐험가들에게 감명을 주었다.
prosper   철저한 계획과 좋은 기회는 사업이 번창하는 데 도움이 될 수 있다.
brew   기상학자들은 태풍이 일어나려고 하는지 알아내기 위해 레이더와 인공위성 영상을 이용한다.
persevere   그 마라톤 선수는 부상에도 불구하고 경주가 끝날 때까지 인내하며 계속 달렸다.
bias   몇몇 영양학자들은 유전자 변형 식품에 대한 강한 편견이 있다.

53 administer *
[ædmínistər]

v. 1. **manage**, supervise, conduct — 관리하다

An external consultant has been hired to **administer** the large governmental grant.

v. 2. **give**, provide — (약 등을) 주다, 투여하다

It's crucial to double-check the dosage of the medication before you **administer** it.

54 groundless *
[gráundlis]

adj. **unfounded**, baseless — 근거 없는

Although Sarah knew her fear of the dark was **groundless**, she still used a nightlight.

55 arouse *
[əráuz]

v. **stimulate**, provoke, incite — 자극하다

The strange sight in the distance **aroused** Watson's curiosity, so he moved closer to get a better look.

🐺 최신출제 포인트

arouse는 'arouse Jane from sleep(Jane을 잠에서 깨우다)'에서처럼 '잠에서 깨우다'라는 뜻으로도 많이 쓰인다. 동의어로는 awake가 출제될 수 있으니 함께 알아두도록 하자.

56 occupy *
[ákjupài]

v. **engross**, engage, absorb — (주의·마음을) 끌다

Basic needs, such as food and shelter, **occupied** the minds of early humans.

57 virtual *
[vớːrtʃuəl]
adv. virtually

adj. **almost complete** — 거의 ~과 다름없는, 사실상의

A further reduction in the size of the Arctic ice cap is a **virtual** certainty.

58 unexplored *
[ʌnikspló:rd]

adj. **uncovered** — 다루어지지 않은, 논의되지 않은

The student wrote a paper on some of the **unexplored** aspects of social media.

---

administer | 큰 액수의 정부 보조금을 관리하기 위해 외부 자문 위원이 고용되었다.
약 주기 전에 투여량을 재확인하는 것은 매우 중요하다.
groundless | Sarah는 어둠에 대한 자신의 공포가 근거 없다는 것을 알고 있었지만 여전히 야간등을 사용했다.
arouse | 먼 곳의 이상한 광경이 Watson의 호기심을 자극해서, 그는 더 잘 볼 수 있도록 가까이 다가갔다.
occupy | 음식과 잠자리와 같은 기본적인 욕구는 초기 인류의 마음을 끌었다.
virtual | 북극 만년설 크기의 추가적인 감소는 거의 확실한 것이나 다름없다.
unexplored | 그 학생은 소셜 미디어의 몇몇 다루어지지 않은 측면에 대해 논문을 썼다.

59 tuned to * phr. **in agreement with** ~과 일치된

An employee who is **tuned to** the goals of management is more likely to be promoted.

QUIZ

Choose the synonyms.

1. penetrate
2. nevertheless
3. sufficient
4. gigantic
5. celebrated
6. magnitude
7. subtle
8. divergent
9. persevere
10. strategy

ⓐ varying, different, dissimilar
ⓑ extent, size, degree
ⓒ pierce, go through, enter
ⓓ huge, immense, colossal
ⓔ continue, carry on, persist
ⓕ plan, method, scheme
ⓖ famous, renowned, well-known
ⓗ hard to recognize, hardly perceived
ⓘ enough, adequate, ample
ⓙ in spite of that, however, still

Answer: 1.ⓒ 2.ⓙ 3.ⓘ 4.ⓓ 5.ⓖ 6.ⓑ 7.ⓗ 8.ⓐ 9.ⓔ 10.ⓕ

tuned to   경영진의 목표와 목표가 일치된 직원은 승진할 가능성이 더 높다.

Hackers Voca

Hackers T O E F L Vocabulary

내게 마구 낙서하며 암기해도 괜찮아요. 우리는 intimate한 사이니까.

1 duration ***
[djuréiʃən]
n. span, length, term — (지속되는) 기간
Napoleon lived on the island of Elba for the **duration** of one year.

2 massive ***
[mǽsiv]
adj. huge, enormous, very large, tremendous, colossal — 대규모의, 거대한
The company's refusal to raise wages resulted in a **massive** strike.

3 feasible ***
[fíːzəbl]
adj. practicable, viable, possible, achievable, most likely — 실행 가능한
After years of investment and research, commercial flights to outer space are now becoming **feasible**.

4 vibrant ***
[váibrənt]
adj. 1. active, vivacious, energetic — 활기 넘치는
Honey bees communicate with one another through **vibrant** dances.

adj. 2. vivid, bright, brilliant — (색 등이) 선명한
Although ancient Roman statues usually appear white today, many of them were originally painted in **vibrant** colors.

> 🦊 최신출제 포인트
> vibrant의 명사형인 vibration은 '떨림, 진동'이라는 뜻이며, 동의어로는 tremor, quiver가 출제될 수 있으니 함께 알아두도록 하자.

duration 나폴레옹은 1년이란 기간 동안 엘바섬에 살았다.
massive 회사의 임금 인상 거부는 대규모 파업을 가져왔다.
feasible 수년에 걸친 투자와 연구 끝에 우주로 가는 상업적 비행이 이제 실행 가능해지고 있다.
vibrant 꿀벌들은 활기 넘치는 춤을 통해 서로 의사소통한다.
고대 로마 조각상들은 현재는 보통 흰색으로 보이지만, 그것들 중 다수가 원래는 선명한 색상으로 칠해져 있었다.

5 accumulation ***
[əkjùːmjuléiʃən]
v. accumulate

n. **buildup**, **collection**, stock — 축적

Over the years, the **accumulation** of garbage in the river has contaminated the water.

6 link ***
[liŋk]

n. 1. **connection**, **bond**, tie — 관계, 유대

The politician severed all **links** with his party.

v. 2. **connect**, relate, associate — 관련짓다

Investigators had nothing to **link** the suspect to the crime.

7 informally ***
[infɔ́ːrməli]

adv. **commonly**, casually — 비공식적으로

The city of Paris is **informally** known as "The City of Light."

8 sovereign ***
[sávərən]

n. **master**, monarch, ruler — 군주

Traditionally, the **sovereign** of Great Britain lives in Buckingham Palace.

9 key ***
[kiː]

adj. 1. **important**, **central**, **essential** — 중요한

Ambassadors can perform a **key** role in negotiating a peace treaty between hostile countries.

n. 2. **tone** — (악곡의) 조

The symphony orchestra played a famous musical piece in a lower **key** than usual.

> 🦊 최신출제 포인트
> key는 'the key to success(성공의 비결)'에서처럼 '비결'이라는 뜻으로도 많이 쓰인다. 동의어로는 secret, clue가 출제될 수 있으니 함께 알아두도록 하자.

DAY 12
Hackers Vocabulary

---

accumulation 수년간 강 안의 쓰레기 축적이 물을 오염시켰다.
link 그 정치인은 그의 정당과의 모든 유대를 끊었다.
      수사관들은 그 용의자를 범죄와 관련지을 것이 아무것도 없었다.
informally 파리는 비공식적으로 '빛의 도시'라고 알려져 있다.
sovereign 전통적으로 대영 제국의 군주는 버킹엄 궁전에 거주한다.
key 대사들은 적대적인 나라 사이의 평화 조약을 성사시키는 데 중요한 역할을 할 수 있다.
     교향악단은 유명한 악곡을 평소보다 낮은 조로 연주했다.

10 eventually ***
[ivéntʃuəli]
adj. eventual

adv. **in the end**, **finally**, **ultimately**, **later**, **in (due) time**   결국

The US **eventually** recognized the Filipinos' desire for independence.

🐺 최신출제 포인트

in time은 주로 '제시간에'라는 뜻으로 쓰여서 eventually의 동의어가 아니라고 생각할 수 있다. 그러나 'In time, the massive star will explode(결국, 그 거대한 별은 폭발할 것이다).'에서처럼 in time이 '결국'이라는 뜻으로 사용될 때에는 eventually의 동의어가 될 수 있다.

11 persistent ***
[pərsístənt]
v. persist
n. persistence

adj. **continuous**, **enduring**, **long-lasting**, constant   지속되는

The **persistent** sound of crickets chirping kept Steve from getting a good night's sleep.

12 corroborate ***
[kərábərèit]

v. **confirm**, verify, substantiate   확증하다

With DNA evidence, it is easier to **corroborate** a person's identity.

13 inaugurate ***
[inɔ́:gjurèit]

v. **introduce**, **initiate**, **begin**, commence   개시하다, 시작하다

Andre Breton helped **inaugurate** the surrealist movement by publishing the *Manifesto of Surrealism* in 1924.

14 further ***
[fə́:rðər]

adj. **additional**, extra, supplementary   추가적인

It was determined that the little girl would need **further** therapy to fully recover from the car accident.

15 concentrate on ***

phr. **focus on**, pay attention to   ~에 집중하다

Meditation can help you **concentrate on** being in the present.

16 moreover ***
[mɔ́:róuvər]

adv. **additionally**, **in addition**, **as well**, besides   게다가

Melanie had gotten thinner with age; **moreover**, her whole image had changed.

---

eventually   미국은 결국 독립을 향한 필리핀인들의 열망을 인정했다.
persistent   지속되는 귀뚜라미 울음소리는 Steve가 숙면을 취하지 못하게 했다.
corroborate   DNA 증거가 있으면 사람의 신원을 확증하기가 더 쉽다.
inaugurate   앙드레 브르통은 1924년에 '초현실주의 선언문'을 출판함으로써 초현실주의 운동을 시작하는 것을 도왔다.
further   그 어린 소녀가 교통 사고에서 완전히 회복하려면 추가적인 치료가 필요할 것임이 밝혀졌다.
concentrate on   명상은 당신이 현재에 집중하도록 도와줄 수 있다.
moreover   Melanie는 나이가 들면서 야위어 갔고, 게다가 그녀의 전체적인 인상도 변했다.

17 execute ***
[éksikjù:t]

v. 1. **perform, carry out**, fulfill, implement — 수행하다

The cheerleading squad practiced for weeks until they could **execute** their routine without any mistakes.

> 🦊 **최신출제 포인트**
> execute는 'execute the criminal(범죄자를 처형하다)'에서처럼 '처형하다'라는 뜻으로도 많이 쓰인다. 동의어로는 put to death가 출제될 수 있으니 함께 알아두도록 하자.

v. 2. **produce** — (미술품 등을) 제작하다

The skilled artist **executed** detailed and lifelike paintings.

18 urbane **
[ə:rbéin]

adj. **cultivated**, sophisticated, polished, refined — 세련된

My brother looked quite **urbane** in his new tuxedo.

19 boast **
[boust]

v. 1. **show off, brag**, swagger, **pride oneself on** — 자랑하다

Muhammad Ali **boasted** that he was the greatest boxer to ever live.

v. 2. **proudly possess** — (자랑거리로서) 가지고 있다

Paris **boasts** several famous and widely visited landmarks.

20 envision **
[invíʒən]

v. **imagine**, conceive, visualize — 마음속에 그리다, 상상하다

Martin Luther King Jr. **envisioned** a world with no racial barriers.

21 intermediate **
[ìntərmí:diət]

adj. **in-between, between extremes**, median — 중간의

A number of interesting developments occur during the **intermediate** stage of the insect's life cycle.

---

execute 응원단은 어떠한 실수도 없이 정해진 순서를 수행할 수 있을 때까지 몇 주 동안 연습했다.
숙련된 예술가는 상세하고 실물과 똑같은 그림을 제작했다.
urbane 내 남동생은 새 턱시도를 입으니 꽤 세련되어 보였다.
boast 무하마드 알리는 자신이 현재까지 존재했던 최고의 권투 선수였다고 자랑했다.
파리는 유명하고 많이 방문되는 역사적인 장소들을 몇몇 가지고 있다.
envision 마틴 루터 킹 주니어는 인종 간의 장벽이 없는 세상을 마음속에 그렸다.
intermediate 그 곤충의 라이프 사이클 중간 단계에서는 다수의 흥미로운 발달이 일어난다.

22 frightful**

[fráitfəl]

adj. **alarming, fearsome**

Tom's unusual behavior was quite **frightful**, enough to worry the entire family.

무서운

23 irrevocable**

[irévəkəbl]
adv. irrevocably

adj. **permanent**, irreversible, unchangeable

Tattoos are no longer **irrevocable**, though removing them is painful and costly.

돌이킬 수 없는

24 disintegration**

[disìntəgréiʃən]
v. disintegrate

n. **breaking apart**, collapse

The **disintegration** of a country during civil war has devastating, long-term effects on the people.

분해, 붕괴

25 burgeoning**

[bə́ːrdʒəniŋ]

adj. **rapidly expanding**, growing, escalating

A **burgeoning** deer population has been interfering with traffic by wandering onto the highways.

급증하는

26 terrestrial**

[təréstriəl]

adj. **earthly**, worldly

The yogi believes that only when we get rid of our **terrestrial** desires are we truly free.

속세의

🦊 최신출제 포인트

terrestrial은 'terrestrial animals(육지 동물)'에서처럼 '육지의'라는 뜻으로도 많이 쓰인다. 동의어로는 land-based, onshore가 출제될 수 있으니 함께 알아두도록 하자.

27 adorn**

[ədɔ́ːrn]

v. **decorate**, beautify, ornament

Christine **adorned** herself in her finest jewelry for the party.

꾸미다

28 revolution**

[rèvəlúːʃən]
v. revolutionize

n. **fundamental change**, innovation

Louis Pasteur's germ theory of disease caused a **revolution** in medical thought.

변혁, 개혁

---

frightful
irrevocable
disintegration
burgeoning
terrestrial
adorn
revolution

Tom의 특이한 행동은 가족 전부를 걱정시키기 충분할 만큼 꽤 무서웠다.
지우는 데 고통스럽고 돈이 많이 들기는 하지만, 문신이 더는 돌이킬 수 없는 것은 아니다.
내전 동안 국가의 붕괴는 사람들에게 파괴적이고도 장기적인 영향을 미친다.
급증하는 사슴 개체군은 고속도로 위를 돌아다니면서 교통을 방해해 왔다.
그 요가 수행자는 우리가 속세의 욕망에서 벗어날 때에야 비로소 진정으로 자유로워진다고 믿는다.
Christine은 파티를 위해 가장 좋은 보석으로 자신을 꾸몄다.
루이 파스퇴르의 세균설은 의학 사상에 변혁을 일으켰다.

29 randomness **

[rǽndəmnis]
adj. random

n. **lack of pattern** 무작위성

Constellations offer a practical way to assign order to the **randomness** of stars.

30 superficial **

[sùːpərfíʃəl]
adv. superficially

adj. **external**, **not deep**, exterior 표면적인

John put on a **superficial** appearance of being happy, but he was actually quite upset.

31 diversion **

[divə́ːrʒən]

n. **distraction** 주의 전환물

Magicians use attractive assistants as a **diversion** when performing their tricks.

32 originate from **

phr. **come from**, derive from, stem from ~에서 비롯되다

Light that **originates from** distant stars takes millions of years to reach the Earth.

33 intimate **

[íntəmət]
adv. intimately

adj. **close**, familiar 친밀한

Marilyn Monroe was **intimate** with many of the greatest minds of her day.

> 🦊 최신출제 포인트
> intimate와 철자가 비슷한 intimidate는 '위협하다(threaten, menace)'라는 뜻이므로 시험에서 혼동하지 않도록 주의하자.

34 blossom **

[blásəm]

v. **flourish**, bloom, thrive 번영하다

European art and culture began to **blossom** during the Renaissance.

35 groundwork **

[gráundwə̀ːrk]

n. **foundation**, basis, footing 토대, 기초

Isaac Newton's writings on mathematics laid the **groundwork** for the development of modern calculus.

---

randomness 별자리는 별들의 무작위성에 질서를 부여하기 위한 실질적인 방법을 제공한다.
superficial John은 행복해하는 표면적인 모습을 가장하고 있었지만, 사실은 꽤 화가 나 있었다.
diversion 마술사들은 마술을 부릴 때 주의 전환물로써 매력적인 조수를 이용한다.
originate from 멀리 떨어진 별에서 비롯된 빛은 지구에 도달하기까지 수백만 년이 걸린다.
intimate 마릴린 먼로는 당대의 위대한 지성인들 중 상당수와 친밀했다.
blossom 유럽의 예술과 문화는 르네상스 시기에 번영하기 시작했다.
groundwork 수학에 대한 아이작 뉴턴의 글은 현대 미적분학의 발전을 위한 토대를 마련했다.

36 trivial **

[tríviəl]

adj. **small**, **frivolous**, **unimportant**, insignificant 사소한

The mayor argued that the cost of the new library was **trivial** compared to the benefit it offered.

37 posterity **

[pɑstérəti]

n. **future generations**, **next generations** 후대

The conservation efforts of today will help preserve the environment for **posterity**.

38 aggravate **

[ǽɡrəvèit]

v. **make worse**, **worsen**, exacerbate 악화시키다

Consuming alcohol and spicy food can **aggravate** stomach conditions.

39 obtainable **

[əbtéinəbl]
v. obtain

adj. **available**, **accessible**, attainable 얻을 수 있는

Most of the ingredients for Chinese cooking are **obtainable** at the supermarket.

40 extent **

[ikstént]

n. **range**, **scope**, **stretch** 범위

The **extent** of topics covered during the lecture was quite diverse.

41 ingenious **

[indʒíːnjəs]
n. ingenuity

adj. **inventive**, **creative**, **innovative**, **(very) clever** 기발한, 독창적인

An **ingenious** system of water pumps has been built to protect the city from flooding.

🦊 최신출제 포인트
ingenious와 철자가 비슷한 ingenuous는 '순진한(naive, innocent)'이라는 뜻이므로 시험에서 혼동하지 않도록 주의하자.

42 burst **

[bəːrst]

v. **break open**, **break out** 터지다

The water pipe **burst** and ruined the kitchen floor.

---

trivial   시장은 새 도서관에 드는 비용은 그것이 제공한 혜택과 비교하면 사소하다고 주장했다.
posterity   오늘날의 자연 보호 활동은 후대를 위해 환경을 보존하는 데 도움이 될 것이다.
aggravate   술과 매운 음식을 먹는 것은 위의 상태를 악화시킬 수 있다.
obtainable   중국 요리를 위한 재료들 대부분은 슈퍼마켓에서 얻을 수 있다.
extent   강의 중에 다뤄진 주제의 범위는 꽤 다양했다.
ingenious   홍수로부터 도시를 보호하기 위해 기발한 양수기 장치가 설치되었다.
burst   수도관이 터져서 부엌 바닥을 엉망으로 만들었다.

43 outlying **
[àutláiiŋ]

adj. **far from the center**, remote, distant — 외진, 중심에서 떨어진

The price of land is much lower in **outlying** areas than in the city centers.

44 revolve around *

phr. **focus on**, center on — ~을 중심으로 돌다

Many parents feel that their lives **revolve around** their young children.

45 meticulously *
[mətíkjuləsli]
adj. meticulous

adv. **carefully**, precisely — 꼼꼼히

The project needs to be **meticulously** planned since the team only has four weeks to complete it.

46 utilitarian *
[juːtìlətɛ́əriən]

adj. **practical**, pragmatic, functional — 실용적인

The factory is very **utilitarian** in design.

47 constitute *
[kánstətjùːt]
n. constitution
adj. constituent

v. **make up**, comprise, compose — 구성하다

Several different ethnic groups **constitute** the population of Malaysia.

48 reciprocal *
[risíprəkəl]

adj. **mutual** — 상호 간의

Though the two authors had different ideas about the same subject, they had a **reciprocal** respect.

> 🦊 최신출제 포인트
> reciprocal의 동사형인 reciprocate는 '주고받다'라는 뜻이며, 동의어로는 trade, exchange가 출제될 수 있으니 함께 알아두도록 하자.

49 tendency **
[téndənsi]
v. tend

n. **inclination**, trend, proneness — 경향

There has been a recent **tendency** among teachers to give more lenient punishments.

---

outlying 토지의 가격은 도시 중심부보다 외진 지역에서 훨씬 더 낮다.
revolve around 많은 부모들은 자신들의 삶이 그들의 어린 자녀들을 중심으로 돈다고 느낀다.
meticulously 팀이 프로젝트를 완료하기까지 4주밖에 없기 때문에 그것은 꼼꼼히 계획되어야 한다.
utilitarian 그 공장은 설계적 측면에서 매우 실용적이다.
constitute 몇몇 서로 다른 인종 집단들이 말레이시아의 인구를 구성한다.
reciprocal 두 작가는 같은 주제에 대해 서로 다른 생각을 가지고 있었지만 상호 간의 존중이 있었다.
tendency 교사들 사이에서는 좀 더 관대한 처벌을 주는 최근 경향이 있다.

50 artifact *
[ά:rtəfækt]

n. **object**, item, article — 인공 유물

The archaeologist discovered the **artifact** 2.5 meters below the ground.

51 expedite *
[ékspədàit]

v. **accelerate**, speed up, urge, rush — 신속히 처리하다, 촉진시키다

To **expedite** the passport renewal process, applicants must pay an additional fee.

52 scenario *
[sinέəriòu]

n. **situation**, sequence of events — (사건의) 시나리오

Comedians often use everyday **scenarios** to appeal to the audience.

53 define *
[difáin]

v. **identify** — 분명히 하다

In 2006, the International Astronomical Union **defined** the difference between planets and dwarf planets.

54 propulsion *
[prəpʌ́lʃən]

n. **moving forward**, thrust, impetus — 추진, 추진력

Before motors were invented, wind was used as the means of **propulsion** for ships.

55 resolute *
[rézəlù:t]

adj. **firm**, determined, steadfast, unwavering — 확고한

Without a **resolute** commitment to stop illegal hunting, the tiger's future is in danger.

> 🦊 최신출제 포인트
> resolute의 명사형인 resolution은 '결심, 결의'라는 뜻이며, 동의어로는 determination이 출제될 수 있으니 함께 알아두도록 하자.

56 phase *
[feiz]

n. **period**, stage, step — 시기, 단계

The first **phase** of construction on the fort was completed before the War of 1812.

---

artifact 그 고고학자는 지면의 2.5미터 아래에서 인공 유물을 발견했다.
expedite 여권 갱신 과정을 신속히 처리하기 위해서 신청자들은 추가 비용을 지불해야만 한다.
scenario 코미디언들은 종종 관객들의 관심을 끌기 위해 일상적인 시나리오를 이용한다.
define 2006년에 국제 천문학 연합회는 행성과 왜소행성의 차이를 분명히 했다.
propulsion 전동기가 발명되기 전에는 배가 추진력을 얻는 수단으로 바람이 사용되었다.
resolute 불법 사냥을 중단시키기 위한 확고한 헌신 없이는 호랑이의 미래가 위험에 직면해있다.
phase 1812 영미 전쟁 전에 요새 건설의 첫 번째 단계가 완성되었다.

57 fairly *
[fέərli]

adv. 1. reasonably, moderately, pretty — 꽤

Mr. Caldwell arrives **fairly** early at work to read the newspaper before the staff arrives.

adv. 2. impartially — 공정하게

Judges are expected to conduct all cases **fairly**.

QUIZ

Choose the synonyms.

1. duration
2. feasible
3. irrevocable
4. superficial
5. moreover
6. eventually
7. ingenious
8. frightful
9. trivial
10. artifact

ⓐ small, frivolous, unimportant
ⓑ external, not deep, exterior
ⓒ span, length, term
ⓓ object, item, article
ⓔ inventive, creative, innovative
ⓕ permanent, irreversible, unchangeable
ⓖ additionally, in addition, as well
ⓗ practicable, viable, possible
ⓘ alarming, fearsome
ⓙ in the end, finally, ultimately

Answer: 1.ⓒ 2.ⓗ 3.ⓕ 4.ⓑ 5.ⓖ 6.ⓙ 7.ⓔ 8.ⓘ 9.ⓐ 10.ⓓ

---

fairly   Caldwell씨는 직원들이 도착하기 전에 신문을 읽기 위해 회사에 꽤 일찍 출근한다.
판사들은 모든 사건들을 공정하게 처리하도록 요구 받는다.

DAY 13

Hackers TOEFL Vocabulary
Hackers Voca

차가 막혀서 circuitous하는 길로 갔더니 거기는 더 막혀서 완전히 늦어 버렸어요.

---

1 merely***   adv. **simply, only, no more than**, just, purely   단지

[míərli]

adj. mere

The man **merely** wanted to buy a bottle of water, but the store was already closed.

---

2 decimate***   v. **destroy, eliminate, wipe out, demolish, devastate**   (많은 사람을) 죽이다

[désəmèit]

n. decimation

The Black Plague **decimated** the population in Europe.

---

3 incentive***   n. **motivation, motive, encouragement,** inducement   동기, 자극

[inséntiv]

The prize for first place was a new car, so contestants had a large **incentive** to win.

🦊 최신출제 포인트
incentive와 철자가 비슷한 inceptive는 '처음의(initial, first)'라는 뜻이므로 시험에서 혼동하지 않도록 주의하자.

---

4 retrieve***   v. **bring back, get back, recover, obtain,** regain   되찾다

[ritríːv]

The police officers **retrieved** the stolen money from the thief's hiding place.

---

5 compress***   v. **condense, compact, contract,** crush   압축하다

[kəmprés]

The machine **compresses** old cars into blocks of scrap metal.

---

merely   그 남자는 단지 물 한 병을 사고 싶었지만, 상점은 이미 닫혀있었다.
decimate 흑사병은 유럽의 많은 사람들을 죽였다.
incentive 우승 상품이 새 승용차였기 때문에 시합 참가자들에게는 이겨야 하는 큰 동기가 있었다.
retrieve 경찰관은 절도범의 은신처에서 도난당한 돈을 되찾았다.
compress 그 기계는 낡은 차들을 고철 덩어리로 압축시킨다.

6 designate***
[dézignèit]

v. indicate, identify, specify, define — 명시하다

The statue **designates** where the famous speech took place.

7 dissemination***
[disèmənéiʃən]
v. disseminate

n. spread, distribution, diffusion — 보급, 유포

The **dissemination** of scientific knowledge changed human society.

8 marked***
[mɑːrkt]
adv. markedly

adj. noticeable, considerable, prominent, discernible — 두드러진, 현저한

Mental illness can be difficult to diagnose because symptoms are not always **marked**.

9 hypothetical***
[hàipəθétikəl]

adj. supposed, imaginary — 가상의, 가정의

Physicists accept the existence of **hypothetical** particles in space to make their theories plausible.

10 flow***
[flou]

n. stream, current; movement, motion — 흐름; 이동

After the accident was finally cleared by the tow truck, the **flow** of traffic improved.

> 최신출제 포인트
> flowing은 '유창한'이라는 뜻의 형용사로 쓰이며, 동의어로는 fluent가 출제될 수 있으니 함께 알아두도록 하자.

11 precise***
[prisáis]
adv. precisely
n. precision

adj. exact, accurate, definite — 정확한

The investigators will look into the **precise** details of the airplane crash.

12 stipulate***
[stípjulèit]

v. require, demand, call for — (조건으로서) 요구하다

The contract **stipulates** that employees report to work at 9 a.m. from Monday to Friday.

---

designate 그 조각상은 그 유명한 연설이 어디에서 일어났는지 명시한다.
dissemination 과학적 지식의 보급은 인간 사회를 변화시켰다.
marked 정신 질환은 증상이 항상 두드러지는 것은 아니기 때문에 진단하기 어려울 수 있다.
hypothetical 물리학자들은 그들의 이론을 그럴듯하게 만들기 위해서 우주의 가상 입자의 존재를 받아들인다.
flow 사고가 마침내 견인차에 의해 정리되고 나자, 교통의 흐름이 나아졌다.
precise 수사관들은 비행기 추락의 정확한 세부 사항들을 조사할 것이다.
stipulate 그 계약서는 직원들이 월요일부터 금요일까지 오전 9시에 출근하는 것을 요구한다.

13 perspective ***
[pərspéktiv]

n. **point of view**, **viewpoint**, **orientation** 관점

The data provides a fascinating new **perspective** on the pattern of industrial development.

> 🐱 최신출제 포인트
> perspective와 철자가 비슷한 prospective는 '가망이 있는(potential, possible)'이라는 뜻이므로 시험에서 혼동하지 않도록 주의하자.

14 enhance ***
[inhǽns]

v. **improve**, **enrich**, **intensify** 향상시키다

The invention of the telegraph **enhanced** the speed of communication.

15 fundamental ***
[fʌ̀ndəméntl]

adj. **essential**, **basic**, primary, elementary 근본적인, 기본적인

Math and science are **fundamental** subjects that every student must learn.

16 evident ***
[évədənt]
n. evidence

adj. **clear**, **apparent**, **obvious**, manifest 분명한

The presence of cycles in history is **evident** when studying later Mesopotamia.

17 shift ***
[ʃift]

v. **move**, **transfer**, **change**, **switch** 옮기다, 바꾸다

The chief executive decided to **shift** production to another factory.

18 unique among **

phr. **different from other** ~중에서 유일무이한

Because of its ability to catch insects, the Venus flytrap is **unique among** plants.

19 full-fledged **
[fúlflèdʒd]

adj. **well-developed**, full-blown 완전히 발달한

Tina started selling her art as a hobby, but it soon turned into a **full-fledged** business.

---

perspective	그 자료는 산업 발달의 유형에 대한 흥미로운 새 관점을 제시한다.
enhance	전보의 발명은 통신의 속도를 향상시켰다.
fundamental	수학과 과학은 모든 학생이 배워야만 하는 기본적인 과목이다.
evident	후기 메소포타미아를 공부하면 역사에 주기가 존재한다는 것이 분명해진다.
shift	최고 경영자는 생산을 다른 공장으로 옮기기로 결정했다.
unique among	곤충을 잡는 능력 때문에 파리지옥풀은 식물 중에서 유일무이하다.
full-fledged	Tina는 취미로 자신의 작품을 팔기 시작했지만, 그것은 곧 완전히 발달한 사업이 되었다.

20 laborious**
[ləbɔ́ːriəs]

adj. difficult, strenuous   인내를 요하는, 힘든

It took Michelangelo four years of **laborious** painting to finish the Sistine Chapel Ceiling.

> 🦊 최신출제 포인트
> laborious는 'a laborious workforce(열심히 일하는 직원)'에서처럼 '열심히 일하는'이라는 뜻으로도 많이 쓰인다. 동의어로는 industrious, diligent가 출제될 수 있으니 함께 알아두도록 하자.

21 emit**
[imít]

v. give off, exhale, release, discharge, send out   내뿜다, 방출하다

In the fireplace was a red-hot fire which **emitted** a small amount of smoke.

22 stunning**
[stʌ́niŋ]

adj. amazing, impressive, breathtaking, spectacular   놀랄 만큼 멋진

The Hubble Space Telescope can capture **stunning** images of distant galaxies.

23 tantalizing**
[tǽntəlàiziŋ]

adj. 1. tempting, enticing   흥미를 돋우는

Credit card information is a **tantalizing** target for hackers and other cybercriminals.

adj. 2. teasing   감질나는

Although the food was not ready, the hungry guests could smell the **tantalizing** aromas from the kitchen.

24 abandoned**
[əbǽndənd]

adj. no longer occupied, deserted, vacant   버려진

The **abandoned** site of Machu Picchu in Peru was rediscovered in 1911.

25 transmit**
[trænsmít]

v. convey, communicate, send   전하다

Samuel Morse first **transmitted** a message by telegraph in 1844.

---

laborious 미켈란젤로가 시스티나 예배당 천장을 완성하는 데 4년 동안의 인내를 요하는 그림 작업이 필요했다.
emit 벽난로 안에는 소량의 연기를 내뿜는 작열하는 난롯불이 있었다.
stunning 허블 우주 망원경은 멀리 있는 은하계의 놀랄 만큼 멋진 모습을 담아낼 수 있다.
tantalizing 신용카드 정보는 해커들과 다른 사이버 범죄자들의 흥미를 돋우는 표적이다.
음식이 다 준비되지 않았음에도 불구하고, 배고픈 손님들은 부엌에서 나는 감질나는 냄새를 맡을 수 있었다.
abandoned 페루의 버려졌던 마추픽추 유적은 1911년에 재발견되었다.
transmit 새뮤얼 모스는 1844년에 처음으로 전보로 메시지를 전했다.

26 candidly** adv. **honestly**, frankly, plainly   솔직히
[kǽndidli]

The author **candidly** answered the questions during the interview.

27 compulsorily** adv. **by requirement**, obligatorily, mandatorily   의무적으로
[kəmpʌ́lsərəli]
adj. compulsory

Taxes are **compulsorily** paid to the government by all residents of a country.

28 aid** v. **assist**, **support**, help, back   돕다
[eid]

For her volunteer work, Catherine **aided** elderly patients in a nursing home.

29 deliberation** n. **discussion**, debate, conference   토의
[dilìbəréiʃən]

After a long **deliberation**, the jury announced its decision in the murder trial.

> 🦊 최신출제 포인트
> deliberation은 'a thoughtful deliberation(깊은 숙고)'에서처럼 '숙고'라는 뜻으로도 많이 쓰인다. 동의어로는 consideration, reflection이 출제될 수 있으니 함께 알아두도록 하자.

30 preposterous** adj. **unbelievable**, absurd, nonsensical   터무니없는
[pripástərəs]

The once popular theory regarding the existence of intelligent life on Mars now seems **preposterous**.

31 sparse** adj. 1. **scattered**, thinly distributed   드문드문한
[spɑːrs]
adv. sparsely

Houses are **sparse** throughout the desolate region.

adj. 2. **scanty**, meager, scarce, limited   부족한

The sailor survived several weeks in a lifeboat with only **sparse** provisions.

---

candidly 그 저자는 인터뷰 동안 질문에 솔직히 답변했다.
compulsorily 세금은 국가의 모든 거주자들에 의해 정부에 의무적으로 납부된다.
aid Catherine은 봉사 활동으로 요양원에서 나이가 지긋한 환자들을 도왔다.
deliberation 긴 토의 끝에 배심원단은 살인 사건 공판에 대한 자신들의 결정을 발표했다.
preposterous 한때 인기 있던 화성의 지적 생명체의 존재에 관한 설은 이제 터무니없어 보인다.
sparse 집들이 황량한 지역 도처에 드문드문 있다.
그 선원은 부족한 식량만으로 구명정에서 몇 주를 생존했다.

32 occasionally ★★
[əkéiʒənəli]
adj. occasional

adv. **once in a while**, now and then, sometimes 가끔

The Kilauea volcano in Hawaii **occasionally** erupts and releases lava into the surrounding area.

33 inconceivable ★★
[ìnkənsí:vəbl]

adj. **unthinkable, unimaginable** 상상도 할 수 없는

Exploring outer space was once considered **inconceivable**.

34 breeding ★★
[brí:diŋ]

n. **reproduction**, propagation 번식

The **breeding** of pandas in captivity is rare.

35 overriding ★★
[òuvərráidiŋ]

adj. **dominant**, chief, principal 가장 중요한

Water quality is the **overriding** concern in many developing countries.

🦊 최신출제 포인트
override는 '~에 우선하다'라는 뜻의 동사로 쓰이며, 동의어로는 take precedence over가 출제될 수 있으니 함께 알아두도록 하자.

36 favor ★★
[féivər]

v. **prefer**, lean toward 더 좋아하다

Although many people enjoy the excitement of cities, some people **favor** the quiet life of the country.

37 sediment ★★
[sédəmənt]

n. **remains**, deposition 침전물

As wine ages, **sediment** collects at the bottom of the bottle.

38 clever ★★
[klévər]

adj. **ingenious**, smart, brilliant, bright 영리한

Solar power is a **clever** solution to the problem of dwindling fossil fuel reserves.

---

occasionally 하와이의 킬라우에아 화산은 가끔 분화하여 주변 지역에 용암을 방출한다.
inconceivable 우주 공간을 탐사하는 것은 한때 상상도 할 수 없다고 여겨졌다.
breeding 사육 상태에서 판다의 번식은 드물다.
overriding 많은 개발도상국에서 수질은 가장 중요한 관심사이다.
favor 많은 사람들이 도시의 흥분을 즐기지만, 어떤 사람들은 전원의 조용한 삶을 더 좋아한다.
sediment 와인이 숙성되면서, 침전물이 병의 바닥에 쌓인다.
clever 태양열 발전은 줄어들고 있는 화석 연료 매장량 문제에 대한 영리한 해결책이다.

39 consistently
[kənsístəntli]

adv. **regularly**, **typically**, unchangingly — 일관되게

Hawks **consistently** return to the same place to breed year after year.

40 rate
[reit]

v. **judge**, assess, evaluate — 평가하다

In the art contest, six different art teachers will **rate** the entries of the participants before choosing a winner.

> 🦊 최신출제 포인트
> rate는 동사가 아닌 명사로도 많이 쓰인다. 명사로는 'rate of traffic accident(교통사고의 비율)'에서처럼 '비율'이라는 뜻으로 주로 쓰이며, 동의어로는 ratio, proportion이 출제될 수 있으니 함께 알아두도록 하자.

41 predominate
[pridámənèit]

v. 1. **outweigh**, prevail — 우세하다

Service-related companies now **predominate** in a town that was once known for its manufacturing companies.

[pridámənət]

adj. 2. **most popular** — 지배적인, 우세한

Reality shows have been the **predominate** format for TV shows in recent years.

42 realize
[ríːəlàiz]

v. 1. **be aware of**, understand, catch on — 깨닫다, 이해하다

Einstein **realized** that there were problems with Newton's law of gravity.

v. 2. **achieve**, accomplish, fulfill — 달성하다, 실현하다

It often takes several years for new businesses to **realize** a profit.

43 circuitous
[sərkjúːətəs]

adj. **indirect**, roundabout — 우회하는

The path up the mountain was **circuitous** and took five hours to hike.

---

consistently 매는 번식하기 위해 매년 일관되게 같은 장소로 돌아간다.
rate 미술 대회에서는 6명의 다른 미술 교사들이 우승자를 선정하기 전에 참가자들의 출품작들을 평가할 것이다.
predominate 한때 제조업 회사들로 알려졌던 도시에서 이제는 서비스 관련 기업들이 우세하다.
리얼리티 쇼는 최근 몇 년간 지배적인 형식의 텔레비전 프로그램이었다.
realize 아인슈타인은 뉴턴의 중력 법칙에 문제가 있다는 것을 깨달았다.
새로운 사업이 수익을 달성하는 데는 종종 수년이 걸린다.
circuitous 산으로 올라가는 길은 우회로여서 하이킹하는 데 5시간이 걸렸다.

44 **owing to** *

prep. **due to**, **because of**, **as a result of** ~때문에

The government had to introduce new economic reforms **owing to** the recession.

45 **model** *
[mɑdl]

n. **specimen**, **prototype**, **example** 견본

Some treatments that have worked in the rat **model** have also been successful in humans.

> 🦊 최신출제 포인트
> model은 명사가 아닌 형용사로도 많이 쓰인다. 형용사로는 'model behavior(모범적인 행동)'에서처럼 '모범적인'이라는 뜻으로 주로 쓰이며, 동의어로는 exemplary가 출제될 수 있으니 함께 알아두도록 하자.

46 **with respect to** *

phr. **with regard to**, **in terms of**, **in reference to** ~에 관하여

The Middle East plays an important role **with respect to** global energy security.

47 **continuous** *
[kəntínjuəs]

adj. **uninterrupted**, **ongoing**, **unceasing**, **consecutive** 계속되는

The **continuous** noise from the construction site bothered the area's residents.

48 **collaborate** *
[kəlǽbərèit]
adj. collaborative

v. **cooperate**, **put effort together**, **work together** 협력하다

The high school **collaborated** with the public library to make the fair a great success.

49 **anonymous** *
[ənɑ́nəməs]

adj. **unknown**, **unnamed**, **unidentified**, **innominate** 익명의, 신원 불명의

Nancy was grateful to an **anonymous** reader for some helpful comments.

50 **somewhat** *
[sʌ́mhwʌ̀t]

adv. **to some degree**, **to some extent**, **rather** 어느 정도

The global unemployment rate has improved **somewhat** since the financial crisis.

DAY 13
Hackers Vocabulary

owing to 불경기 때문에 정부는 새로운 경제 개혁을 시작할 수밖에 없었다.
model 쥐를 견본으로 하여 성공했던 몇몇 치료법은 인간에게서도 성공적이었다.
with respect to 중동은 세계의 에너지 안보에 관하여 중요한 역할을 한다.
continuous 건설 현장에서 나는 계속되는 소음이 그 지역의 주민들을 괴롭혔다.
collaborate 그 고등학교는 박람회를 큰 성공으로 이끌기 위해 공공 도서관과 협력했다.
anonymous Nancy는 몇 가지 유용한 의견을 준 익명의 독자에게 고마워했다.
somewhat 전 세계의 실업률은 금융 위기 이후부터 어느 정도 나아졌다.

51 damaging

[dǽmidʒiŋ]

adj. **harmful**, detrimental, noxious

해로운

Skin cancer can result from the **damaging** effects of the sun.

52 dramatically

[drəmǽtikəli]
adj. dramatic

adv. **greatly**, substantially, remarkably

극적으로, 몹시

John's personality has changed **dramatically** over the past few years.

53 heighten

[haitn]

v. **increase**, intensify

고조시키다

Mandy's vague excuse **heightened** her father's anxiety.

54 share

[ʃɛər]

n. **portion**, part, allotment

몫

Bob's roommate was constantly late with his **share** of the rent.

55 shortly

[ʃɔ́ːrtli]

adv. **soon**, presently

곧

Mr. Jones is currently out of the office because of a business lunch, but he will be back **shortly**.

🦊 최신출제 포인트
shortly는 'end a conversation shortly(대화를 퉁명스럽게 끝내다)'에서처럼 '퉁명스럽게'라는 뜻으로도 많이 쓰인다. 동의어로는 curtly, abruptly가 출제될 수 있으니 함께 알아두도록 하자.

56 besides

[bisáidz]

adv. 1. **in addition**, moreover

게다가

Tom has the most experience for the job. **Besides**, he is very charismatic.

prep. 2. **apart from**

~ 외에

There was nothing in the safe **besides** a few old documents.

---

damaging 피부암은 태양의 해로운 영향 때문에 일어날 수 있다.
dramatically John의 성격은 지난 몇 년 동안 극적으로 바뀌었다.
heighten Mandy의 애매한 변명이 아버지의 걱정을 고조시켰다.
share Bob의 룸메이트는 집세 중 자신의 몫을 빈번히 늦게 냈다.
shortly Jones씨는 사업상의 점심 식사 때문에 지금 사무실에 없지만, 곧 돌아올 것이다.
besides Tom은 그 일에 가장 경험이 많다. 게다가, 그는 카리스마까지 풍부하다.
금고 안에는 몇 개의 낡은 문서 외에 아무것도 없었다.

57 seep *
[siːp]

v. **ooze**, **flow slowly**, **pass through slowly** 스며 나오다

The gas **seeped** throughout the entire building before anyone noticed the leaking valve.

58 habit *
[hǽbit]

n. **usual behavior**, custom, practice 습관

Harry's little sister has a **habit** of biting her fingernails.

QUIZ

Choose the synonyms.

1. retrieve
2. compress
3. abandoned
4. sparse
5. shift
6. stipulate
7. unique among
8. damaging
9. share
10. transmit

ⓐ move, tranfer, change
ⓑ bring back, get back, recover
ⓒ portion, part, allotment
ⓓ harmful, detrimental, noxious
ⓔ require, demand, call for
ⓕ scanty, meager, scarce
ⓖ no longer occupied, deserted, vacant
ⓗ convey, communicate, send
ⓘ different from other
ⓙ condense, compact, contract

Answer: 1.ⓑ 2.ⓙ 3.ⓖ 4.ⓕ 5.ⓐ 6.ⓔ 7.ⓘ 8.ⓓ 9.ⓒ 10.ⓗ

---

seep 누군가 밸브가 새는 것을 알아채기도 전에 가스가 건물 전체에 스며 나왔다.
habit Harry의 여동생은 손톱을 물어뜯는 습관이 있다.

DAY 14

Hackers TOEFL Vocabulary

Hackers Voca

포기하지 마세요. 당신의 potential은 아직도 무궁무진하답니다.

---

1 lethal ***
[líːθəl]

adj. **deadly**, **dangerous**, fatal, pernicious — 치명적인

The black mamba is one of the world's most **lethal** snakes.

2 modest ***
[mάdist]

adj. **small**, **not large**, **limited**; **simple** — 그리 크지(많지) 않은; 수수한

The apartment Janet lives in is a **modest** one, but it satisfies her needs.

🐱 최신출제 포인트

modest는 'a modest personality(겸손한 성격)'에서처럼 '겸손한'이라는 뜻으로도 많이 쓰인다. 동의어로는 humble, unpretentious가 출제될 수 있으니 함께 알아두도록 하자.

3 component ***
[kəmpóunənt]

n. **element**, **constituent**, **ingredient**, **part**, **factor** — 구성 요소

Nitrogen is one of the major **components** of the air humans breathe.

4 exploitation ***
[èksplɔitéiʃən]
v. exploit

n. **use**, abuse, misuse — (부당한) 이용, 착취

The Keating-Owen Act of 1916 was an early attempt to address the **exploitation** of child labor.

5 relic ***
[rélik]

n. **remains**, **remnant**, vestige — 유물, 나머지

In the jungle, archaeologists uncovered pottery and other **relics** from an ancient civilization.

---

lethal 검은 맘바는 세상에서 가장 치명적인 뱀 중 하나이다.
modest Janet이 사는 아파트는 그리 크지 않은 곳이지만, 그녀의 필요를 충족시킨다.
component 질소는 인간이 숨을 쉬는 공기의 주요 구성 요소 중 하나이다.
exploitation 1916년의 키팅-오웬 법은 아동 노동력의 착취에 대해 다루려던 초기 시도였다.
relic 고고학자들은 정글에서 고대 문명의 도자기와 다른 유물들을 발굴했다.

6 profoundly ***
[prəfáundli]
adj. profound

adv. **deeply; completely, strongly** — 깊이; 대단히

The death of the popular king **profoundly** affected the emotions of his subjects.

7 deflect ***
[diflékt]

v. **change the direction of, divert** — 방향을 바꾸다

Barriers were erected to **deflect** traffic away from the construction site.

8 highlight ***
[háilàit]

v. **emphasize, stress, underline, accent** — 강조하다

The burglary **highlighted** the company's need to upgrade its security system.

9 exert ***
[igzə́ːrt]

v. **apply, exercise, employ, put forth, wield** — (힘·능력 등을) 가하다, 행사하다

Oil drills **exert** a tremendous amount of force and can easily break through hard rock.

🦊 최신출제 포인트
exert의 명사형인 exertion은 '노력'이라는 뜻이며, 동의어로는 effort, strain이 출제될 수 있으니 함께 알아두도록 하자.

10 potential ***
[pəténʃəl]
adv. potentially

adj. 1. **possible, prospective, latent** — 잠재적인

Chameleons change color to blend into the background when they detect a **potential** predator nearby.

n. 2. **possibility** — 가능성

The **potential** for lightning to strike the same location twice is small.

11 recurring ***
[rikə́ːriŋ]

adj. **repeated, recurrent** — 되풀이되는

Darcy had to see a therapist because he kept having **recurring** nightmares about drowning.

---

profoundly   그 인기 있던 왕의 죽음은 국민들의 감정에 깊이 영향을 미쳤다.
deflect   공사 현장으로부터 차량의 방향을 바꾸기 위해 장벽이 설치되었다.
highlight   절도 사건은 회사가 보안 체계를 개선해야 할 필요성을 강조했다.
exert   석유 시추 착암기는 엄청난 양의 힘을 가해서 단단한 암석도 쉽게 뚫고 나아갈 수 있다.
potential   카멜레온은 가까이에 있는 잠재적인 포식자를 감지하면 배경과 섞이기 위해서 색을 바꾼다.
   번개가 같은 장소에 두 번 내리칠 가능성은 적다.
recurring   Darcy는 익사에 관한 되풀이되는 악몽을 계속 꾸어서 치료사의 진찰을 받아야 했다.

12 meager ***
[míːgər]

adj. **scanty, scarce, very low,** deficient   불충분한

Lincoln's **meager** education aroused his desire to learn.

13 prevail ***
[privéil]
adj. prevalent

v. 1. **be dominant, dominate, be widespread,** be prevalent   널리 퍼지다, 만연하다

In Alaska's cold and harsh climate, evergreen trees such as spruce **prevail**.

v. 2. **triumph**   이기다

The young candidate unexpectedly **prevailed** in the mayoral election.

14 exclusively ***
[iksklúːsivli]
v. exclude
adj. exclusive

adv. **solely, only, entirely,** totally   오로지, 전적으로

The St. Patrick's Day party was an **exclusively** Irish affair.

15 consensus ***
[kənsénsəs]
v. consent

n. **agreement,** consent   합의

After a long meeting, the two sides were finally able to reach a **consensus**.

16 now and then ***

phr. **occasionally,** from time to time, at times   가끔

Nicholas rarely eats meat, but he eats seafood **now and then**.

17 discrete ***
[diskríːt]

adj. **separate, distinct,** individual   별개의

Researchers have found that many newly married couples keep their money in **discrete** accounts.

> 🐺 최신출제 포인트
> discrete와 철자가 비슷한 discreet는 '조심스러운(careful, cautious)'이라는 뜻이므로 시험에서 혼동하지 않도록 주의하자.

---

meager   링컨의 불충분한 교육은 그의 배우고자 하는 열망을 자극했다.
prevail   알래스카의 춥고 혹독한 기후에서는 전나무와 같은 상록수가 널리 퍼져있다.
          그 젊은 입후보자는 시장 선거에서 예상 외로 이겼다.
exclusively   성 패트릭의 날 축제는 오로지 아일랜드인들만의 행사였다.
consensus   오랜 회의 끝에 양측은 마침내 합의에 도달할 수 있었다.
now and then   Nicholas는 고기는 거의 먹지 않지만 해산물은 가끔 먹는다.
discrete   연구원들은 많은 신혼부부들이 그들의 돈을 별개의 계좌에 보관한다는 것을 발견했다.

18 anchor**
[ǽŋkər]

v. **hold in place**, secure, fasten — 고정시키다

The panel was firmly **anchored** by two large bolts.

19 improbable**
[imprábəbl]

adj. **unlikely**, implausible, doubtful — 있음직하지 않은

Winning the lottery is highly **improbable**.

20 pragmatic**
[prægmǽtik]

adj. **practical**, utilitarian — 실용적인

The politician promised to take a **pragmatic** approach to governance rather than strictly follow his party's ideology.

21 undisputed**
[ʌ̀ndispjúːtid]

adj. **acknowledged**, accepted, recognized — 모두가 인정하는

Sir Isaac Newton is the **undisputed** father of modern optics.

22 allocation**
[ǽləkéiʃən]
v. allocate

n. **distribution**, assignment, allotment — 할당, 배분

The **allocation** of funds is a challenge for any government.

23 inconclusive**
[ìnkənklúːsiv]

adj. **not definitive**, indecisive — 결정적이지 않은

Doctors ordered a second test since the results of the first test were **inconclusive**.

24 withstand**
[wiθstǽnd]

v. **endure**, resist, sustain — 견디다

His mother doesn't think Bill is capable of **withstanding** hardship for long.

> 🐺 최신출제 포인트
>
> resist는 주로 '저항하다'라는 뜻으로 쓰여서 withstand의 동의어가 아니라고 생각할 수 있다. 그러나 'resist the temptation(유혹을 견디다)'에서처럼 resist가 '견디다'라는 뜻으로 사용될 때에는 withstand의 동의어가 될 수 있다.

---

anchor 그 판은 두 개의 커다란 볼트로 단단히 고정되었다.
improbable 복권에 당첨되는 것은 매우 있음직하지 않다.
pragmatic 그 정치인은 정당의 이념을 엄격히 따르기보다는 통치에 실용적인 접근 방식을 취하기로 약속했다.
undisputed 아이작 뉴턴 경은 모두가 인정하는 현대 광학의 아버지이다.
allocation 자금의 배분은 어느 정부에나 난제이다.
inconclusive 첫 번째 검사 결과가 결정적이지 않았기 때문에 의사들은 두 번째 검사를 지시했다.
withstand Bill의 어머니는 그가 오랫동안 고난을 견딜 수 있으리라고 생각하지 않는다.

25 cornerstone **

[kɔ́ːrnərstòun]

n. **foundation**, **basic element**, basis, underpinning — 토대, 기초

The **cornerstone** of a healthy relationship is honest communication.

26 marvelous **

[máːrvələs]

adj. **wonderful**, astonishing, amazing — 놀라운

It's really **marvelous** what modern medicine can do to relieve the pain of patients.

> 🦊 최신출제 포인트
> marvelous의 동사형인 marvel은 '놀라다, 경탄하다'라는 뜻이며, 동의어로는 be amazed, admire 가 출제될 수 있으니 함께 알아두도록 하자.

27 clue **

[kluː]

n. **information**, **indication**, evidence, trace, sign — 단서, 증거

Because the painting was not signed, experts originally had no **clue** about who painted it.

28 unintentionally **

[ʌ̀nintén∫ənəli]

adv. **inadvertently**, **accidentally**, unconsciously — 의도치 않게

Helen expressed her regret to Tommy even though she had damaged his car **unintentionally**.

29 peak **

[piːk]

n. **height**, **pinnacle**, **summit**, **maximum** — 정점, 절정

The flu season is expected to reach its **peak** in late January.

30 continual **

[kəntínjuəl]

adj. **constant**, incessant, ceaseless — 끊임없는

Doris finally got a refund for the faulty microwave after making **continual** complaints.

31 thorough **

[θə́ːrou]
adv. thoroughly

adj. **complete**, exhaustive, intensive — 철저한

A **thorough** proofreading is done on each issue of the magazine before it is sent to the printers.

---

cornerstone 건강한 관계의 토대는 솔직한 의사 소통이다.
marvelous 현대 의학이 환자들의 고통을 경감시키기 위해 할 수 있는 일은 정말 놀랍다.
clue 그 그림은 서명되어 있지 않았기 때문에 전문가들은 처음부터 누가 그것을 그렸는지에 대한 단서를 찾을 수 없었다.
unintentionally 의도치 않게 Tommy의 차를 망가뜨렸던 것이긴 했지만, Helen은 그에게 유감의 뜻을 표했다.
peak 독감철이 1월 말에 정점을 찍을 것으로 예상된다.
continual Doris는 끊임없는 항의를 한 끝에 마침내 결함이 있는 전자레인지를 환불받았다.
thorough 잡지가 인쇄소로 보내지기 전에 각 호에 대해 철저한 교정이 이루어진다.

32 accurate **

[ǽkjurət]
adv. accurately

adj. **precise, correct, exact,** true 정확한

The movie was praised for giving an **accurate** depiction of what happens in a war.

33 mobilize **

[móubəlàiz]

v. **put into action,** deploy 동원하다

To prepare for any possible hostilities to come, the military was **mobilized**.

> 최신출제 포인트
> mobile은 '이동할 수 있는'이라는 뜻의 형용사로 쓰이며, 동의어로는 movable, portable이 출제될 수 있으니 함께 알아두도록 하자.

34 given that **

phr. **accepting that, considering that** ~을 고려하면

Given that dogs are descendants of wolves, it is not surprising that they look similar.

35 cargo **

[ká:rgou]

n. **shipment, load, freight,** burden 화물, 짐

The sailors unloaded the **cargo** from the ship.

36 solitary **

[sálətèri]

adj. **isolated, secluded, remote; alone,** lonely 외딴; 외로운

The neighborhood kids made it a Halloween tradition to visit the **solitary** house on the hill.

37 slightly **

[sláitli]
adj. slight

adv. **a little, somewhat,** a bit 약간

This year's bar exam was **slightly** harder than the one last year.

38 deliberately **

[dilíbərətli]
adj. deliberate

adv. **intentionally, consciously, on purpose** 일부러

The teacher **deliberately** used simple terms to explain the complex concept to the students.

---

accurate 그 영화는 전쟁에서 어떤 일이 일어나는지에 대해 정확한 묘사를 한 것으로 칭찬받았다.
mobilize 앞으로 있을지 모르는 가능한 어떤 전투에도 대비하기 위해 군대가 동원되었다.
given that 개가 늑대의 후손이라는 점을 고려하면, 그들이 비슷하게 생겼다는 것은 놀랍지 않다.
cargo 선원들은 배에서 화물을 내렸다.
solitary 이웃집 아이들은 언덕 위의 외딴 집을 방문하는 것을 할로윈 전통으로 만들었다.
slightly 올해 변호사 시험은 지난해 시험보다 약간 더 어려웠다.
deliberately 그 교사는 복잡한 개념을 학생들에게 설명하기 위해 일부러 간단한 용어를 사용했다.

39 unthinkable **

[ʌnθíŋkəbl]

adj. **inconceivable**, unimaginable — 상상도 할 수 없는

It seems **unthinkable** that people once worked and studied without using the Internet.

40 coinage **

[kɔ́inidʒ]

n. **creation**, innovation — 신조어

The online community has added several **coinages** to the English language.

41 obligation **

[àbləgéiʃən]
v. obligate

n. **responsibility**, duty, liability — 의무, 책임

In Israel, it is the **obligation** of all citizens to serve in the military.

42 reconcile **

[rékənsàil]

v. **bring together**, reunite — 화해시키다

The international mediator attempted to **reconcile** the two countries.

43 severe **

[səvíər]
adv. severely
n. severity

adj. **harsh**, **extreme**, rigorous, strict — 엄한, 가혹한

The schoolmaster firmly believed in **severe** disciplinary measures.

🐺 최신출제 포인트
severe와 철자가 비슷한 sever는 '절단하다, 분리하다(cut, separate)'라는 뜻이므로 시험에서 혼동하지 않도록 주의하자.

44 foremost **

[fɔ́ːrmòust]

adj. **most respected**, **most important**, preeminent, supreme — 으뜸가는

Colin Powell is considered by many to be the **foremost** African-American government official in US history.

45 surge *

[səːrdʒ]

v. **increase**, rise, wax — 급증하다

After the country hosted its first World Cup, interest in soccer among the local population **surged**.

---

unthinkable 사람들이 한때 인터넷을 사용하지 않고 일하고 공부했다는 것은 상상도 할 수 없는 것처럼 보인다.
coinage 온라인 커뮤니티는 영어에 여러 개의 신조어들을 추가시켜 왔다.
obligation 이스라엘에서는 군대에서 복무하는 것이 모든 국민들의 의무이다.
reconcile 국제적 중재기관은 두 국가를 화해시키려고 시도했다.
severe 그 교사는 엄한 징계가 옳다고 굳게 믿었다.
foremost 많은 사람들에게 콜린 파월은 미국 역사에서 으뜸가는 아프리카계 미국인 정부 관료로 여겨진다.
surge 그 나라가 처음으로 월드컵을 개최한 이후로 지역 주민들 사이에서 축구에 대한 관심이 급증했다.

46 hasten *

[héisn]
adj. hasty

v. **accelerate, rush**, hurry, speed up 재촉하다

The Great Depression **hastened** the development of social services, such as social security.

47 tentatively *

[téntətivli]
adj. tentative
n. tentativeness

adv. **without certainty**, uncertainly, hesitantly 머뭇거리며

Jack often speaks **tentatively** in meetings because he lacks confidence.

48 scorn *

[skɔːrn]

v. **ridicule, disdain**, sneer, despise 비웃다, 경멸하다

Henry was tired of being **scorned** by his classmates because of his height.

49 throughout *

[θruːáut]

prep. **during every part of**, during the whole of ~ 동안, 내내

The amusement park is open **throughout** the year, even in the winter.

50 pitfall *

[pítfɔ̀ːl]

n. **difficulty**, trouble 위험, 어려움

A sudden downturn in the stock market is one of the **pitfalls** of investing.

> 최신출제 포인트
> pitfall과 함께 다음의 단어들을 구별하여 알아두도록 하자.
> • befall (나쁜 일이) 생기다
> • downfall 몰락

51 coupled with *

phr. **together with, combined with** ~과 결합된

A lack of exercise **coupled with** a high-calorie diet can lead to obesity.

52 huge *

[hjuːdʒ]

adj. **enormous, large, massive**, mammoth, gigantic 거대한

The French owned a **huge** amount of land in the western part of the US during the 18th century.

---

hasten 대공황은 사회보장연금과 같은 사회 복지 사업의 발전을 재촉했다.
tentatively Jack은 자신감이 부족하기 때문에 종종 회의에서 머뭇거리며 말한다.
scorn Henry는 키 때문에 반 친구들에게 비웃음을 당하는 것에 진절머리가 났다.
throughout 그 놀이공원은 1년 내내 개장하는데, 심지어 겨울에도 연다.
pitfall 주식 시장의 갑작스런 하락세는 투자의 위험 중 하나이다.
coupled with 고칼로리 식단과 결합된 운동의 부족은 비만에 이르게 할 수 있다.
huge 18세기 동안 프랑스인들은 미국 서부의 거대한 양의 토지를 소유했었다.

53 **span** *
[spæn]

n. 1. **duration**, **period**, length　　　기간

The paper briefly summarizes the vast problems during the war's eleven-year **span**.

v. 2. **extend across**, cover, cross　　　걸치다

The Golden Gate Bridge **spans** a mile-wide strait that connects San Francisco Bay and the Pacific Ocean.

54 **hollow** *
[hálou]

adj. **empty**, vacant, void, unfilled　　　속이 빈

Oil tankers are large ships that have **hollow** containers which can be filled with petroleum for transport.

🦊 최신출제 포인트

hollow와 철자가 비슷한 hallow는 '신성하게 하다, 숭배하다(sanctify, revere)'라는 뜻이므로 시험에서 혼동하지 않도록 주의하자.

55 **appreciable** *
[əpríːʃiəbl]
adv. appreciably

adj. **significant**, **noticeable**, considerable　　　주목할 만한

In some Amazonian villages, there is no **appreciable** difference between modern and ancient lifestyles.

56 **shield** *
[ʃiːld]

v. **protect**, defend, safeguard　　　보호하다

Lisa brings an umbrella to **shield** herself from the hot sun during the summer months.

57 **spearhead** *
[spíərhèd]

v. **lead**, lead the way, head　　　앞장서다

Nelson Mandela **spearheaded** South Africa's struggle for independence.

58 **methodically** *
[məθádikəli]
adj. methodical

adv. **systematically**　　　체계적으로

Astronomers **methodically** count the number of sunspots that occur each year.

---

span　　그 논문은 11년의 전쟁 기간 동안에 있었던 방대한 문제들을 간단히 요약한다.
　　　　금문교는 샌프란시스코 만과 태평양을 연결하는 폭이 1마일인 해협에 걸쳐 있다.
hollow　유조선은 운송할 석유를 가득 담을 수 있는 속이 빈 컨테이너들을 가지고 있는 대형 선박이다.
appreciable　몇몇 아마존 마을에서는 현대와 과거의 생활 방식 간에 주목할 만한 차이점이 없다.
shield　Lisa는 여름철 뜨거운 태양으로부터 자신을 보호하기 위해 양산을 가지고 다닌다.
spearhead　넬슨 만델라는 남아프리카의 독립을 위한 투쟁에 앞장섰다.
methodically　천문학자들은 매년 발생하는 태양의 흑점 개수를 체계적으로 센다.

59 manage to * phr. **be able to** 간신히 ~하다

With a lot of effort, the team **managed to** win the championship game.

QUIZ

Choose the synonyms.

1. component
2. exploitation
3. modest
4. obligation
5. clue
6. consensus
7. undisputed
8. peak
9. cargo
10. continual

ⓐ acknowledged, accepted, recognized
ⓑ element, constituent, ingredient
ⓒ shipment, load, freight
ⓓ height, pinnacle, summit
ⓔ responsibility, duty, liability
ⓕ constant, incessant, ceaseless
ⓖ use, abuse, misuse
ⓗ information, indication, evidence
ⓘ agreement, consent
ⓙ small, not large, limited

Answer 1.ⓑ 2.ⓖ 3.ⓙ 4.ⓔ 5.ⓗ 6.ⓘ 7.ⓐ 8.ⓓ 9.ⓒ 10.ⓕ

manage to   수많은 노력으로 그 팀은 결승전에서 간신히 승리했다.

DAY 15

Hackers TOEFL Vocabulary
Hackers Voca

누구나 장점으로 내세울 수 있는 characteristic을 하나쯤은 가지고 있어요.

---

1 intact ***
[intǽkt]

adj. **undamaged, unbroken, whole, complete, unaffected**   손상되지 않은

The machine remained **intact** despite the explosion.

---

2 albeit ***
[ɔːlbíːit]

conj. **although, though, even though**   비록 ~이지만

Many developing economies are growing steadily, **albeit** slowly.

---

3 complex ***
[kəmpléks]

adj. 1. **intricate, complicated, elaborate, involved**   복잡한

Biologists seek to understand how **complex** species evolved from simpler ones.

> 🔍 최신출제 포인트
>
> involved는 주로 '관련된, 연루된'이라는 뜻으로 쓰여서 complex의 동의어가 아니라고 생각할 수 있다. 그러나 'an involved story(복잡한 이야기)'에서처럼 involved가 '복잡한'이라는 뜻으로 사용될 때에는 complex의 동의어가 될 수 있다.

[kámpleks]

n. 2. **group of buildings; system**   복합 건물; 복합체

A new shopping **complex** is being built in town.

---

4 conventional ***
[kənvénʃənl]
adv. conventionally
n. convention

adj. **traditional; customary, standard, usual**   전통적인; 통례의

In ancient times, **conventional** farming practices included the use of organic fertilizer.

---

intact   폭발에도 불구하고 그 기계는 손상되지 않은 채로 남아 있었다.
albeit   많은 개발도상국들이 비록 느리긴 하지만 꾸준히 성장하고 있다.
complex   생물학자들은 복잡한 종이 좀 더 단순한 종에서 어떻게 진화했는지를 이해하려고 노력한다.
                  새로운 복합 쇼핑 건물이 마을에 건설되고 있다.
conventional   고대 시대에 전통적인 농사법은 유기농 비료의 사용을 포함했다.

5 reasonable [ríːzənəbl]

adj. 1. sensible, rational, logical — 합리적인

It seems **reasonable** to be tough on habitual criminals.

adj. 2. sufficient — (가격이) 적당한

The quality of the restaurant's food is **reasonable** considering the low prices.

6 attainment [ətéinmənt]
v. attain

n. achievement, accomplishment, fulfillment — 성취

It takes many years of practice to reach that level of **attainment** in chess.

7 progressively [prəgrésivli]
adj. progressive

adv. increasingly — 점진적으로

The government must clean up the air by setting **progressively** tighter pollution limits on power plants.

8 drawback [drɔ́ːbæk]

n. disadvantage, problem, defect, shortcoming — 결점

One **drawback** of the book is that it does not contain any English translations.

> 🦉 최신출제 포인트
> drawback과 함께 다음의 단어들을 구별하여 알아두도록 하자.
> • setback 방해, 좌절
> • cutback 삭감

9 suppress [səprés]

v. 1. hold back, restrain — 억제하다, 참다

Jonas was unable to **suppress** his anger.

v. 2. stop by force — 진압하다

Hundreds of troops were sent to **suppress** the rebellion.

---

reasonable   상습 범죄자들에게 엄한 것은 합리적인 것처럼 보인다.
             그 식당의 음식의 질은 낮은 가격을 고려할 때 적당하다.
attainment   체스에서 그 정도의 성취에 이르려면 수년에 걸친 연습이 필요하다.
progressively 정부는 발전소들에 점진적으로 더 엄격한 오염 허용치를 설정함으로써 공기를 정화해야만 한다.
drawback   그 책의 한 가지 결점은 어떠한 영어 번역도 포함하고 있지 않다는 것이다.
suppress   Jonas는 그의 분노를 억제할 수 없었다.
             반란을 진압하기 위해 수백 명의 병력이 파병됐다.

10 incidentally ***
[ìnsədéntəli]

adv. **by the way**

덧붙여 말하자면, 그런데

Nathan is on vacation today; **incidentally**, he'll be gone all week.

11 tactic ***
[tǽktik]

n. **strategy**, maneuver

전략

Prohibitionists achieved their goals because of their group **tactics**.

🦊 최신출제 포인트
tactic과 철자가 비슷한 tacit은 '무언의(implicit, implied)'라는 뜻이므로 시험에서 혼동하지 않도록 주의하자.

12 substantial ***
[səbstǽnʃəl]
adv. substantially

adj. **(fairly) large**, considerable, significant, noticeable

상당한

As a salesperson, Howard takes a **substantial** number of business trips every year.

13 verify ***
[vérəfài]

v. **confirm**, establish the truth of, validate

입증하다

The Hubble Space Telescope helped scientists **verify** the existence of black holes.

14 sustained ***
[səstéind]

adj. **constant**, continued, uninterrupted, prolonged

지속적인

Running a marathon requires **sustained** physical activity and great endurance.

15 radical ***
[rǽdikəl]
adv. radically

adj. 1. **fundamental**, basic

근본적인

The president promised to make **radical** changes to the country's health care system.

adj. 2. **extreme**, drastic

극단적인, 과격한

Radical social change came about when a revolutionary consciousness was developed.

---

incidentally
tactic
substantial
verify
sustained
radical

Nathan은 오늘 휴가 중이고, 덧붙여 말하자면 그는 이번 주 내내 없을 것이다.
주류 판매 금지론자들은 그들의 집단 전략 덕분에 목표를 달성했다.
영업 사원으로서, Howard는 매년 상당한 수의 출장을 다닌다.
허블 우주 망원경은 과학자들이 블랙홀의 존재를 입증하는 것을 도와주었다.
마라톤을 뛰는 것은 지속적인 신체 활동과 엄청난 인내력을 필요로 한다.
대통령은 나라의 의료보험 제도에 근본적인 변화를 추진하겠다고 약속했다.
혁명적 의식이 발달했을 때 극단적인 사회 변화가 일어났다.

16 prime *** [praim]

adj. **peak**, high-quality, superior, main 최고의, 주요한

The **prime** time for bird watching is early morning, when there are few people to disturb the wildlife.

17 grasp *** [græsp]

v. **understand**, **catch**, comprehend, apprehend 이해하다

Only a few students could **grasp** Professor Benton's physics lecture.

🦊 최신출제 포인트
grasp는 'grasp the handle tightly(핸들을 꽉 잡다)'에서처럼 '꽉 잡다'라는 뜻으로도 많이 쓰인다. 동의어로는 grip, seize가 출제될 수 있으니 함께 알아두도록 하자.

18 prominently ** [prámənəntli]
adj. prominent
n. prominence

adv. **very noticeably**, conspicuously, notably 눈에 띄게

Economic issues are expected to figure **prominently** in the upcoming election.

19 precipitate ** [prisípətèit]

v. **bring about**, cause, give rise to, trigger 재촉하다, 촉진하다

The protest by the labor union **precipitated** changes in the company's policies.

20 interlock ** [ìntərlák]

v. **link**, connect, join 서로 맞물리다

According to the theory of continental drift, the Himalayas were formed when two large land masses **interlocked**.

21 accordingly ** [əkɔ́ːrdiŋli]

adv. **consequently**, for that reason 그에 따라서

Sam was told to speak briefly; **accordingly**, he shortened his speech.

22 relevant ** [réləvənt]

adj. **applicable**, pertinent, germane 관련된, 적절한

During the investigation, the committee looked at all **relevant** facts in the case.

---

prime 조류 관찰을 위한 최고의 시간대는 이른 아침인데, 그 시각에는 야생 동물을 방해하는 사람이 거의 없다.
grasp 몇 안 되는 학생들만이 Benton 교수의 물리학 강의를 이해할 수 있었다.
prominently 경제 문제는 다가오는 선거에서 눈에 띄게 대두될 것으로 예상된다.
precipitate 노동 조합의 시위는 그 회사의 정책들에 변화를 재촉했다.
interlock 대륙 이동설에 따르면, 히말라야 산맥은 거대한 두 대륙이 서로 맞물렸을 때 형성되었다.
accordingly Sam은 간단히 말하라고 당부받아서 그에 따라 연설을 짧게 줄였다.
relevant 수사 기간 동안 위원회는 그 사건과 관련된 모든 사실들을 검토하였다.

23 remarkably **

[rimá:rkəbli]
adj. remarkable

adv. **surprisingly**

The sky was full of very dark clouds, but **remarkably** it did not rain.

신기하게도

24 disputable **

[dispjú:təbl]
v. dispute

adj. **challengeable**, debatable, arguable

The scientist's claim was controversial because it was based on **disputable** evidence.

논란의 여지가 있는

25 ambitious **

[æmbíʃəs]

adj. **desiring success**, aspiring

As a military leader who conquered a huge portion of the ancient world, Alexander the Great was highly **ambitious**.

야심 있는

26 congeal **

[kəndʒí:l]

v. **solidify**, harden, stiffen, condense

Once the chef took the meat out of the oven, it began to cool down and a layer of fat **congealed** over it.

굳다, 응고하다

> 최신출제 포인트
> congeal과 철자가 비슷한 conceal은 '숨기다, 감추다(hide, cover)'라는 뜻이므로 시험에서 혼동하지 않도록 주의하자.

27 cautious **

[kɔ́:ʃəs]

adj. **careful**, wary, prudent, discreet

The hikers chose a **cautious** approach in the unfamiliar territory.

신중한, 조심성 있는

28 realm **

[relm]

n. **area**, **field**, **sphere**, domain

The microscope allowed for many new discoveries in the **realm** of biology.

영역, 범위

29 dam **

[dæm]

v. **block**, obstruct

To construct their shelters, beavers **dam** streams with pieces of wood they have collected.

(둑으로) 막다

---

remarkably 하늘에 먹구름이 가득했지만 신기하게도 비는 내리지 않았다.
disputable 그 과학자의 주장은 논란의 여지가 있는 증거에 기반했기 때문에 논란이 되었다.
ambitious 알렉산더 대왕은 고대 세계의 거대한 부분을 정복한 군 지휘관으로서, 대단히 야심이 있었다.
congeal 요리사가 오븐에서 고기를 꺼내자마자 고기는 식기 시작했고 그 위에 지방층이 굳었다.
cautious 도보 여행자들은 낯선 지역에서 신중한 접근법을 택했다.
realm 현미경은 생물학의 영역에서 많은 새로운 발견을 가능하게 했다.
dam 집을 짓기 위해서 비버는 그들이 모은 나무 조각들로 개울을 막는다.

30 flattery **
[flǽtəri]

n. praise　　　아첨

Mike often uses **flattery** to get his boss's attention.

31 amplify **
[ǽmpləfài]
n. amplification

v. increase, magnify, enlarge, expand　　　확대하다, 증대하다

Scientific farming can **amplify** the production of wheat.

32 dimension **
[diménʃən]

n. size, magnitude　　　크기, 규모

Lucy should accurately measure the **dimensions** of her office before ordering a desk.

33 deplete **
[diplí:t]

v. exhaust, empty, use up; reduce　　　다 써버리다; 대폭 감소시키다

The family **depleted** their savings to renovate the house they bought recently.

🦊 최신출제 포인트

exhaust는 주로 '지치게 하다'라는 뜻으로 쓰여서 deplete의 동의어가 아니라고 생각할 수 있다. 그러나 'exhaust fossil fuels(화석 연료를 다 써버리다)'에서처럼 exhaust가 '다 써버리다'라는 뜻으로 사용될 때에는 deplete의 동의어가 될 수 있다.

34 characteristic **
[kæ̀riktərístik]

adj. 1. distinctive, peculiar, special　　　특유의

The ostrich's **characteristic** size and speed set it apart from other birds.

n. 2. quality, feature, trait　　　특징, 특성

Freedom of expression is a fundamental **characteristic** of democracy.

35 ice sheet **

n. glacier　　　대륙 빙하

Fjords are coastal landforms formed millions of years ago by massive **ice sheets**.

---

flattery　　　Mike는 상사의 관심을 얻기 위해 자주 아첨을 한다.
amplify　　　과학적 영농은 밀의 생산을 증대할 수 있다.
dimension　　Lucy는 책상을 주문하기 전에 사무실의 크기를 정확하게 측정해야 한다.
deplete　　　그 가족은 최근에 산 집을 개조하느라 저축한 돈을 다 써버렸다.
characteristic　타조 특유의 크기와 속도가 다른 새들로부터 그것을 구별하게 한다.
　　　　　　　표현의 자유는 민주주의의 기본적인 특징이다.
ice sheet　　피오르드는 수백만 년 전에 거대한 대륙 빙하에 의해 형성된 해안 지형이다.

36 spectator **
[spékteitər]

n. **viewer**, onlooker   관객, 구경꾼

The tennis match attracted over 30,000 **spectators**.

37 bountifully **
[báuntifəli]
adj. bountiful

adv. **abundantly**, copiously, plentifully, exuberantly   풍부하게

In mountain meadows, wildflowers bloom **bountifully** in the spring.

38 suffer paralysis **

phr. **lose the ability to move**   마비를 겪다

People who have serious neck injuries may **suffer paralysis** as a result.

39 variation **
[vɛəriéiʃən]

n. **variance**, fluctuation, difference   변동, 차이

In Canada, the **variation** in temperature between the summer and winter is dramatic.

40 periphery **
[pərífəri]

n. **edge**, boundary, border, fringe   주변

The outer **periphery** of a hurricane is generally made up of rainbands.

41 apparently **
[əpǽrəntli]
adj. apparent

adv. **seemingly**, ostensibly, outwardly   외관상으로는

The book Jeff purchased at the used bookstore had yellow pages, so it was **apparently** old.

🐱 최신출제 포인트

apparently는 'apparently damaged(명백히 손상된)'에서처럼 '명백히'라는 뜻으로도 많이 쓰인다. 동의어로는 evidently, clearly가 출제될 수 있으니 함께 알아두도록 하자.

42 far-reaching **
[fá:rì:tʃiŋ]

adj. **extensive**, widespread, broad   광범위한

If a large meteor hit the Earth, it would have **far-reaching** consequences for all organisms.

---

spectator | 그 테니스 경기는 3만 명 이상의 관객을 끌어모았다.
bountifully | 산의 목초지에서는 봄에 야생화가 풍부하게 피어난다.
suffer paralysis | 심각한 목 부상을 입은 사람들은 그 결과로 마비를 겪을 수도 있다.
variation | 캐나다에서는 여름과 겨울 간의 온도 차이가 극적이다.
periphery | 허리케인의 외곽 주변은 일반적으로 강우대로 구성된다.
apparently | Jeff가 헌책방에서 산 책은 누런 페이지들을 가지고 있었기 때문에 외관상으로는 오래되어 보였다.
far-reaching | 만약 거대한 운석이 지구에 부딪힌다면, 모든 생물체에게 광범위한 영향을 미칠 것이다.

43 embody**

[imbádi]
n. embodiment

v. 1. **incarnate**, represent, manifest — 구체적으로 나타내다

Literature often **embodies** the social ideals of either the author or the author's culture.

v. 2. **contain**, incorporate — 포함하다

The composition **embodied** several musical styles, including jazz, funk, and reggae.

44 evade*

[ivéid]

v. **escape**, avoid, elude, dodge, shun — 피하다

Camouflage is one technique animals use to **evade** predators.

45 against*

[əgénst]

prep. **next to**, beside — ~에 붙여, ~에 가까이

In some European cities, modern buildings were built directly **against** Medieval walls.

46 due to*

phr. **caused by**, owing to, attributable to — ~로 인한, ~에 기인하는

Falling real estate prices **due to** decreased demand is a cause for concern.

47 classify*

[klǽsəfài]

v. **categorize, arrange**, assort — 분류하다

It is the job of scientists to **classify** all living organisms into groups that can be applied universally.

48 oblige*

[əbláidʒ]

v. **force, require**, compel — 강요하다

Roman emperors **obliged** their subjects to pay taxes, and those who refused were punished severely.

🦊 최신출제 포인트

oblige는 'oblige the police with information(경찰에 정보를 주어 돕다)'에서처럼 '돕다, 베풀다'라는 뜻으로도 많이 쓰인다. 동의어로는 assist, benefit이 출제될 수 있으니 함께 알아두도록 하자.

---

embody 문학은 종종 작가나 작가의 문화가 가지고 있는 사회적 이상을 구체적으로 나타낸다.
        그 작품은 재즈, 펑크, 그리고 레게를 포함한 여러 가지 음악 양식을 포함했다.
evade   위장은 동물들이 포식자를 피하기 위해 사용하는 한 수법이다.
against 몇몇 유럽 도시들에서는 현대 건물들이 중세시대의 담벼락에 붙여 지어졌다.
due to 줄어든 수요로 인한 부동산 가격의 하락은 우려의 원인이다.
classify 모든 생명체들을 보편적으로 적용될 수 있는 그룹들로 분류하는 것은 과학자들의 일이다.
oblige 로마 황제들은 백성들에게 세금을 내도록 강요했고, 거부하는 사람들은 엄하게 처벌받았다.

DAY 15
Hackers Vocabulary

49 identical *
[aidéntikəl]

adj. **same, indistinguishable, equal** 동일한

These two laptops are **identical** in size and weight, but they have different processing power.

50 intimately *
[íntəmətli]
adj. intimate

adv. **closely** 친밀하게

Friends who spend a lot of time together often get to know each other **intimately**.

51 questionable *
[kwéstʃənəbl]

adj. **doubtful, suspicious, dubious** 의심스러운

The report's conclusions are **questionable** because the sample used was very small.

52 spot *
[spɑt]

v. **detect, see, find** 발견하다

Almost instinctively, Luis **spotted** the lack of conviction in Ellen's tone.

> 🐺 최신출제 포인트
> spot은 동사가 아닌 명사로도 많이 쓰인다. 명사로는 'a popular spot for coffee(커피로 유명한 장소)'에서처럼 '장소'라는 뜻으로 주로 쓰이며, 동의어로는 place, site가 출제될 수 있으니 함께 알아두도록 하자.

53 immerse *
[imə́ːrs]

v. **cover, plunge, dip** (물에) 잠그다, 담그다

Temporary spring lakes form in the valleys after the mountain snow melts and **immerses** everything in water.

54 not in consensus with *

phr. **not in agreement with** (의견이) ~와 일치하지 않는

Residents of the city are **not in consensus with** the mayor about his plan to close the park.

55 be tempted to *

phr. **be inclined to** ~하고 싶어지다

Sarah **was tempted to** buy the car when she saw the low price.

---

identical 이 두 노트북들은 크기와 무게 면에서는 동일하지만, 다른 처리 능력을 가지고 있다.
intimately 함께 많은 시간을 보내는 친구들은 보통 서로를 친밀하게 알게 된다.
questionable 사용된 표본수가 매우 적었기 때문에 그 보고서의 결론은 의심스럽다.
spot 거의 본능적으로, Luis는 Ellen의 말투에서 확신이 부족함을 발견했다.
immerse 산의 눈이 녹아 모든 것들을 물에 잠기게 하면 골짜기에는 일시적인 봄철 호수가 생긴다.
not in consensus with 도시 거주민들은 공원을 폐쇄하려는 시장의 계획과 의견이 일치하지 않는다.
be tempted to Sarah는 낮은 가격을 보자 그 차를 사고 싶어졌다.

56 inception *
[insépʃən]

n. **beginning** 시작, 개시

Since its **inception**, the anti-smoking campaign has raised a lot of money.

QUIZ

Choose the synonyms.

1. intact
2. drawback
3. congeal
4. attainment
5. realm
6. disputable
7. relevant
8. variation
9. classify
10. questionable

ⓐ area, field, sphere
ⓑ applicable, pertinent, germane
ⓒ disadvantage, problem, defect
ⓓ variance, fluctuation, difference
ⓔ categorize, arrange, assort
ⓕ doubtful, suspicious, dubious
ⓖ undamaged, unbroken, whole
ⓗ achievement, accomplishment, fulfillment
ⓘ challengeable, debatable, arguable
ⓙ solidify, harden, stiffen

Answer 1.ⓖ 2.ⓒ 3.ⓙ 4.ⓗ 5.ⓐ 6.ⓘ 7.ⓑ 8.ⓓ 9.ⓔ 10.ⓕ

inception 시작된 이후로 금연 캠페인은 많은 돈을 모았다.

Review TEST — DAY 11-15

Choose the synonym of the highlighted word in the sentence.

1. Nikola Tesla, the inventor of the induction motor, developed his reputation as a mad scientist from his eccentric personal habits.
   (A) remarkable   (B) renowned   (C) genuine   (D) unusual

2. A 16th-century European geographical theory that California was an island was refuted in the later expeditions of Juan Bautista de Anza.
   (A) strengthened   (B) confirmed   (C) advanced   (D) disproved

3. Some experts envision a future in which all major diseases have been eradicated.
   (A) imagine   (B) promote   (C) commend   (D) desire

4. Respectful and open dialogue is essential to sustaining intimate relationships.
   (A) consistent   (B) authentic   (C) eclectic   (D) close

5. Smallpox decimated the local population, which had no immunity to the foreign disease.
   (A) unleashed   (B) impacted   (C) frightened   (D) destroyed

6. During the presidential debate, economic consideration predominated all other issues being discussed.
   (A) disregarded   (B) raised   (C) generated   (D) outweighed

7. The Monroe Doctrine was the cornerstone of American foreign policy during the 19th century.
   (A) basis   (B) epitome   (C) formulation   (D) instrument

8. During mating season, male bison try to exert their dominance in the herd.
   (A) achieve   (B) initiate   (C) exercise   (D) retain

9. Napoleon made an attempt at conquering all of Europe, albeit without success.
   (A) undoubtedly   (B) besides   (C) although   (D) unfortunately

10. Because of population decline in the suburbs, the periphery of the city contains many run-down buildings.
    (A) territory   (B) fringe   (C) apex   (D) core

정답 p.336

Perseverance 끈기

Perseverance is more prevailing than violence.
끈기는 폭력보다 더 낫다.
— Plutarch 플루타르크(그리스 전기작가)

The finest edge is made with the blunt whetstone.
아무리 잘 드는 칼날도 뭉툭한 숫돌로 만들어진다.
— J. Lyly J. 릴리(영국 극작가)

The difference between perseverance and obstinacy is that one often comes from a strong will, and the other from a strong won't.
끈기와 고집의 차이는 끈기는 강한 의지력에서 나오고, 고집은 강하게 바라지는 않는 것에서 나오는 것이다.
— H. W. Beecher H. W. 비처(미국목사)

All that you do, do with your might, things done by halves are never done right.
무슨 일이든 전력을 다해서 하라. 하다가 마는 것은 제대로 하는 것이 아니다.
— R. H. Stoddard R. H. 스토다드(미국시인)

Perseverance is falling nineteen times and succeeding the twentieth.
끈기란 열아홉 번 실패해도 스무 번째에 성공하는 것이다.
— S. Anderson S. 앤더슨(미국작가)

Hackers Voca

Hackers T O E F L Vocabulary

단어 외우느라 머리를 너무 썼더니 배고프다. 치킨을 devour하고 싶다.

1 subsequently ***
[sʌ́bsikwəntli]
adj. subsequent
n. subsequence

adv. **later, afterward** 그 후에

Taylor said he was a wealthy aristocrat, but this **subsequently** proved to be false.

2 explicit ***
[iksplísit]

adj. **clear, specific, obvious**, unambiguous, definite 분명한

The secretary was given **explicit** instructions not to give callers the manager's private phone number.

🦊 최신출제 포인트
explicit과 철자가 비슷한 elicit은 '(반응 등을) 끌어내다(bring out, call forth)'라는 뜻이므로 시험에서 혼동하지 않도록 주의하자.

3 prevailing ***
[privéiliŋ]

adj. **dominant, widespread, current, existing** (의견 등이) 지배적인

There is a **prevailing** opinion among experts that housing prices will continue to rise.

4 rudimentary ***
[rùːdəméntəri]

adj. 1. **basic, elementary**, fundamental 기본적인, 기초의

Joy has only a **rudimentary** understanding of art.

adj. 2. **primitive, undeveloped** 미발달의

In its **rudimentary** form, basketball was played using woven baskets and a soccer ball.

---

subsequently
explicit
prevailing
rudimentary

Taylor는 그가 부유한 귀족이라고 말했지만, 이는 그 후에 거짓인 것으로 드러났다.
그 비서는 전화를 건 사람들에게 임원의 개인 전화번호를 주지 말라는 분명한 지시를 받았다.
전문가들 사이에서는 주택 가격이 계속 상승할 것이라는 우세한 의견이 있다.
Joy는 예술에 대한 기본적인 지식만을 가지고 있다.
미발달한 형태였을 때 농구는 짜여진 바구니와 축구공을 사용하여 경기를 했다.

5 allude to ***

phr. **suggest**, **refer to**, imply, indicate ~을 넌지시 언급하다

In his speech, the president **alluded to** his plan to provide a free college education to all citizens.

6 assertive ***
[əsə́ːrtiv]

adj. **forceful**, dogmatic 자기주장이 강한, 독단적인

Assertive people are used to getting what they want.

7 fuse ***
[fjuːz]

v. 1. **melt**, dissolve 녹다, 녹이다

The fire was so hot that it caused the tires on the car to **fuse**.

v. 2. **combine**, merge 융합하다

Humans are born with 300 bones, some of which **fuse** over time, resulting in 206 bones in an adult body.

🦊 최신출제 포인트

fuse와 함께 다음의 단어들을 구별하여 알아두도록 하자.
- diffuse 퍼뜨리다, 분산시키다
- infuse 불어넣다, 주입하다

8 transitory ***
[trǽnsətɔ̀ːri]

adj. **short-lived**, **brief**, ephemeral, fleeting 일시적인

There was a storm this morning, but it was **transitory**.

9 inviolable ***
[inváiələbl]

adj. **without exception**, **allowing no exception**; **sacred** (법 등이) 어길 수 없는; 신성한

Each citizen's right to vote is based on a law that is **inviolable** within a democracy.

10 supersede ***
[sùːpərsíːd]

v. **replace**, displace, supplant, substitute 대신하다

The amended trade agreement between Egypt and Israel **supersedes** the previous version.

---

allude to 대통령은 연설에서 모든 국민에게 무료 대학 교육을 제공하겠다는 계획을 넌지시 언급했다.
assertive 자기주장이 강한 사람들은 자신들이 원하는 것을 얻는 데 익숙하다.
fuse 그 불은 너무 뜨거워서 차의 타이어가 녹게 만들었다.
인간은 300개의 뼈를 가지고 태어나는데, 그 중 일부는 시간이 지나면서 융합해서 성인의 신체에는 206개의 뼈만 남게 된다.
transitory 오늘 아침에 폭풍이 있었지만, 그것은 일시적이었다.
inviolable 각 시민들의 선거권은 민주 국가 내에서 어길 수 없는 법에 기반을 두고 있다.
supersede 이집트와 이스라엘 간의 개정된 무역 협정은 이전 버전을 대신한다.

DAY 16
Hackers Vocabulary

11 abundant ***
[əbʌ́ndənt]
n. abundance

adj. **plentiful**, **bountiful**, **ample**, **numerous** 풍부한

Plants are extremely **abundant** on the east coast of North America.

12 significant ***
[signífikənt]
adv. significantly

adj. **considerable**, **substantial**, **serious**; **important**, **essential** 상당한; 중요한

The Dolphin-Safe campaign brought a **significant** change to the tuna industry.

13 elaboration ***
[ilæ̀bəréiʃən]
adv. elaborately

n. **development**, improvement 공들여 다듬기; 이론의 전개

The continual **elaboration** of new ideas is essential for scientific progress.

14 pristine ***
[prísti:n]

adj. **unspoiled**, **pure**, untouched 자연 그대로의, 오염되지 않은

Industrial wastes from the factory polluted the once **pristine** river.

15 steadily ***
[stédili]

adv. **consistently**, **continuously**, **constantly**, **at an unvarying rate** 끊임없이

Lawn and garden chemical usage has been dropping **steadily** for the last two decades.

16 hence ***
[hens]

adv. **therefore**, **consequently**, **thus** 따라서, 그러므로

The eggs were fresh and **hence** the chef used them to prepare an omelet.

17 fabricate ***
[fǽbrikèit]

v. **make**, **produce**, build 만들어 내다

New nanotechnology tools are allowing engineers to **fabricate** very thin, two-dimensional materials.

🐺 최신출제 포인트

fabricate는 'fabricate the signature(서명을 날조하다)'에서처럼 '날조하다, 꾸며내다'라는 뜻으로도 많이 쓰인다. 동의어로는 forge, fake가 출제될 수 있으니 함께 알아두도록 하자.

---

abundant 북아메리카의 동부 해안에는 식물들이 매우 풍부하다.
significant 돌고래 보호 운동은 참치 산업에 상당한 변화를 가져왔다.
elaboration 새로운 발상을 지속적으로 공들여 다듬는 것은 과학적 발전을 위해서 필수적이다.
pristine 공장에서 나오는 산업 폐기물들이 한때는 오염되지 않았던 강을 오염시켰다.
steadily 잔디와 정원용 화학 물질의 사용은 지난 20년 간 끊임없이 감소하고 있다.
hence 그 달걀은 신선했고, 따라서 요리사는 오믈렛을 만들기 위해 그것들을 사용했다.
fabricate 새로운 나노 기술 도구는 기술자들이 아주 얇은 2차원 물질을 만들어 낼 수 있도록 해주고 있다.

18 meet **
[miːt]

v. **deal with**, handle (문제·위기에) 대처하다

President Lincoln had to **meet** the challenge of a national civil war.

19 devour **
[diváuər]

v. **eat**, **consume**, gulp, gobble 게걸스럽게 먹다

The men were so hungry after work that they each **devoured** three platefuls of food.

20 amiss **
[əmís]

adj. **wrong**, erroneous, faulty 잘못된

Something went **amiss** during the flight, and the helicopter crashed into the sea.

21 figure out **

phr. **determine**, calculate, work out 알아내다

Archaeologists **figured out** that the skeleton was over a thousand years old.

22 augment **
[ɔːgmént]

v. **supplement** 증가시키다

The donated sculptures **augmented** the museum's fine collection of modern art.

23 trespass **
[tréspæs]

v. **invade**, **encroach**, infringe 불법 침입하다

Tom and Sally were **trespassing** on privately owned land.

24 deduce **
[didjúːs]

v. **conclude**, **infer**, derive 추론하다

The mechanic **deduced** that the car's problem was due to a damaged brake pad.

> 🐺 최신출제 포인트
> deduce의 명사형인 deduction은 '추론'이라는 뜻 외에도 '삭감, 공제'라는 뜻으로 많이 쓰이며, 동의어로는 reduction, cut이 출제될 수 있으니 함께 알아두도록 하자.

---

meet 링컨 대통령은 국가 내전이라는 난제에 대처해야만 했다.
devour 그 남자들은 일이 끝난 후 너무 배가 고파서 각자 세 접시의 음식을 게걸스럽게 먹었다.
amiss 비행 중 무언가 잘못되었고, 헬리콥터는 바다로 추락했다.
figure out 고고학자들은 그 해골이 천 년도 더 되었다는 것을 알아냈다.
augment 기증된 조각품들은 박물관의 훌륭한 현대 미술 소장품 수를 증가시켰다.
trespass Tom과 Sally는 사유지를 불법 침입하고 있었다.
deduce 정비공은 그 차의 문제가 고장난 브레이크 패드 때문이라고 추론했다.

25 quantify **

[kwάntəfài]

v. **measure**

양을 재다, 측정하다

An IQ test is a common way to **quantify** people's intelligence.

26 aggregation **

[ǽgrigéiʃən]
v. aggregate

n. **group**, body, assemblage

집단

An **aggregation** of people have lined up to purchase the latest mobile phone.

27 lax **

[læks]

adj. **careless**, neglectful, negligent

태만한

According to the article, the disaster at the nuclear power plant resulted from **lax** management.

28 pace **

[peis]

n. **speed**, rate, tempo

속도

The **pace** of the car slowed as road conditions worsened.

29 inspect **

[inspékt]

v. **examine**, scan, check

검사하다

Customs officials **inspect** travelers' luggage for any banned items.

30 keen **

[kiːn]
adv. keenly

adj. **sharp**, acute

예리한

Samurai swords are well known for their durability and **keen** edge.

🦊 최신출제 포인트

keen은 'a class of keen learner(열렬한 학습자들이 있는 학급)'에서처럼 '열렬한'이라는 뜻으로도 많이 쓰인다. 동의어로는 eager, earnest가 출제될 수 있으니 함께 알아두도록 하자.

31 abandon **

[əbǽndən]

v. **desert, give up**, forsake, relinquish

버리다, 포기하다

The passengers **abandoned** the Titanic approximately one hour after it collided with an iceberg.

---

quantify 지능 검사는 사람들의 지능을 측정하는 일반적인 방법이다.
aggregation 한 집단의 사람들이 최신 휴대 전화를 구입하기 위해 줄을 섰다.
lax 기사에 따르면, 원자력 발전소에서의 참사는 태만한 관리가 원인이었다.
pace 도로의 상태가 나빠지면서 자동차의 속도가 느려졌다.
inspect 세관원들은 금지된 물품이 있나 보기 위해 여행객들의 수하물을 검사한다.
keen 사무라이 검은 내구성과 예리한 날로 잘 알려져 있다.
abandon 승객들은 타이타닉호가 빙산과 충돌한 후 대략 한 시간 뒤에 그것을 버렸다.

32 prowess**
[práuis]

n. **ability**, **competence**, **expertise** — 뛰어난 솜씨

Lions are skilled predators that are famous for their hunting **prowess**.

33 anyone can see**

phr. **it is clear**, it is apparent — 누가 봐도 알 수 있듯이

The bridge was severely damaged, so **anyone could see** that it was unsafe.

34 coarse**
[kɔːrs]

adj. **rough**, **crude** — 거친

Alligator skin is extremely tough and has a **coarse**, dry texture.

35 impervious**
[impə́ːrviəs]

adj. **impermeable**, **resistant**, impenetrable — 통과할 수 없는

The new police vest is claimed to be **impervious** to bullets.

36 moderate**
[mádərèit]

v. 1. **lessen**, diminish — 누그러지다

After the rain **moderated**, the floods in the area quickly disappeared.

[mádərət]

adj. 2. **gentle**, **temperate**, mild — 온건한, 온화한

The golden retriever's **moderate** nature makes it an ideal dog for families with children.

> 🦉 최신출제 포인트
> moderate와 발음이 비슷한 modulate는 '조절하다(adjust, regulate)'라는 뜻이므로 시험에서 혼동하지 않도록 주의하자.

37 stagnant**
[stǽgnənt]

adj. **inactive**, sluggish — 활발하지 않은

Maintaining friendships is important since a **stagnant** social life can contribute to depression.

---

prowess 사자는 뛰어난 사냥 솜씨로 유명한 노련한 포식자이다.
anyone can see 그 다리는 심하게 훼손되어서, 누가 봐도 그것이 안전하지 않다는 것을 알 수 있었다.
coarse 악어의 피부는 매우 튼튼하며, 거칠고 건조한 질감을 가지고 있다.
impervious 새로운 경찰 조끼는 총알이 통과할 수 없다고 한다.
moderate 비가 누그러진 후, 그 지역의 홍수는 빠르게 사라졌다.
골든리트리버의 온화한 본성은 그것이 아이들이 있는 가정에 이상적인 개가 되도록 한다.
stagnant 활발하지 않은 사회 생활은 우울증의 원인이 될 수 있기 때문에 우정을 유지하는 것은 중요하다.

38 drive **
[draiv]

v. 1. **propel**, **force**, push, impel, compel 몰아가다

The scandal **drove** the prime minister to resign.

n. 2. **ambition** 추진력, 진취성

According to many CEOs, the **drive** to succeed is more important than knowledge or skills.

n. 3. **campaign**, **effort** (조직적인) 운동

The organization's nationwide **drive** to raise funds for cancer research was unprecedentedly successful.

> 🦊 **최신출제 포인트**
> effort는 주로 '노력'이라는 뜻으로 쓰여서 drive의 동의어가 아니라고 생각할 수 있다. 그러나 'the peace effort(평화 운동)'에서처럼 effort가 '운동'이라는 뜻으로 사용될 때에는 drive의 동의어가 될 수 있다.

39 anxiety **
[æŋzáiəti]
adj. anxious

n. **worry**, angst, uneasiness 걱정, 불안

Finances are among the leading causes of **anxiety** in today's society.

40 allegedly **
[əlédʒidli]
adj. alleged

adv. **supposedly**, reportedly 전해지는 바에 의하면

Native Americans **allegedly** came to America from Asia thousands of years ago.

41 utilize **
[jú:təlàiz]

v. **employ**, **use**, make use of 이용하다

In the future, every house may be equipped with a heating system that **utilizes** solar energy.

42 differential **
[dìfərénʃəl]

adj. **uneven**, discriminatory 차별적인

Psychologists agree that parents should avoid **differential** treatment toward their children.

---

drive
그 스캔들은 수상이 사임하도록 몰아갔다.
많은 최고 경영자들에 따르면, 성공하려는 진취성이 지식이나 기술보다 더 중요하다.
그 단체의 암 연구를 위한 기금을 모으는 전국적인 운동은 전례 없이 성공적이었다.

anxiety 재정 상태는 오늘날 사회에서 불안의 주요 원인 중 하나이다.
allegedly 전해지는 바에 의하면 북미 원주민들은 수천 년 전에 아시아에서 미국으로 왔다.
utilize 미래에는 모든 주택이 태양 에너지를 이용하는 난방 설비를 갖추게 될지도 모른다.
differential 심리학자들은 부모들이 자식들에 대한 차별적인 대우를 피해야 한다는 것에 동의한다.

43 maintain**
[meintéin]

v. 1. **preserve**, **continue**, **sustain**, keep — 유지하다

J.K. Rowling has **maintained** a private life despite the media attention she has received.

v. 2. **claim**, assert, contend — 주장하다

Some refugees **maintain** that their present situation is worse than before.

44 jointly*
[dʒɔ́intli]

adv. **together**, in conjunction with, as one — 함께, 공동으로

A study conducted **jointly** by researchers from two universities confirmed the finding.

> 🦊 최신출제 포인트
> jointly의 형용사형인 joint는 '공동의'라는 뜻이며, 동의어로는 mutual, collective가 출제될 수 있으니 함께 알아두도록 하자.

45 catastrophic*
[kæ̀təstráfik]

adj. **disastrous**, **harmful**, tragic, calamitous — 비극적인, 파멸의

The attack on Pearl Harbor was a **catastrophic** event in American history.

46 aridity*
[ərídəti]
adj. arid

n. **dryness**, waterlessness — 건조함

The extreme **aridity** of the Atacama Desert is due to its geographical location between two high mountain chains.

47 paradoxically*
[pæ̀rədáksikəli]
adj. paradoxical
n. paradox

adv. **contradictorily**, **surprisingly** — 역설적으로

Paradoxically, studying late the night before an exam can result in a lower score.

48 archetypal*
[ɑ́ːrkitàipəl]

adj. **ideal**, classic, exemplary — 전형적인

Shakespeare's *Hamlet* is considered the **archetypal** revenge tragedy.

---

maintain J.K. 롤링은 그녀가 받은 언론의 관심에도 불구하고 사생활을 유지해 왔다.
몇몇 망명자들은 그들의 현재 상황이 전보다 더 나쁘다고 주장한다.
jointly 두 대학에서 온 연구원들에 의해 공동으로 수행된 조사가 그 연구 결과를 확증했다.
catastrophic 진주만 공습은 미국 역사에 있어서 비극적인 사건이었다.
aridity 아타카마 사막의 극심한 건조함은 두 높은 산맥 사이에 있는 지리적 위치 때문이다.
paradoxically 역설적으로, 시험 전날 밤에 늦게까지 공부하는 것은 더 낮은 점수를 받게 할 수 있다.
archetypal 셰익스피어의 '햄릿'은 전형적인 복수 비극이라 여겨진다.

49 purposely *
[pə́ːrpəsli]

adv. **intentionally**, deliberately, knowingly — 고의로

The computer network was **purposely** shut down to prevent the spread of a virus.

50 collision *
[kəlíʒən]
v. collide

n. **crash**, smash — 충돌

Lowering the speed limit has been proven to reduce the number of vehicle **collisions**.

51 implant *
[implǽnt]

v. **insert**, embed — 심다, 끼워 넣다

Doctors **implanted** the medical device in the patient's body.

52 standpoint *
[stǽndpɔ̀int]

n. **perspective**, point of view — 관점, 견해

From the coach's **standpoint** it looked like a touchdown, but the referee saw it differently.

53 cue *
[kjuː]

n. **signal**, sign — 신호

The sound of the first whistle was a **cue** that the game was about to begin.

54 trappings *
[trǽpiŋz]

n. **decoration**, ornament, adornment — 장식, 장신구

While some Greek vases were created with designs, others were made without **trappings**.

55 spawn *
[spɔːn]

v. **give rise to**, create, produce — 야기하다

The popularity of the first tablet **spawned** a large number of imitators.

> 🦉 **최신출제 포인트**
> spawn은 동사가 아닌 명사로도 많이 쓰인다. 명사로는 'deposit their spawn(알을 낳다)'에서처럼 '(물고기, 개구리 등의) 알, 갓 부화한 새끼'라는 뜻으로 주로 쓰이며, 동의어로는 offspring이 출제될 수 있으니 함께 알아두도록 하자.

---

purposely 바이러스의 확산을 방지하기 위해 컴퓨터 네트워크가 고의적으로 정지되었다.
collision 제한 속도를 낮추는 것이 차량 충돌의 횟수를 줄인다는 것이 증명되었다.
implant 의사들이 환자의 몸에 의료 장비를 심었다.
standpoint 코치의 관점에서는 그것이 터치다운으로 보였지만 심판은 다르게 보았다.
cue 첫 번째 호각 소리는 게임이 곧 시작될 것이라는 신호였다.
trappings 어떤 그리스 꽃병들은 무늬를 넣어 제작된 반면에, 다른 것들은 장식 없이 만들어졌다.
spawn 첫 태블릿 PC의 인기는 수많은 모방자들을 야기했다.

56 outbreak *
[áutbrèik]

n. **sudden increase**, upsurge   급격한 증가, (질병 등의) 창궐

The **outbreak** of violence in the war-torn region was covered by the media.

QUIZ

Choose the synonyms.

1. explicit
2. prevailing
3. trespass
4. abandon
5. assertive
6. abundant
7. elaboration
8. utilize
9. differential
10. purposely

ⓐ desert, give up, forsake
ⓑ intentionally, deliberately, knowingly
ⓒ employ, use, make use of
ⓓ dominant, widespread, current
ⓔ development, improvement
ⓕ forceful, dogmatic
ⓖ uneven, discriminatory
ⓗ invade, encroach, infringe
ⓘ clear, specific, obvious
ⓙ plentiful, bountiful, ample

Answer 1.ⓘ 2.ⓓ 3.ⓗ 4.ⓐ 5.ⓕ 6.ⓙ 7.ⓔ 8.ⓒ 9.ⓖ 10.ⓑ

outbreak   전쟁에 짓밟힌 지역에서 폭력 행위의 급격한 증가는 대중 매체에 의해 다뤄졌다.

DAY 17

Hackers TOEFL Vocabulary

Hackers Voca

단어를 계속 잊어버리는 것 같아도 다시 보면 기억이 regenerate된답니다.

무료 음성 바로 듣기

---

1 prolonged ***

[prəlɔ́:ŋd]

adj. **lengthy**, **extended**, protracted — 오래 계속되는

People exposed to loud noise for a **prolonged** period of time may suffer hearing loss.

---

2 relative ***

[rélətiv]

adv. relatively

adj. **comparable** — 상대적인

The church offered **relative** peace and quiet in the chaotic city.

> 최신출제 포인트
>
> comparable은 주로 '비교할 수 있는'이라는 뜻으로 쓰여서 relative의 동의어가 아니라고 생각할 수 있다. 그러나 'comparable significance of each philosopher(각 철학자의 상대적인 중요성)'에서처럼 comparable이 '상대적인'이라는 뜻으로 사용될 때에는 relative의 동의어가 될 수 있다.

---

3 ultimate ***

[ʌ́ltəmət]

adv. ultimately

adj. 1. **eventual**, final, supreme — 최종의, 궁극적인

The **ultimate** objective of Hinkley's research is to expand the Earth's natural resources.

adj. 2. **fundamental**, basic, primary — 근본적인

According to economists, an increase in the money supply is the **ultimate** cause of inflation.

---

4 brittle ***

[brítl]

adj. **easily broken**, **breakable**, fragile — 부러지기 쉬운, 깨지기 쉬운

The old woman's bones were so **brittle** that her leg broke when she slipped on ice.

---

prolonged 오래 계속된 기간 동안 큰 소음에 노출된 사람들은 청력 손실을 겪을 수도 있다.
relative 그 교회는 혼란스러운 도시에 상대적인 평온과 안정을 주었다.
ultimate Hinkley의 연구의 최종 목표는 지구의 천연자원을 늘리는 것이다.
경제학자들에 따르면, 통화 공급량의 증가는 인플레이션의 근본적인 원인이다.
brittle 그 노부인의 뼈는 매우 부러지기 쉬워서, 그녀가 빙판길에서 미끄러졌을 때 다리가 부러졌다.

5 pioneer ***
[pàiəníər]

n. 1. **leader**, founder   선구자

Steve Jobs was a technology **pioneer** who revolutionized the computer industry.

v. 2. **first develop**, (first) start, **first use**, introduce   개척하다

Alexander Graham Bell **pioneered** telecommunications.

6 heritage ***
[héritidʒ]

n. **inheritance**, legacy; **tradition**   유산; 전통

Museums are an important means by which a country can conserve its cultural **heritage**.

7 impetus ***
[ímpətəs]

n. **motivation**, **stimulus**, spur, impulse   자극

Einstein's work provided the **impetus** for a major shift in the study of physics.

🦊 최신출제 포인트

impetus와 발음이 비슷한 impetuous는 '성급한(hasty, rash)'이라는 뜻이므로 시험에서 혼동하지 않도록 주의하자.

8 threshold ***
[θréʃhould]

n. **limit**, margin   한계점, 기준점

Due to the heavy rain, the dam reached its **threshold** for water containment and broke.

9 intensify ***
[inténsəfài]
adj. intense
n. intensity

v. **reinforce**, **strengthen**, enhance   강화하다

Free trade agreements are designed to **intensify** economic ties between member countries.

10 orchestrate ***
[ɔ́:rkəstrèit]

v. **coordinate**, organize   조직하다

The military leaders **orchestrated** a scheme that overthrew the democratically elected government.

---

pioneer	스티브 잡스는 컴퓨터 산업에 혁명을 일으킨 기술 선구자였다.
	알렉산더 그레이엄 벨은 전기 통신 분야를 개척하였다.
heritage	박물관은 국가가 그 문화 유산을 보존할 수 있는 중요한 수단이다.
impetus	아인슈타인의 연구는 물리학에서 중대한 변화를 일으키는 자극을 제공했다.
threshold	폭우 때문에 댐은 저수 용량 한계점에 도달했고 무너졌다.
intensify	자유 무역 협정은 회원 국가들 사이의 경제적 유대 관계를 강화하도록 고안된다.
orchestrate	그 군 지휘자들은 민주적으로 선출된 정부를 전복시킨 작전을 조직했다.

11 hamper ***
[hǽmpər]

v. **obstruct**, **impede**, **hinder**, **restrict**, **prevent** 방해하다

Waterfalls **hamper** the progress of salmon as they migrate upstream.

12 inhospitable ***
[inhɑ́spitəbl]

adj. 1. **unfavorable**, unfriendly 불친절한

The **inhospitable** tribe never welcomed any outsiders into its village.

adj. 2. **not suitable**, uninhabitable 살기에 부적당한

A fever in the body creates an **inhospitable** environment for bacteria so that they cannot replicate.

13 roughly ***
[rʌ́fli]
adj. rough

adv. **approximately**, **nearly**, about 대략

The US has spent **roughly** $2 billion a year on AIDS-related issues since 1989.

14 prevalent ***
[prévələnt]
v. prevail

adj. **common**, general, widespread 일반적인, 널리 퍼진

The most **prevalent** diseases of our times are related to modern lifestyle.

15 orientation ***
[ɔ̀:riəntéiʃən]

n. 1. **perspective**, inclination, disposition 성향, 경향

Researchers have discovered that most people prefer friends with a similar political **orientation**.

> 🐱 최신출제 포인트
> orientation의 동사형인 orient는 '~을 지향하게 하다'라는 뜻 외에도 '적응하다'라는 뜻으로 많이 쓰이며, 동의어로는 adjust, adapt가 출제될 수 있으니 함께 알아두도록 하자.

n. 2. **introduction**, induction 오리엔테이션

First-year students attend an **orientation** at the school to learn about rules and procedures.

---

hamper 연어는 상류로 이동하기 때문에, 폭포가 연어의 진행을 방해한다.
inhospitable 그 불친절한 부족은 어느 외부인도 절대 자신들의 마을로 맞이하지 않았다.
  신체의 열은 세균이 복제되지 못하도록 세균이 살기에 부적당한 환경을 만든다.
roughly 미국은 1989년 이래 에이즈와 관련된 사안들에 한 해에 대략 20억 달러를 써 왔다.
prevalent 우리 시대에 가장 일반적인 질병들은 현대의 생활 방식과 연관이 있다.
orientation 연구원들은 대부분의 사람들이 유사한 정치적 성향을 가진 친구들을 선호한다는 것을 발견했다.
  신입생들은 규칙과 절차를 배우기 위해 학교 오리엔테이션에 참석한다.

16 converge✶✶✶ — v. **come together**, **meet**, **move closer**, gather — 모이다
[kənvə́:rdʒ]
Curious onlookers began to **converge** at the scene of the crime.

17 inflate✶✶✶ — v. **swell**, **bloat**, **expand**, **enlarge** — 부풀다, 부풀리다
[infléit]
n. inflation
The hot-air balloon slowly **inflated** and took off.

18 terrain✶✶ — n. **land**, **landscape**, territory, area — 지역, 지형
[təréin]
Under Diane's direction, crew members will search the **terrain** for meteorites.

19 critically✶✶ — adv. **fundamentally**, decisively, crucially — 결정적으로
[krítikəli]
adj. critical
The first few years of a child's development are **critically** important.

20 in earnest✶✶ — phr. **seriously**, earnestly, solemnly — 진지하게
The president spoke **in earnest** about the growing social problems.

21 agile✶✶ — adj. **nimble**, **quick**, active — 민첩한
[ǽdʒəl]
For such huge beasts, brown bears are amazingly **agile** and can easily chase down prey in open areas.

🐱 최신출제 포인트
active는 주로 '활발한'이라는 뜻으로 쓰여서 agile의 동의어가 아니라고 생각할 수 있다. 그러나 'the river otter's active movements(수달의 민첩한 움직임)'에서처럼 active가 '민첩한'이라는 뜻으로 사용될 때에는 agile의 동의어가 될 수 있다.

22 standstill✶✶ — n. **complete stop**, **halt** — 정지, 멈춤
[stǽndstìl]
A labor strike can bring a company's production to a **standstill**.

---

converge 호기심 많은 구경꾼들이 범죄 현장에 모이기 시작했다.
inflate 열기구가 천천히 부풀고 나서 이륙했다.
terrain Diane의 통솔 하에, 승무원들은 운석을 찾기 위해 그 지역을 수색할 것이다.
critically 유아의 발달에 있어서 초기의 몇 년은 결정적으로 중요하다.
in earnest 대통령은 증가하는 사회적 문제에 대해 진지하게 이야기했다.
agile 그렇게 큰 짐승치고 불곰은 놀랍도록 민첩하고 탁 트인 곳에서 먹이를 쉽게 쫓을 수 있다.
standstill 노동 파업은 회사의 생산에 정지를 가져올 수 있다.

23 persuasively **

[pərswéisivli]

adv. **convincingly**, compellingly — 설득력 있게

In sales, the ability to talk **persuasively** to customers is essential.

24 miraculous **

[mirǽkjuləs]

adj. **amazing**, **astonishing**, **marvelous**, **unbelievable** — 기적적인, 놀라운

The child's **miraculous** escape from the burning building was caught on camera.

25 intangible **

[inténdʒəbl]

adj. **nonmaterial**, impalpable, incorporeal — 무형의

Particle physics is primarily concerned with **intangible** objects.

26 secure **

[sikjúər]

v. 1. **obtain**, **get**, **acquire**, procure — 확보하다

The manager approved Foster's plan to **secure** necessary information.

🦊 최신출제 포인트

secure는 'secure the ship's anchor(배의 닻을 고정시키다)'에서처럼 '고정시키다'라는 뜻으로도 많이 쓰인다. 동의어로는 fasten, chain이 출제될 수 있으니 함께 알아두도록 하자.

adj. 2. **safe** — 안전한

Online banking is **secure**, provided that a person's password is never shared.

27 subsist **

[səbsíst]

n. subsistence

v. **survive**, **endure**, exist — 생존하다

The shipwrecked sailors had to **subsist** on the few fish they could catch each day.

28 undoubtedly **

[ʌndáutidli]

adv. **certainly**, definitely, without question — 확실히

Babe Ruth is **undoubtedly** one of the greatest baseball players of all time.

---

persuasively 영업에 있어서 고객들에게 설득력 있게 이야기하는 능력은 필수이다.
miraculous 불타는 건물에서 아이의 기적적인 탈출이 카메라에 잡혔다.
intangible 소립자 물리학은 주로 무형의 물체들과 관련이 있다.
secure 그 관리자는 필요한 정보를 확보하려는 Foster의 계획을 승인했다.
    개인의 비밀번호가 절대 공유되지 않는다면 온라인 뱅킹은 안전하다.
subsist 난파 사고를 당한 선원들은 매일 그들이 잡을 수 있던 약간의 물고기로 생존해야 했다.
undoubtedly 베이브 루스는 확실히 역대 가장 뛰어난 야구 선수들 중 한 명이다.

29 dispose of **

phr. **get rid of** ~을 처리하다

Area residents can **dispose of** their Christmas trees by dropping them off at the city's recycling center.

30 archive **
[á:rkaiv]

n. **official document**, record 공식 기록

In the past few decades, the government has converted many **archives** from paper to electronic form.

31 regenerate **
[ridʒénərèit]

v. **renew**, revive, revitalize 재건하다, 재생시키다

The public school system was **regenerated** by a dramatic increase in government funding.

32 mode **
[moud]

n. **method**, **form**, **fashion**, style 방식, 형태

The North Americans showed a desire for an effective **mode** of transportation.

> 🦊 최신출제 포인트
>
> fashion은 주로 '패션, 유행'이라는 뜻으로 쓰여서 mode의 동의어가 아니라고 생각할 수 있다. 그러나 'in an orderly fashion(정돈된 방식으로)'에서처럼 fashion이 '방식'이라는 뜻으로 사용될 때에는 mode의 동의어가 될 수 있다.

33 commemorate **
[kəmémərèit]

v. **celebrate**, memorialize 기념하다

To **commemorate** the victory, Napoleon awarded everyone in his army a medal.

34 imprecise **
[ìmprisáis]

adj. **inexact**, inaccurate 부정확한

Predicting earthquakes is an **imprecise** science because of the limited data available.

35 state **
[steit]

v. **indicate**, specify, express 명시하다

A passport **states** a traveler's name, birth date, and nationality.

---

dispose of 지역 주민들은 도시의 재활용 센터에 크리스마스 트리를 갖다 놓음으로써 그것들을 처리할 수 있다.
archive 지난 수십 년 동안, 정부는 많은 공식 기록들을 종이에서 전자 형태로 변환해 왔다.
regenerate 공립 학교 제도는 정부 재정 지원의 극적인 증가로 인해 재건되었다.
mode 북미인들은 효과적인 수송 방식에 대한 갈망을 나타냈다.
commemorate 승리를 기념하기 위해 나폴레옹은 군대의 모든 이들에게 메달을 수여했다.
imprecise 지진 예측은 구할 수 있는 자료가 제한적이기 때문에 부정확한 학문이다.
state 여권은 여행자의 이름, 생년월일, 국적을 명시한다.

36 anticipate**

[æntísəpèit]

v. **expect**, **foresee**, **predict**, forecast — 예상하다

Michelle did not prepare much for the exam, so she did not **anticipate** such an excellent result.

> 🦊 최신출제 포인트
> anticipate는 'anticipate the film's release(영화 개봉을 고대하다)'에서처럼 '고대하다, 기대하다'라는 뜻으로도 많이 쓰인다. 동의어로는 await, look forward to가 출제될 수 있으니 함께 알아두도록 하자.

37 henceforth**

[hènsfɔ́ːrθ]

adv. **from now on**, hereafter — 지금부터는

The court ruled that the company is **henceforth** required to offer health insurance to its employees.

38 transparent**

[trænspɛ́ərənt]

adj. **clear**, **obvious**, lucid, limpid — 투명한, 명백한

The conglomerate makes its financial records as **transparent** as possible.

39 prominence**

[prάmənəns]
adj. prominent
adv. prominently

n. **importance**, greatness — 중요성

The right to equal pay began gaining **prominence** in the US in 1942.

40 incorporate**

[inkɔ́ːrpərèit]

v. **include**, **combine**, integrate — 통합하다

Louise traced how Americans **incorporate** nature into their urban and suburban lives.

41 meticulous**

[mətíkjuləs]
adv. meticulously

adj. **careful**, thorough, precise — 꼼꼼한

A **meticulous** doctor checks the patient's medical records for allergies before prescribing medicine.

42 dismantle**

[dismǽntl]

v. **take apart**, disassemble, break down — 분해하다

Before they could transport the bed, the movers had to **dismantle** its huge wooden frame.

---

anticipate — Michelle은 시험 준비를 많이 하지 못해서 그런 훌륭한 결과를 예상하지 못했다.
henceforth — 법원은 그 회사가 지금부터는 직원들에게 건강 보험을 제공해야 한다는 판결을 내렸다.
transparent — 그 대기업은 재무 기록을 최대한 투명하게 만든다.
prominence — 동일한 임금을 받을 권리는 1942년에 미국에서 중요성을 인정받기 시작했다.
incorporate — Louise는 미국인들이 어떻게 그들의 도시와 교외 생활에 자연을 통합하는지를 기술했다.
meticulous — 꼼꼼한 의사는 약을 처방하기 전에 환자의 알레르기에 관한 의료 기록을 확인한다.
dismantle — 침대를 운반하기 전에 이삿짐 운송업자들은 그것의 커다란 목재 프레임을 분해해야 했다.

43 lavish **

[lǽviʃ]

adj. **rich**, **deluxe**, luxurious 풍부한, 호화로운

Under the Christmas tree were **lavish** gifts, which were donated by local charities, for all of the children.

> 🦊 최신출제 포인트
> lavish는 형용사가 아닌 동사로도 많이 쓰인다. 동사로는 'lavish praise on the actors (배우들에게 아낌없이 칭찬을 해주다)'에서처럼 '아낌없이 주다'라는 뜻으로 주로 쓰이며, 동의어로는 shower, heap가 출제될 수 있으니 함께 알아두도록 하자.

44 dynamic *

[dainǽmik]

adj. 1. **active**, energetic, vigorous, robust 역동적인

The Ugrós is a **dynamic** folk dance from Hungary that features jumping couples.

n. 2. **energy**, power, driving force 원동력, 힘

The **dynamic** of a team is determined by the relationship between the coach and players.

45 overlook *

[òuvərlúk]

v. **miss**, fail to notice 간과하다

Economists tend to **overlook** factors that cannot be easily quantified.

46 dormant *

[dɔ́ːrmənt]

adj. **inactive**, torpid 활동하지 않는, 휴면 중인

In many horror movies, a monster lies **dormant** until roused by a careless human.

47 exempt *

[igzémpt]

adj. **free**, **immune**, not subject to, excused 면제된

Single people who earn less than $10,000 per year are **exempt** from paying income taxes.

48 as a whole *

phr. **generally**, **overall**, **all together**, by and large 전체적으로

Viewed **as a whole**, the thirteen original US colonies had a population of 2.4 million.

---

lavish   크리스마스 트리 밑에는 모든 아이들을 위해 지역 자선 단체들에 의해 기증된 풍부한 선물들이 있었다.
dynamic Ugrós는 점프하는 커플을 특징으로 삼는 헝가리의 역동적인 민속 무용이다.
         팀의 원동력은 코치와 선수들 간의 관계에 의해 결정된다.
overlook 경제학자들은 쉽게 정량화할 수 없는 요소들을 간과하는 경향이 있다.
dormant 많은 공포 영화에서 괴물은 부주의한 사람에 의해 깨워질 때까지 휴면 중인 상태로 있다.
exempt   한 해에 1만 달러 미만을 버는 독신들은 소득세를 내는 것이 면제된다.
as a whole 전체적으로 보면, 13곳의 초기 미국 식민지에는 240만 명의 인구가 있었다.

49 rather *
[rǽðər]

adv. 1. **instead** — 오히려

The rain did not stop. **Rather**, it became stronger.

adv. 2. **somewhat**, slightly — 좀, 약간

Lucas's plan to open a café near the university is **rather** interesting.

50 justify *
[dʒʌ́stəfài]

v. **support**, **prove**, **give a rational basis of** — 옹호하다, (정당성을) 증명하다

The debate club taught its members how to **justify** their opinions with logic and facts.

> 🐾 최신출제 포인트
> justify의 명사형인 justification은 '변명, 정당화'라는 뜻이며, 동의어로는 excuse, explanation이 출제될 수 있으니 함께 알아두도록 하자.

51 chaotic *
[keiátik]

adj. **disorganized**, **disordered**, anarchic — 무질서한

Kindergarten classes can become **chaotic** if children are not constantly engaged in some form of activity.

52 commence *
[kəméns]

v. **begin**, start, originate, initiate — 시작하다

The film festival **commenced** on Saturday morning and lasted until Sunday night.

53 improvised *
[ímprəvàizd]

adj. **unplanned**, unprepared, unrehearsed — 즉흥의

Some comedians do not prepare jokes in advance and instead give **improvised** performances.

54 stem from *

phr. **originate from**, **derive from**, arise from — ~에서 유래하다

The rise in fuel prices **stemmed from** the energy crisis of the 1970s.

---

rather — 비는 그치지 않았다. 오히려, 그것은 더 거세졌다.
대학 근처에 카페를 열 것이라는 Lucas의 계획은 좀 흥미롭다.
justify — 토론 동아리는 회원들에게 논리와 사실을 갖추어 자신의 의견을 옹호하는 법을 가르쳤다.
chaotic — 아이들이 끊임없이 어떤 형태의 활동을 하고 있지 않으면, 유치원 교실은 무질서해질 수 있다.
commence — 그 영화제는 토요일 아침에 시작하여 일요일 밤까지 계속되었다.
improvised — 어떤 코미디언들은 우스갯소리를 사전에 준비하지 않고 대신 즉흥적인 연기를 한다.
stem from — 연료비의 상승은 1970년대의 에너지 위기에서 유래했다.

55 judiciously *
[dʒuːdíʃəsli]

adv. **wisely**, sensibly, prudently 현명하게, 분별 있게

Good rulers **judiciously** use their power instead of abusing it.

56 tolerate *
[tálərèit]

v. **accept**, allow, permit 용인하다, 허용하다

The manager stated that inappropriate behavior in the workplace would not be **tolerated**.

Quiz

Choose the synonyms.

1. prolonged
2. intensify
3. lavish
4. terrain
5. hamper
6. converge
7. standstill
8. meticulous
9. overlook
10. commence

ⓐ obstruct, impede, hinder
ⓑ begin, start, originate
ⓒ miss, fail to notice
ⓓ lengthy, extended, protracted
ⓔ complete stop, halt
ⓕ land, landscape, territory
ⓖ reinforce, strengthen, enhance
ⓗ rich, deluxe, luxurious
ⓘ careful, thorough, precise
ⓙ come together, meet, move closer

Answer 1.ⓓ 2.ⓖ 3.ⓗ 4.ⓕ 5.ⓐ 6.ⓙ 7.ⓔ 8.ⓘ 9.ⓒ 10.ⓑ

judiciously 유능한 통치자는 권력을 남용하는 대신 분별 있게 사용한다.
tolerate 관리자는 업무 현장에서의 부적절한 행동은 용인되지 않을 것이라고 말했다.

DAY 18

Hackers TOEFL Vocabulary

Hackers Voca

종종 incredible한 일들이 일어나기 때문에 인생이 더 흥미진진한 것 같아요.

---

1 initiative ***
[iníʃiətiv]
v. initiate

n. **enterprise**, ambition, drive — 진취성

People expect leaders to show great **initiative** when faced with a crisis.

🐺 최신출제 포인트
initiative는 'initiative to raise money(돈을 마련하기 위한 계획)'에서처럼 '계획'이라는 뜻으로도 많이 쓰인다. 동의어로는 plan, scheme이 출제될 수 있으니 함께 알아두도록 하자.

2 provided that ***

phr. **if**, **once**, on the condition that, supposing — 만약 ~이라면

Lila could watch two hours of television **provided that** she finished her homework first.

3 phenomenal ***
[finámənl]
n. phenomenon

adj. **extraordinary**, remarkable — 경이적인

The discovery of the electron was a **phenomenal** advance in physics.

4 likewise ***
[làikwáiz]

adv. 1. **similarly**, in the same way — 마찬가지로, 똑같이

France has signed the environmental agreement, and Germany is expected to do **likewise**.

adv. 2. **also**, as well — 또한

Sarah nearly failed chemistry and she **likewise** struggled to pass biology.

---

initiative 사람들은 위기 상황에 직면했을 때 지도자들이 큰 진취성을 보여주기를 기대한다.
provided that 만약 Lila가 숙제를 먼저 끝낸다면 텔레비전을 2시간 동안 볼 수 있었다.
phenomenal 전자의 발견은 물리학에서 경이적인 진전이었다.
likewise 프랑스는 환경 협약에 서명하였고, 독일도 마찬가지로 서명할 것으로 예상된다.
Sarah는 화학에서 거의 낙제했고, 생물학 또한 통과하기 위해 고군분투했다.

5 tangible ***
[tǽndʒəbl]

adj. **material**, **physical**, concrete, substantial — 유형의, 실재하는

Tangible assets, such as equipment and land, have a physical form.

6 absurd ***
[æbsə́ːrd]

adj. **ridiculous**, **preposterous**, ludicrous — 터무니없는

Claims about the existence of UFOs seem **absurd** to many people.

7 inclement ***
[inklémənt]

adj. **unfavorable**, harsh, severe — (날씨가) 혹독한

Bears hibernate in winter to cope with limited food and to avoid **inclement** weather.

🦊 최신출제 포인트
inclement와 철자가 비슷한 increment는 '증가(increase, gain)'라는 뜻이므로 시험에서 혼동하지 않도록 주의하자.

8 overly ***
[óuvərli]

adv. **excessively**, inordinately, unduly — 지나치게

If children have everything done for them by their parents, they may become **overly** dependent.

9 consume ***
[kənsúːm]
n. consumption

v. 1. **expend**, **use up**, **completely use**, exhaust — 소비하다

The people next door **consume** a lot of electricity in heating their home.

v. 2. **destroy**, devastate, demolish — 소멸시키다

The forest fire was so great that it **consumed** everything in its path.

v. 3. **eat**, devour — 먹다

Maggots are sometimes used to clean out wounds as they only **consume** dead tissue.

---

tangible 용품이나 토지와 같은 유형 자산들은 실제 형태가 있다.
absurd UFO의 존재에 대한 주장들은 많은 사람들에게 터무니없어 보인다.
inclement 곰은 제한된 식량에 대처하고 혹독한 날씨를 피하기 위해 겨울에 동면한다.
overly 만약 부모가 모든 것을 해 준다면, 아이들은 지나치게 의존적이 될 수도 있다.
consume 옆집 사람들은 집을 난방하는 데 많은 전력을 소비한다.
그 산불은 매우 엄청나서 지나가는 길에 있는 모든 것을 소멸시켰다.
구더기들은 죽은 조직들만 먹기 때문에, 그것들은 가끔 상처를 깨끗이 하는 데 쓰인다.

10 overall ***
[óuvərɔ̀:l]

adj. **general**, **total**, comprehensive — 전반적인

The violinist made a couple mistakes, but the **overall** performance of the piece was good.

11 promote ***
[prəmóut]

v. **encourage**, **advance**, **further**, forward — 촉진하다

There was a meeting to **promote** trade between China and the US.

12 proliferation ***
[prəlìfəréiʃən]
v. proliferate

n. **increase**, **growth**, multiplication — 급증

The **proliferation** of invasive plant species sometimes harms native vegetation.

13 copious ***
[kóupiəs]

adj. **plentiful**, **abundant**, ample, bountiful — 풍부한

The **copious** rainfall in the winter allowed the farmers to irrigate their crops all year.

14 negligible ***
[néglidʒəbl]

adj. **insignificant**, **slight**, **minor**, trivial — 사소한

Carbon dioxide has a **negligible** effect on ozone depletion.

15 notably ***
[nóutəbli]
adj. notable

adv. **particularly**, especially, in particular — 특히

Notably, many women writers in the 1800s used pen names.

16 inhibit ***
[inhíbit]

v. **hinder**, **restrict**, **limit**, **restrain**, ban, prohibit, forbid — 금지하다

The law **inhibits** the use of pesticides on properties next to large bodies of water.

> 🦉 최신출제 포인트
> inhibit과 철자가 비슷한 inhabit은 '거주하다(live, dwell in)'라는 뜻이므로 시험에서 혼동하지 않도록 주의하자.

---

overall 그 바이올린 연주자는 두어 번의 실수를 했지만, 그 작품의 전반적인 연주는 훌륭했다.
promote 중국과 미국 간의 교역을 촉진하기 위한 회의가 있었다.
proliferation 침입성 식물 종의 급증은 때때로 토종 식물에 해가 된다.
copious 겨울의 풍부한 강우량은 농부들이 일 년 내내 작물에 물을 댈 수 있게 해주었다.
negligible 이산화탄소는 오존층의 감소에 사소한 영향을 미친다.
notably 특히, 1800년대의 많은 여류 작가들이 필명을 사용했다.
inhibit 그 법은 큰 수역 옆에 위치한 토지에서 살충제를 사용하는 것을 금지한다.

17 worshiper***
[wə́ːrʃipər]

n. **people participating in a religious service** 예배자

In Buddhism, **worshipers** often bow in front of a statue of Buddha.

18 pool**
[puːl]

v. 1. **combine**, put together 모으다

Members of the community **pooled** their resources to purchase land for a park.

n. 2. **combination**, group 기업, 연합

A **pool** of journalists from various international newspapers gathered in the conference room for the announcement.

19 at the urging of**

phr. **at the recommendation of** ~의 권고로

At the urging of world leaders, many governments are attempting to stop the development of nuclear weapons.

20 ornamental**
[ɔ́ːrnəméntl]
v. ornament

adj. **decorative**, beautifying, embellishing 장식용의

The Alhambra Palace in Spain is surrounded by **ornamental** gardens that enhance the palace's beauty.

21 regime**
[rəʒíːm]

n. **government, administration, authorities** 정권, 체제

A new **regime** took power after the successful military coup.

22 acclaim**
[əkléim]

v. **praise**, compliment, applaud 격찬하다

Critics **acclaimed** the actress for her superb performance in the hit Broadway play.

> 🦊 최신출제 포인트
> acclaim과 함께 다음의 단어들을 구별하여 알아두도록 하자.
> • reclaim 되찾다
> • declaim 격렬하게 비난하다

---

worshiper 불교에서는 예배자들이 종종 불상 앞에서 절을 한다.
pool 공동체의 구성원들은 공원을 위한 토지를 매입하기 위해 그들의 자산을 모았다.
다양한 국제 신문사 기자들의 연합이 발표를 위해 회의실에 모였다.
at the urging of 세계 지도자들의 권고로 많은 정부들이 핵무기의 개발을 멈추려고 시도하고 있다.
ornamental 스페인의 알람브라 궁전은 궁전의 아름다움을 돋보이게 하는 장식용 정원으로 둘러싸여 있다.
regime 새 정권은 성공적인 군사 쿠데타 후에 권력을 잡았다.
acclaim 비평가들은 인기 브로드웨이 연극에서 눈부신 연기를 한 그 여배우를 격찬했다.

23 comprehensible **

[kàmprihénsəbl]

adj. **understandable**, **apprehensible**, **knowable**

이해할 수 있는

Experience taught Rachel that life could be predictable and **comprehensible**.

24 disparity **

[dispǽrəti]

n. **inequality**, imbalance, disproportion

차이, 불균형

The pay **disparity** between men and women has been slowly decreasing over time.

25 bold **

[bould]

adj. **daring**, **brave**, courageous

용감한

Despite Nancy's **bold** words, there was a cold terror in her eyes as she confronted the intruder.

> 🦊 최신출제 포인트
> bold는 'the painting's bold color(그 그림의 선명한 색)'에서처럼 '선명한'이라는 뜻으로도 많이 쓰인다. 동의어로는 vivid, bright가 출제될 수 있으니 함께 알아두도록 하자.

26 noteworthy **

[nóutwə̀ːrði]

adj. **important**, notable, significant

주목할 만한

The Lumière brothers were **noteworthy** pioneers in early film.

27 spectacular **

[spektǽkjulər]

adj. **magnificent**, **splendid**, **impressive**

장관인, 눈부신

Each room in the hotel had a **spectacular** view of the ocean.

28 extracted from **

phr. **taken out of**, drawn out of

~에서 뽑아낸

The oils **extracted from** olives or sesame seeds have low smoke points.

29 tantalize **

[tǽntəlàiz]

v. **tempt**

애타게 하다

Lotteries **tantalize** people with the prospect of getting rich quickly.

---

comprehensible 경험은 Rachel에게 삶은 예측할 수 있고 이해할 수 있다는 것을 가르쳐 주었다.
disparity 남성과 여성 사이의 임금 불균형은 시간이 지나면서 서서히 줄어들어 왔다.
bold Nancy의 용감한 말에도 불구하고, 침입자와 맞서는 동안 그녀의 눈에는 차가운 공포가 서려 있었다.
noteworthy 뤼미에르 형제는 초기 영화의 주목할 만한 선구자들이었다.
spectacular 호텔의 각 방에서는 바다의 눈부신 경관을 볼 수 있었다.
extracted from 올리브나 참깨에서 뽑아낸 기름은 발연점이 낮다.
tantalize 복권은 빨리 부자가 되려는 기대에 차 있는 사람들을 애타게 한다.

30 allied ★★
[əláid]

adj. **related**, linked, connected 관련된

Depression and anxiety are two closely **allied** mental health issues.

31 authoritative ★★
[əθɔ́:rətèitiv]
n. authority

adj. **official**, authorized 권위 있는, 믿을 만한

The science magazine will not publish an article unless it cites **authoritative** sources.

32 moral ★★
[mɔ́:rəl]

n. **lesson**, message, teaching 교훈

Aesop's fables generally contain an important **moral** in each story.

> 🦊 최신출제 포인트
> moral과 철자가 비슷한 morale은 '사기, 의욕(spirit, confidence)'이라는 뜻이므로 시험에서 혼동하지 않도록 주의하자.

33 compatible ★★
[kəmpǽtəbl]

adj. **consistent**, congruous, consonant 일치하는, 양립할 수 있는

NGOs must make certain that the projects they fund are **compatible** with their core values.

34 buildup ★★
[bíldʌ̀p]

n. **accumulation** 축적

The **buildup** of cholesterol in the body can lead to high blood pressure.

35 stress ★★
[stres]

v. 1. **emphasize**, highlight, underline 강조하다

All his life, Michael's parents had **stressed** the importance of education.

n. 2. **emphasis**, accent 중점, 강조

Hippocrates laid more **stress** upon the expected outcome of a disease than upon its diagnosis.

---

allied 우울증과 불안은 밀접하게 관련된 두 가지 정신 건강 문제이다.
authoritative 그 과학 잡지는 믿을 만한 출처를 인용하지 않는 한 기사를 싣지 않을 것이다.
moral '이솝 우화'는 대체로 각 이야기마다 중요한 교훈을 하나씩 담고 있다.
compatible 비정부기구는 그들이 자금을 대는 프로젝트가 그들의 핵심 가치와 일치하는지를 확실히 해야만 한다.
buildup 체내의 콜레스테롤 축적은 고혈압으로 이어질 수 있다.
stress Michael의 일생 동안 그의 부모님은 교육의 중요성을 강조했다.
히포크라테스는 질병에 대한 진단보다는 그 질병의 예상되는 결과에 더 중점을 두었다.

36 respective **
[rispéktiv]
adv. respectively

adj. **particular**, individual 각각의, 개별적인

Each **respective** museum in the city specializes in a different art form or period.

37 peculiarity **
[pikjù:liǽrəti]
adj. peculiar

n. **feature**, characteristic, quality (기이한) 특징, 특성

A need for privacy is a cultural **peculiarity** in Western society.

38 rely upon **

phr. **depend upon**, resort to ~에 의존하다

Prosecutors must **rely upon** testimony when little physical evidence is available.

39 rapid **
[rǽpid]
adv. rapidly

adj. **fast**, quick, speedy, swift 빠른

Rapid environmental change can be a challenge to the survival of species.

40 saturate **
[sǽtʃərèit]

v. **soak**, drench, wet thoroughly 흠뻑 적시다

Saturate the cloth in cleaning fluid before wiping down the windows.

41 constitution **
[kὰnstətjú:ʃən]
v. constitute
adj. constituent

n. **form**, structure 구성, 구조

In chemistry, compounds that have a similar **constitution** are called analogues.

🦉 최신출제 포인트
constitution은 'amend a constitution(헌법을 개정하다)'에서처럼 '헌법'이라는 뜻으로도 많이 쓰인다. 동의어로는 laws, charter가 출제될 수 있으니 함께 알아두도록 하자.

42 efface **
[iféis]

v. **wipe out**, erase, expunge 지우다, 없애다

Victims of traumatic incidents often wish they could **efface** their memories of the event.

---

respective 도시에 있는 각각의 박물관들은 다른 예술 유형이나 다른 시대의 미술품들을 전문적으로 다룬다.
peculiarity 사생활에 대한 욕구는 서구 사회의 문화적 특징이다.
rely upon 물리적 증거를 거의 구할 수 없을 때 검사는 증언에 의존해야 한다.
rapid 빠른 환경 변화는 종의 생존에 대한 도전이 될 수 있다.
saturate 창문을 구석구석 닦기 전에 천을 세정액에 흠뻑 적셔라.
constitution 화학에서 유사한 구조를 가진 화합물들은 유사체라고 불린다.
efface 충격적인 사건의 피해자들은 보통 그 사건에 대한 기억을 지우고 싶어한다.

43 manageable**
[mǽnidʒəbl]

adj. **controllable**, **affordable**, **easy to handle** 관리하기 쉬운

Wild horses must go through substantial training before they become **manageable**.

44 approach*
[əpróutʃ]

v. 1. **come close**, **move toward**, **come toward**, **near**, **reach** 접근하다

Parents should teach their children what to do when a stranger **approaches**.

n. 2. **method**, way 접근법

In the world of mass production, Henry Ford's **approach** became the industry standard for many years.

45 routinely*
[ru:tí:nli]
adj. routine

adv. **commonly**, **regularly**, habitually 일상적으로

Mr. Smith **routinely** forgot to turn off the lights when he went out.

46 adapt*
[ədǽpt]

v. **adjust**, acclimate, conform 적응하다

Vicky **adapted** to the new school quite easily.

47 implication*
[ìmplikéiʃən]

n. **consequence**, result 결과

The program has been designed to teach prisoners the **implications** of bad behavior.

> 🦊 최신출제 포인트
> implication은 'an implication about the future(미래에 관한 암시)'에서처럼 '암시, 함축'이라는 뜻으로도 많이 쓰인다. 동의어로는 inference, intimation이 출제될 수 있으니 함께 알아두도록 하자.

48 unambiguous*
[ʌ̀næmbígjuəs]

adj. **clear**, distinct, definite 분명한

John's attitude about lying was **unambiguous**—he insisted upon the truth at all times.

---

manageable 야생마들은 관리하기 쉬워지기까지 상당한 훈련을 받아야 한다.
approach 부모들은 아이들에게 낯선 사람이 접근하면 어떻게 해야 하는지 가르쳐 주어야 한다.
대량 생산의 세계에서는 헨리 포드의 접근법이 오랜 기간 동안 업계의 기준이 되었다.
routinely Smith씨는 외출할 때 불을 끄는 것을 일상적으로 잊어버렸다.
adapt Vicky는 새 학교에 상당히 쉽게 적응했다.
implication 그 프로그램은 재소자들에게 나쁜 행동의 결과를 가르치도록 고안되었다.
unambiguous 거짓말 하는 것에 대한 John의 태도는 분명했다. 그는 언제나 진실을 고집했다.

49 rigor *

[rígər]
adj. rigorous

n. 1. **harshness**, strictness, rigidness 엄격함

A strict ruler, Roman emperor Septimius Severus applied the law with **rigor**.

n. 2. **hardship**, adversity 고초, 어려움

Soldiers are often traumatized by the **rigors** of war.

50 contentious *

[kənténʃəs]
v. contend
n. contention

adj. **disputed**, controversial, argumentative 논쟁을 불러일으키는

The death penalty is a **contentious** issue for many people today.

51 competent *

[kámpətənt]

adj. **adept**, skilled, capable 유능한

A **competent** accountant can help a company minimize its tax burden.

🦊 최신출제 포인트

competent는 'competent skills for the job(그 일을 하기 위한 충분한 기량)'에서처럼 '충분한'이라는 뜻으로도 많이 쓰인다. 동의어로는 sufficient, adequate가 출제될 수 있으니 함께 알아두도록 하자.

52 incredible *

[inkrédəbl]

adj. **unbelievable**, inconceivable, unimaginable 믿기 힘든

Larry's claim that he could run a mile in under three minutes was **incredible**.

53 string *

[striŋ]

n. **series**, chain 일련

Michael Jackson had a **string** of hit albums in the 1980s.

54 decompose *

[dì:kəmpóuz]

v. **decay**, rot 부패하다

Fallen leaves slowly **decompose** and enrich the soil on the forest floor.

---

rigor 엄한 통치자였던 로마 황제 셉티미우스 세베루스는 엄격함을 가지고 법을 적용했다.
군인들은 전쟁의 고초 때문에 종종 정신적 충격을 받는다.
contentious 사형 제도는 오늘날 많은 사람들에게 논쟁을 불러일으키는 주제이다.
competent 유능한 회계사는 회사가 세금 부담을 최소화하는 데 도움을 줄 수 있다.
incredible 자신이 3분 안에 1마일을 뛸 수 있다는 Larry의 주장은 믿기 힘들었다.
string 마이클 잭슨은 1980년대에 일련의 히트 앨범들을 냈다.
decompose 낙엽은 산림 바닥에서 서서히 부패해서 토양을 비옥하게 한다.

55 lateral*
[lǽtərəl]

adj. **side** 측면의

The X-rays provided front and **lateral** views of the brain.

QUIZ

Choose the synonyms.

1. regime
2. tangible
3. ornamental
4. comprehensible
5. phenomenal
6. promote
7. negligible
8. constitution
9. adapt
10. bold

ⓐ encourage, advance, further
ⓑ decorative, beautifying, embellishing
ⓒ government, administration, authorities
ⓓ daring, brave, courageous
ⓔ form, structure
ⓕ extraordinary, remarkable
ⓖ understandable, apprehensible, knowable
ⓗ insignificant, slight, minor
ⓘ material, physical, concrete
ⓙ adjust, acclimate, conform

Answer 1.ⓒ 2.ⓘ 3.ⓑ 4.ⓖ 5.ⓕ 6.ⓐ 7.ⓗ 8.ⓔ 9.ⓙ 10.ⓓ

lateral 그 엑스레이는 뇌의 전면과 측면 사진을 보여주었다.

DAY 19

Hackers TOEFL Vocabulary

Hackers Voca

이 세상 사람들은 모두 objective가 있어서 태어나게 된 거래요!

무료 음성 바로 듣기

---

1 forage ★★★

[fɔ́ːridʒ]

v. 1. **seek for food**, **search**, hunt, rummage   (식량 등을) 찾아다니다

Steve was surprised to find a raccoon **foraging** in his garbage can.

n. 2. **feed**, fodder, food   사료, 먹이

Grasses serve as **forage** for a wide variety of animals.

---

2 erect ★★★

[irékt]

v. **build**, **construct**, **raise**, set up   세우다, 건설하다

Nearly $4.8 billion was used to **erect** more than 200 waste disposal facilities.

> 🦊 **최신출제 포인트**
> erect는 동사가 아닌 형용사로도 많이 쓰인다. 형용사로는 'an erect statue(똑바로 선 동상)'에서처럼 '똑바로 선'이라는 뜻으로 주로 쓰이며, 동의어로는 upright, straight가 출제될 수 있으니 함께 알아두도록 하자.

---

3 integral ★★★

[íntigrəl]

adj. 1. **essential**, **crucial**, **indispensable**   필수적인

Sufficient sleep is an **integral** part of overall good health.

adj. 2. **complete**   완전한, 빠진 것이 없는

The museum contains an **integral** collection of the artist's paintings and sculptures.

---

forage   Steve는 너구리가 그의 쓰레기통 속에서 먹이를 찾아다니고 있는 것을 발견하고 놀랐다.
풀은 매우 다양한 동물들의 사료 역할을 한다.
erect   200개가 넘는 폐기물 처리장을 세우는 데 거의 48억 달러가 쓰였다.
integral   충분한 수면은 전반적인 건강에 필수적인 요소이다.
박물관은 그 예술가의 그림과 조각품의 완전한 컬렉션을 가지고 있다.

4 precisely ***
[prisáisli]
adj. precise
n. precision

adv. **exactly**, **accurately**, correctly, with precision 정확하게

Measure the cake ingredients **precisely** before adding them to the mixing bowl.

5 handle ***
[hǽndl]

v. **process**, manage, deal with 처리하다

Workers should **handle** the complaints in the same order as they are received.

6 objective ***
[əbdʒéktiv]

n. 1. **purpose**, aim, goal 목적, 목표

The **objective** of astronomers has always been to add knowledge to the field of astronomy.

adj. 2. **unbiased**, **impartial** 편견 없는

Justice is often represented by scales, which emphasize the importance of **objective** standards.

7 deviate ***
[díːvièit]
n. deviation

v. **depart**, **turn aside**, diverge, stray 벗어나다

In the past, sailors looked at the stars so that they would not **deviate** from their course.

🐱 최신출제 포인트

depart는 주로 '출발하다'라는 뜻으로 쓰여서 deviate의 동의어가 아니라고 생각할 수 있다. 그러나 'depart from the norm(기준에서 벗어나다)'에서처럼 depart가 '벗어나다'라는 뜻으로 사용될 때에는 deviate의 동의어가 될 수 있다.

8 vigor ***
[víɡər]
adj. vigorous

n. **energy**, strength, vitality 활력, 힘

Parasites can cause a wide range of symptoms, from headaches to loss of **vigor**.

9 decisive ***
[disáisiv]

adj. **significant**, **definitive**, **definite** 결정적인, 명백한

A **decisive** victory for the North, the Battle of Gettysburg led to the end of the Civil War.

---

precisely 믹싱 볼에 넣기 전에 케이크의 재료를 정확하게 재어라.
handle 근로자들은 불만 사항들이 접수되는 순서대로 그것들을 처리해야 한다.
objective 천문학자들의 목표는 항상 천문학 분야에 지식을 더하는 것이었다.
  정의는 흔히 저울로 표현되는데, 그것은 편견 없는 기준의 중요성을 강조한다.
deviate 과거에는 선원들이 항로에서 벗어나지 않기 위해 별을 살펴보았다.
vigor 기생충은 두통에서부터 활력을 잃을 까지 다양한 증상들을 야기할 수 있다.
decisive 북부의 결정적인 승리였던 게티즈버그 전투는 남북 전쟁의 종결로 이어졌다.

10 primordial***
[praimɔ́ːrdiəl]

adj. **beginning**, original, earliest — 최초의

In the **primordial** stage of cell division, enzymes that are necessary for replication are synthesized.

11 cluster***
[klʌ́stər]

v. **gather**, group, assemble — (떼를 지어) 모이다, 모으다

The autograph seekers **clustered** around the celebrity following the awards ceremony.

🦊 최신출제 포인트
cluster는 동사가 아닌 명사로도 많이 쓰인다. 명사로는 'a cluster of students(한 무리의 학생들)'에서처럼 '무리'라는 뜻으로 주로 쓰이며, 동의어로는 bunch, clump가 출제될 수 있으니 함께 알아두도록 하자.

12 revise***
[riváiz]

v. **change**, modify, alter, edit, correct — 수정하다, 변경하다

Scientists **revised** their earlier claims that the ozone layer would recover by 2050.

13 obscure***
[əbskjúər]

adj. **unclear**, uncertain, hidden, dim, faint — 흐릿한, 불분명한

Jane had trouble identifying the **obscure** figures in the old photograph.

14 rebound***
[ribáund]

v. 1. **recover**, rally, bounce back — 다시 일어서다; 회복되다

The American economy **rebounded** from the Great Depression only when the World War II began.

[ríːbàund]

n. 2. **recovery**, return — 회복

The **rebound** of the lake's trout population happened quickly once all forms of fishing were banned.

15 thus***
[ðʌs]

adv. **consequently**, therefore, accordingly — 따라서

New drugs can lower blood pressure, **thus** reducing the risk of stroke.

---

primordial 세포 분열의 최초 단계에서는 복제를 위해 필요한 효소들이 합성된다.
cluster 시상식이 끝난 뒤 사인을 받으려는 사람들이 유명 인사 주위로 모였다.
revise 과학자들은 오존층이 2050년 쯤에는 회복될 것이라는 이전의 주장을 수정했다.
obscure Jane은 오래된 사진 속의 흐릿한 형상들을 식별하는 데 어려움을 겪었다.
rebound 제2차 세계대전이 시작되고 나서야 미국 경제는 대공황으로부터 다시 일어섰다.
  모든 형태의 낚시가 금지되자 호수의 송어 개체수가 빠르게 회복되었다.
thus 신약들은 혈압을 낮출 수 있고, 따라서 뇌졸중의 위험을 줄여준다.

16 minutely***
[mainjúːtli]
adj. minute

adv. **in detail**, meticulously 자세하게

A human being's brain activity can now be **minutely** examined.

17 tend***
[tend]

v. **take care of**, **look after**, **care for**, foster 돌보다

Alice asked her neighbors to **tend** her garden when she went away on vacation.

> 🦊 최신출제 포인트
> tend는 'tend to sleep late(늦게 자는 경향이 있다)'에서처럼 '~하는 경향이 있다'라는 뜻으로도 많이 쓰인다. 동의어로는 be inclined, be likely가 출제될 수 있으니 함께 알아두도록 하자.

18 impact**
[ímpækt]

n. **influence**, effect, repercussion 영향

The printing press had a major **impact** on history.

19 luxuriant**
[lʌgʒúəriənt]

adj. **rich**, **abundant**, exuberant, opulent 무성한

Tracts of **luxuriant** plant life cover the Amazon River's basin.

20 altogether**
[ɔːltəgéðər]

adv. **fully**, **completely**, entirely, totally, wholly 완전히

Quitting smoking **altogether** is difficult, so many people fail several times before succeeding.

21 astounding**
[əstáundiŋ]
adv. astoundingly

adj. **amazing**, astonishing, surprising 놀라운

Copernicus made the **astounding** discovery that the Earth revolves around the Sun.

22 propagation**
[pràpəgéiʃən]
v. propagate

n. **spread**, dissemination 보급, 전파

The **propagation** of Christianity throughout the Roman Empire occurred over a period of centuries.

---

minutely 인간의 뇌 활동은 이제 자세하게 검사될 수 있다.
tend Alice는 휴가를 가면서 이웃들에게 자신의 정원을 돌봐달라고 부탁했다.
impact 인쇄기는 역사에 중요한 영향을 미쳤다.
luxuriant 넓은 면적의 무성한 식물이 아마존 강 유역을 덮고 있다.
altogether 완전히 금연하는 것은 어렵기 때문에 많은 사람들이 성공하기 전에 여러 번 실패한다.
astounding 코페르니쿠스는 지구가 태양 주위를 돈다는 놀라운 발견을 했다.
propagation 로마 제국 전체에 걸친 기독교의 보급은 수세기의 기간에 걸쳐 일어났다.

23 encroach**

[inkróutʃ]
n. encroachment

v. **trespass**, **invade**, intrude — 침입하다

The hunters were fined heavily for **encroaching** on the farmer's property.

24 bizarre**

[bizá:r]

adj. **strange**, **odd**, **erratic**, **exotic**, **irregular** — 이상한, 기괴한

Everyone stared at the young woman because her dress was so **bizarre**.

25 elevate**

[éləvèit]

v. **raise**, **lift**, heave, hoist — 들어 올리다

Without cranes, it would be nearly impossible to **elevate** the large steel beams of skyscrapers.

26 superb**

[supə́:rb]

adj. **excellent**, **outstanding**, magnificent — 훌륭한

Fans cheered wildly at the athlete's **superb** performance.

27 accommodate**

[əkámədèit]

v. 1. **lodge**, **make room for**, hold — 수용하다

The resorts were carefully planned to **accommodate** large numbers of tourists.

v. 2. **adjust to**, suit, adapt, fit — 적응하다, 맞추다

Good business managers must have the ability to **accommodate** change in the workplace.

28 infinite**

[ínfənət]

adj. **limitless**, **unlimited**, immeasurable, boundless — 무한한

Scientists disagree as to whether the universe is **infinite** or whether it has boundaries.

🐺 최신출제 포인트

infinite과 철자가 비슷한 indefinite은 '명확하지 않은(uncertain, undefined)'이라는 뜻이므로 시험에서 혼동하지 않도록 주의하자.

---

encroach — 사냥꾼들은 농부의 사유지를 침입한 것에 대해 중한 벌금형을 받았다.
bizarre — 젊은 여자의 드레스가 너무 이상했기 때문에 모든 사람들이 그녀를 빤히 쳐다보았다.
elevate — 기중기 없이는 고층 건물의 거대한 철재를 들어 올리는 것이 거의 불가능할 것이다.
superb — 팬들은 그 선수의 훌륭한 기량에 격렬하게 환호했다.
accommodate — 그 휴양지는 많은 수의 관광객을 수용하기 위해 세심하게 설계되었다.
유능한 업무 관리자들은 업무 현장에서의 변화에 적응하는 능력을 가지고 있어야 한다.
infinite — 과학자들은 우주가 무한한지 아니면 그것이 경계를 가지는지에 대해 의견이 다르다.

29 glimpse into **

phr. **brief view into**, quick look into ~을 흘끗 봄

The travel magazine gives readers a **glimpse into** cultures around the world.

30 mold **
[mould]

v. **shape**, form, fashion 형성하다, 만들다

The Grand Canyon was **molded** by water and wind over an extended period of time.

31 wary **
[wɛ́əri]

adj. **cautious**, **distrustful**, watchful 경계하는

Taiwan's government was **wary** of becoming economically dependent on China.

32 expansion **
[ikspǽnʃən]
v. expand
adj. expansive

n. **spread**, growth 팽창, 확장

The development of new colonies led to the **expansion** of the British Empire.

33 autonomy **
[ɔːtánəmi]
adj. autonomous

n. **self-rule**, **independence** 자치(권)

The powers of the American federal government limit the **autonomy** of individual states.

34 complaint **
[kəmpléint]

n. **protest**, grievance 불만, 항의

Student **complaints** of being overworked must be taken seriously by instructors.

35 subordinate **
[səbɔ́ːrdənət]

adj. **secondary**, subject, dependent 종속적인

In the US, municipal and state courts are **subordinate** to federal ones.

> 🐾 최신출제 포인트
> subordinate는 형용사가 아닌 동사로도 많이 쓰인다. 동사로는 'subordinate an opponent(적을 복종시키다)'에서처럼 '복종시키다'라는 뜻으로 주로 쓰이며, 동의어로는 subdue가 출제될 수 있으니 함께 알아두도록 하자.

---

glimpse into 여행 잡지는 독자들에게 세계의 문화들을 흘끗 볼 수 있게 해준다.
mold 그랜드 캐니언은 오랜 시간에 걸쳐 물과 바람에 의해 형성되었다.
wary 대만 정부는 중국에 경제적으로 의존하게 되는 것을 경계했다.
expansion 새로운 식민지들의 개발은 대영 제국의 팽창으로 이어졌다.
autonomy 미국 연방 정부의 권력은 각 주의 자치권을 제한한다.
complaint 과도하게 공부하게 되는 것에 대한 학생의 불만은 교사들에게 심각하게 받아들여져야만 한다.
subordinate 미국에서는 지방 법원과 주 법원이 연방 법원에 종속적이다.

36 thrive**
[θraiv]

v. **do well**, **prosper**, **flourish** 번성하다

Slavery in America **thrived** because there was a scarcity of labor.

37 by and large**

phr. **for the most part**, **on the whole** 대체로

By and large, the members of Jinny's team agreed on the terms of the contract.

38 unique to**

phr. **existing only in**, **exclusive to** ~ 특유의

A brain area **unique to** humans is responsible for analytical planning.

39 annual**
[ǽnjuəl]
adv. annually

adj. **yearly** 연간의

Rainforests typically receive between two and five meters of **annual** rainfall.

40 frigid**
[frídʒid]

adj. **cold**, **freezing**, **frosty** 몹시 추운

The **frigid** temperatures drove most people to stay indoors.

41 appreciate**
[əpríːʃièit]
n. appreciation

v. **recognize**, **understand**, **perceive** 인식하다

A good educator **appreciates** that each child has different strengths and weaknesses.

🦊 최신출제 포인트
appreciate는 'appreciate his efforts(그의 노력을 고마워하다)'에서처럼 '고마워하다'라는 뜻으로도 많이 쓰인다. 동의어로는 be grateful for, be thankful for가 출제될 수 있으니 함께 알아두도록 하자.

42 apparatus**
[æpərǽtəs]

n. **equipment**, **device** 기구, 장치

The hospital did not have the necessary **apparatus** for taking X-rays.

---

thrive 노동력이 부족했기 때문에 미국에서 노예 제도가 번성했다.
by and large 대체로, Jinny의 팀원들은 그 계약의 조건에 동의했다.
unique to 인간 특유의 뇌의 한 영역은 분석적인 계획을 세우는 것을 담당한다.
annual 열대 우림은 일반적으로 연간 2에서 5미터 사이의 강우량을 갖는다.
frigid 몹시 추운 기온이 대부분의 사람들을 실내에 머무르게 만들었다.
appreciate 훌륭한 교육자는 각각의 아이가 각자 다른 강점과 약점을 가지고 있다는 것을 인식한다.
apparatus 그 병원은 엑스레이를 찍기 위해 필요한 기구를 가지고 있지 않았다.

43 engender**
[indʒéndər]

v. **cause**, bring about, generate — 야기하다

A friendly work environment **engenders** good relationships between co-workers.

44 adverse*
[ædvə́ːrs]

adj. **negative**, **unfavorable**, **not favorable**, **harmful** — 부정적인

President Bush's speech received an **adverse** reaction from most European leaders.

45 accomplished*
[əkάmpliʃt]

adj. **skilled**, proficient — 숙련된

Robin is an **accomplished** sculptor.

46 conceal*
[kənsíːl]

v. **hide**, **cover**, obscure — 숨기다, 감추다

Police officers found the cocaine **concealed** inside the doll.

47 uniform*
[júːnəfɔ̀ːrm]
adv. uniformly

adj. **consistent**, **even**, **invariable** — 일정한, 한결같은

Using a mold will ensure every cookie is **uniform** in size and shape.

48 complement*
[kάmpləmənt]

n. **supplement** — 금상첨화격 요소, 보완물

Wine experts recommend white wine as the perfect **complement** to salmon.

> 🐾 최신출제 포인트
> complement와 철자와 발음이 비슷한 compliment는 '칭찬(praise, admiration)'이라는 뜻이므로 시험에서 혼동하지 않도록 주의하자.

49 refrain from*

phr. **avoid**, abstain from, keep from — ~을 삼가다

Museum visitors are asked to **refrain from** taking photographs of the exhibits.

---

engender 친화적인 근무 환경은 직장 동료들 간의 좋은 관계를 야기한다.
adverse 부시 대통령의 연설은 대부분의 유럽 지도자들로부터 부정적인 반응을 얻었다.
accomplished Robin은 숙련된 조각가이다.
conceal 경찰관들은 인형 안에 숨겨져 있는 코카인을 발견했다.
uniform 틀을 이용하는 것은 모든 과자가 일정한 크기와 모양이 되도록 해줄 것이다.
complement 와인 전문가들은 백포도주를 연어와 완벽한 금상첨화격 요소로 추천한다.
refrain from 박물관 방문객들은 전시품의 사진을 찍는 것을 삼가달라고 요청받는다.

50 column *
[káləm]

n. **pillar**, post — 기둥

In coastal areas, houses are often built on **columns** to protect against flooding by ocean waves.

51 underscore *
[ʌ́ndərskɔ̀ːr]

v. **emphasize**, **reinforce**, underline, accentuate — 강조하다

In the lecture, Dr. Jones **underscored** that exercise is the only cure for obesity.

52 inspire *
[inspáiər]

v. **motivate**, **fire the imagination of** — 영감을 주다

A real person **inspired** Charles Dickens to write his classic, *A Christmas Carol*.

53 swell *
[swel]

v. **increase**, **expand**, **enlarge** — 팽창하다, 팽창시키다

California's population **swelled** during the Gold Rush.

54 deficient *
[difíʃənt]

adj. **not enough**, insufficient, inadequate — 부족한

Plants may turn from green to yellow if they are **deficient** in nitrogen.

🦉 최신출제 포인트
deficient의 명사형인 deficiency는 '결핍'이라는 뜻이며, 동의어로는 deprivation, lack이 출제될 수 있으니 함께 알아두도록 하자.

55 indiscriminately *
[ìndiskrímənətli]

adv. **randomly** — 무차별로, 가리지 않고

The police **indiscriminately** arrested people at the site of the demonstration.

56 to some extent *

phr. **within limits** — 어느 정도까지

University students are, **to some extent**, free to select their own courses.

---

column · 연안 지역에서는 파도에 의한 침수를 막기 위해서 주택들이 보통 기둥 위에 지어진다.
underscore · Jones 박사는 강의에서 운동이 비만에 대한 유일한 치료법이라고 강조했다.
inspire · 실제 인물이 찰스 디킨스에게 그의 명작 '크리스마스 캐롤'을 쓰도록 영감을 주었다.
swell · 캘리포니아의 인구는 골드러시 동안에 팽창했다.
deficient · 식물은 질소가 부족하면 초록색에서 노란색으로 변할 수 있다.
indiscriminately · 경찰은 데모 현장에서 사람들을 무차별적으로 체포했다.
to some extent · 대학생들은 어느 정도까지는 자신들의 강좌를 선택할 수 있다.

57 hierarchical *
[hàiərɑ́ːrkikəl]

adj. arranged in order of 계급제의

The **hierarchical** structure of large companies may limit innovation.

QUIZ

Choose the synonyms.

1. revise
2. integral
3. bizarre
4. autonomy
5. precisely
6. obscure
7. luxuriant
8. inspire
9. deficient
10. tend

ⓐ strange, odd, erratic
ⓑ take care of, look after, care for
ⓒ unclear, uncertain, hidden
ⓓ change, modify, alter
ⓔ motivate, fire the imagination of
ⓕ exactly, accurately, correctly
ⓖ essential, crucial, indispensable
ⓗ not enough, insufficient, inadequate
ⓘ rich, abundant, exuberant
ⓙ self-rule, independence

Answer: 1.ⓓ 2.ⓖ 3.ⓐ 4.ⓙ 5.ⓕ 6.ⓒ 7.ⓘ 8.ⓔ 9.ⓗ 10.ⓑ

---

hierarchical 대기업의 계급적인 구조는 혁신을 제한할 수도 있다.

DAY 20

Hackers T O E F L Vocabulary

Hackers Voca

살면서 정말로 invaluable한 것은 대부분 돈으로 살 수가 없어요.

1 harness ***
[háːrnis]

v. **utilize**, **put to use**, employ — (자연의 힘 등을) 이용하다

The ancient Egyptians **harnessed** the power of water for agriculture.

2 prestige ***
[prestíːʒ]

n. **high regard**, **status** — 명성, 위신

Being enrolled at a top university gives a student **prestige**.

3 radically ***
[rǽdikəli]
adj. radical

adv. **extremely**, completely; **essentially** — 철저하게; 근본적으로

Developments in computer technology led to **radically** different methods of communication.

4 exhibit ***
[igzíbit]

v. **show**, **display**, **present**, **demonstrate**, **set forth** — 보이다, 나타내다

The dancer **exhibited** grace and dignity despite her foot injury.

5 deposit ***
[dipázit]

v. **lay**, **place**, **lay down**, **set down**, **leave behind** — 놓다, 두다

Express mail must be **deposited** in the pickup box by noon for next-day delivery.

> 🐾 최신출제 포인트
>
> deposit는 동사가 아닌 명사로도 많이 쓰인다. 명사로는 'a deposit of silt(토사 침전물)'에서처럼 '침전물'이라는 뜻으로 주로 쓰이며, 동의어로는 accumulation, sediment가 출제될 수 있으니 함께 알아두도록 하자.

harness 고대 이집트인들은 농경에 수력을 이용했다.
prestige 일류 대학에 입학하는 것은 학생에게 명성을 준다.
radically 컴퓨터 기술의 발전은 철저하게 다른 의사소통 방법을 초래했다.
exhibit 그 무용수는 발 부상에도 불구하고 우아함과 기품을 보여주었다.
deposit 특급 우편은 익일 배송을 위해 정오까지 집배 상자에 놓여야만 한다.

6 shatter ***
[ʃǽtər]

v. break, destroy, smash 산산이 부수다

A tornado **shattered** the windows of nearby houses last night.

7 barren ***
[bǽrən]

adj. infertile, sterile, lifeless, unable to sustain life 척박한, 불모의

The **barren** soil of the Rocky Mountains provides few nutrients to the grass.

8 consent ***
[kənsént]
n. consensus

v. agree, assent 동의하다

Not all Native American tribes **consented** to having their land taken away by the government.

9 give rise to ***

phr. cause, produce, provoke, bring about ~을 초래하다

Jake's dramatic weight gain **gave rise to** several health problems.

10 size up ***

phr. evaluate, measure, assess, appraise 평가하다

A company must **size up** its competition before entering a new market.

11 mimic ***
[mímik]

v. imitate, copy, reproduce 흉내 내다, 모방하다

Many insects **mimic** twigs or leaves for protection.

12 contiguous ***
[kəntígjuəs]

adj. neighboring, adjacent, adjoining 인접한

The US and Canada are **contiguous** nations that share the world's longest border.

> 🦊 최신출제 포인트
> contiguous와 철자가 비슷한 contagious는 '전염성의(infectious, transmissible)'라는 뜻이므로 시험에서 혼동하지 않도록 주의하자.

---

shatter 토네이도가 어젯밤에 근처 주택들의 창문을 산산이 부수었다.
barren 로키 산맥의 척박한 토양은 풀에 영양소를 거의 공급하지 않는다.
consent 모든 북미 원주민 부족들이 정부가 자신들의 땅을 가져가는 것에 동의한 것은 아니었다.
give rise to Jake의 급격한 체중 증가는 몇몇 건강 문제를 초래했다.
size up 회사는 새로운 시장에 진입하기 전에 자신의 경쟁 상대를 평가해야만 한다.
mimic 많은 곤충들이 자신을 보호하기 위해 나뭇가지나 나뭇잎을 흉내 낸다.
contiguous 미국과 캐나다는 세계에서 가장 긴 국경선을 공유하는 인접 국가이다.

DAY 20
Hackers Vocabulary

13 engage ***
[ingéidʒ]

v. 1. **involve** 참여시키다, (대화 등에) 끌어들이다

The lawyer **engaged** his colleagues in a conversation about legal ethics.

v. 2. **reserve**, book (방·좌석 등을) 예약하다

An assistant to the CEO **engaged** a famous banquet hall for the dinner.

v. 3. **hire** 고용하다

The magazine **engaged** the services of several excellent writers to make its articles more interesting.

🦊 최신출제 포인트
engage의 명사형인 engagement는 '고용'이라는 뜻 외에도 '교전, 전투'라는 뜻으로 많이 쓰이며, 동의어로는 combat, battle이 출제될 수 있으니 함께 알아두도록 하자.

14 initial ***
[iníʃəl]
v. initiate
adv. initially

adj. **first**, **original**, earliest 최초의

The theory based on the team's **initial** research was disproven by later studies.

15 essential ***
[isénʃəl]
adv. essentially

adj. 1. **fundamental** 근본적인

The Earth itself is the most **essential** natural resource.

adj. 2. **indispensable**, **required** 필수적인

Completing medical school is an **essential** step to becoming a doctor.

16 pertinent ***
[pə́ːrtənənt]

adj. **relevant**, **related**, germane 관련된

The detective wanted to know all the **pertinent** details.

---

engage
그 변호사는 그의 동료들을 법조 윤리에 관한 대화에 참여시켰다.
CEO의 보좌인은 저녁 만찬을 위해 유명한 연회장을 예약했다.
그 잡지사는 기사를 더 흥미롭게 만들기 위해 몇 명의 훌륭한 작가들의 용역을 고용했다.

initial
그 팀의 최초 연구에 기초했던 가설은 이후의 연구에서 틀렸음이 입증되었다.

essential
지구는 그 자체가 가장 근본적인 천연자원이다.
의과 대학을 수료하는 것은 의사가 되는 데 필수적인 단계이다.

pertinent
그 형사는 관련된 모든 세부 사항들을 알고 싶어 했다.

17 traumatic ***
[trəmǽtik]
n. trauma

adj. **highly stressful**, **upsetting**, disturbing 정신적 충격이 큰

Psychologists help patients to recover from **traumatic** experiences.

18 on the whole **

phr. **in general**, **generally**, overall, by and large 대체로

On the whole, Africa is a warm continent, but some areas have cold weather.

19 dispersal **
[dispə́ːrsəl]
v. disperse

n. **distribution**, scattering 확산, 분산

Wind is one of the primary factors in the **dispersal** of dandelion seeds.

> 🐱 최신출제 포인트
> dispersal과 철자가 비슷한 disposal은 '처분, 폐기(removal, clearance)'라는 뜻이므로 시험에서 혼동하지 않도록 주의하자.

20 sought-after **
[sɔ́ːtæftər]

adj. **desired**, **desirable**, in demand 수요가 많은, 인기 있는

Water is a **sought-after** resource in areas of Pakistan suffering from severe drought.

21 expand **
[ikspǽnd]
n. expansion
adj. expansive

v. **enlarge**, **increase**, **swell**, **bloat** 확장시키다, 확장하다

In 1803, the Louisiana Purchase **expanded** the territory of the US by 828,000 square miles.

22 mastery **
[mǽstəri]
v. master

n. 1. **control** 통제력, 지배

The best way to gain **mastery** over one's fears is to confront them.

n. 2. **expertise** 전문적 지식

Marcus Tullius Cicero was a Roman statesman and orator who is remembered for his **mastery** of Latin prose.

---

traumatic 심리학자들은 환자들이 정신적 충격이 큰 경험으로부터 회복할 수 있도록 도와준다.
on the whole 대체로 아프리카는 따뜻한 대륙이지만 일부 지역은 추운 기후를 가지고 있다.
dispersal 바람은 민들레 씨앗 확산의 주요 요인 중 하나이다.
sought-after 물은 심한 가뭄을 겪고 있는 파키스탄 지역에서 수요가 많은 자원이다.
expand 1803년의 루이지애나 매입은 미국의 영토를 82만 8천 평방 마일만큼 확장시켰다.
mastery 공포에 대한 통제력을 얻을 수 있는 가장 좋은 방법은 그것에 맞서는 것이다.
마르쿠스 툴리우스 키케로는 라틴어 산문에 대한 전문적 지식으로 기억되는 로마의 정치인이자 웅변가였다.

23 perpetually ★★
[pərpétʃuəli]

adv. **continually**, incessantly, ceaselessly 　끊임없이

Wind power plants may be established in places where the wind blows **perpetually**.

24 evacuate ★★
[ivǽkjuèit]

v. **move out** 　대피하다, 비우고 떠나다

Flooding forced the building's residents to **evacuate**.

25 excrete ★★
[ikskríːt]

v. **expel**, discharge, eject 　배설하다, 방출하다

Certain types of frogs native to South America **excrete** toxins through their skin.

> 🐺 최신출제 포인트
> excrete와 철자가 비슷한 execrate는 '혐오하다(loathe, despise)'라는 뜻이므로 시험에서 혼동하지 않도록 주의하자.

26 gradually ★★
[grǽdʒuəli]

adv. **slowly**, little by little 　서서히

The scars from the accident are **gradually** disappearing, but there will always be a small mark on Kevin's forehead.

27 affluent ★★
[ǽfluənt]

adj. 1. **plentiful**, abundant 　풍부한

Ancient Rome received an **affluent** supply of grain from Egypt.

adj. 2. **wealthy**, rich, well-off 　부유한

Jackie came from an **affluent** family.

28 stationary ★★
[stéiʃənèri]

adj. **unmoving**, **motionless**, immobile 　움직이지 않는

A **stationary** target is easy to aim at.

---

perpetually　풍력 발전소는 바람이 끊임없이 부는 곳에 설립될 수 있다.
evacuate　홍수는 건물의 거주자들이 대피하도록 했다.
excrete　남미 토종인 특정 종류의 개구리들은 피부를 통해 독소를 방출한다.
gradually　사고로 인한 상처는 서서히 사라지고 있지만, Kevin의 이마에는 언제까지나 작은 흉터가 남아 있을 것이다.
affluent　고대 로마는 이집트로부터 풍부한 곡식을 공급받았다. / Jackie는 부유한 가정 출신이다.
stationary　움직이지 않는 목표물은 겨냥하기 쉽다.

29 cling to **

phr. **stick to**, **hold tightly**, adhere to ~에 달라붙다

Static electricity can make light objects **cling to** one another.

30 endow **
[indáu]

v. 1. **donate** 기부하다

The successful businessman **endowed** his college with a generous monetary gift.

v. 2. **grant**, **provide**, endue (능력·재능 등을) 부여하다

From his first public performance, critics realized that the young pianist was **endowed** with an incredible gift.

🐺 최신출제 포인트
endow의 명사형인 endowment는 '기부'라는 뜻 외에도 '재능, 자질'이라는 뜻으로 많이 쓰이며, 동의어로는 talent, gift가 출제될 수 있으니 함께 알아두도록 하자.

31 verging on **

phr. **bordering on** ~에 가까운, 거의 ~인

The critic's comments were so harsh that they were **verging on** insults.

32 contemptuous **
[kəntémptʃuəs]

adj. **scornful**, disdainful 업신여기는

The presidential candidate made **contemptuous** statements about his opponents.

33 accelerate **
[ækséləreit]

v. **increase in speed**, **speed up** 속도를 높이다

The airplane **accelerated** as it headed down the runway.

34 confirm **
[kənfə́:rm]

v. **ascertain**, verify 확인하다

Multiple studies have **confirmed** the connection between smoking and cancer.

---

cling to 정전기는 가벼운 물체들을 서로 달라붙게 만들 수 있다.
endow 그 성공한 사업가는 자신의 대학에 후한 금일봉을 기부했다.
그의 첫 대중 공연을 통해 비평가들은 그 젊은 피아니스트가 놀라운 재능을 부여받았다는 것을 알아차렸다.
verging on 그 평론가의 논평은 너무 가혹해서 모욕에 가까웠다.
contemptuous 그 대통령 후보자는 상대를 업신여기는 발언을 했다.
accelerate 그 비행기는 활주로를 따라가면서 속도를 높였다.
confirm 다수의 연구가 흡연과 암 사이의 연관성을 확인했다.

35 harsh **

[hɑːrʃ]

adj. **severe**, rigorous, inclement 가혹한

Conditions in the prison camp were unbearably **harsh**.

36 mere subsistence **

phr. **basic living necessaries** 최저 생계 수단, 생필품

Technological advances have helped many farmers make a profit and work for more than **mere subsistence**.

37 adherent **

[ædhíːərənt]
v. adhere

n. **supporter**, advocate 지지자

The senator's **adherents** donated money for his reelection campaign.

38 invaluable **

[invǽljuəbl]

adj. **precious**, **priceless**, valuable 매우 귀중한

Clean air is an **invaluable** asset that is crucial for health in all societies.

> 🦊 최신출제 포인트
> 보통 im-, in-과 같은 부정의 의미를 가진 접두사가 단어 앞에 붙으면 반대의 의미를 나타내지만, valuable 앞에 in-이 붙은 invaluable은 '가치 없는'이 아닌 '매우 가치가 있는'이라는 뜻을 가지므로 유의하여 알아두도록 하자.

39 successive **

[səksésiv]
adv. successively
n. succession

adj. **sequential**, consecutive, serial 연속적인

The **successive** victories won by the team qualified it for the national championship tournament.

40 coating **

[kóutiŋ]

n. **layer**, film 코팅, 칠, 입힌 것

A chemical **coating** is applied to smartphone screens to make them more durable.

41 resume **

[rizúːm]

v. **restart**, **begin again**, recommence 다시 시작하다

The conference will **resume** after a short break for lunch.

---

harsh 포로 수용소의 환경은 견딜 수 없을 정도로 가혹했다.
mere subsistence 기술의 진보는 많은 농부들이 수익을 올리고, 최저 생계 수단 이상을 위해 일하도록 도와주었다.
adherent 그 상원 의원의 지지자들은 재선 선거 유세를 위한 자금을 기부했다.
invaluable 모든 사회에서 깨끗한 공기는 건강에 결정적인, 매우 귀중한 자산이다.
successive 그 팀의 연속적인 승리는 팀이 전국 선수권 대회 토너먼트에 참가할 수 있는 자격을 주었다.
coating 스마트폰의 화면을 더 튼튼하게 만들기 위해 화학 약품의 코팅이 입혀진다.
resume 학회는 점심 식사를 위한 짧은 휴식 후에 다시 시작할 것이다.

42 dual ★★
[djúːəl]

adj. **double**, twofold — 이중의

After the addition of the camera feature, many cellular phones began to serve a **dual** purpose.

43 composite ★★
[kəmpázit]

n. **mixture**, compound — 합성물

An alloy is a **composite** of metals joined together to form a new material.

44 illuminate ★
[ilúːmənèit]

v. **light**, brighten; **clarify** — 밝게 하다; 명확하게 하다

During the expedition deep into the forest, the explorers used lanterns to **illuminate** the way.

45 allure ★
[əlúər]

v. **attract**, **invite**, **appeal**, lure — 매혹하다

The beautiful Sirens in Greek mythology **allured** countless men and drove them to their death.

🦊 **최신출제 포인트**
invite는 주로 '초대하다'라는 뜻으로 쓰여서 allure의 동의어가 아니라고 생각할 수 있다. 그러나 'invite customers into the shop(손님들을 상점으로 매혹하다)'에서처럼 invite가 '매혹하다'라는 뜻으로 사용될 때에는 allure의 동의어가 될 수 있다.

46 rekindle ★
[riːkíndl]

v. **renew**, arouse, reawaken — 다시 불붙이다, 되살아나게 하다

Going to see a classical music concert **rekindled** Ben's love of the violin.

47 devastation ★
[dèvəstéiʃən]
v. devastate

n. **destruction**, demolition, ruin — 파괴

The **devastation** of cities and villages is inevitable in wartime.

48 tentative ★
[téntətiv]
adv. tentatively
n. tentativeness

adj. **uncertain**, unsure — 망설이는, 불확실한

Though the results were **tentative**, the experiment seemed to promise a cure for the disease.

---

dual 카메라 기능 추가 후에, 많은 휴대폰들이 이중적인 용도로 쓰이기 시작했다.
composite 합금은 새로운 물질을 형성하기 위해 함께 합쳐진 금속들의 합성물이다.
illuminate 숲속을 깊이 탐험하는 동안, 탐험가들은 길을 밝히기 위해 손전등을 사용했다.
allure 그리스 신화에 등장하는 아름다운 사이렌(반은 여자, 반은 새인 요정)들은 수많은 남자들을 매혹하여 그들을 죽음으로 몰고 갔다.
rekindle 클래식 음악 연주회를 보러 간 것은 바이올린에 대한 Ben의 애정을 다시 불붙였다.
devastation 전시 중에 도시와 마을의 파괴는 불가피하다.
tentative 비록 결과가 불확실하긴 했지만, 그 실험은 그 질병에 대한 치료법을 찾아낸 듯했다.

49 suppose *
[səpóuz]

v. **assume**, **presume**, surmise   추측하다

As Steve's wife didn't answer the phone, he **supposed** that she was out.

50 primitive *
[prímətiv]

adj. 1. **early**, primeval   초기의

Most **primitive** cave paintings are representations of animals.

adj. 2. **simple**, rudimentary   발달되지 않은

The tourist's **primitive** understanding of the language made it difficult for him to communicate with the locals.

51 interrupt *
[ìntərʌ́pt]

v. **break off**   중단시키다

Frequent technical problems with the computer equipment **interrupted** the flow of Charlie's presentation.

52 conform *
[kənfɔ́ːrm]

v. **comply**, **obey**, follow   따르다

Many companies expect their employees to **conform** to a strict dress code.

53 combine *
[kəmbáin]

v. **incorporate**, **mix**, unite   결합시키다

The artist **combined** rich colors and interesting patterns in his work.

54 terminal *
[tə́ːrmənl]

adj. **final**, last   마지막의

All passengers are required to get off the train at the **terminal** station.

> 🦊 최신출제 포인트
> terminal은 'a terminal illness(불치의 병)'에서처럼 '(병 등이) 불치의, 치명적인'이라는 뜻으로도 많이 쓰인다. 동의어로는 fatal, deadly가 출제될 수 있으니 함께 알아두도록 하자.

---

suppose   아내가 전화를 받지 않아서 Steve는 그녀가 외출했다고 추측했다.
primitive   대부분의 초기 동굴 벽화는 동물을 묘사한 것이다.
   그 여행객의 발달되지 않은 언어 이해력은 현지인들과의 의사소통을 어렵게 만들었다.
interrupt   컴퓨터 장비의 잦은 기술적 문제들은 Charlie의 발표의 흐름을 중단시켰다.
conform   많은 회사들은 직원들이 엄격한 복장 규정을 따르기를 원한다.
combine   그 화가는 그의 작품에서 풍부한 색감과 흥미로운 패턴을 결합시켰다.
terminal   마지막 역에서는 모든 승객들이 기차에서 내려야 한다.

55 point out *
phr. **state**, **indicate**, show
지적하다, 언급하다

The article **pointed out** that more funding is needed for public education.

QUIZ

Choose the synonyms.

1. exhibit
2. contiguous
3. expand
4. coating
5. harness
6. essential
7. dispersal
8. devastation
9. interrupt
10. resume

ⓐ layer, film
ⓑ break off
ⓒ indispensable, required
ⓓ distribution, scattering
ⓔ show, display, present
ⓕ destruction, demolition, ruin
ⓖ neighboring, adjacent, adjoining
ⓗ restart, begin again, recommence
ⓘ enlarge, increase, swell
ⓙ utilize, put to use, employ

Answer 1.ⓔ 2.ⓖ 3.ⓘ 4.ⓐ 5.ⓙ 6.ⓒ 7.ⓓ 8.ⓕ 9.ⓑ 10.ⓗ

---

point out 그 기사는 공교육을 위해 더 많은 자금이 필요하다고 지적했다.

Review TEST — DAY 16-20

Choose the synonym of the highlighted word in the sentence.

1. The stagnant economy, precipitated by the international trade embargoes, was of great concern to the nation's policymakers.
   (A) uneven   (B) domestic   (C) striking   (D) sluggish

2. The vehicle was badly damaged in the collision though luckily none of the passengers were injured.
   (A) crash   (B) turbulence   (C) resistance   (D) incident

3. People with incomes below a certain threshold are not required to pay income tax.
   (A) credence   (B) capacity   (C) limit   (D) interest

4. A typical jazz performance involves musicians playing a mix of rehearsed and improvised songs.
   (A) insightful   (B) unplanned   (C) sophisticated   (D) important

5. The employee's objectives were not compatible with the goals of the company.
   (A) congruous   (B) contradictory   (C) concerned   (D) identical

6. Copyright is often a contentious issue among competing technology companies.
   (A) relevant   (B) critical   (C) fundamental   (D) disputed

7. The Battle of Waterloo in 1815 resulted in a decisive defeat for Napoleon's army.
   (A) questionable   (B) definitive   (C) shocking   (D) temporary

8. People from isolated cultures are wary when approached by strangers.
   (A) intrusive   (B) durable   (C) reliable   (D) cautious

9. Andrew Carnegie endowed public libraries across America with millions of dollars.
   (A) assigned   (B) released   (C) transferred   (D) donated

10. In the Victorian era, affluent landowners hired laborers to work their fields.
    (A) wealthy   (B) royal   (C) prominent   (D) knowledgeable

정답 p.336

O You Whom I Often and Silently Come

Walt Whitman

O You Whom I often And Silently Come where you
are that I may be with you,
As I walk by your side near, or remain in
the same room with you,
Little you know the subtle electric fire that for
your sake is playing within me.

내가 가끔 조용히 찾아가게 되는 그대여...

그대와 함께 있고자,
내가 가끔 조용히 그대 있는 곳으로 가게 되는 그대여,
내가 그대 옆을 지나가거나,
가까이 앉았거나,
함께 같은 방안에 있을 때,
그대는 모르리라.
그대 때문에.
내 마음속에서 흔들리는 미묘한 감동적인 불꽃을

DAY 21

Hackers TOEFL Vocabulary
Hackers Voca

과거를 너무 오래 reminisce하지 않는 것이 행복의 첫째 조건이래요!

---

1 flourish ***
[flə́:riʃ]

v. **thrive, prosper, blossom, do well**   번창하다

Watercolor painting began to **flourish** in Britain around 1750.

---

2 dissipate ***
[dísəpèit]

v. **disperse, scatter**   (구름·안개 등을) 흩뜨리다, 흩어지다

The wind **dissipated** the pollen over a distance of hundreds of meters.

🦊 최신출제 포인트
dissipate는 'dissipate the funds(자금을 낭비하다)'에서처럼 '낭비하다'라는 뜻으로도 많이 쓰인다. 동의어로는 squander, waste가 출제될 수 있으니 함께 알아두도록 하자.

---

3 profound ***
[prəfáund]
adv. profoundly

adj. 1. **great, significant**   엄청난

Carson has a **profound** sense of responsibility for the zoo animals' welfare.

adj. 2. **deep, fundamental**   깊은, 심오한

Rene Descartes made the **profound** philosophical statement "I think, therefore I am."

adj. 3. **far-reaching**   폭넓은

The discovery of X-rays in the late nineteenth century had **profound** implications for medicine.

---

flourish   수채화는 1750년경에 영국에서 번창하기 시작했다.
dissipate 바람이 꽃가루를 수백 미터 이상의 먼 거리까지 흩뜨렸다.
profound   Carson은 동물원 동물들의 복지에 엄청난 책임감을 가지고 있다.
           르네 데카르트는 '나는 생각한다, 고로 존재한다'라는 심오한 철학적 표현을 했다.
           19세기 말 엑스선의 발견은 의학에 폭넓은 영향을 주었다.

4 intriguing ★★★
[intríːɡiŋ]

adj. **interesting but not completely understood**, **fascinating** 매우 흥미로운

It is **intriguing** that the universe's largest black hole does not swallow nearby stars and planets.

5 considerably ★★★
[kənsídərəbli]
adj. considerable

adv. **significantly**, appreciably, fairly 상당히

A **considerably** large number of deaths due to influenza were recorded in the 1920s.

6 ingenuity ★★★
[ìndʒənjúːəti]
adj. ingenious

n. **creativeness**, **inventiveness**; **cleverness** 창의력; 교묘함

Thomas Edison was a man of extraordinary **ingenuity**.

7 conquer ★★★
[káŋkər]

v. **defeat**, prevail, triumph 이기다

The Spartans were so well-trained that they easily **conquered** most of their opponents.

> 🦊 최신출제 포인트
> conquer의 명사형인 conquest는 '(노력에 의한) 획득'이라는 뜻이며, 동의어로는 acquisition이 출제될 수 있으니 함께 알아두도록 하자.

8 fragment ★★★
[fræɡmənt]
adj. fragmentary

n. 1. **piece**, **flake**, **particle**, **part** 조각, 부분

Detectives found a **fragment** of glass which would later help them solve the crime.

[fræɡmént]

v. 2. **break apart**, **shatter**, **divide** 산산이 부수다, 부서지다

Financial troubles and domestic violence are all issues that can **fragment** a family.

9 spell ★★★
[spel]

n. **a certain period of time** 한동안

Students should be allowed to rest for a **spell** after completing a difficult exam.

---

intriguing 우주의 가장 큰 블랙홀이 가까이에 있는 별들과 행성들을 빨아들이지 않는다는 것은 매우 흥미롭다.
considerably 인플루엔자로 인한 상당히 많은 사망자 수가 1920년대에 기록되었다.
ingenuity 토마스 에디슨은 비상한 창의력을 가진 사람이었다.
conquer 스파르타인들은 매우 잘 훈련되어서 그들의 적수 대부분을 쉽게 이겼다.
fragment 형사들은 나중에 범죄를 해결하는 데 도움이 될 유리 조각을 발견했다.
재정적 어려움과 가정 폭력은 모두 한 가정을 산산이 부술 수 있는 문제이다.
spell 학생들이 어려운 시험을 끝내고 난 뒤에 한동안 쉬도록 허용되어야 한다.

10 facet ***
[fǽsit]

n. **aspect**, phase   측면

All individuals show different **facets** of their personalities, depending on who their audience is.

11 mundane ***
[mʌndéin]

adj. **ordinary**, banal, commonplace   일상적인, 평범한

Kelly believes that **mundane** activities such as cooking and cleaning are a waste of time.

12 dense ***
[dens]

adj. **crowded**, **thick**, compact   밀집한, 빽빽한

The **dense** vegetation of the Amazon rainforest makes it difficult to travel on foot.

13 random ***
[rǽndəm]
n. randomness

adj. **unplanned**, **unpredictable**, **chance**   무작위의, 우연한

The most common personality disorders frequently include mood swings and **random** behavior.

14 mere ***
[miər]
adv. merely

adj. **nothing more than**, **insignificant**   단지 ~에 불과한, 하찮은

The stock market gained a **mere** one percent for the entire year, causing investors to look elsewhere for profits.

15 persistence ***
[pərsístəns]
v. persist
adj. persistent

n. **continuation**, ceaselessness   지속

The **persistence** of economic growth in the country has improved its standard of living.

16 intrusive ***
[intrúːsiv]

adj. **interfering**, meddlesome   개입하는, 참견하는

Some learning experts believe that child education should be less **intrusive**.

> 🐱 최신출제 포인트
> intrusive의 동사형인 intrude는 '개입하다, 침입하다'라는 뜻이며, 동의어로는 push in, encroach 가 출제될 수 있으니 함께 알아두도록 하자.

---

facet   모든 사람들은 듣는 이가 누구냐에 따라 자신의 성격의 다른 측면들을 보여준다.
mundane   Kelly는 요리나 청소와 같은 일상적인 활동들이 시간 낭비라고 생각한다.
dense   아마존 우림의 빽빽한 초목은 그곳을 도보로 여행하기 힘들게 만든다.
random   가장 흔한 인격 장애는 흔히 감정의 기복과 무작위적인 행동을 포함한다.
mere   주식 시장은 한 해 동안 단지 1퍼센트에 불과한 수익을 올려서 투자자들이 수익을 낼 다른 곳을 찾도록 만들었다.
persistence   경제적 성장의 지속이 그 나라의 생활 수준을 향상시켰다.
intrusive   몇몇 학습 전문가들은 아동 교육이 덜 개입적이어야 한다고 생각한다.

17 culminate in ***
phr. **reach completion in**, **reach the highest point in** ~에서 절정에 달하다

T.S. Eliot's ideas about poetry **culminated** in his masterpiece, *The Waste Land*.

18 stabilize **
[stéibəlàiz]

v. **hold in place**, support 안정시키다, 고정시키다

The damaged ceiling was **stabilized** by the addition of temporary support beams.

19 prompt **
[prɑmpt]
adv. promptly

v. **cause**, bring about, induce; **stimulate** 유발하다; 자극하다

The increase in college fees **prompted** an angry response from students.

20 distinction **
[distíŋkʃən]
adj. distinct

n. **difference**, **divergence**, contrast 차이

Dickinson identifies an important **distinction** between rights and duties.

21 constant **
[kánstənt]
adv. constantly

adj. **unchangeable**, steady, stationary 변함없는, 일정한

The first treadmills operated at **constant** speeds, but newer models have multiple speeds.

22 appreciation **
[əprì:ʃiéiʃən]
v. appreciate

n. **understanding**, comprehension 이해

Everyone's **appreciation** of modern art increased after the lecture.

23 sophistication **
[səfìstəkéiʃən]

n. **expertise** (고도의) 지식

Daniel's level of **sophistication** in technology surpasses those of other experts in the field.

🦊 최신출제 포인트

sophistication은 'the sophistication of modern fashion(최신 유행의 세련됨)'에서처럼 '세련됨'이라는 뜻으로도 많이 쓰인다. 동의어로는 urbanity, refinement가 출제될 수 있으니 함께 알아두도록 하자.

DAY 21
Hackers Vocabulary

---

culminate in 시에 대한 T.S. 엘리엇의 아이디어는 그의 걸작인 '황무지'에서 절정에 달했다.
stabilize 임시 지지대를 추가함으로써 손상된 천장이 고정되었다.
prompt 대학 등록금 인상은 학생들의 성난 반응을 유발했다.
distinction 디킨슨은 권리와 의무 사이의 중요한 차이를 논한다.
constant 최초의 러닝머신은 일정한 속도로만 작동했지만, 새로운 모델들은 다양한 속도를 가지고 있다.
appreciation 강의 후에 모든 사람들의 현대 미술에 대한 이해가 증진되었다.
sophistication 과학 기술에서 Daniel의 지식 수준은 그 분야의 다른 전문가들을 능가한다.

24 pronouncement**
[prənáunsmənt]

n. **statement**, declaration, proclamation 선언, 발표

The press conference concluded with the mayor's **pronouncement** about his decision to step down from office.

25 flag**
[flæg]

v. **lessen**, weaken, fade, wither 시들다, 줄다

When interest in its product **flagged**, the company decided to change its marketing strategy.

> 🦉 최신출제 포인트
> flag는 'flag the client's file(고객의 파일을 표시하다)'에서처럼 '(참조를 위해) 표시하다'라는 뜻으로도 많이 쓰인다. 동의어로는 mark, label이 출제될 수 있으니 함께 알아두도록 하자.

26 ambivalent**
[æmbívələnt]

adj. **mixed**, unsure, undecided 상반되는 감정을 가진

Joe has **ambivalent** feelings about getting back into a relationship with his ex-girlfriend.

27 term**
[tə:rm]
n. terminology

v. **call**, name, designate, denominate 칭하다

Claude Monet founded a new style of painting that was **termed** impressionism.

28 flawed**
[flɔ:d]

adj. **incorrect**, defective, imperfect 결함이 있는

Early scientists made inaccurate estimates of the Earth's age based on **flawed** data.

29 reminisce**
[rèmənís]

v. **recollect**, remember, recall, look back 회상하다

Karen and Esther walked through the park as they **reminisced** about their college days.

30 destitute of**

phr. **lacking**, empty of, deficient in ~이 없는

Early British colonists were **destitute of** the skills needed to survive in America.

---

pronouncement 기자회견은 시장의 퇴임 결정에 대한 발표로 마무리됐다.
flag 자사 제품에 대한 관심이 시들자, 회사는 마케팅 전략을 바꾸기로 결정했다.
ambivalent Joe는 그의 전 여자 친구와 연인 관계로 되돌아가는 것에 대해 상반되는 감정을 가지고 있다.
term 클로드 모네는 인상주의라 칭해진 새로운 화풍을 창시했다.
flawed 초기 과학자들은 결함이 있는 자료에 기초해서 지구의 나이에 대한 부정확한 추정치를 내놓았다.
reminisce Karen과 Esther는 대학 시절을 회상하면서 공원을 걸었다.
destitute of 초기 영국인 식민지 이주자들은 미국에서 살아남기 위해 필요한 기술들이 없었다.

31 regrettably**
[rigrétəbli]

adv. **unfortunately**, lamentably, sadly   유감스럽게도

Regrettably, city council has voted to cancel the popular anti-poverty program.

32 principle**
[prínsəpl]

n. **basic method**, original method   원리

In some Amazon tribes, the **principles** of homebuilding have not changed since ancient times.

> 🦊 최신출제 포인트
> principle과 철자와 발음이 비슷한 principal은 '주요한, 주된(main, chief)'이라는 뜻이므로 시험에서 혼동하지 않도록 주의하자.

33 contain**
[kəntéin]

v. **include**, comprise   포함하다

Independent filmmaking **contains** a different set of challenges than film production at major studios.

34 juncture**
[dʒʌ́ŋktʃər]

n. **connection**, junction, link   연결, 접합

A weakened **juncture** was responsible for the collapse of the building.

35 discount**
[diskáunt]

v. **ignore**, disregard   무시하다

It's getting more and more difficult to **discount** the possibility of another global economic crisis.

36 or so**

phr. **roughly**   ~정도

The author began writing short stories when he was twenty **or so**.

37 dejected**
[didʒéktid]

adj. **depressed**, downhearted   낙담한

The singer's fans felt **dejected** because the concert was canceled.

---

regrettably 유감스럽게도, 시 의회는 평판이 좋았던 빈곤 퇴치 프로그램을 철회하기로 표결했다.
principle 몇몇 아마존 부족들 사이에서는 주택 건설의 원리가 고대 이래로 변하지 않았다.
contain 독립 영화의 제작은 대형 영화사에서의 영화 제작과는 다른 어려움들을 포함한다.
juncture 약화된 연결 상태가 그 건물 붕괴의 원인이다.
discount 또 한 번의 세계적 경제 위기가 올 가능성을 무시하기가 점점 더 어려워지고 있다.
or so 그 작가는 스무 살 정도에 단편 소설을 쓰기 시작했다.
dejected 그 가수의 팬들은 콘서트가 취소되어 낙담했다.

DAY 21

Hackers Vocabulary

38 proposal **
[prəpóuzəl]

n. **idea**, offer, proposition, suggestion — 제안

The **proposal** to increase the number of immigrants admitted into the country is controversial.

39 for all **

phr. **in spite of**, **with all**, despite — ~에도 불구하고

For all their efforts, the engineers could not repair the damaged ship.

40 uniquely **
[juːníːkli]

adv. **exceptionally**, distinctively — 독특하게

Sloths are **uniquely** adapted to spending long periods of time hanging upside down.

41 criticize **
[krítəsàiz]

v. **find fault with**, blame, condemn, censure — 비난하다

Civil rights leaders **criticized** the government for failing to protect minorities.

42 erode **
[iróud]

v. **wear down**, **wear away**, **wear out** — 침식시키다, 침식되다

Over time, water and wind can **erode** even the hardest rock formation into dust.

🦊 최신출제 포인트
erode의 명사형인 erosion은 '침식'이라는 뜻이며, 동의어로는 corrosion이 출제될 수 있으니 함께 알아두도록 하자.

43 tension **
[ténʃən]

n. **strain**, **pressure** — 긴장, 압박

Laughing out loud helps ease **tension**.

44 ancient **
[éinʃənt]

adj. **early**, old, prehistoric, antique — 고대의

Most **ancient** Greek philosophies denied the existence of God.

---

proposal 국내에 들어오도록 허용되는 이민자 수를 늘리자는 제안은 논란이 되고 있다.
for all 그들의 노력에도 불구하고, 기술자들은 파손된 배를 수리할 수 없었다.
uniquely 나무늘보는 독특하게 거꾸로 매달려 긴 시간을 보내는 것에 적응했다.
criticize 민권 운동 지도자들은 소수자를 보호하는 데 실패한 것에 대해 정부를 비난했다.
erode 시간에 걸쳐 물과 바람은 가장 단단한 암석층이라도 침식시켜서 흙먼지로 만들 수 있다.
tension 큰 소리를 내어 웃는 것은 긴장을 완화하는 데 도움이 된다.
ancient 대부분의 고대 그리스 철학들은 신의 존재를 부정했다.

45 inherently *
[inhíərəntli]
adj. inherent

adv. **essentially**, intrinsically — 본질적으로

Stocks are **inherently** risky investments that have the potential to significantly decrease in value.

46 sporadic *
[spərǽdik]
adv. sporadically

adj. **occasional**, **intermittent**, **irregular**, **infrequent** — 때때로 일어나는

During World War II, many cities were subject to **sporadic** bombing raids.

47 apex *
[éipeks]

n. **crest**, peak, acme, pinnacle — 정점

Retail store profits reach an **apex** in December, during the Christmas season.

48 though *
[ðou]

adv. 1. **however**, **nevertheless**, yet, still — 그렇지만

The actress was nominated for an Oscar. She probably won't win, **though**.

conj. 2. **although**, while, albeit — ~이지만

Paul admitted making mistakes, **though** he claims never to have lied.

> 🐺 최신출제 포인트
> though와 철자가 비슷한 thorough는 '철저한(exhaustive, scrupulous)'이라는 뜻이므로 시험에서 혼동하지 않도록 주의하자.

49 infer *
[infə́:r]

v. **conclude**, derive, reason, deduce — 추론하다

The hunters **inferred** that there were no large animals in the area.

50 core *
[kɔ:r]

n. **central idea**, **center**, heart — 핵심

The **core** of Clinton's plan was to set up regional health alliances.

---

inherently 주식은 가치가 상당히 하락할 가능성이 있는 본질적으로 위험한 투자이다.
sporadic 제2차 세계대전 동안 많은 도시들이 때때로 일어나는 폭격 공습의 대상이었다.
apex 소매점의 이윤은 크리스마스 시즌 동안인 12월에 정점에 이른다.
though 그 여배우는 오스카상 후보에 올랐다. 그렇지만 아마도 수상하지는 못할 것이다.
Paul은 결코 거짓말한 적이 없다고 주장했지만, 실수한 것은 인정했다.
infer 사냥꾼들은 그 지역에는 큰 동물이 없다고 추론했다.
core 클린턴의 계획의 핵심은 지역 보건 연합을 설립하는 것이었다.

51 mutation *
[mju:téiʃən]

n. change, variation, alteration — 돌연변이 과정, 변화, 변형

The Center for Disease Control and Prevention monitors infectious viruses that are likely to undergo **mutation**.

52 thrill *
[θril]

n. excitement, exhilaration, frisson — 흥분, 전율

The **thrill** of bungee jumping is exciting for some people and terrifying for others.

53 mutilate *
[mjú:təlèit]

v. damage, injure, disable — 못쓰게 만들다

The injury **mutilated** the soccer player's knee and forced him to retire from the sport.

54 rigidly *
[rídʒidli]
adj. rigid

adv. strictly, rigorously, severely — 엄격하게

Medieval philosophers **rigidly** adhered to Aristotle's teachings.

55 matter *
[mǽtər]

n. 1. substance, material, stuff — 물질

Plants are only able to grow in soil that contains a sufficient amount of organic **matter**.

n. 2. issue — 사안

The committee will discuss the **matter** of school funding in its next meeting.

> 🦊 최신출제 포인트
> matter는 명사가 아닌 동사로도 많이 쓰인다. 동사로는 'being on time matters(시간을 잘 지키는 것은 중요하다)'에서처럼 '중요하다'라는 뜻으로 주로 쓰이며, 동의어로는 be important가 출제될 수 있으니 함께 알아두도록 하자.

56 contradicting *
[kàntrədíktiŋ]

adj. opposing — 서로 대립하는

There are several **contradicting** theories about the formation of the moon.

---

mutation   질병통제예방센터는 돌연변이 과정을 겪기 쉬운 전염성 바이러스를 감시한다.
thrill   번지점프의 전율은 어떤 사람들에게는 재미있고 다른 사람들에게는 공포스럽다.
mutilate   그 부상은 축구 선수의 무릎을 못쓰게 만들었고 그가 스포츠에서 은퇴를 하게 만들었다.
rigidly   중세 철학자들은 아리스토텔레스의 가르침을 엄격하게 고수했다.
matter   식물은 충분한 양의 유기 물질이 포함된 토양에서만 자랄 수 있다.
   위원회는 다음 회의에서 학교 기금과 관련된 사안에 대해 논의할 것이다.
contradicting   달의 형성에 관한 여러 개의 서로 대립하는 가설들이 있다.

57 unwilling *
[ʌ̀nwíliŋ]

adj. reluctant

마지못해 하는, 꺼리는

Many of the people involved in the experiment were **unwilling** participants.

QUIZ

Choose the synonyms.

1. flourish
2. proposal
3. flag
4. reminisce
5. considerably
6. random
7. intrusive
8. criticize
9. sporadic
10. ambivalent

ⓐ find fault with, blame, condemn
ⓑ significantly, appreciably, fairly
ⓒ unplanned, unpredictable, chance
ⓓ mixed, unsure, undecided
ⓔ thrive, prosper, blossom
ⓕ lessen, weaken, fade
ⓖ idea, offer, proposition
ⓗ occasional, intermittent, irregular
ⓘ interfering, meddlesome
ⓙ recollect, remember, recall

Answer 1.ⓔ 2.ⓖ 3.ⓕ 4.ⓙ 5.ⓑ 6.ⓒ 7.ⓘ 8.ⓐ 9.ⓗ 10.ⓓ

---

unwilling 그 실험에 참가한 많은 사람들이 마지못해 하는 참가자들이었다.

DAY 22

Hackers T O E F L Vocabulary

Hackers Voca

잠시라도 놓으면 vanish하지 않을까, 항상 불안했던 것이 첫사랑이었죠.

---

1 skeptical ***
[sképtikəl]

adj. **doubting**, incredulous, dubious, suspicious — 의심 많은

Skeptical observers were amazed when the man walked on a wire across the Grand Canyon.

---

2 optimal ***
[áptəməl]

adj. **best**, ideal, most satisfactory — 최적의, 최선의

Early childhood is the **optimal** period for second language acquisition.

---

3 hint ***
[hint]

n. **indication**, implication, clue — 암시, 단서

To sailors, a red sky in the morning is a **hint** that bad weather is approaching.

> 🦊 최신출제 포인트
> hint는 명사가 아닌 동사로도 많이 쓰인다. 동사로는 'hint him what she wants(그녀가 원하는 것을 그에게 넌지시 알려주다)'에서처럼 '넌지시 알려주다'라는 뜻으로 주로 쓰이며, 동의어로는 suggest, insinuate가 출제될 수 있으니 함께 알아두도록 하자.

---

4 challenge ***
[tʃǽlindʒ]

n. 1. **difficulty**, problem — 문제, 난제

The main **challenge** that early goldminers faced in Alaska was the cold.

v. 2. **question**, dispute — 이의를 제기하다

Experts **challenged** the authenticity of the images that were supposedly those of Ansel Adams.

---

skeptical 의심 많은 관찰자들은 그 남자가 전선을 타고 그랜드 캐니언을 가로질러 걸어가자 깜짝 놀랐다.
optimal   유아기는 제2 언어 습득의 최적의 시기이다.
hint   선원들에게 아침의 붉은 하늘은 악천후가 올 것이라는 암시이다.
challenge 초기 금광 광부들이 알래스카에서 직면했던 주된 문제는 추위였다.
          전문가들은 추정상 앤셀 애덤스의 것이라고 여겨졌던 사진들의 진위 여부에 대해 이의를 제기했다.

5 potentially ***
[pəténʃəli]
adj. potential

adv. **possibly**, perhaps, maybe   어쩌면

The student's plagiarism on her final paper could **potentially** lead to the university pressing criminal charges.

6 compel ***
[kəmpél]

v. **force**, **oblige**, **require**, coerce   강요하다

Slave women were **compelled** to do arduous tasks all day long.

7 simultaneously ***
[sàiməltéiniəsli]
adj. simultaneous

adv. **at the same time**, **concurrently**, in parallel   동시에

The website slows down when too many people access it **simultaneously**.

8 static ***
[stǽtik]

adj. **unchanging**, immobile, unmoving   변화가 없는, 고정된

The price of oil has remained fairly **static** for some weeks.

9 retain ***
[ritéin]

v. **preserve**, **keep**, **maintain**   보유하다, 유지하다

Americans must **retain** a copy of their tax forms from the previous three years.

> 🦊 최신출제 포인트
> retain과 철자가 비슷한 restrain은 '억제하다(suppress, repress)'라는 뜻이므로 시험에서 혼동하지 않도록 주의하자.

10 strictly ***
[stríktli]

adv. 1. **rigorously**, **severely**, **tightly**, **precisely**   엄격히, 엄밀히

Traffic rules are **strictly** enforced by the police department in the city.

adv. 2. **only**, **exclusively**, solely   오로지

The computers in the school library should be used **strictly** for educational purposes.

---

potentially 그 학생의 기말 논문 표절은 어쩌면 대학이 형사 고발을 하는 것으로 이어질 수도 있다.
compel 노예 여성들은 하루 종일 고된 일을 하도록 강요받았다.
simultaneously 너무 많은 사람이 동시에 접속하면 웹사이트의 속도가 느려진다.
static 유가는 몇 주 동안 완전히 고정된 채로 있었다.
retain 미국인들은 과거 3년간의 세금 신고서 복사본을 보유해야 한다.
strictly 시내에서는 교통 법규가 경찰서에 의해 엄격히 집행된다.
학교 도서관에 있는 컴퓨터들은 오로지 교육용으로만 사용되어야 한다.

11 exceptionally ***
[iksépʃənəli]
adj. exceptional

adv. **uncommonly, unusually, distinctively** — 유난히

Exceptionally bright children sometimes do not get along with their peers.

12 consequently ***
[kánsəkwèntli]
adj. consequent
n. consequence

adv. **as a result, therefore, hence, thus** — 그 결과, 따라서

China has made efforts to increase global trade, which has **consequently** led to a more established economy.

13 obtain ***
[əbtéin]
adj. obtainable

v. **acquire, gain, earn, derive, achieve** — 얻다, 획득하다

Jake was thrilled when he finally **obtained** his driver's license after failing the test twice before.

14 epitomize ***
[ipítəmàiz]

v. 1. **exemplify**, typify, represent — ~의 전형이 되다

Theodore Roosevelt **epitomized** the qualities of a successful leader.

v. 2. **summarize**, abridge — 요약하다

Photographers can sometimes **epitomize** an entire story in a single picture.

15 aggregate ***
[ǽgrigət]
n. aggregation

adj. 1. **overall**, total; **combined**, collective — 총계의; 집합적인

The **aggregate** demand for affordable housing increases every year.

[ǽgrigèit]

v. 2. **gather, collect, combine**, accumulate, amass — 모이다, 모으다

Particles and gases **aggregate** in outer space to eventually form stars and planets.

> 🦊 최신출제 포인트
> aggregate와 철자와 발음이 비슷한 aggravate는 '악화시키다(make worse, exacerbate)'라는 뜻이므로 시험에서 혼동하지 않도록 주의하자.

---

exceptionally 유난히 영리한 아이들은 가끔 또래 아이들과 잘 지내지 못한다.
consequently 중국은 국제 무역을 증대시키기 위해 노력해 왔고, 그 결과 좀 더 확실히 자리 잡은 경제를 가지게 되었다.
obtain Jake는 전에 두 번이나 시험에서 떨어진 후에 마침내 운전면허를 획득하고는 신이 났다.
epitomize 시어도어 루스벨트는 성공한 지도자의 자질의 전형이 되었다.
사진 작가들은 때때로 이야기 전체를 한 장의 사진으로 요약할 수 있다.
aggregate 가격이 적절한 주택에 대한 총수요는 매년 증가한다.
우주 공간에서 입자와 가스는 모여서 마침내 별과 행성을 형성한다.

16 in principle ***
phr. **theoretically**, in theory, on paper 이론상으로

In principle, solar energy could provide enough electricity for the whole planet.

17 sequentially ***
[sikwénʃəli]
n. sequence

adv. **consecutively**, successively 연속적으로, 순차적으로

Ralph numbered all the pages of his paper **sequentially**.

18 surveillance **
[sərvéiləns]

n. **observation**, watch, supervision 감시

Electronic **surveillance** is an effective method used to detect and prevent criminal behavior.

19 accompany **
[əkʌ́mpəni]

v. **occur with**, come with 동반하다

In some thunderstorms, large hail **accompanies** the heavy wind, thunder, and lightning.

20 hazardous **
[hǽzərdəs]
n. hazard

adj. **dangerous**, perilous, risky, unsafe 위험한

Hazardous materials used in agriculture can seep into the ground and taint water resources.

21 thwart **
[θwɔːrt]

v. **frustrate** 좌절시키다

The economic crisis **thwarted** the government's plan to increase social welfare spending.

22 vanish **
[vǽniʃ]

v. **disappear**, fade, evaporate 사라지다

Like a ghost, the magician **vanished** into thin air at the conclusion of his performance.

> 🦊 최신출제 포인트
> vanish와 발음이 비슷한 banish는 '추방하다(exile, expatriate)'라는 뜻이므로 시험에서 혼동하지 않도록 주의하자.

---

in principle 이론상으로 태양 에너지는 온 세상에 충분한 전기를 제공할 수 있다.
sequentially Ralph는 그의 논문의 모든 페이지에 순차적으로 번호를 매겼다.
surveillance 전자 기기를 이용한 감시는 범죄 행위를 감지하고 예방하기 위해 사용되는 효과적인 방법이다.
accompany 어떤 뇌우에서는 큰 우박이 강풍, 천둥, 번개를 동반한다.
hazardous 농업에 사용되는 위험한 물질들은 땅 속으로 스며들어 수자원을 오염시킬 수 있다.
thwart 경제 위기가 사회 복지 지출을 늘리려는 정부의 계획을 좌절시켰다.
vanish 그의 공연 마지막에 마술사는 마치 유령처럼 흔적도 없이 사라졌다.

23 synthesis **

[sínθəsis]
v. synthesize

n. **combination**, **union**, integration 통합

Paul's art is a **synthesis** of technology and organic material.

24 forum **

[fɔ́:rəm]

n. **public area**, public square 공공 광장

In ancient Rome, open markets were often **forums** for meetings and discussions.

25 invade **

[invéid]

v. **trespass**, **enter**, intrude, raid 침입하다

Illness occurs when harmful bacteria **invade** the cells of a healthy person.

26 quarters **

[kwɔ́:rtərz]

n. **residence**, dwelling, habitation, abode 주거, 숙소

The institute has its own staff **quarters** to accommodate full-time employees.

🦊 최신출제 포인트
quarter는 '숙박시키다'라는 뜻의 동사로 쓸 수 있으며, 동의어로는 accommodate, house가 출제될 수 있으니 함께 알아두도록 하자.

27 abolish **

[əbáliʃ]

v. **eliminate**, **end**, annul, revoke, nullify (법률·제도 등을) 폐지하다

New laws introduced in the mid-nineteenth century **abolished** slavery in Russia.

28 staggering **

[stǽgəriŋ]

adj. **shocking**, astonishing, stunning, astounding 충격적인

A science magazine released the **staggering** news that nearly 7 million bats have died over the past few years.

29 disclose **

[disklóuz]

v. **reveal**, divulge, unveil (비밀 등을) 밝히다, 폭로하다

Government officials **disclosed** that they had been negotiating with the rebels.

---

synthesis Paul의 작품은 과학 기술과 유기물질의 통합이다.
forum 고대 로마에서 공개 시장은 보통 만남과 토론을 위한 공공 광장이었다.
invade 질병은 유해한 세균이 건강한 사람의 세포에 침입할 때 발생한다.
quarters 그 연구소는 정규 직원들을 수용하기 위해 직원 숙소를 갖추고 있다.
abolish 19세기 중반에 도입된 새로운 법들이 러시아에서 노예 제도를 폐지했다.
staggering 한 과학 잡지는 지난 몇 년 동안 거의 7백만 마리의 박쥐가 죽었다는 충격적인 소식을 발표했다.
disclose 정부 관리들은 그들이 반역자들과 협상해 왔다는 것을 밝혔다.

30 scores **
[skɔ:rz]

n. **a large number**, host, crowd, multitude 다수

Scores of songs were considered for the movie soundtrack, but only ten were chosen.

31 eager to **

phr. **anxious to**, keen to, impatient to ~을 하고 싶어하는

During the holidays, the roads are crowded with travelers who are **eager to** see their families.

32 systematically **
[sìstəmǽtikəli]

adv. **methodically** 체계적으로

Companies must **systematically** test the security of their online networks to prevent data theft.

33 stimulate **
[stímjulèit]
n. stimulus

v. **prompt**, spur, promote, activate 자극하다, 활성화시키다

The New Deal included federal action to **stimulate** industrial recovery.

> 🦊 최신출제 포인트
> stimulate와 철자와 발음이 비슷한 simulate는 '흉내 내다(imitate, pretend)'라는 뜻이므로 시험에서 혼동하지 않도록 주의하자.

34 limited **
[límitid]

adj. **restricted**, narrow, confined 제한된, 한정된

Northern cavefish are found only in caves in a **limited** area around the Ohio River.

35 excessive **
[iksésiv]

adj. **extreme**, undue, exorbitant 지나친

Many members of Congress considered Joseph McCarthy's claims of communist infiltration **excessive**.

36 similar **
[símələr]

adj. **comparable**, alike, analogous 비슷한

Spanish and French are related languages so they share **similar** grammar and vocabulary.

---

scores 다수의 노래가 그 영화의 사운드 트랙으로 고려되었지만, 단 10개만이 선택되었다.
eager to 명절 동안에 도로는 가족을 보고 싶어하는 여행객들로 붐빈다.
systematically 회사들은 자료 도난을 방지하기 위해 온라인 네트워크의 보안을 체계적으로 점검해야 한다.
stimulate 뉴딜 정책은 산업의 복구를 자극하기 위한 연방 정부의 조치를 포함했다.
limited 북부 동굴 물고기는 오하이오 강 주변의 한정된 지역의 동굴에서만 발견된다.
excessive 많은 국회의원들이 공산주의의 침입에 관한 조셉 매카시의 주장이 지나치다고 생각했다.
similar 스페인어와 프랑스어는 동족 언어여서 비슷한 문법과 어휘를 공유한다.

37 **entitled to** ★★
phr. **given the right to**, authorized to, qualified to   ~할 권리가 있는

In the US, all citizens are **entitled to** vote upon reaching the age of 18.

🐺 최신출제 포인트
> entitle은 '권리를 주다'라는 뜻의 동사로 쓰이며, 동의어로는 empower, warrant가 출제될 수 있으니 함께 알아두도록 하자.

38 **constantly** ★★
[kánstəntli]
adj. constant

adv. **continually**, continuously, perpetually, always   끊임없이

As Priscilla walked through the village for the first time in 20 years, she was **constantly** reminded of her childhood.

39 **turbulence** ★★
[tə́ːrbjuləns]
adj. turbulent

n. **agitation**, tumult, commotion, turmoil   소란, 동요

Peacekeepers tried to dampen the **turbulence** in the region.

40 **essence** ★★
[esns]

n. **fundamental**, essentiality, substance, nature   본질

The **essence** of happiness is strong relationships and meaningful work.

41 **back up** ★★

phr. **support**, stand by, aid, assist   지지하다, 지원하다

Cheryl's parents did not **back up** her decision to switch her major from biology to drama.

42 **flexibility** ★★
[flèksəbíləti]
adj. flexible

n. **adaptability**, adjustability, versatility   융통성, 적응성

In addition to education and skills, workers need **flexibility** to thrive in today's business world.

43 **archaic** ★★
[ɑːrkéiik]

adj. **antiquated**, outdated, old, primitive   구식의

Historians still debate how the prehistoric builders were able to construct Stonehenge using such **archaic** technology.

---

entitled to   미국에서 모든 시민들은 18세가 되면 투표할 권리가 있다.
constantly   20년 만에 처음으로 마을을 가로질러 걸어가면서, Priscilla는 끊임없이 자신의 어린 시절이 떠올랐다.
turbulence   평화 유지군은 그 지역의 동요를 약화시키려고 노력했다.
essence   행복의 본질은 강한 유대와 의미 있는 과업이다.
back up   Cheryl의 부모님은 전공을 생물학에서 연극으로 바꾸겠다는 그녀의 결정을 지지하지 않았다.
flexibility   오늘날 업계에서 성공하려면 근로자들은 교육과 기술뿐 아니라 융통성도 필요하다.
archaic   역사가들은 선사 시대 건축자들이 어떻게 그런 구식의 기술로 스톤헨지를 세울 수 있었는지에 관해 아직도 논쟁한다.

44 eject*
[idʒékt]

v. **force out**, throw out, expel 쫓아내다

The referee **ejected** two players who engaged in a tussle on the field.

> 🦊 최신출제 포인트
> eject와 함께 다음의 단어들을 구별하여 알아두도록 하자.
> • inject 주입하다
> • deject 낙담시키다

45 interpret*
[intə́ːrprit]

v. **construe**, explain; **understand** 해석하다; 이해하다

There are several different ways to **interpret** a poem.

46 intensity*
[inténsəti]
adj. intense

n. **strength** 강도, 세기

The **intensity** of the earthquake frightened the people who had never experienced one.

47 sloping*
[slóupiŋ]

adj. **inclining**, inclined, slanted 경사진

Rain that falls in the mountains runs down the **sloping** ground into the valleys.

48 endeavor*
[indévər]

v. **make an effort**, strive, struggle, attempt 노력하다, 시도하다

Although she was exhausted, Corinne **endeavored** to finish painting the house before nightfall.

49 circumvent*
[sə̀ːrkəmvént]

v. **get around**, bypass, detour 우회하다

Jack and Fred went north in order to **circumvent** the mountains.

50 counterproductive*
[kàuntərprədʌ́ktiv]

adj. **contrary to what is necessary** 역효과를 낳는

Crash diets are **counterproductive** because they never result in permanent weight loss.

---

eject 심판은 경기장에서 몸싸움을 한 두 선수를 쫓아냈다.
interpret 시를 해석하는 데는 몇 개의 다른 방법이 있다.
intensity 그 지진의 강도는 지진을 한 번도 경험해보지 않았던 사람들을 겁먹게 만들었다.
sloping 산에 내리는 비는 경사진 지면을 타고 계곡으로 흘러간다.
endeavor Corinne은 비록 기진맥진하긴 했지만 일몰 전에 집에 페인트칠하는 것을 끝내려고 노력했다.
circumvent Jack과 Fred는 산맥을 우회하기 위해서 북쪽으로 갔다.
counterproductive 속성 다이어트는 절대로 영구적인 체중 감량이 되지 않기 때문에 역효과를 낳는다.

51 **lucid** *
[lúːsid]

adj. **clear**, obvious, distinct 명료한

The teacher's explanation was **lucid** enough for a child to understand.

52 **delineate** *
[dilínièit]

v. **outline**, **trace** (윤곽 등을) 그리다

The Rio Grande River **delineates** the border between Texas and Mexico.

53 **practical** *
[præktikəl]

adj. **pragmatic**, functional; **effective** 실용적인; 효과적인

Setting a monthly budget is a **practical** way to reduce expenses and save money.

54 **revere** *
[rivíər]

v. **honor**, admire, venerate, respect 존경하다, 숭배하다

Ancient Egyptians **revered** cats and included them as an important part of religious worship.

55 **unpromising** *
[ʌnpráməsiŋ]

adj. **unfavorable** 가망이 없는

The child had a successful life despite growing up in **unpromising** circumstances.

56 **heed** *
[hiːd]

n. **attention**, **notice**, **caution** 주의

If Nancy had paid **heed** to the warning, she wouldn't have fallen off the platform.

> 🦊 최신출제 포인트
> heed는 명사가 아닌 동사로도 많이 쓰인다. 동사로는 'heed the teacher(선생님께 주의를 기울이다)'에서처럼 '~에 주의를 기울이다'라는 뜻으로 주로 쓰이며, 동의어로는 pay attention to, listen to가 출제될 수 있으니 함께 알아두도록 하자.

57 **location** *
[loukéiʃən]
v. locate

n. **region**, **site**, position, place 장소, 지역

Coffee plants grow only in **locations** with cool temperatures.

---

lucid   그 교사의 설명은 아이가 이해하기에 충분히 명료했다.
delineate 리오그란데 강은 텍사스와 멕시코 사이에 경계를 그린다.
practical 월간 예산을 지정해 놓는 것은 지출을 줄이고 돈을 모을 수 있는 실용적인 방법이다.
revere   고대 이집트인들은 고양이를 숭배해서 그것을 종교적 예배의 중요한 부분으로 포함시켰다.
unpromising 그 아이는 가망이 없는 환경에서 자랐음에도 불구하고 성공적인 삶을 살았다.
heed   Nancy가 경고에 주의를 기울였다면, 그녀는 승강장에서 떨어지지 않았을 것이다.
location   커피 나무들은 서늘한 기온을 가진 장소에서만 자란다.

58 opposing *   adj. conflicting   상반되는, 모순되는

[əpóuziŋ]

Leaders of democratic countries must deal with groups that have **opposing** interests.

QUIZ

Choose the synonyms.

1. skeptical
2. static
3. hazardous
4. limited
5. potentially
6. vanish
7. hint
8. synthesis
9. endeavor
10. interpret

ⓐ dangerous, perilous, risky
ⓑ doubting, incredulous, dubious
ⓒ make an effort, strive, struggle
ⓓ disappear, fade, evaporate
ⓔ construe, explain
ⓕ restricted, narrow, confined
ⓖ unchanging, immobile, unmoving
ⓗ possibly, perhaps, maybe
ⓘ indication, implication, clue
ⓙ combination, union, integration

Answer: 1.ⓑ 2.ⓖ 3.ⓐ 4.ⓕ 5.ⓗ 6.ⓓ 7.ⓘ 8.ⓙ 9.ⓒ 10.ⓔ

opposing   민주주의 국가의 지도자들은 상반되는 이해관계를 가진 집단들을 상대해야 한다.

DAY 23

Hackers TOEFL Vocabulary

Hackers Voca

적어도 30일간은 곁에 있자던 우리의 pledge, 설마 잊은 건 아니겠죠?

---

1 configuration ***
[kənfìgjuréiʃən]

n. **arrangement**; **shape**, **form**, conformation 배치; (배치) 형태

The internal combustion engine is made up of a complex **configuration** of parts.

---

2 induce ***
[indjúːs]
n. inducement

v. 1. **bring about**, **cause**, **stimulate** 야기하다, 유발하다

Because it was so deadly, the Ebola epidemic **induced** a lot of fears and concerns in many people.

v. 2. **persuade**, convince 설득하다

Bill's mother tried to **induce** him to see a doctor.

---

3 attain ***
[ətéin]
n. attainment

v. 1. **reach**, arrive at (목적지·고령 등에) 도달하다

Mango trees grow rapidly and can **attain** heights of up to 90 feet.

v. 2. **achieve**, accomplish, realize 성취하다, 얻다

James **attained** national fame as a leading spokesman for human rights.

> 🦊 최신출제 포인트
>
> attain과 함께 다음의 단어들을 구별하여 알아두도록 하자.
> • retain 유지하다, 보유하다
> • detain 감금하다

---

configuration   내연 기관은 부품들의 복잡한 배치로 이루어져 있다.
induce   에볼라 전염병은 매우 치명적이었기 때문에 많은 사람들 사이에 커다란 공포와 걱정을 야기했다.
                Bill의 어머니는 그가 진찰을 받도록 설득하려고 노력했다.
attain   망고 나무는 빠르게 자라서 90피트의 높이까지 도달할 수 있다.
                James는 인권을 위한 주요 대변인으로서 전국적인 명성을 얻었다.

4 erratic ***
[irǽtik]

adj. **irregular**, **unpredictable**, uneven　　불규칙한

Mrs. Ascot was worried about her husband because his heartbeat was **erratic**.

5 eventual ***
[ivéntʃuəl]
adv. eventually

adj. **ultimate**, final　　최종적인

The Hoover Dam was a major engineering achievement with an **eventual** cost of $49 million.

6 mandate ***
[mǽndeit]

n. **order**, command, instruction　　명령, 지시

The president's **mandate** to free political prisoners was controversial.

7 prosperous ***
[práspərəs]
v. prosper
n. prosperity

adj. 1. **flourishing**, **thriving**, blooming　　번영하는

The formerly **prosperous** business began to fail after the economic crisis.

adj. 2. **financially successful**, **wealthy**, affluent　　부유한

Argentina is one of the most **prosperous** countries in South America.

8 requisite ***
[rékwəzit]
v. require

n. 1. **necessity**, requirement　　필수품, 필요조건

Food, air, water, shelter, and clothing are **requisites** for human survival.

adj. 2. **essential**, required, necessary　　필수의

All cars are manufactured to have the **requisite** safety features, such as airbags.

> 🦊 최신출제 포인트
> requisite와 철자가 비슷한 requite는 '갚다, 보답하다(return, repay)'라는 뜻이므로 시험에서 혼동하지 않도록 주의하자.

---

erratic　　Ascot 부인은 남편의 심장 박동이 불규칙했기 때문에 그를 걱정했다.
eventual　후버 댐은 최종 비용이 4천 9백만 달러가 든 중대한 공학 업적이었다.
mandate　정치범들을 석방하라는 대통령의 지시는 논란이 많았다.
prosperous　이전에는 번영했던 사업이 경제 위기 이후에 실패하기 시작했다.
　　　　　아르헨티나는 남미에서 가장 부유한 국가 중 하나이다.
requisite　식량, 공기, 물, 주거지, 그리고 의복은 인간의 생존을 위한 필수품이다.
　　　　　모든 자동차들은 에어백과 같은 필수 안전 기능을 갖추도록 제작된다.

9 partake of ***

phr. **consume**, share 　　함께 먹다, 함께 하다

Jerry could not **partake of** the snacks since he had severe food allergies.

10 pledge ***
[pledʒ]

n. **promise**, oath, vow, undertaking 　　약속, 맹세

In her campaign speech, the mayoral candidate made a **pledge** to reduce the city's crime rate.

11 contend ***
[kənténd]

n. contention
adj. contentious

v. **argue**, assert, maintain 　　주장하다

The defense attorneys **contended** that their client was innocent.

12 confine ***
[kánfain]

n. 1. **boundary**, limit 　　경계, 범위

The children were reminded to stay within the **confines** of the school.

[kənfáin]

v. 2. **cramp**, enclose, cage; limit 　　가두다; 제한하다

A zoo must **confine** wild animals to protect visitors.

13 dictate ***
[díkteit]

v. 1. **require**, suggest, prescribe 　　(권위를 갖고) 지시하다

The thirteenth amendment of the US Constitution **dictated** that slavery be abolished.

> 🐺 최신출제 포인트
>
> prescribe는 주로 '처방하다'라는 뜻으로 쓰여서 dictate의 동의어가 아니라고 생각할 수 있다. 그러나 'prescribe that the students attend(학생들이 참석할 것을 지시하다)'에서처럼 prescribe가 '지시하다'라는 뜻으로 사용될 때에는 dictate의 동의어가 될 수 있다.

v. 2. **determine** 　　좌우하다, 결정하다

The final interview with the manager **dictated** which candidate would get the position.

---

partake of　　Jerry는 심한 음식 알레르기가 있었기 때문에 그 간식을 함께 먹을 수 없었다.
pledge　　선거 유세 연설에서 그 시장 선거 출마자는 시의 범죄율을 낮출 것이라고 약속했다.
contend　　피고측 변호사들은 자신들의 의뢰인이 결백하다고 주장했다.
confine　　아이들은 학교의 경계 내에 머무르라고 상기시켜졌다.
　　　　동물원은 방문객들을 보호하기 위해 야생 동물들을 가두어야 한다.
dictate　　미국의 제13차 수정 헌법은 노예 제도가 폐지될 것을 지시했다.
　　　　경영자와의 최종 인터뷰는 어떤 지원자가 직위를 얻을지를 좌우했다.

14 durable ***
[djúərəbl]

adj. **long-lasting, lasting, enduring** — 오래가는

The most **durable** relationships are based on common interests and mutual trust.

15 collectively ***
[kəléktivli]

adv. **together, all together,** unitedly — 공동으로

The two families **collectively** decided to pitch in money for a new lake cabin to share.

16 furnish ***
[fə́:rniʃ]

v. **provide,** supply, offer — 제공하다

The counselor **furnished** Tim with the papers for his application.

17 alter ***
[ɔ́:ltər]
n. alteration

v. **change, modify, metamorphose** — 변경하다, 바꾸다

Educators must occasionally **alter** the curriculum to keep up with current trends.

18 determine **
[ditə́:rmin]

v. 1. **decide,** resolve, conclude — 결정하다

The organization **determined** that half of its yearly profits would go to charity.

v. 2. **figure out, calculate** — 측정하다

The amount of radiation in the sand grains was analyzed to **determine** when they were last exposed to sunlight.

> 🦊 최신출제 포인트
> determined는 '굳게 결심한'이라는 뜻의 형용사로 쓰이며, 동의어로는 resolute, firm이 출제될 수 있으니 함께 알아두도록 하자.

19 haul **
[hɔ:l]

v. **draw, pull,** drag, heave — 끌고 가다, 끌다

The movers had to **haul** the heavy couch two blocks down the street to get it into their truck.

---

durable 가장 오래가는 관계는 공통된 관심사와 상호 신뢰에 기초한다.
collectively 두 가족은 함께 사용할 호숫가의 새 오두막을 위해 돈을 모으기로 공동으로 결정했다.
furnish 상담자는 Tim에게 지원에 필요한 서류들을 제공했다.
alter 교육자들은 현재 추세에 뒤떨어지지 않기 위해 때때로 교육 과정을 변경해야 한다.
determine 그 단체는 연간 소득의 절반을 자선 단체에 전달하기로 결정했다.
모래 알갱이들이 언제 마지막으로 햇빛에 노출되었는지 측정하기 위해서 그 속의 방사선 양이 분석되었다.
haul 이삿짐 운반업자들은 그 무거운 소파를 트럭에 싣기 위해 길을 따라 두 블록이나 끌고 가야 했다.

20 approximation **

[əpràksəméiʃən]
adj. approximate
adv. approximately

n. **nearness**, closeness, proximity   근접성, 가까움

Flagstaff, Arizona attracts many tourists due to its **approximation** to the Grand Canyon.

21 found wanting **

phr. **judged inadequate**   부족하다고 여겨지는

Most of Sigmund Freud's theories have been **found wanting** by modern psychologists.

22 classic **

[klǽsik]

adj. **typical**, exemplary, model   전형적인, 대표적인

Queen is a **classic** example of a British rock band from the 1970s.

> 🦊 최신출제 포인트
> classic은 'Yeat's classic work(Yeat의 최고의 작품)'에서처럼 '최고의'라는 뜻으로도 많이 쓰인다. 동의어로는 best, finest가 출제될 수 있으니 함께 알아두도록 하자.

23 grossly **

[gróusli]

adv. **excessively**   지나치게

The investors were shocked to discover that the company's expected profits were **grossly** overestimated.

24 vivid **

[vívid]

adj. 1. **bright**, brilliant   선명한

The Pop Art movement featured the use of **vivid** colors and meaningful cultural themes.

adj. 2. **graphic**, lifelike   생생한

The **vivid** battle scenes in the war documentary made it difficult to watch at times.

25 artificial **

[à:rtəfíʃəl]

adj. **synthetic**, man-made   인조의, 인공의

Christine's room was decorated with **artificial** flowers.

---

approximation 애리조나 주의 Flagstaff시는 그랜드 캐니언과의 근접성 때문에 많은 관광객들을 끌어모은다.
found wanting 지그문트 프로이트의 이론들의 대부분은 현대 심리학자들에 의해 부족하다고 여겨졌다.
classic 퀸은 1970년대 영국 록 밴드의 전형적인 예이다.
grossly 투자자들은 회사의 예상 수익이 지나치게 높게 평가되었다는 것을 발견하고는 놀랐다.
vivid 팝아트 운동은 선명한 색상과 의미 있는 문화적 주제들의 사용을 특징으로 삼았다.
전쟁 다큐멘터리의 생생한 전투 장면은 가끔 그것을 보기 힘들게 만들었다.
artificial Christine의 방은 조화로 장식되었다.

26 transplant**
[trænsplǽnt]

v. **place in another context**, **remove**, relocate 이동시키다

Migrant workers who have been **transplanted** to unfamiliar countries often face great hardships.

27 camouflage**
[kǽməflà:ʒ]

v. **hide**, disguise, conceal 위장하다, 감추다

Octopuses can change their skin color to **camouflage** themselves.

28 implement**
[ímpləmənt]

n. **tool**, instrument, appliance 도구, 기구

The dentist's **implements** were arranged neatly on a tray near the patient.

> 🦊 최신출제 포인트
> implement는 명사가 아닌 동사로도 많이 쓰인다. 동사로는 'implement a new policy(새 정책을 시행하다)'에서처럼 '시행하다'라는 뜻으로 주로 쓰이며, 동의어로는 execute, enforce가 출제될 수 있으니 함께 알아두도록 하자.

29 excavate**
[ékskəvèit]

v. **dig out**, **dig up**, **unearth**, **disinter** 파내다, 발굴하다

In search of ancient ruins, an archaeology team **excavated** possible sites on the island of Patras.

30 disgust**
[disgʌ́st]

n. **distaste**, nausea, aversion 혐오감, 불쾌감

Although bullfighting is a cultural tradition of Spain, animal rights activists regard the sport with **disgust**.

31 secluded**
[siklú:did]

adj. **remote**, **hidden**, isolated, solitary 외딴

Tired of crowds, Janice chose to stay on a **secluded** beach.

32 engulf**
[ingʌ́lf]

v. **swallow** (불·파도 등이) 삼켜 버리다

In 2004, a large tsunami **engulfed** many coastal areas in Southeast Asia.

---

transplant 낯선 나라로 이동된 이주 노동자들은 자주 큰 어려움에 직면한다.
camouflage 문어는 자신을 위장하기 위해 피부색을 바꿀 수 있다.
implement 그 치과 의사의 도구들은 환자 근처의 쟁반 위에 깔끔하게 정리되어 있었다.
excavate 고대 유적을 찾기 위해서 한 고고학 팀이 파트라스 섬에 위치한 가능성 있는 장소들을 발굴했다.
disgust 투우는 스페인의 문화적 전통이지만, 동물 보호 운동가들은 그 스포츠를 혐오감을 갖고 본다.
secluded 많은 인파에 진절머리가 나서, Janice는 외딴 바닷가에서 지내기로 결정했다.
engulf 2004년에 거대한 쓰나미가 동남아시아의 많은 해안 지역들을 삼켜 버렸다.

33 **chronic** **

[kránik]

adj. **persistent**, **constant**, incessant   만성적인, 장기간에 걸친

Chronic stress is an increasingly common health concern in our busy modern world.

34 **magnificent** **

[mægnífəsnt]

adj. **superb**, **gorgeous**, **beautiful**, splendid   굉장히 멋진

Malaysia has enchanting islands and **magnificent** mountains.

35 **truism** **

[trú:izm]

n. **self-evident truth**, commonplace, cliché   뻔한 말, 자명한 이치

Too often, people who are seeking sincere advice receive thoughtless **truisms** from their friends and family.

36 **accidental** **

[æksədéntl]

adj. **unintentional**, inadvertent, unintended   우연한

Alexander Fleming's **accidental** discovery of penicillin occurred while he was studying bacteria.

37 **invent** **

[invént]

v. **devise**, originate   발명하다

In addition to the light bulb, Thomas Edison **invented** the motion picture camera.

38 **inherent in** **

phr. **characteristic of**   ~에 내재된

Suckling is a behavior that is **inherent in** many mammal species.

39 **expose** **

[ikspóuz]

v. **make visible**, **exhibit**, **uncover**, **subject**   드러내다, 노출시키다

Hemingway did not want to **expose** all aspects of his personal life to the public.

> 🦊 최신출제 포인트
>
> exhibit는 주로 '전시하다'라는 뜻으로 쓰여서 expose의 동의어가 아니라고 생각할 수 있다. 그러나 'he exhibited his true nature(그는 그의 진짜 성격을 드러냈다)'에서처럼 exhibit가 '드러내다'라는 뜻으로 출제될 때에는 expose의 동의어가 될 수 있다.

---

chronic   만성적인 스트레스는 우리의 바쁜 현대에 점점 더 흔해지는 건강 문제이다.
magnificent   말레이시아는 매혹적인 섬들과 굉장히 멋진 산들을 가지고 있다.
truism   진심 어린 조언을 구하는 사람들은 너무 자주 친구들과 가족으로부터 배려심 없는 뻔한 말들을 듣곤 한다.
accidental   알렉산더 플레밍의 우연한 페니실린 발견은 그가 세균을 연구하던 중에 일어났다.
invent   백열전구뿐만 아니라 토마스 에디슨은 영화 카메라도 발명했다.
inherent in   젖을 먹이는 것은 많은 포유류들에 내재된 행동이다.
expose   헤밍웨이는 그의 개인적인 삶의 모든 측면을 대중에게 드러내는 것을 원하지 않았다.

40 perpetuate **

[pərpétʃuèit]

v. **continue**, immortalize, eternize — 영속시키다

The reason a majority of the population remains poor is that corruption in government is **perpetuated**.

41 be inclined to **

phr. **tend to** — ~하는 경향이 있다

Parents naturally **are inclined to** favor their own children over those of others.

42 illusory **

[ilú:səri]

adj. **misleading**, deceptive, delusive — 착각을 일으키는

Smiles can be **illusory** in that they sometimes mask contempt.

43 heyday *

[héidèi]

n. **high point**, **golden age**, prime, florescence — 전성기

During their **heyday**, rollerblades were the most popular form of outdoor recreation for kids and teens.

44 proficient *

[prəfíʃənt]

adj. **skilled**, **skillful**, **expert**, adept — 능숙한

Few North Americans are **proficient** in more than one language.

45 amply *

[ǽmpli]

adv. **generously**, bountifully, lavishly — 풍부하게

The restaurant's storage room was **amply** stocked with food items from other countries.

46 desolate *

[désələt]

adj. **deserted**, bleak, dreary — 황량한

Desolate settlements known as ghost towns are common in the American Midwest.

> 🐺 최신출제 포인트
> desolate는 'a desolate feeling(외로운 기분)'에서처럼 '외로운'이라는 뜻으로도 많이 쓰인다. 동의어로는 lonely, solitary가 출제될 수 있으니 함께 알아두도록 하자.

---

perpetuate 인구의 대다수가 여전히 가난한 이유는 정부의 부패가 영속되기 때문이다.
be inclined to 부모들은 자연스럽게 다른 사람의 자식보다 자기 자식을 편애하는 경향이 있다.
illusory 미소는 종종 경멸을 감춘다는 점에서 착각을 일으킬 수 있다.
heyday 전성기 동안 롤러블레이드는 아이들과 청소년들을 위한 가장 인기 있는 야외 오락 활동이었다.
proficient 한 가지 이상의 언어에 능숙한 북미 사람들은 거의 없다.
amply 그 식당의 저장고는 다른 나라에서 온 식품들로 풍부하게 채워져 있었다.
desolate 미국 중서부에는 유령 도시로 알려진 황량한 정착지들이 흔하다.

| 47 | **more subtle** * | phr. | **less noticeable** | 더 포착하기 어려운 |

The political messages in Orozco's art were obvious, but they were **more subtle** in Rivera's.

| 48 | **disrupt** * [disrʌ́pt] | v. | **interfere with**, **interrupt**, **upset** | 방해하다 |

The constant chatter from the back of the classroom **disrupted** Professor Gumpert's lecture.

| 49 | **forerunner** * [fɔ́:rrʌ̀nər] | n. | **predecessor**, antecedent | 선조, 선구자 |

Invented in Germany in the nineteenth century, the "dandy horse" was a **forerunner** of the modern bicycle.

| 50 | **immediate** * [imí:diət] | adj. | 1. **instant**, prompt, on-the-spot | 즉각적인 |

Rubbing menthol balm onto muscles can provide **immediate** pain relief.

| | | adj. | 2. **nearest**, neighboring, adjacent | 인접한 |

The **immediate** area was sealed off after the bombing attempt.

| 51 | **wield** * [wi:ld] | v. | **exercise**, **use**, handle | (권력·무기 등을) 휘두르다, 행사하다 |

A good leader **wields** his or her power only when necessary.

| 52 | **crush** * [krʌʃ] | v. | **discourage**, deflate | (희망·사기를) 꺾다 |

The news that the proposal to build a new subway station had been rejected **crushed** residents of the neighborhood.

🦊 최신출제 포인트

crush는 'a machine that crushes rocks(돌을 눌러 부수는 기계)'에서처럼 '눌러 부수다'라는 뜻으로도 많이 쓰인다. 동의어로는 squash, crumble이 출제될 수 있으니 함께 알아두도록 하자.

---

more subtle 정치적 메시지는 오로스코의 미술 속에서는 분명했지만, 리베라의 미술에서는 좀 더 포착하기 어려웠다.
disrupt 강의실 뒤쪽의 끊임없는 잡담이 Gumpert 교수의 강의를 방해했다.
forerunner 19세기에 독일에서 발명된 'dandy horse'는 현대 자전거의 선조였다.
immediate 근육에 멘톨 연고를 바르는 것은 즉각적인 통증 완화를 제공할 수 있다.
폭격 시도 이후에 인접 지역은 봉쇄되었다.
wield 좋은 지도자는 그들의 권력을 필요한 경우에만 휘두른다.
crush 새로운 지하철역을 건설하자는 제안이 거부되었다는 소식은 인근 주민들의 사기를 꺾었다.

53 manner *
[mǽnər]

n. **way**, fashion, mode 방법, 방식

Sociologists study human social behavior in a systematic **manner**.

54 uneasy *
[ʌníːzi]

adj. **apprehensive**, **unstable**, disturbed, ill at ease 불안한, 불안정한

The Chilean people were **uneasy** when General Pinochet took power following a bloody coup.

QUIZ

Choose the synonyms.

1. configuration
2. eventual
3. collectively
4. expose
5. haul
6. durable
7. alter
8. artificial
9. proficient
10. disrupt

ⓐ interfere with, interrupt, upset
ⓑ change, modify, metamorphose
ⓒ make visible, exhibit, uncover
ⓓ ultimate, final
ⓔ skilled, skillful, expert
ⓕ draw, pull, drag
ⓖ synthetic, man-made
ⓗ shape, form, conformation
ⓘ long-lasting, lasting, enduring
ⓙ together, all together, unitedly

Answer: 1.ⓗ 2.ⓓ 3.ⓙ 4.ⓒ 5.ⓕ 6.ⓘ 7.ⓑ 8.ⓖ 9.ⓔ 10.ⓐ

---

manner
uneasy

사회학자들은 인간의 사회적 행동을 체계적인 방법으로 연구한다.
칠레 국민들은 유혈 쿠데타 이후에 피노체트 장군이 권력을 잡자 불안했다.

DAY 24

Hackers TOEFL Vocabulary

Hackers Voca

아무리 눈을 씻고 찾아봐도 나와 comparable한 책은 없을걸요?

---

1 sustain ***
[səstéin]

v. 1. **support**, bear, uphold 떠받치다, 지탱하다

The old shelf could not **sustain** the weight of the books.

v. 2. **maintain**, continue 지속하다, 유지하다

Only one planet is able to **sustain** human life in our solar system.

2 subsequence ***
[sʌ́bsikwəns]
adj. subsequent
adv. subsequently

n. **succession**, next in a series 연속, 이어서 일어나는 것

Brandy had the misfortune of performing in **subsequence** to an unusually gifted singer.

3 accumulate ***
[əkjúːmjulèit]
n. accumulation

v. **gather**, collect, compile, gradually increase in number (서서히) 모으다

Donald **accumulated** much of his wealth in real estate.

4 assert ***
[əsə́ːrt]
adj. assertive

v. **claim**, maintain, declare, forcefully establish, contend 주장하다

Many medieval scholars in Europe mistakenly **asserted** that the world was flat.

> 🦊 최신출제 포인트
>
> maintain은 주로 '유지하다, 지속하다'라는 뜻으로 쓰여서 assert의 동의어가 아니라고 생각할 수 있다. 그러나 'maintain one's innocence(자신의 무죄를 주장하다)'에서처럼 maintain이 '주장하다'라는 뜻으로 사용될 때에는 assert의 동의어가 될 수 있다.

---

sustain 그 오래된 선반은 책들의 무게를 지탱할 수 없었다.
         우리 태양계에서 오직 한 행성만이 인간의 생명을 지속시킬 수 있다.
subsequence Brandy는 대단히 재능이 있는 가수에 이어서 공연을 하는 불운을 겪었다.
accumulate Donald는 재산의 상당량을 부동산으로 모았다.
assert 유럽의 많은 중세 학자들은 지구가 평평하다고 잘못 주장했다.

5 progressive ***
[prəgrésiv]
adv. progressively

adj. 1. advanced, liberal 진보적인

During the seventeenth century, the notion of women voting was a very **progressive** idea.

adj. 2. increasing, continuous 점진적인

Progressive loss of eyesight usually begins after age 40 and intensifies after age 60.

6 strikingly ***
[stráikiŋli]
adj. striking

adv. remarkably, noticeably 눈에 띄게

The recycling initiative was **strikingly** effective, cutting down the amount of disposed waste by half.

7 comparable ***
[kámpərəbl]

adj. analogous, similar, equivalent, alike 비슷한, 동등한

The newly discovered clay figures in Mexico were **comparable** to those found in China in terms of their scale.

8 hinder ***
[híndər]

v. interfere with, hamper, stunt, impede 방해하다

Terry's frequent absences **hindered** the team's research.

9 concern ***
[kənsə́ːrn]

v. 1. worry 걱정시키다

The proposed plan to build a nuclear power plant there **concerned** the area's citizens.

n. 2. interest, regard, care 관심(사)

Parents should have great **concern** regarding their children's education.

> 🦉 최신출제 포인트
> concerning은 '~에 관하여'라는 뜻의 전치사로 쓰이며, 동의어로는 with reference to, regarding이 출제될 수 있으니 함께 알아두도록 하자.

---

progressive 17세기에는 여성이 투표한다는 발상은 매우 진보적인 생각이었다.
점진적인 시력의 상실은 대개 40세 이후에 시작해서 60세 이후부터는 한층 심해진다.
strikingly 그 재활용 계획은 눈에 띄게 효과적이었으며, 폐기물의 양을 절반으로 줄였다.
comparable 멕시코에서 새로 발견된 점토상들은 규모 면에서 중국에서 발견된 것들과 비슷했다.
hinder Terry의 잦은 결근은 팀의 연구를 방해했다.
concern 그곳에 원자력 발전소를 건설하도록 제안된 계획은 그 지역 주민들을 걱정시켰다.
부모들은 자식의 교육에 대해 많은 관심을 가져야 한다.

10 presumably ***
[prizú:məbli]
v. presume
adj. presumable

adv. **supposedly, probably, thought to be, it can be assumed** 아마

The first people to populate the Americas **presumably** came from East and Central Asia.

11 ritual ***
[rítʃuəl]

adj. **ceremonial** 의식적인

Among the **ritual** practices of ancient Egypt was mummifying the dead.

12 unresolved ***
[ʌnrizálvd]

adj. **undecided**, undetermined, unsettled 미정의

The issue of who in the family will inherit the large estate is still **unresolved**.

13 convey ***
[kənvéi]

v. **transmit, communicate**, deliver, impart 전달하다

Some periodicals presently **convey** information by digital means only.

> 🐺 최신출제 포인트
> communicate는 주로 '의사소통하다'라는 뜻으로 쓰여서 convey의 동의어가 아니라고 생각할 수 있다. 그러나 'communicate the message(메시지를 전달하다)'에서처럼 communicate가 '전달하다'라는 뜻으로 사용될 때에는 convey의 동의어가 될 수 있다.

14 devise ***
[diváiz]
n. device

v. **invent, create, design**, contrive 고안하다

The government is carefully **devising** new trade rules.

15 astonish ***
[əstániʃ]

v. **amaze**, surprise, astound, shock 깜짝 놀라게 하다

The beauty of the *Mona Lisa* never fails to **astonish** visitors.

16 stringent ***
[stríndʒənt]

adj. **strict**, rigorous, tight 엄한

The Spartans' way of rearing their children was very **stringent**.

---

presumably   미 대륙에 거주한 첫 번째 사람들은 아마 동아시아와 중앙아시아에서 왔을 것이다.
ritual   고대 이집트의 의식적인 풍습 중에는 죽은 이를 미라로 만드는 것이 있었다.
unresolved   가족 중 누가 그 많은 재산을 상속받을지에 대한 문제는 여전히 미정이다.
convey   몇몇 정기 간행물들은 현재 디지털 방식으로만 정보를 전달한다.
devise   정부는 새로운 무역 규정들을 신중히 고안하고 있다.
astonish   '모나리자'의 아름다움은 항상 방문객들을 깜짝 놀라게 한다.
stringent   스파르타인들이 아이들을 양육하는 방식은 매우 엄했다.

17 vastly ***
[vǽstli]
adj. vast

adv. **greatly**, enormously, immensely, exceedingly 대단히

Insect flight is considered **vastly** superior to that of the flying machines invented by humans.

18 to a large extent **

phr. **for the most part**, mainly, largely 대체로

The theory of evolution is **to a large extent** based on Charles Darwin's work.

19 updated **
[ʌ̀pdéitid]

adj. **newer** 최신의

Updated versions of classic films are often popular with movie fans.

20 impulse **
[ímpʌls]

n. **stimulus**, **basic motivation**, impetus 자극(제)

Rivalry between the US and the Soviet Union was the **impulse** for the space race.

🦊 최신출제 포인트
impulse의 형용사형인 impulsive는 '충동적인'이라는 뜻이며, 동의어로는 spontaneous, impetuous가 출제될 수 있으니 함께 알아두도록 하자.

21 evidence **
[évədəns]
adj. evident

n. **proof**, verification 증거

No **evidence** proved that the accused committed homicide.

22 conjuncture **
[kəndʒʌ́ŋktʃər]

n. **combination**, connection, juncture 결합, 접합

The business was losing money due to a **conjuncture** of low sales and high rent costs.

23 aberrant **
[əbérənt]

adj. **abnormal**, deviant, eccentric, erratic 정도를 벗어난

Children with autism start to show **aberrant** behavior as early as 2 years old.

---

vastly 곤충의 비행은 인간에 의해 고안된 비행기보다 대단히 뛰어나다고 여겨진다.
to a large extent 진화론은 대체로 찰스 다윈의 연구에 기초를 두고 있다.
updated 고전 영화의 최신 버전들은 보통 영화 팬들에게 인기가 있다.
impulse 미국과 소련 사이의 경쟁은 우주 개발 경쟁에 대한 자극제였다.
evidence 어떤 증거도 그 피의자가 살인을 저질렀다는 사실을 증명하지 못했다.
conjuncture 그 사업은 낮은 매출과 높은 임대료의 결합으로 인해 손해를 보고 있었다.
aberrant 자폐증이 있는 아이들은 빠르면 2세부터 정도를 벗어난 행동을 보인다.

24 firmly **

[fə́ːrmli]

adv. **securely**, fixedly

단단히

The Koh-i-Noor diamond is **firmly** set in the crown once worn by Queen Elizabeth.

25 invariably **

[invɛ́əriəbli]
adj. invariable

adv. **always**, **without exception**, constantly

언제나, 예외 없이

When forced to make decisions, people **invariably** act in their own interest.

26 sacred **

[séikrid]

adj. **holy**, divine

신성한

Native Americans have pushed for laws that would preserve their **sacred** sites.

27 cramped **

[kræmpt]

adj. **confined**, restricted

비좁은, 제한된

Naval personnel who serve aboard submarines become accustomed to the **cramped** quarters.

28 outdated **

[àutdéitid]

adj. **old-fashioned**, antiquated, archaic, outmoded

구식의

In many developing countries, **outdated** financial policies continue to prevent economic growth.

29 self-confident **

[sèlfkánfədənt]

adj. **assured**, self-assured

자신감 있는

According to several studies, **self-confident** people tend to get promoted more than those who lack self-esteem.

30 allay **

[əléi]

v. **reduce**, relieve, soothe

완화시키다

Paramedics tried to **allay** the pain of the burn victim before the ambulance arrived.

> 🦉 최신출제 포인트
>
> allay와 함께 다음의 단어들을 구별하여 알아두도록 하자.
> • alloy 합금하다, 섞다
> • ally 동맹을 맺다

---

firmly	코이누르 다이아몬드는 한때 엘리자베스 여왕이 썼던 왕관에 단단하게 박혀 있다.
invariably	결정을 내리도록 강요당하면, 사람들은 언제나 자신의 이익을 위해서 행동한다.
sacred	북미 원주민들은 자신들의 신성한 장소를 보존할 법률을 계속 요구해 왔다.
cramped	잠수함에 승선해 복무하는 해군들은 비좁은 숙소에 익숙해지게 된다.
outdated	많은 개발 도상국들에서 구식 금융 정책들이 경제 발전을 계속해서 저해한다.
self-confident	몇몇 연구에 따르면, 자신감 있는 사람들이 자부심이 결여된 사람들보다 더 많이 승진되는 경향이 있다.
allay	긴급 의료원들은 응급차가 도착하기 전에 화상 피해자의 고통을 완화시키려고 애썼다.

31 authenticity**
[ɔ:θentísəti]
adj. authentic

n. **genuineness**, realness 진짜

An art expert was asked to determine the **authenticity** of a painting that appeared to be a Jackson Pollock work.

32 masked**
[mæskt]

adj. **concealed**, covered 가면을 쓴, 감춘

The witnesses could not identify the criminal since his face was **masked** during the robbery.

33 fracture**
[fræktʃər]

n. **rupture**, crack, gap, cleft 균열, 갈라진 틈

Volcanoes can originate from **fractures** in the Earth's crust.

34 scanty**
[skǽnti]

adj. **scarce**, sparse, thin, short, meager 부족한

The **scanty** resources in deserts make them very difficult places for organisms to live.

35 debris**
[dəbríː]

n. **fragment**, wreckage, remains, dreg 파편, 잔해

The shipwreck left **debris** floating near the shore.

36 unexpectedly**
[ʌ̀nikspéktidli]

adv. **surprisingly**, unpredictably 뜻밖에

The amateur chef's dishes were **unexpectedly** creative and delicious.

37 marginally**
[máːrdʒinli]

adv. **slightly**, somewhat, a little 조금

Mars rotates **marginally** slower than the Earth, so one day lasts 24.6 hours.

🦊 최신출제 포인트

marginally의 형용사형인 marginal은 '미미한, 중요하지 않은'이라는 뜻이며, 동의어로는 minor, insignificant가 출제될 수 있으니 함께 알아두도록 하자.

---

authenticity 예술 전문가는 잭슨 폴록의 작품인 것 같아 보이는 그림이 진짜인지 밝혀줄 것을 요청받았다.
masked 강도 행위 중에 범인이 얼굴에 가면을 쓰고 있었기 때문에 증인들은 범인을 식별하지 못했다.
fracture 화산은 지각의 균열에서 비롯될 수 있다.
scanty 사막의 부족한 자원은 그곳을 생물들이 살기 매우 어려운 곳으로 만든다.
debris 난파선은 해안 가까이에 떠다니는 잔해를 남겼다.
unexpectedly 그 아마추어 요리사의 요리들은 뜻밖에도 독창적이고 맛있었다.
marginally 화성은 지구보다 조금 더 천천히 자전하므로 하루가 24.6시간 동안 지속된다.

38 infrequent**

[infríːkwənt]

adj. **uncommon**, rare, unusual — 드문

Lately, Sylvia's trips home to see her parents have been **infrequent** due to financial difficulties.

39 capacity**

[kəpǽsəti]

n. **ability**, talent, flair — 능력, 재능

Thomas Jefferson, the third US president, had a great **capacity** for leadership.

> 🦊 최신출제 포인트
> capacity는 'the capacity of a dam(댐의 용적)'에서처럼 '용적, 수용력'이라는 뜻으로도 많이 쓰인다. 동의어로는 volume, dimension이 출제될 수 있으니 함께 알아두도록 하자.

40 conceive**

[kənsíːv]

v. **imagine**, envision, visualize — 상상하다

According to a popular story, Newton **conceived** the idea of gravity while sitting under an apple tree.

41 immobile**

[imóubəl]

adj. **unable to move**, motionless — 움직이지 못하는, 정지한

The **immobile** truck caused a traffic jam during rush hour this morning.

42 milestone**

[máilstòun]

n. **significant event**, important event — 획기적인 사건

The movie *Toy Story* was a **milestone** for the computer graphics industry.

43 tempting**

[témptiŋ]

adj. **attractive**, appealing, inviting, appetizing — 매력적인

Jennifer found the job offer to be too **tempting** to resist.

44 antagonistic**

[æntǽgənístik]
v. antagonize

adj. **hostile**, adversarial — 적대하는, 대립하는

Many nations in the Middle East have **antagonistic** relationships with each other.

---

infrequent 최근에 경제적인 어려움 때문에 Sylvia가 집에 부모님을 뵈러가는 것이 드물었다.
capacity 미국의 세 번째 대통령이었던 토마스 제퍼슨은 탁월한 지도 능력을 갖추고 있었다.
conceive 전해지는 이야기에 따르면, 뉴턴은 사과나무 아래에 앉아 있는 동안 중력에 관한 개념을 상상했다고 한다.
immobile 움직이지 못하는 트럭이 오늘 혼잡 시간대에 교통 체증을 야기했다.
milestone 영화 '토이스토리'는 컴퓨터 그래픽 산업에 있어서 획기적인 사건이었다.
tempting Jennifer는 그 일자리 제의가 뿌리치기에는 너무 매력적이라고 생각했다.
antagonistic 중동의 많은 나라들은 서로 적대적인 관계에 있다.

45 prized *
[praizd]

adj. **outstanding, prominent, valued** 뛰어난, 소중한

Mother's **prized** orchids won first place in the flower show.

46 cognitive *
[kágnətiv]

adj. **mental** 인지(력)의, 정신적 작용의

Prolonged alcohol abuse has been shown to lead to permanent **cognitive** damage.

🦊 최신출제 포인트
> cognitive의 명사형인 cognition은 '인지, 지각'이라는 뜻이며, 동의어로는 awareness, discernment가 출제될 수 있으니 함께 알아두도록 하자.

47 refuge *
[réfju:dʒ]

n. **shelter, place of safety, sanctuary** 피난처

Sandra tried to find **refuge** from oppression in a foreign country.

48 full sweep
phr. **whole range** 모든 범위

The new documentary covers the **full sweep** of the emperor penguin's life cycle.

49 notwithstanding *
[nàtwiðstǽndiŋ]

prep. **despite, in spite of** ~에도 불구하고

Notwithstanding our objection, the proposal for a pay cut was approved.

50 trap *
[træp]

v. **catch, capture** 잡다

Indigenous tribes of North America used hand-dug pits to **trap** larger animals.

51 methodical *
[məθádikəl]
adv. methodically

adj. **systematic, organized** 체계적인

Rescuers conducted a **methodical** search for the missing hiker.

---

prized 어머니의 뛰어난 난초들이 화초 전시회에서 1등을 했다.
cognitive 장기적인 알코올 남용은 영구적인 인지력 손상으로 이어진다는 것이 증명되었다.
refuge Sandra는 탄압으로부터의 피난처를 외국에서 찾으려고 시도했다.
full sweep 그 새로운 다큐멘터리는 황제 펭귄의 생활 주기의 모든 범위를 다룬다.
notwithstanding 우리의 반대에도 불구하고, 임금 삭감에 대한 제안이 승인되었다.
trap 북미 토착 부족들은 더 큰 동물들을 잡기 위해 손으로 판 구덩이를 사용했다.
methodical 구조자들은 실종된 등산객을 찾기 위해 체계적인 수색을 했다.

52 **emergency** *
[imə́ːrdʒənsi]

n. **crisis**, exigency — 위기, 비상 사태

A food shortage due to poor crops has created a national **emergency**.

53 **gain** *
[gein]

n. **increase**, rise, growth, augmentation — 증가

Stockholders were pleased that their stocks showed a **gain** in value.

54 **signal** *
[sígnəl]

v. **cue**, **indicate**, **communicate**, gesture, motion — 신호를 보내다

The police officer **signaled** for traffic to move on.

55 **issue** *
[íʃuː]

n. **matter**, point, question — 문제, 논점

Many health professionals warn that childhood obesity is becoming a serious **issue** in the US.

🦊 최신출제 포인트
issue는 명사가 아닌 동사로도 많이 쓰인다. 동사로는 'issue the court's decision(법원의 판결을 발표하다)'에서처럼 '발표하다'라는 뜻으로 주로 쓰이며, 동의어로는 announce, proclaim이 출제될 수 있으니 함께 알아두도록 하자.

56 **obliterate** *
[əblítərèit]

v. **delete**, **erase**, efface — 지우다

The thief **obliterated** evidence of his crime by destroying the surveillance video footage.

57 **in addition** *

phr. **moreover** — 게다가

Online gambling is highly addictive and risky. **In addition**, it is illegal.

58 **at the same time** *

phr. **simultaneously** — 동시에, 함께

In ice dancing, skaters usually jump **at the same time**.

---

emergency 흉작으로 인한 식량 부족이 국가적인 위기를 초래했다.
gain 주주들은 그들의 주식이 가치의 증가를 보인 것에 기뻐했다.
signal 경찰관은 차량들에 움직이라고 신호를 보냈다.
issue 많은 의료 종사자들은 소아 비만이 미국에서 심각한 문제가 되고 있다고 경고한다.
obliterate 그 도둑은 감시 비디오 영상을 훼손하여 자신의 범죄의 증거를 지웠다.
in addition 온라인 도박은 매우 중독성이 있고 위험하다. 게다가 그것은 불법이다.
at the same time 아이스 댄싱에서 스케이팅 선수들은 주로 동시에 뛴다.

59 voracious predator * phr. **strong competitor** 탐욕스러운 포식자

Enron was a **voracious predator** that took over many other companies in the 1990s.

QUIZ

Choose the synonyms.

1. accumulate
2. comparable
3. debris
4. infrequent
5. tempting
6. devise
7. assert
8. capacity
9. signal
10. immobile

ⓐ ability, talent, flair
ⓑ invent, create, design
ⓒ attractive, appealing, inviting
ⓓ analogous, similar, equivalent
ⓔ unable to move, motionless
ⓕ cue, indicate, communicate
ⓖ gather, collect, compile
ⓗ fragment, wreckage, remains
ⓘ claim, maintain, declare
ⓙ uncommon, rare, unusual

Answer: 1.ⓖ 2.ⓓ 3.ⓗ 4.ⓙ 5.ⓒ 6.ⓑ 7.ⓘ 8.ⓐ 9.ⓕ 10.ⓔ

voracious predator 엔론은 1990년대에 다른 많은 기업들을 인수했던 탐욕스러운 포식자였다.

DAY 25

Hackers TOEFL Vocabulary

Hackers Voca

어차피 inevitable한 일이라면 한 번 즐겨보는 건 어때요?

---

1 inevitable ***
[inévətəbl]

adj. **unavoidable**, **certain**, inescapable — 불가피한

Death is an **inevitable** fact of human life that is sometimes hard to cope with rationally.

🐺 최신출제 포인트

certain은 주로 '확실한'이라는 뜻으로 쓰여서 inevitable의 동의어가 아니라고 생각할 수 있다. 그러나 'face certain punishment(불가피한 처벌에 직면하다)'에서처럼 certain이 '불가피한'이라는 뜻으로 사용될 때에는 inevitable의 동의어가 될 수 있다.

2 consequent ***
[kánsəkwènt]
adv. consequently
n. consequence

adj. **resultant**, **resulting**, **eventual**, ensuing — 결과로서 일어나는

The **consequent** spread of ash after an explosive volcanic eruption can affect world temperatures.

3 decimation ***
[dèsəméiʃən]
v. decimate

n. **destruction**, devastation — 대량 파괴, 대량 살해

A termite from western China is responsible for the **decimation** of forestland in the US.

4 evoke ***
[ivóuk]

v. **arouse**, **cause**, **draw**, **produce**, induce — 불러일으키다

The play's tragic main character **evoked** the audience's pity.

5 vulnerable ***
[vʌ́lnərəbl]

adj. **easily damaged**, **susceptible**, **weak**, **open to attack** — 취약한

Computers that lack antivirus software are **vulnerable** to attack by malware.

---

inevitable 죽음은 때로는 이성적으로 대처하기 힘든 인생의 불가피한 현실이다.
consequent 폭발적인 화산 분출 후의 결과로서 일어나는 화산재의 확산은 세계 기온에 영향을 줄 수 있다.
decimation 중국 서부로부터 온 흰개미는 미국 삼림지의 대량 파괴에 책임이 있다.
evoke 그 연극의 비극적인 주인공은 관중들의 동정을 불러일으켰다.
vulnerable 바이러스 퇴치 소프트웨어가 없는 컴퓨터는 악성 소프트웨어에 의한 공격에 취약하다.

6 elaborate ***
[ilǽbərət]

adj. 1. **detailed**; **more complex**, **complicated**   정교한; 복잡한

Police uncovered an **elaborate** plot to rob the largest bank in the city.

[ilǽbərèit]

v. 2. **make detailed**   자세히 설명하다

The spokesperson provided only a short statement at the press conference and did not **elaborate**.

7 enigmatic ***
[ènigmǽtik]
n. enigma

adj. **mysterious**, **puzzling**   불가사의한, 이해할 수 없는

Known as the father of modern mystery, Edgar Allan Poe has inspired countless writers with his **enigmatic** tales.

🐺 최신출제 포인트

enigmatic과 함께 다음의 단어들을 구별하여 알아두도록 하자.
- pragmatic 실용적인
- dogmatic 독단적인

8 coincide with ***

phr. **correspond to**, **accord with**   일치하다

The labor union's opinion did not **coincide with** that of the factory owners.

9 seemingly ***
[síːmiŋli]

adv. **apparently**, **ostensibly**   외견상으로, 겉보기에는

According to experts, the newly discovered artwork is **seemingly** the work of Picasso.

10 wrought ***
[rɔːt]

adj. **created**, **formed**, **manufactured**   만들어진

The Lion Bridges in Milwaukee include beautifully **wrought** railings made out of steel.

11 obstacle ***
[ɑ́bstəkl]

n. **barrier**, **hindrance**, **impediment**, **obstruction**   장애물

Busy highways are significant **obstacles** that must be overcome by migrating turtles.

---

elaborate   경찰은 시에서 가장 큰 은행을 털기 위한 정교한 계략을 적발했다.
               대변인은 기자 회견에서 간략한 성명만 발표했고 자세히 설명하지는 않았다.
enigmatic   현대 미스터리물의 아버지로 유명한 에드거 앨런 포는 그의 불가사의한 이야기들로 수많은 작가들에게 영감을 주었다.
coincide with   노동조합의 의견은 공장주들의 의견과 일치하지 않았다.
seemingly   전문가들에 따르면 새로 발견된 그림은 외견상으로는 피카소의 작품이다.
wrought   밀워키에 있는 Lion Bridges는 아름답게 만들어진 강철로 된 난간을 포함하고 있다.
obstacle   교통량이 많은 고속도로는 이동하는 바다거북들이 극복해야만 하는 커다란 장애물이다.

12 lucrative ***
[lúːkrətiv]

adj. **profitable, gainful, advantageous** 수익성이 좋은, 유리한

Barbara was offered a **lucrative** three-year contract with the Walt Disney animation crew.

13 extensive ***
[iksténsiv]

adj. **widespread, large, wide, broad, far-reaching** 광범위한, 넓은

The influence of the Roman Empire in the ancient Mediterranean was **extensive**.

14 dampen ***
[dǽmpən]

v. **moisten**, wet, soak, saturate 적시다

It is advisable to **dampen** your face with a wet washcloth before using exfoliating cream.

🦉 최신출제 포인트
dampen은 'dampen the search efforts(수색 시도를 꺾다)'에서처럼 '(기세 등을) 꺾다'라는 뜻으로도 많이 쓰인다. 동의어로는 restrain, deter가 출제될 수 있으니 함께 알아두도록 하자.

15 opaque ***
[oupéik]

adj. 1. **unclear**, obscure 불분명한

The man's **opaque** answers aroused the suspicion of the detective.

adj. 2. **impenetrable** (유리·액체 등이) 불투명한

The **opaque** stained glass windows of the cathedral create a dark, cave-like ambience inside the structure.

16 endorse ***
[indɔ́ːrs]

v. 1. **support, subscribe**, back, advocate 지지하다

The majority of British politicians **endorsed** the prime minister's decision to go to war.

v. 2. **sign** 서명(배서)하다

Kelly **endorsed** the check before depositing it in her account.

---

lucrative Barbara는 월트 디즈니사의 애니메이션 팀과 함께 하는 수익성이 좋은 3년짜리 계약을 제의받았다.
extensive 고대 지중해에서 로마 제국의 영향은 광범위했다.
dampen 각질 제거 크림을 쓰기 전에 젖은 수건으로 얼굴을 적시는 것이 권장된다.
opaque 그 남자의 불분명한 대답은 형사의 의심을 불러일으켰다.
         그 대성당의 불투명한 스테인드글라스 창문은 건축물 내부에 어둡고 동굴 같은 분위기를 자아낸다.
endorse 영국 정치인들의 대다수가 수상의 참전 결정을 지지했다.
         Kelly는 자신의 계좌에 예금하기 전에 그 수표에 서명을 했다.

17 advent ***
[ǽdvent]

n. arrival, coming, introduction, appearance — 출현, 도래

The **advent** of the computer revolutionized modern people's lives.

18 severely ***
[səvíərli]
adj. severe
n. severity

adv. intensely, seriously, sharply — 격렬하게, 심하게

Many newspapers have **severely** criticized the president for the country's high unemployment rate.

19 immutable **
[imjú:təbl]

adj. unchangeable, invariable, unalterable — 불변의

The topic of today's lecture will be the five **immutable** rules for marketing.

> 최신출제 포인트
> immutable과 철자가 비슷한 imputable은 '전가할 수 있는(attributable, ascribable)'이라는 뜻이므로 시험에서 혼동하지 않도록 주의하자.

20 yardstick **
[jά:rdstik]

n. measure, criterion, benchmark, standard — 기준, 척도

Financial success is the **yardstick** by which many people judge others.

21 preserve **
[prizə́:rv]

v. protect, save, retain, maintain, conserve — 보호하다, 보존하다

The senator took important steps to **preserve** the wildlife of his state.

22 conviction **
[kənvíkʃən]
v. convince

n. strong belief, strong opinion, faith — (강한) 신념

Gandhi remained committed to his **convictions**, such as non-violence, his entire life.

23 hallmark **
[hɔ́:lmà:rk]

n. feature, distinguishing trait, sure signal — 특징

Clarity is a **hallmark** of good writing.

DAY 25

Hackers Vocabulary

---

advent 컴퓨터의 출현은 현대인의 삶에 혁신을 일으켰다.
severely 많은 신문들이 국가의 높은 실업률에 대해 대통령을 격렬하게 비난했다.
immutable 오늘 강의의 주제는 마케팅의 다섯 가지 불변의 법칙이 될 것이다.
yardstick 경제적 성공은 많은 사람들이 다른 이들을 판단하는 기준이다.
preserve 상원 의원은 그의 주(州)의 야생 동물을 보호하기 위한 중요한 조치들을 취했다.
conviction 간디는 그의 일평생 비폭력주의와 같은 자신의 신념에 충실한 채로 남았다.
hallmark 명료성은 좋은 글의 특징이다.

24 timid **
[tímid]
adj. **shy**, **fearful**, cowardly — 소심한, 겁 많은

Sarah tried hard to overcome her **timid** nature.

25 robust **
[roubʌ́st]
adj. **strong**, **vigorous**, **healthy**, stalwart — 튼튼한, 강한

Researchers are genetically engineering crops to make them **robust**.

26 discard **
[diskáːrd]
v. **throw away**, **abandon**, **reject**, dispose of, cast aside — 버리다

Everyone should **discard** their paper, glass, and plastic into a separate recycling box.

27 complicated **
[kámpləkèitid]
adj. **complex**, intricate, elaborate — 복잡한

The issue of abortion is **complicated**, and debates about it are often left unresolved.

> 🦊 최신출제 포인트
> complicate는 '복잡하게 하다'라는 뜻의 동사로 쓰이며, 동의어로는 make difficult, entangle이 출제될 수 있으니 함께 알아두도록 하자.

28 apart from **
prep. **besides**, **except for**, excluding — ~을 제외하고

Rachel's essay is very good, **apart from** a few grammatical errors.

29 graduate to **
phr. **progress to**, advance to, proceed to — (더 높은 단계로) 나아가다, 승진하다

After serving as a colonel in the US army, Ulysses S. Grant **graduated to** general in 1861.

30 demonstrate **
[démənstrèit]
v. **indicate**, show, manifest — 나타내다, 보여주다

At the parade, people **demonstrated** their national pride by waving flags.

---

timid — Sarah는 소심한 천성을 극복하려고 열심히 노력했다.
robust — 연구원들은 작물을 튼튼하게 만들기 위해서 그것들을 유전적으로 변형시키고 있다.
discard — 모든 사람들은 종이, 유리, 그리고 플라스틱을 서로 다른 재활용 상자에 버려야 한다.
complicated — 낙태라는 주제는 복잡해서 그것에 대한 논쟁은 종종 해결되지 않은 채로 남겨진다.
apart from — Rachel의 에세이는 몇 개의 문법적인 오류를 제외하고는 매우 훌륭하다.
graduate to — 미국 군대에서 대령으로 복무한 후, 율리시스 S. 그랜트는 1861년에 장군으로 승진했다.
demonstrate — 가두 행진에서 사람들은 깃발을 흔들면서 국민적 자부심을 보여주었다.

31 deluxe **
[dəlúks]

adj. **lavish**, **luxurious**, opulent, rich   호화로운

The **deluxe** suite in the hotel offered a fabulous view of the city.

32 dispute **
[dispjúːt]
adj. disputatious

v. 1. **argue**, **contend**   논쟁하다

The townspeople **disputed** with the local council over the decision to build a new road.

[díspjuːt]

n. 2. **argument**, **disagreement**, debate   논쟁

China and Japan struck a deal to end the **dispute** over agricultural trade products.

33 convention **
[kənvénʃən]
adj. conventional
adv. conventionally

n. **usually practiced custom**, tradition, rule   관례, 관습

In some Asian countries, it is the **convention** not to look directly at those older than oneself.

> 🦊 최신출제 포인트
> convention은 'a convention for investors(투자자들을 위한 협의회)'에서처럼 '협의회, 총회' 라는 뜻으로도 많이 쓰인다. 동의어로는 assembly, conference가 출제될 수 있으니 함께 알 아두도록 하자.

34 rival **
[ráivəl]

adj. 1. **competing**, competitive, conflicting   경쟁하는

The two **rival** companies have been at the forefront of the IT industry.

n. 2. **competitor**, antagonist, opponent   경쟁자

Unlike George Washington, John Adams had **rivals** for the presidency.

v. 3. **compete with**, match   ~와 경쟁하다

Heavy investment ensured that the new publication could **rival** its established competitors.

---

deluxe 그 호텔의 호화로운 스위트룸은 도시의 멋진 경관을 제공했다.
dispute 마을 사람들은 새 도로를 건설하기로 한 결정에 대해 시 의회와 논쟁을 했다.
중국과 일본은 교역 농산품에 대한 논쟁을 끝내기 위해 타협했다.
convention 몇몇 아시아 국가에서는 자신보다 나이 많은 사람을 똑바로 쳐다보지 않는 것이 관례이다.
rival 경쟁하는 그 두 회사는 정보통신 산업의 최전선에 있었다.
조지 워싱턴과 달리 존 애덤스에게는 대통령직을 놓고 다투는 경쟁자들이 있었다.
많은 투자는 그 새로운 출판물이 확실히 자리를 잡은 경쟁 상대들과 경쟁할 수 있도록 보장해 주었다.

35 modulate **

[mádʒulèit]

v. **adjust**, regulate, tune 조절하다, 조정하다

The liver **modulates** the levels of various chemicals in the blood.

36 universal **

[jùːnəvə́ːrsəl]

adj. **used everywhere**, general 전 세계적인, 보편적인

Used to mean "stop," a red light at a street intersection is a symbol that is virtually **universal**.

37 equivalent **

[ikwívələnt]

adj. **equal**, **comparable**, even, commensurate 동등한, 상응하는

Although much international aid goes to help the masses, an **equivalent** amount is lost due to corruption and inefficiency.

38 sparsely **

[spáːrsli]
adj. sparse

adv. **thinly**, **widely scattered** 드문드문, 밀도가 낮게

Turkey's **sparsely** populated eastern regions are home to six million Kurds.

39 exceed **

[iksíːd]

v. **go beyond**, **surpass**, have a greater number than 넘다, 초과하다

Christine's yearly income **exceeded** Jack's total earnings from the previous 14 years.

40 linger **

[líŋgər]

v. **remain**, stay 남다

Although almost all the guests had left the party, Steven **lingered** to talk to the host.

41 innovative **

[ínəvèitiv]
n. innovation

adj. **original**, inventive, creative, ingenious 독창적인

Herbal remedies are an **innovative** way to treat many common health problems.

> 🦉 최신출제 포인트
>
> original은 주로 '원래의, 본래의'라는 뜻으로 쓰여서 innovative의 동의어가 아니라고 생각할 수 있다. 그러나 'brainstorm original ideas(독창적인 생각들을 브레인스토밍하다)'에서처럼 original이 '독창적인'이라는 뜻으로 사용될 때에는 innovative의 동의어가 될 수 있다.

---

modulate 간은 혈액 속에 있는 다양한 화학 물질의 농도를 조절한다.
universal '정지'를 의미하기 위해 사용되는 교차로의 빨간 신호등은 실질적으로 전 세계적인 상징이다.
equivalent 국제 원조금 중 많은 부분이 대중을 돕는 데 쓰이기는 하지만, 이와 동등한 금액이 부패와 비효율성으로 인해 낭비된다.
sparsely 인구가 드문드문 거주하는 터키의 동부 지역은 6백만 쿠르드인들의 고향이다.
exceed Christine의 연간 소득은 Jack의 지난 14년간의 총수입을 넘어섰다.
linger 거의 모든 손님들이 파티를 떠났지만, Steven은 주인과 이야기를 하려고 남았다.
innovative 한방 치료는 여러 흔한 건강 문제를 치료할 수 있는 독창적인 방법이다.

42 antiquity **

[æntíkwəti]
adj. antique

n. **ancient times**, distant past 고대

Gold has been highly valued throughout **antiquity** and into modern times.

43 impending **

[impéndiŋ]

adj. **approaching**, imminent 임박한

A person should get a lot of rest to prepare for an **impending** surgery.

44 doctrine **

[dáktrin]

n. **tenet**, **principle**, dogma 교리, 원칙

The Buddha's **doctrine** allowed people to go about their daily lives with confidence.

45 contribute **

[kəntríbju:t]

v. **donate**, endow, pitch in with; **conduce** 기부하다; 공헌하다

Employees could **contribute** a portion of their paycheck to support a local charity.

46 cease *

[si:s]

v. **stop**, **halt**, **end**, terminate 멈추다, 끝나다

The rain had **ceased**, but a strong wind still blew from the southwest.

47 prior to *

prep. **before**, previous to, ahead of ~보다 전에

Scientists are studying the events that may have occurred on Earth **prior to** the extinction of the dinosaurs.

48 groom *

[gru:m]

v. **clean**, tidy (깔끔하게) 다듬다

Chimpanzees often **groom** other members of their group as a form of bonding.

> 🦊 최신출제 포인트
>
> groom과 철자와 발음이 비슷한 gloom은 '우울, 침울(depression, melancholy)'이라는 뜻이므로 시험에서 혼동하지 않도록 주의하자.

---

antiquity
impending
doctrine
contribute
cease
prior to
groom

금은 고대부터 현대에 이르기까지 줄곧 대단히 가치 있게 여겨졌다.
임박한 수술에 대비하기 위해서는 많은 휴식을 취해야 한다.
부처의 교리는 사람들이 자신감을 가지고 그들의 일상 생활을 계속하도록 해주었다.
직원들은 지역 자선단체를 후원하기 위해 급료의 일부를 기부할 수 있었다.
비는 멈췄지만 여전히 남서쪽에서 강한 바람이 불었다.
과학자들은 공룡의 멸종보다 전에 지구에서 발생했을지도 모르는 사건들을 연구하고 있다.
침팬지들은 유대감을 형성하는 한 방식으로 흔히 자기 집단의 다른 구성원들을 다듬어준다.

49 diversity*
[daivə́ːrsəti]
adj. diverse

n. **variety; difference** 다양성; 차이

The cultural **diversity** of the US is particularly obvious in larger cities.

50 correlate*
[kɔ́ːrəlèit]

v. **match**, connect, link (서로) 연관시키다

In the article, experts tried to **correlate** diet soda with an increased risk of heart disease.

51 elite*
[eilíːt]

n. **upper class**, upper crust, aristocracy, gentry 최상류층

For hundreds of years, a small social **elite** dominated much of Western Europe.

52 stratify*
[strǽtəfài]

v. **layer** 층을 이루다

In summer, lakes **stratify**, with warm water collecting above cooler water.

53 lessen*
[lesn]

v. **reduce**, abate, diminish 줄이다

Seatbelts **lessen** the risk of injury in the event of an accident.

54 upset*
[ʌpsét]

v. **disturb**, agitate, unsettle, worry 불안하게 하다

News of the deadly terrorist attacks in the city **upset** people across the world.

🦊 최신출제 포인트
upset은 'upset the ship(배를 뒤엎다)'에서처럼 '뒤엎다'라는 뜻으로도 많이 쓰인다. 동의어로는 tip over, overturn이 출제될 수 있으니 함께 알아두도록 하자.

55 accrete*
[əkríːt]

v. **come together**, accumulate 하나로 합쳐지다

If matter in space **accretes** enough, it can form planets.

---

diversity 미국의 문화적 다양성은 대도시에서 특히 분명히 보인다.
correlate 그 논문에서 전문가들은 다이어트 탄산음료와 심장병의 위험 증가를 연관시키려고 시도했다.
elite 수백 년 동안 소수의 사회 최상류층이 서유럽의 많은 부분을 지배했다.
stratify 여름에는 더운 물이 더 시원한 물 위에 모이면서 호수들이 층을 이룬다.
lessen 안전벨트는 사고 발생 시 부상의 위험을 줄인다.
upset 도시에서 일어난 치명적인 테러리스트 공격에 대한 뉴스는 전 세계 사람들을 불안하게 했다.
accrete 우주에 있는 물질들이 충분히 합쳐지면, 행성을 형성할 수 있다.

56 uninterrupted *

[ʌ̀nintərʌ́ptid]

adj. **steady**, ceaseless, incessant 연속적인, 끊임없는

Ideally, adults should get 8 hours of **uninterrupted** sleep each night.

QUIZ

Choose the synonyms.

1. inevitable
2. vulnerable
3. robust
4. immutable
5. obstacle
6. extensive
7. preserve
8. exceed
9. cease
10. correlate

ⓐ unchangeable, invariable, unalterable
ⓑ unavoidable, certain, inescapable
ⓒ go beyond, surpass
ⓓ match, connect, link
ⓔ protect, save, retain
ⓕ susceptible, weak, open to attack
ⓖ barrier, hindrance, impediment
ⓗ stop, halt, end
ⓘ widespread, large, wide
ⓙ strong, vigorous, healthy

Answer 1.ⓑ 2.ⓕ 3.ⓙ 4.ⓐ 5.ⓖ 6.ⓘ 7.ⓔ 8.ⓒ 9.ⓗ 10.ⓓ

uninterrupted 이상적으로 성인은 매일 밤 8시간의 연속된 수면을 취해야 한다.

Review TEST — DAY 21-25

Choose the synonym of the highlighted word in the sentence.

1. In 1877, Edison produced the phonograph, one of his most intriguing inventions.
   (A) complicated (B) fascinating (C) peculiar (D) brilliant

2. Clouds dissipate due to either air temperature increasing or the vapors mixing with drier air.
   (A) disperse (B) ascend (C) shrink (D) moisten

3. When opening a business, finding the optimal location is very important.
   (A) convenient (B) ideal (C) secure (D) deluxe

4. In London, continual surveillance of citizen behavior is maintained by thousands of public cameras.
   (A) observation (B) appreciation (C) inquiry (D) agitation

5. According to legend, Xerxes was induced by the flattery of his friend Mardonius to invade the Greek mainland.
   (A) commanded (B) mutilated (C) persuaded (D) tamed

6. After the mining company polluted the area, it became a desolate place.
   (A) improbable (B) deserted (C) dangerous (D) staggering

7. Although leaders have met numerous times, the economic dispute remains unresolved.
   (A) unsettled (B) extensive (C) immobile (D) inevitable

8. Harry Houdini astonished audiences with his incredible illusions and stunts.
   (A) astounded (B) encouraged (C) pleased (D) endorsed

9. Margaret Thatcher was driven by the conviction that a strong society needs a strong government.
   (A) virtue (B) faith (C) suspicion (D) dispute

10. James Joyce's final novel *Finnegans Wake* has been criticized for being unnecessarily opaque.
    (A) obscure (B) lucid (C) graphic (D) confined

정답 p.336

Courage 용기

Courage stands halfway between cowardice and rashness, one of which is a lack,
the other an excess of courage.
용기는 비겁함과 무모함의 중간에 있다. 그 중 비겁함은 용기가 부족한 것이고, 무모함은 용기가 지나친 것이다.
- Plutarch 플루타르크

He who loses wealth loses much; he who loses a friend loses more; but he who
loses courage loses all.
부를 잃은 자의 손실은 크다. 친구를 잃은 자의 손실은 더 크다. 그러나 용기를 잃은 자는 더 이상 잃을게 없다.
- Cervantes 세르반데스

Often the test of courage is not to die but to live.
용기가 시험 당하는 때는 대개 죽으려 하는 때가 아니라 살려고 하는 때이다.
- V. Alpierre   V.알피에르(이탈리아 극작가)

Courage without conscience is a wild beast.
양심 없는 용기는 야수와 같다.
- R.G. Ingersoll   R.G 잉거슬(미국정치가)

Courage is the ladder on which all the other virtues mount.
용기는 그 위로 다른 모든 미덕이 오를 수 있는 사다리이다.
- C.B. Luce   C.B. 루스(미국 외교관, 작가)

Hackers TOEFL Vocabulary
Hackers Voca

당신은 화려하진 않지만, 웃는 impression이 그 누구보다 예뻐요.

---

1 offset ★★★
[ɔ́:fsèt]

v. **counterbalance, counteract,** cancel out   상쇄하다

Residents on the island claim that lower housing prices are **offset** by the high bridge toll.

2 assume ★★★
[əsúːm]

v. 1. **undertake, take on, adopt**   (책임·임무를) 떠맡다

After John F. Kennedy's assassination, Lyndon Johnson **assumed** the role of president.

v. 2. **believe, think, suppose, presume**   생각하다

Most people **assume** that stress has serious effects on physical and mental health.

🐺 최신출제 포인트

assuming은 '~이라면'이라는 뜻의 접속사로 쓰이며, 동의어로는 on condition that, provided 가 출제될 수 있으니 함께 알아두도록 하자.

3 periodically ★★★
[pìəriɑ́dikəli]

adv. 1. **regularly**   정기적으로

The fire alarms are tested **periodically** to ensure they are working properly.

adv. 2. **at intervals,** occasionally   간헐적으로, 때때로

Charles Bukowski published his writing **periodically** throughout his life, often going years without releasing any work.

---

offset   그 섬의 주민들은 비교적 낮은 주택 가격이 높은 교량 통행료에 의해 상쇄된다고 주장한다.
assume   존 F. 케네디의 암살 후에 린던 존슨이 대통령의 임무를 떠맡았다.
대부분의 사람들은 스트레스가 신체적, 정신적 건강에 심각한 영향을 미친다고 생각한다.
periodically   화재경보기들은 제대로 작동하고 있는지 확인하기 위해 정기적으로 점검된다.
찰스 부코스키는 종종 몇 년 동안 어떠한 작품도 발매하지 않으면서 일생 동안 작품을 간헐적으로 출판했다.

4 cite ***
[sait]

v. **refer to**, **mention**, allude to 언급하다

Lawyers **cite** previous court decisions in their legal documents.

5 commonly ***
[kámənli]

adv. **generally**, **often**, normally, usually 보통, 일반적으로

The earliest dramas of ancient Greece were **commonly** performed during religious festivals.

6 locate ***
[lóukeit]
n. location

v. 1. **find**, detect, discover (위치 등을) 찾아내다, 발견하다

Scientists have **located** a new planet in a distant solar system.

v. 2. **position**, **situate**, place (장소·위치에) 두다

The city **located** the new statue in the center of town for everyone to see.

7 impose ***
[impóuz]

v. **force**, pressure, enforce 강요하다

Karen, as usual, **imposed** her will upon the rest of the group, and they all ended up at the museum.

> 🦊 **최신출제 포인트**
> impose는 'impose fees for a service(서비스를 위해 요금을 부과하다)'에서처럼 '부과하다'라는 뜻으로도 많이 쓰인다. 동의어로는 charge, fine이 출제될 수 있으니 함께 알아두도록 하자.

8 prerequisite ***
[pri:rékwəzit]

n. **requirement**, **necessary condition**, precondition 필요 조건

Basic Mathematics is a **prerequisite** for the calculus class.

9 immunity ***
[imjú:nəti]

n. **exemption**, **impunity** 면제

Although diplomats enjoy **immunity** from legal prosecution in foreign countries, they can be expelled.

---

cite 변호사들은 그들의 법률 문서에서 법원의 이전 판결들을 언급한다.
commonly 고대 그리스의 초기 연극들은 일반적으로 종교적인 축제 동안에 상연되었다.
locate 과학자들은 멀리 떨어져 있는 태양계에서 새로운 행성 하나를 찾아냈다.
시에서 모든 사람들이 볼 수 있도록 그 새로운 조각상을 시내 한가운데 두었다.
impose Karen은 늘 그렇듯이 자신의 뜻을 나머지 그룹 사람들에게 강요했고, 결국 그들은 모두 박물관에 가게 되었다.
prerequisite 기초 수학은 미적분 수업을 위한 필요 조건이다.
immunity 외교관들은 외국에서 법적 기소가 면제되지만 추방될 수는 있다.

10 proper ***
[prápər]

adj. **suitable, appropriate,** apposite — 적절한

Teenagers are often malnourished because they fail to eat a **proper** diet.

11 embark on ***

phr. **start (on), begin,** commence — 시작하다

After two months of preparation, Bernie **embarked on** his backpacking trip across Europe.

12 probe ***
[proub]

v. 1. **investigate, search,** examine, explore — 조사하다, 찾다

Detectives **probed** the bridge's collapse, but they did not reach a clear conclusion.

n. 2. **exploration,** inquiry — 탐구, 탐사

Both Britain and France launched a **probe** into how the criminal had slipped through their security net.

13 exhaust ***
[igzɔ́:st]

v. 1. **use up, deplete, run out of** — 다 써 버리다, 고갈시키다

The world has **exhausted** much of its natural resources.

v. 2. **tire,** weary, fatigue — 지치게 하다

Running the marathon **exhausted** Linda so much that she could not get up for two days.

> 🦊 최신출제 포인트
> exhaust의 형용사형인 exhaustive는 '고갈시키는'이라는 뜻 외에도 '철저한'이라는 뜻으로 많이 쓰이며, 동의어로는 thorough, complete가 출제될 수 있으니 함께 알아두도록 하자.

14 exclusive ***
[iksklú:siv]
v. exclude
adv. exclusively

adj. **only, sole,** single — 유일한

In many small rural towns, a personal automobile is the **exclusive** means of transportation.

---

proper — 십대들은 적절한 식사를 하지 않아서 종종 영양실조에 걸리곤 한다.
embark on — 두 달간의 준비 후, Bernie는 유럽을 횡단하는 배낭여행을 시작했다.
probe — 형사들은 다리 붕괴 사건을 조사했지만, 명확한 결론에 이르지 못했다.
영국과 프랑스 모두 그 범죄자가 어떻게 그들의 보안망을 빠져나갔는지에 대한 탐사를 시작했다.
exhaust — 세계는 천연 자원의 많은 양을 다 써 버렸다.
마라톤을 뛴 것이 Linda를 너무 지치게 해서 그녀는 이틀 동안 일어날 수 없었다.
exclusive — 많은 수의 작은 시골 마을에서는 자가용이 유일한 교통 수단이다.

15 manipulate ***
[mənípjulèit]
n. manipulation

v. 1. handle, control, operate, maneuver — 다루다, 조종하다

Astronauts **manipulate** devices like the Canada Arm, a tool used to grab floating objects in space.

v. 2. change, deliberately alter — 조작하다, 속이다

Someone **manipulated** the company's computer passwords and deleted some important files.

16 ongoing ***
[ɔ́:ŋgòuiŋ]

adj. continued, constant, persistent — 계속 진행 중인

The recovery after the hurricane is still **ongoing**.

17 primary ***
[práiməri]

adj. fundamental, elementary, basic — 기본적인

All matter is composed of **primary** particles, such as quarks.

18 interval **
[íntərvəl]

n. space, distance; period — (시간·공간의) 간격; 기간

Drivers of automobiles must maintain a minimum **interval** of one meter between their vehicles and bikers.

19 spark **
[spɑːrk]

v. bring about, trigger, provoke — 유발하다

The government council proposed tax reforms in order to **spark** activity in the stagnant economy.

> 🦊 최신출제 포인트
> spark는 동사가 아닌 명사로도 많이 쓰인다. 명사로는 'a spark of hope(약간의 희망)'에서처럼 '약간, 조금'이라는 뜻으로 주로 쓰이며, 동의어로는 hint가 출제될 수 있으니 함께 알아두도록 하자.

20 tenacity **
[tənǽsəti]

n. stubbornness, determination, firmness — 완고함, 고집

Some residents refused to abandon their homes before the storm, and their **tenacity** put them in danger.

---

manipulate 우주 비행사들은 우주에서 떠다니는 물체들을 붙잡는 데 사용되는 도구인 Canada Arm과 같은 장비들을 다룬다.
누군가가 회사 컴퓨터 암호를 조작했고 몇몇 중요한 파일들을 삭제했다.
ongoing 허리케인 후 복구 작업은 아직도 계속 진행 중이다.
primary 모든 물질은 쿼크와 같은 기본적인 입자들로 이루어져 있다.
interval 자동차 운전자들은 자신의 차와 오토바이를 타는 사람 사이에 최소 1미터의 간격을 유지해야 한다.
spark 정부 협의회는 침체된 경제에 활기를 유발하기 위해 세제 개혁을 제안했다.
tenacity 몇몇 주민들은 태풍이 오기 전에 집을 떠나는 것을 거부했고, 그들의 완고함은 그들을 위험에 빠뜨렸다.

21 distinctive **

[distíŋktiv]
n. distinction

adj. **characteristic**, peculiar 특유의, 특색 있는

Maya's large blue eyes are her most **distinctive** facial feature.

22 collaborative **

[kəlǽbərèitiv]
v. collaborate

adj. **cooperative**, concerted, joint 공동의, 협력적인

A **collaborative** effort involving many scientists was required to produce the first atomic bomb.

23 deeply ingrained **

phr. **firmly established** (습관 등이) 깊이 배어든, 뿌리박힌

Personal freedom is a **deeply ingrained** principle of liberal democracies.

24 instantaneous **

[ìnstəntéiniəs]

adj. **immediate**, prompt, on-the-spot 즉각적인

Todd's **instantaneous** reaction to being fired was to scream at his boss, an action which he later regretted.

25 agitate **

[ǽdʒitèit]

v. **create movement in**, stir, beat 뒤흔들다, 휘젓다

Filters in fish tanks **agitate** the water, and this helps prevent the growth of algae.

> 🦊 최신출제 포인트
> agitate의 명사형인 agitation은 '동요, 격동'이라는 뜻이며, 동의어로는 turmoil, disturbance가 출제될 수 있으니 함께 알아두도록 하자.

26 in profile **

phr. **from side view** 옆모습으로

The artist preferred drawing portraits of people **in profile**.

27 especially **

[ispéʃəli]

adv. **particularly**, notably, specially 특히

Different kinds of gemstones, **especially** diamonds and rubies, are valued for their rarity.

---

distinctive Maya의 크고 파란 눈은 그녀의 얼굴 특징 중 가장 특색 있는 부분이다.
collaborative 최초의 원자 폭탄을 만들어 내는 데에는 많은 과학자들이 참여하는 공동의 노력이 필요했다.
deeply ingrained 개인의 자유는 자유 민주주의에 깊이 뿌리박힌 원칙이다.
instantaneous 해고당한 것에 대한 Todd의 즉각적인 반응은 그의 상사에게 소리를 지르는 것이었는데, 나중에 그가 후회한 행동이었다.
agitate 수조에 있는 필터는 물을 뒤흔드는데 이것은 조류의 성장을 막는 데 도움을 준다.
in profile 그 예술가는 사람들의 옆모습으로 초상화를 그리는 것을 선호했다.
especially 각기 다른 종류의 보석들, 특히 다이아몬드와 루비는 그들의 희귀성 때문에 귀중하게 여겨진다.

28 creative**
[kriéitiv]

adj. **inventive**, **imaginative** 창의적인

The **creative** stories of C.S. Lewis have entertained children for generations.

29 rim**
[rim]

n. **edge**, border, verge, margin 가장자리

The falling snow collected on the **rim** of the fountain.

30 anxious**
[ǽŋkʃəs]
n. anxiety

adj. 1. **worried**, concerned, apprehensive, uneasy 걱정하는

It is common for people to feel **anxious** about starting a new job.

adj. 2. **eager**, keen, longing 열망하는

Athletes are **anxious** to represent their countries at the Olympics because it is a great honor.

31 require**
[rikwáiər]
n. requisite

v. **demand**, **call for**, **entail**, need 요구하다, 필요로 하다

Modern consumers are well informed, so successful marketing in today's economy **requires** sophisticated strategies.

> 🦊 최신출제 포인트
> require와 함께 다음의 단어들을 구별하여 알아두도록 하자.
> • acquire 취득하다, 획득하다
> • inquire 문의하다

32 handy**
[hǽndi]

adj. **convenient** 편리한

Many people choose to live near a subway station because it is **handy** for transportation.

33 rare**
[rɛər]

adj. **(very) unusual**, **infrequent**, **scarce**, uncommon 드문

Huck and Jim shared a friendship, which was **rare** between a servant and his master.

---

creative C.S. 루이스의 창의적인 이야기들은 수 세대에 걸쳐 아이들을 즐겁게 해 주었다.
rim 내리는 눈이 분수의 가장자리에 쌓였다.
anxious 사람들이 새로운 일을 시작하는 것에 대해 걱정하는 것은 흔한 일이다.
운동선수들은 올림픽에서 자신의 나라를 대표하는 것이 큰 영광이기에 그것을 열망한다.
require 현대 소비자들은 아는 게 많기 때문에, 오늘날의 경제에서 성공적인 마케팅은 정교한 전략을 필요로 한다.
handy 교통이 편리하기 때문에 많은 사람들이 지하철역 가까이에 사는 것을 선택한다.
rare Huck과 Jim은 하인과 주인 사이에는 드문 우정을 나누었다.

34 diligently **

[dílədʒəntli]

adv. **earnestly, assiduously, carefully, industriously**

열심히, 애써서

Students must conduct research **diligently** in doing a term paper or thesis.

35 mutually exclusive **

phr. **different from one another**

상호 배타적인

The business partners parted because their opinions were **mutually exclusive**.

36 vacant **

[véikənt]

adj. **empty, unoccupied, void**

(집·땅 등이) 비어 있는

The hotel rooms are **vacant** during the winter months because the cold weather deters tourism.

37 represent **

[rèprizént]
adj. representative

v. **depict, portray, express**

묘사하다, 나타내다

The report **represents** the current situation in our education system.

38 conclude **

[kənklú:d]
adj. conclusive
adv. conclusively

v. **decide, make a final judgement, determine**

결론을 내리다

It was **concluded** that liquid water cannot exist on a planet that has extreme temperatures.

39 enactment **

[inǽktmənt]
v. enact

n. **establishment**

(법률) 제정

The **enactment** of legislation on food packaging labels lets customers know what a product contains.

40 impede **

[impí:d]
n. impediment

v. **inhibit, hinder, obstruct**

방해하다

Drought **impeded** the growth of many agricultural crops last summer.

🦊 최신출제 포인트

impede와 철자가 비슷한 impend는 '임박하다(imminent, upcoming)'라는 뜻이므로 시험에서 혼동하지 않도록 주의하자.

---

diligently 학생들은 학기말 과제나 논문을 쓸 때 조사를 열심히 해야만 한다.
mutually exclusive 그 동업자들은 서로 의견이 상호 배타적이었기 때문에 갈라섰다.
vacant 추운 날씨가 관광업을 방해하기 때문에 겨울철 동안에는 호텔 객실이 비어 있다.
represent 그 보고서는 우리 교육 체계의 현 상황을 묘사한다.
conclude 극한의 기온을 가진 행성에서는 액체 상태의 물이 존재할 수 없다고 결론이 내려졌다.
enactment 식품 포장 라벨에 관한 법률의 제정은 제품이 무엇을 함유하고 있는지 소비자들이 알 수 있게 해 준다.
impede 지난 여름에 가뭄이 많은 농작물의 성장을 방해했다.

| 41 **humble** ** | adj. | **modest**, unpretentious, unassuming | 초라한, 겸손한 |

[hʌ́mbl]

Despite the actor's tremendous success, he had a very **humble** house.

| 42 **premise** ** | n. | **assumption**, presupposition | 전제, 가정 |

[prémis]

The Chinese legal system works on the **premise** that an accused person is guilty until he is proven innocent.

| 43 **jettison** * | v. | **release**, discard, throw away, cast off | 버리다 |

[dʒétəsn]

Pilots sometimes **jettison** excess fuel to make an airplane lighter for landing.

| 44 **segregate** * | v. | **separate**, **seclude**, dissociate, disunite | 분리하다, 격리하다 |

[ségrigèit]

All restaurants are now required to **segregate** smokers from nonsmokers.

| 45 **innumerable** * | adj. | **countless**, numberless, numerous | 무수한 |

[injú:mərəbl]

Jim Henson produced **innumerable** films and TV shows.

| 46 **havoc** * | n. | **destruction**, **ruin**, devastation, demolition | 대파괴 |

[hǽvək]

If we don't halt the progress of climate change, it will create **havoc** on a global scale.

| 47 **dwindle** * | v. | **decrease**, **diminish**, lessen | 줄어들다 |

[dwíndl]

The crowd celebrating the World Cup victory didn't start to **dwindle** until the early hours of the morning.

> 🐺 최신출제 포인트
> dwindle과 철자가 비슷한 dawdle은 '꾸물거리다(linger, procrastinate)'라는 뜻이므로 시험에서 혼동하지 않도록 주의하자.

---

humble 엄청난 성공에도 불구하고, 그 배우는 매우 초라한 집을 가지고 있었다.
premise 중국의 법률 제도는 피의자가 무죄라는 것이 증명될 때까지는 유죄라는 전제하에 작용한다.
jettison 조종사들은 가끔 착륙을 위해 비행기를 가볍게 하려고 여분의 연료를 버린다.
segregate 모든 레스토랑들은 이제 흡연자와 비흡연자를 분리하도록 요구받는다.
innumerable 짐 헨슨은 무수한 영화와 텔레비전 프로그램을 제작했다.
havoc 만약 우리가 기후 변화의 진행을 막지 않는다면, 그것은 전 세계적인 규모의 대파괴를 야기할 것이다.
dwindle 월드컵 승리를 축하하는 인파는 이른 아침 시간이 돼서야 줄어들기 시작했다.

48 concept *
[kánsept]

n. **idea**, notion 개념

Thomas More's *Utopia* was based on the **concept** of a perfect world.

49 sensational *
[senséiʃənl]

adj. **extraordinary**, exciting 굉장한, 놀라운

Las Vegas is known around the world for its **sensational** night life.

50 convincing *
[kənvínsiŋ]

adj. **persuasive**, compelling, credible, cogent 설득력 있는

There's no **convincing** explanation as to how dogs were domesticated.

51 insight *
[ínsàit]

n. **understanding**, perception, sense 통찰력, 이해

Nextel has **insight** into the mobile business market that Motorola would like to have.

> 🦊 최신출제 포인트
> insight의 형용사형인 insightful은 '통찰력 있는'이라는 뜻이며, 동의어로는 discerning, perceptive 가 출제될 수 있으니 함께 알아두도록 하자.

52 naively *
[nɑːíːvli]

adv. **plainly**, candidly, ingenuously 솔직하게, 순진하게

The witness **naively** answered all of the judge's questions.

53 vague *
[veig]

adj. **unclear**, **uncertain**, **imprecise**, obscure 모호한, 불분명한

In legal documents, it is essential to avoid **vague** terms and definitions.

54 associated *
[əsóuʃièitid]

adj. **connected**, correlated, linked 관련된

El Niño is a perfect example of how weather patterns and oceanic currents are closely **associated**.

---

concept	토마스 모어의 '유토피아'는 완벽한 세상이라는 개념에 기반했다.
sensational	라스베이거스는 굉장한 밤 문화로 전 세계에 알려져 있다.
convincing	개가 어떻게 길들여졌는지에 대한 설득력 있는 설명은 없다.
insight	넥스텔은 모토롤라가 가지고 싶어하는 모바일 사업 시장에 대한 통찰력을 가지고 있다.
naively	증인은 판사의 모든 질문에 솔직하게 대답했다.
vague	법률 문서에서는 모호한 용어와 정의를 피하는 것이 필수적이다.
associated	엘리뇨 현상은 기상 패턴과 해류가 얼마나 밀접하게 관련되어 있는지 보여주는 완벽한 예시이다.

55 amplification*

[ǽmpləfikéiʃən]
v. amplify

n. **further explanation**   부연 설명

The Talmud is a Jewish text that provides **amplification** of the concepts from the Hebrew Bible.

QUIZ

Choose the synonyms.

1. tenacity
2. impose
3. vacant
4. represent
5. require
6. manipulate
7. primary
8. innumerable
9. vague
10. exclusive

ⓐ countless, numberless, numerous
ⓑ empty, unoccupied, void
ⓒ handle, control, operate
ⓓ only, sole, single
ⓔ stubbornness, determination, firmness
ⓕ fundamental, elementary, basic
ⓖ demand, call for, entail
ⓗ force, pressure, enforce
ⓘ depict, portray, express
ⓙ unclear, uncertain, imprecise

Answer: 1.ⓔ 2.ⓗ 3.ⓑ 4.ⓘ 5.ⓖ 6.ⓒ 7.ⓕ 8.ⓐ 9.ⓙ 10.ⓓ

---

amplification   탈무드는 히브리 성경에 나오는 개념들에 대한 부연 설명을 제공하는 유대교의 책이다.

DAY 27

Hackers TOEFL Vocabulary
Hackers Voca

당신은 특별해요. 그 누구도 당신을 displace할 수는 없으니까요.

---

1 remnant ***
[rémnənt]

n. **leftover**, **remains**, **trace**, relic — 나머지, 잔존물

It is possible that comets are **remnants** from the formation of the solar system.

---

2 indispensable ***
[ìndispénsəbl]

adj. **essential**, **necessary**, requisite — 필수적인

Adam considered compromise an **indispensable** tool in a federal system.

---

3 undermine ***
[ʌ̀ndərmáin]

v. **weaken**, attenuate — 약화시키다

Income reductions have **undermined** the foundation of the middle class.

🦊 최신출제 포인트

undermine과 함께 다음의 단어들을 구별하여 알아두도록 하자.
• undertake 떠맡다
• underlie ~의 기초가 되다

---

4 fashion ***
[fǽʃən]

n. 1. **way**, manner, mode — 방식

Shoppers are asked to line up in an orderly **fashion** at the checkout counter.

v. 2. **shape**, **create**, **make** — 만들다, 형성하다

The prime minister's masterful diplomacy **fashioned** a broad international alliance.

---

remnant
indispensable
undermine
fashion

혜성은 태양계의 형성에서 생긴 잔존물일 가능성이 있다.
Adam은 타협이 연방 체제에서 필수적인 수단이라고 생각했다.
수입의 감소는 중산층의 기반을 약화시켜 왔다.
쇼핑객들은 계산대에서 질서 있는 방식으로 줄을 서 달라고 요청 받았다.
그 수상의 훌륭한 외교술이 폭넓은 국제 연합을 형성했다.

5 prolong ***
[prəlɔ́ːŋ]

v. extend, lengthen, protract   연장하다

Richard Nixon was convinced that the antiwar movement **prolonged** the war.

6 adequate ***
[ǽdikwət]

adj. sufficient, satisfactory   충분한

Joseph's research cannot be completed without **adequate** funding.

7 halt ***
[hɔːlt]

v. stop, cease   정지시키다

The traffic guard **halted** Susan and her friends at the crosswalk until the light turned green.

8 controversial ***
[kàntrəvə́ːrʃəl]
n. controversy

adj. debatable, disputed, producing disagreement   논쟁의 여지가 있는

The political boundaries between some countries remain **controversial**, so not all maps are the same.

9 match ***
[mætʃ]

v. equal, rival, parallel   맞먹다, 필적하다

The philanthropist's donation **matched** the largest figure previously donated.

> 🦊 최신출제 포인트
> match는 'match the interior decor(실내 장식을 조화시키다)'에서처럼 '조화시키다'라는 뜻으로도 많이 쓰인다. 동의어로는 accord, harmonize가 출제될 수 있으니 함께 알아두도록 하자.

10 enduring ***
[indjúəriŋ]

adj. lasting, surviving, everlasting, perpetual   지속되는, 영속적인

Michelangelo's paintings and sculptures had an **enduring** impact on the art world.

11 restrict ***
[ristríkt]

v. limit, confine, restrain   제한하다

The legislation **restricted** the sale of soft drinks in cafeterias during school hours.

---

prolong 리처드 닉슨은 반전 운동이 그 전쟁을 연장했다고 확신했다.
adequate Joseph의 연구는 충분한 재정 지원 없이는 완성될 수 없다.
halt 교통 정리원은 신호등이 초록색으로 바뀔 때까지 Susan과 그녀의 친구들을 횡단보도에 정지시켰다.
controversial 몇몇 나라들 간의 행정 경계는 논쟁의 여지가 있는 채로 남아 있어서 모든 지도가 똑같지는 않다.
match 그 자선가의 기부금은 이전에 기부되었던 가장 큰 금액에 필적했다.
enduring 미켈란젤로의 그림과 조각은 예술계에 영속적인 영향을 미쳤다.
restrict 그 법률은 수업 시간 동안 구내식당에서의 청량음료 판매를 제한했다.

12 encompass ***
[inkʌ́mpəs]

v. **include**, contain, embrace 포함하다

Hawaii **encompasses** eight major islands and numerous smaller ones.

13 consider ***
[kənsídər]

v. **contemplate, take into account** 곰곰이 생각하다, 고려하다

A person must carefully **consider** all possible options before choosing a course of action.

🐾 최신출제 포인트
consider는 'consider the water safe(물을 안전한 것으로 여기다)'에서처럼 '여기다, 간주하다' 라는 뜻으로도 많이 쓰인다. 동의어로는 deem, regard가 출제될 수 있으니 함께 알아두도록 하자.

14 integrate ***
[íntəgrèit]
n. integration

v. **unite**, **unify**, **synthesize**, **interconnect**, consolidate 통합하다

Kirin and Takeda will **integrate** their food operations by establishing a joint venture next spring.

15 startling ***
[stá:rtliŋ]

adj. **surprising**, astonishing, alarming 놀라운

It is **startling** that almost 15 percent of the world's people are illiterate even today.

16 unaccounted for ***

phr. **not explained** 설명되지 않은

The cause of the explosion at the textile factory is still **unaccounted for** despite weeks of investigation.

17 manifest ***
[mǽnəfèst]
n. manifestation

v. 1. **indicate**, **reveal**, **demonstrate** 나타내다

Heart disease **manifests** itself with a variety of symptoms, the most common being chest pain and shortness of breath.

adj. 2. **obvious**, **clear**, **definite**, evident 명백한

It is **manifest** that Paolo does not know what it is to be an artist.

---

encompass 하와이는 8개의 주요 섬과 그보다 작은 수많은 섬들을 포함한다.
consider 사람은 행동 방침을 정하기 전에 모든 가능한 선택 사항들을 신중히 고려해야만 한다.
integrate Kirin과 Takeda는 내년 봄에 합작 기업을 설립함으로써 그들의 식품 사업을 통합할 것이다.
startling 세계 인구의 거의 15%가 오늘날까지도 문맹이라는 것은 놀랍다.
unaccounted for 몇 주 간의 조사에도 불구하고, 방직 공장의 폭발 사고 원인은 아직도 설명되지 않는다.
manifest 심장 질환은 다양한 증상들로 자신을 나타내는데, 가장 흔한 증상은 가슴 통증과 호흡 곤란이다.
Paolo는 예술가가 된다는 것이 어떤 것인지 모르는 것이 명백하다.

18 fragile**

[frǽdʒəl]

adj. **easily broken**, **delicate**, weak 깨지기 쉬운, 약한

Ceramic tiles are beautiful, but very **fragile**.

19 faithful**

[féiθfəl]

adj. **accurate**, **exact**, precise, veracious (사실 등에) 충실한, 정확한

Many studies have shown that witnesses rarely give **faithful** accounts of accidents or crimes.

🦊 최신출제 포인트
faithful의 명사형인 faith는 '확신'이라는 뜻이며, 동의어로는 conviction, assurance가 출제될 수 있으니 함께 알아두도록 하자.

20 concede**

[kənsíːd]

v. 1. **admit**, **accept as true**, acknowledge 인정하다

Since all the evidence contradicted his idea, the scientist **conceded** that his theory was wrong.

v. 2. **grant** 허락하다

The employer reluctantly **conceded** a pay raise to prevent a worker strike.

21 threaten**

[θrétn]
n. threat

v. **endanger**, **menace**, imperil, jeopardize 위태롭게 하다

Excessive logging **threatens** many animal and plant species in the rainforest.

22 revolutionize**

[rèvəlúːʃənàiz]
n. revolution

v. **fundamentally change**, completely change 혁신을 일으키다

The invention of the light bulb **revolutionized** world civilization.

23 haphazard**

[hæphǽzərd]

adj. **random**, chance, casual 무계획적인, 우연한

Haphazard urban growth causes many severe problems.

---

fragile 도자기 타일들은 아름답지만, 깨지기 매우 쉽다.
faithful 많은 연구들은 목격자들이 사고나 범죄에 대해 정확한 설명을 거의 하지 못한다는 것을 증명해 왔다.
concede 모든 증거가 그의 생각과 모순됐기 때문에, 그 과학자는 자신의 이론이 틀렸다는 것을 인정했다.
고용주는 근로자 파업을 막기 위해 마지못해 임금 인상을 허락했다.
threaten 지나친 벌목은 열대우림에 있는 많은 동식물 종들을 위태롭게 한다.
revolutionize 백열전구의 발명은 세계 문명에 혁신을 일으켰다.
haphazard 무계획적인 도시 성장은 여러 심각한 문제들을 야기한다.

24 mainstay **

[méinstèi]

n. **important part**, anchor, buttress 주요 의지물, 대들보

Rice is a **mainstay** in the diets of many people around the world.

25 wholly **

[hóulli]

adv. **completely**, **entirely**, fully, thoroughly 완전히

The team has prepared a **wholly** convincing argument for their debate.

26 edible **

[édəbl]

adj. **eatable**, **fit to eat**, safe to eat 먹을 수 있는

One should check the expiry date on food to ensure that it is still **edible**.

27 legible **

[lédʒəbl]

adj. **recognizable**, readable 알아볼 수 있는

Before the discovery of the Rosetta Stone, ancient Egyptian writing was not **legible** to scholars.

28 scrutinize **

[skrú:tənàiz]

n. scrutiny

v. **examine**, inspect, investigate, probe (세밀히) 조사하다

Investigators **scrutinized** the crime scene for evidence.

29 in essence **

phr. **essentially**, **fundamentally**, **basically**, in substance 본질적으로

Nicomachean Ethics asserted that human beings are, **in essence**, rational creatures.

30 beneficial **

[bènəfíʃəl]

adj. **useful**, **helpful**, advantageous, profitable 유익한

Having ladybugs in your garden is **beneficial** because they eat many pests.

🦉 최신출제 포인트

beneficiary는 '수혜자'라는 뜻의 명사로 쓰이며, 동의어로는 recipient, receiver가 출제될 수 있으니 함께 알아두도록 하자.

---

mainstay 쌀은 전 세계 많은 사람들의 식사에 주요 의지물이다.
wholly 그 팀은 토론을 위해 완전히 설득력 있는 주장을 준비해 왔다.
edible 아직 먹을 수 있는 것인지 확실히 하기 위해 식품에 있는 유통 기한을 확인해야 한다.
legible 로제타석의 발견 이전에는 학자들은 고대 이집트인들의 글을 알아볼 수 없었다.
scrutinize 조사관들은 증거를 찾기 위해 범죄 현장을 세밀히 조사했다.
in essence 니코마코스 윤리학은 인간이 본질적으로 이성적인 존재라고 주장했다.
beneficial 무당벌레는 많은 해충들을 잡아먹기 때문에 정원에 그것들이 있는 것은 유익하다.

31 **distribute****
[distríbju:t]

v. **parcel out, spread**, allot, apportion — 분배하다

The company decided to **distribute** bonuses based on employee performance.

32 **heir****
[ɛər]

n. **inheritor**, successor — 상속인

The **heirs** to John D. Rockefeller's fortune have donated millions of dollars to charity.

33 **specifically****
[spisífikəli]

adv. **specially**, especially, particularly — 특별히

The song was written **specifically** for the movie.

34 **costly****
[kɔ́:stli]

adj. **expensive**, high-priced — 돈이 많이 드는

The sisters' trip to Ireland was rather **costly**, but they both agreed it was well worth the money.

35 **yield****
[ji:ld]

v. 1. **produce, generate, give** — 산출하다

Farms in Iowa **yield** more than 500 million tons of corn annually.

v. 2. **cede**, surrender, hand over — 넘겨주다, 양도하다

The defeated army **yielded** its position to the enemy.

36 **channel****
[tʃænl]

v. **direct** — (관심·노력 등을) 돌리다, 쏟다

The composer **channeled** all of his energy into finishing his opera.

> 🐺 **최신출제 포인트**
>
> channel은 동사가 아닌 명사로도 많이 쓰인다. 명사로는 'a channel of communication(의사 소통의 수단)'에서처럼 '수단, 방법'이라는 뜻으로 주로 쓰이며, 동의어로는 means, way가 출제될 수 있으니 함께 알아두도록 하자.

---

distribute 회사는 직원의 성과에 근거하여 상여금을 분배하기로 결정했다.
heir 존 D. 록펠러 재산의 상속인들은 자선 단체에 수백만 달러를 기부했다.
specifically 그 노래는 그 영화를 위해 특별히 작곡되었다.
costly 그 자매의 아일랜드 여행은 다소 돈이 많이 들었지만, 두 사람 모두 그 여행이 충분히 그만큼의 가치가 있었다는 것에 동의했다.
yield 아이오와 주에 있는 농장들은 매년 5억 톤 이상의 곡물을 산출한다.
패배한 그 군대는 자신들의 진지를 적에게 넘겨주었다.
channel 그 작곡가는 자신의 모든 에너지를 오페라를 마무리짓는 데 쏟았다.

37 necessary ★★
[nésəsèri]

adj. **required**, requisite, essential, indispensable — 필요한, 필수의

These days, students can complete all of the **necessary** courses to get a degree online.

38 retrospect ★★
[rétrəspèkt]

v. **look back** — 회고하다, 추억하다

In order to understand present cultures, anthropologists **retrospect** on those of the past.

39 overview ★★
[óuvərvjùː]

n. **summary**, outline, synopsis — 개요

The author's latest book gives readers an **overview** of the history of automobiles.

> 🦊 최신출제 포인트
> overview와 함께 다음의 단어들을 구별하여 알아두도록 하자.
> • oversee 감독하다
> • overlook 간과하다 ('감독하다'라는 뜻도 있음)

40 occasional ★★
[əkéiʒənəl]
adv. occasionally

adj. **infrequent**, sporadic, intermittent — 가끔의

Although most developed countries have nearly eradicated measles, **occasional** outbreaks do occur.

41 respectively ★★
[rispéktivli]
adj. respective

adv. **separately**, individually, each — 각각

Third quarter earnings in machine exports and imports are 51.4 million and 29.6 million, **respectively**.

42 entice ★★
[intáis]

v. **tempt**, **allure**, seduce — 유혹하다

The tech company is able to **entice** young workers with competitive salary and flexible work hours.

43 choose ★★
[tʃuːz]

v. **opt**, select — 선택하다

Diners can **choose** to eat indoors or out on the terrace.

---

necessary 요즘에는 학생들이 학위를 받기 위해 필요한 과목들을 모두 온라인 상에서 끝마칠 수 있다.
retrospect 현재의 문화를 이해하기 위해서 인류학자들은 과거의 문화들을 회고한다.
overview 그 작가의 최근 저서는 독자들에게 자동차 역사의 개요를 제공한다.
occasional 대부분의 선진국들이 홍역을 거의 박멸시켰다고는 하나, 가끔 발생하기도 한다.
respectively 기계 수출과 수입의 3분기 수익은 각각 5,140만 달러와 2,960만 달러이다.
entice 그 기술 회사는 경쟁력 있는 급여와 유연한 근무 시간으로 젊은 근로자들을 유혹할 수 있다.
choose 식사하는 손님들은 실내 또는 야외 테라스에서 식사하는 것을 선택할 수 있다.

44 work out at **

phr. **be calculated at** — 계산되다

From 1900 to 1910, the fruit trade in the US **worked out at** 458 million dollars.

45 enlist *
[inlíst]

v. **enroll**, **join**, sign up; **recruit** — 입대하다; (신병을) 모집하다

Daniel **enlisted** in the German military at the age of 14.

46 diminish *
[dimíniʃ]

v. **reduce**, **decrease**, **lessen**, cut, abate — 줄이다

Many studies have shown that having a pet can **diminish** symptoms for people suffering from anxiety disorders.

> 최신출제 포인트
> diminish는 'diminish his achievement(그의 업적을 손상시키다)'에서처럼 '(명예 등을) 손상시키다, 떨어뜨리다'라는 뜻으로도 많이 쓰인다. 동의어로는 belittle, depreciate가 출제될 수 있으니 함께 알아두도록 하자.

47 norm *
[nɔːrm]

n. **rule**, standard — 규범

The **norm** in journalism is for writers to keep their sources confidential.

48 ostentatious *
[àstəntéiʃəs]

adj. **showy** — 과시하는

Many who attend Fashion Week wear **ostentatious** outfits.

49 desert *
[dizə́ːrt]

v. **abandon**, forsake, leave — (사람·장소 등을) 버리다

Animals will **desert** drought-stricken regions and relocate to more hospitable ones.

50 dwelling *
[dwéliŋ]

n. **living quarters**, habitation, residence, home — 거주지

Nomadic peoples live in portable **dwellings** that can easily be packed up and transported.

---

work out at 1900년부터 1910년까지 미국에서의 과일 무역은 4억 5천 8백만 달러로 계산되었다.
enlist Daniel은 14살의 나이에 독일군에 입대했다.
diminish 애완동물을 기르는 것이 불안 장애를 겪고 있는 사람들의 증상을 줄일 수 있다는 것을 많은 연구들이 증명했다.
norm 기자가 자신의 정보원을 비밀로 하는 것이 언론계의 규범이다.
ostentatious Fashion Week에 참석하는 많은 사람들이 과시하는 복장을 입는다.
desert 동물들은 가뭄이 닥친 지역을 버리고 더 쾌적한 곳으로 이동할 것이다.
dwelling 유목민들은 쉽게 챙겨서 옮길 수 있는 이동식 거주지에 산다.

51 homogenize *
[həmádʒənàiz]
adj. homogeneous

v. **remove variation within**, make uniform — 동질화하다

Although the Romans conquered many cultures, they did not fully **homogenize** them.

52 up *
[ʌp]

v. **increase**, raise, augment, multiply — (가격 등을) 올리다, 증가시키다

The café recently **upped** the price of tea and coffee.

53 displace *
[displéis]

v. 1. **supplant**, replace — 대체하다

The television had **displaced** the radio in American living rooms by 1960.

v. 2. **move out of position** — 옮기다

Some sewer lines were **displaced** due to the subway construction.

54 numerous *
[njúːmərəs]

adj. **very many**, countless, innumerable — 매우 많은

Frank Lloyd Wright is famous for designing **numerous** innovative buildings.

55 discharge *
[distʃáːrdʒ]

v. **release**, emit, excrete — 방출하다

Certain species of fish **discharge** poison as a way to defend themselves when threatened.

🦊 최신출제 포인트
discharge는 'discharge one's duties(임무를 수행하다)'에서처럼 '수행하다'라는 뜻으로도 많이 쓰인다. 동의어로는 fulfill, perform이 출제될 수 있으니 함께 알아두도록 하자.

56 defend *
[difénd]

v. **guard** — 방어하다, 지키다

The immune system **defends** the body against viruses and bacteria.

---

homogenize 로마인들은 많은 문화를 정복했음에도 불구하고, 그것들을 완전히 동질화시키지는 않았다.
up 그 카페는 최근에 차와 커피 가격을 올렸다.
displace 1960년쯤에는 미국인들의 거실에서 텔레비전이 라디오를 대체했다.
몇몇 하수관들이 지하철 공사로 인해 옮겨졌다.
numerous 프랭크 로이드 라이트는 매우 많은 획기적인 건물들을 디자인한 것으로 유명하다.
discharge 어떤 종류의 어류들은 위협을 받으면 자신을 방어하는 한 방법으로 독을 방출한다.
defend 면역 체계는 바이러스와 세균으로부터 신체를 방어한다.

57 compose [kəmpóuz]

v. **make up** 구성하다

The lines and colors that **compose** the picture provide a good example of impressionism.

compose 그 그림을 구성하는 선과 색은 인상주의의 좋은 예를 제공한다.

QUIZ

Choose the synonyms.

1. restrict
2. prolong
3. haphazard
4. distribute
5. beneficial
6. consider
7. fragile
8. occasional
9. diminish
10. norm

ⓐ reduce, decrease, lessen
ⓑ limit, confine, restrain
ⓒ contemplate, take into account
ⓓ easily broken, delicate, weak
ⓔ random, chance, casual
ⓕ infrequent, sporadic, intermittent
ⓖ rule, standard
ⓗ extend, lengthen, protract
ⓘ parcel out, spread, allot
ⓙ useful, helpful, advantageous

Answer 1.ⓑ 2.ⓗ 3.ⓔ 4.ⓘ 5.ⓙ 6.ⓒ 7.ⓓ 8.ⓕ 9.ⓐ 10.ⓖ

DAY 28

Hackers T O E F L Vocabulary

Hackers Voca

원하는 것이 있다면 주위를 hover하고 있지만 말고 용기 내어 쟁취하세요.

---

1 abundance ***
[əbʌ́ndəns]
adj. abundant

n. **plenty, large number, profusion** — 다수, 풍부

There was an **abundance** of wild animals in the dense forests.

2 onset ***
[ɑ́:nsèt]

n. **beginning, start,** commencement — 시작

At the **onset** of the 19th century, New York City was already a bustling commercial center.

3 witness ***
[wítnis]

v. **observe,** see, look on — 목격하다

In 2001, many people gathered to **witness** the launch of the last space shuttle.

4 mount ***
[maunt]

v. **grow, increase,** multiply — 증가하다

The pressure on the student **mounted** as the exam date approached.

5 reinforce ***
[rì:infɔ́:rs]

v. **strengthen, support,** consolidate, fortify — 강화하다

Steel bars are used to **reinforce** concrete in the construction of large buildings and bridges.

> 🦊 최신출제 포인트
> reinforce의 명사형인 reinforcement는 '보강'이라는 뜻이며, 동의어로는 supplement가 출제될 수 있으니 함께 알아두도록 하자.

---

abundance 밀림에는 다수의 야생 동물들이 있었다.
onset 19세기의 시작에 뉴욕 시는 이미 분주한 상업 중심지였다.
witness 2001년에 마지막 우주 왕복선 발사를 목격하기 위해서 많은 사람들이 모여들었다.
mount 시험 날짜가 다가올수록 학생들의 압박감은 증가했다.
reinforce 철근은 큰 건물과 다리의 건설에서 콘크리트를 강화하기 위해 사용된다.

6 intense ***
[inténs]
v. intensify
n. intensity

adj. **strong**, **extreme**, fierce, acute　　　강렬한, 극심한

Many in the open stadium covered their heads because the sun's rays were too **intense**.

7 involved ***
[inválvd]

adj. **complicated**, intricate, tangled　　　복잡한

The author's literary style was so **involved** that students found her books difficult to read.

8 solely ***
[sóulli]
adj. sole

adv. **only**, purely, exclusively, entirely　　　오로지

In 1790, voting rights in the US were **solely** for male landowners.

9 undergo ***
[ʌ̀ndərgóu]

v. **experience**, go through, suffer　　　(변화 등을) 겪다, 경험하다

Japan has **undergone** several recessions since the 1980s.

10 mechanism ***
[mékənìzm]

n. 1. **instrument**, **device**, apparatus　　　기계, 장치

Scientists attached a GPS tracking system on the captured bear, but the **mechanism** failed.

n. 2. **means**, method, way　　　방법

There has to be another **mechanism** for moving these boxes out.

11 speculate ***
[spékjulèit]
n. speculation

v. **guess**, **suppose**, **hypothesize**, assume　　　추측하다

Galileo correctly **speculated** that the planets move around the Sun.

🦊 최신출제 포인트

speculate는 'speculate in the stock market(주식 시장에서 투기하다)'에서처럼 '투기하다'라는 뜻으로도 많이 쓰인다. 동의어로는 gamble, risk가 출제될 수 있으니 함께 알아두도록 하자.

---

intense　　태양 광선이 너무 강렬해서 야외 경기장에 있던 많은 사람들이 머리를 가렸다.
involved　그 작가의 문체는 매우 복잡해서 학생들은 그녀의 책이 읽기 어렵다고 생각했다.
solely　　1790년에 미국의 투표권은 오로지 남성 토지 소유자들만을 위한 것이었다.
undergo　일본은 1980년대부터 몇 번의 경제 불황을 겪어 왔다.
mechanism　과학자들이 포획된 곰에 GPS 추적 시스템을 달았지만 그 장치는 작동되지 않았다.
　　　　　이 상자들을 밖으로 옮기는 다른 방법이 틀림없이 있을 것이다.
speculate　갈릴레오는 행성들이 태양 주위를 돈다는 것을 정확하게 추측하였다.

12 conclusively ***
[kənklú:sivli]
v. conclude
adj. conclusive

adv. **decisively**, definitively 결정적으로

The Big Bang theory has not yet been **conclusively** proven.

13 significantly ***
[signífikəntli]
adj. significant

adv. **considerably**, remarkably, markedly 상당히

Communication between individuals can be **significantly** improved if people listen more often.

14 adopt ***
[ədápt]

v. **take up**, **begin to use**, select 채택하다, 받아들이다

The U.N. Security Council **adopted** a resolution calling on Israel to withdraw its troops from Palestinian cities.

🦊 최신출제 포인트
take up은 주로 '차지하다'라는 뜻으로 쓰여서 adopt의 동의어가 아니라고 생각할 수 있다. 그러나 'take up a new idea(새로운 아이디어를 받아들이다)'에서처럼 take up이 '받아들이다'라는 뜻으로 사용될 때에는 adopt의 동의어가 될 수 있다.

15 staple ***
[steipl]

n. 1. **basic item**, **regular feature**, **basic feature** 주요 상품, 주요소

Basic black pants are a **staple** of every professional's wardrobe.

adj. 2. **basic**, primary 기본적인, 주요한

Even **staple** foods such as bread and milk were difficult to afford during the Great Depression.

16 secrete ***
[sikrí:t]

v. 1. **release**, **produce**, excrete 분비하다

Tears are **secreted** by an organ under the upper eyelid.

v. 2. **conceal**, **hide**, veil 숨기다

Jacqueline **secreted** her diary under her mattress, where no one would find it.

---

conclusively 빅뱅 이론은 아직 결정적으로 증명되지는 않았다.
significantly 사람들이 더 자주 귀를 기울이면 개인 간의 의사소통은 상당히 향상될 수 있다.
adopt 유엔 안전 보장 이사회는 이스라엘에게 팔레스타인의 도시들에서 병력을 철수시킬 것을 촉구하는 결의안을 채택했다.
staple 기본적인 검정색 바지는 모든 전문직 종사자들의 옷장에 있는 주요 상품이다.
대공황 시절에는 빵이나 우유 같은 기본적인 음식마저 사기 힘들었다.
secrete 눈물은 윗눈꺼풀 아래에 있는 기관에서 분비된다.
Jacqueline은 침대 매트리스 아래에 일기장을 숨겼는데, 그곳은 아무도 찾아보지 않을 곳이었다.

17 pursue ***
[pərsúː]
n. pursuit

v. **practice**, conduct, perform 실행하다, 수행하다

The government continued to **pursue** its aggressive procedures against illegal immigration.

18 conserve **
[kənsə́ːrv]

v. **keep**, **protect**, **save**, preserve 보존하다, 보호하다

Efforts to **conserve** giant pandas in China have been hindered by ongoing habitat loss.

19 toil **
[tɔil]

v. **work hard**, labor 힘써 일하다

With modern agricultural technology, farmers no longer have to **toil** in the fields.

> 🦊 최신출제 포인트
> toil의 형용사형인 toilsome은 '힘드는, 고된'이라는 뜻이며, 동의어로는 strenuous, arduous가 출제될 수 있으니 함께 알아두도록 하자.

20 approximate **
[əpráksəmət]
adv. approximately
n. approximation

adj. 1. **rough**; **close**, near 대략적인; 가까운

Based on **approximate** estimates, the world's oil reserves could be used up within fifty years.

[əpráksəmèit]

v. 2. **resemble** 비슷하다

The art forgery **approximated** the original painting so closely that even experts were fooled.

21 monumental **
[mànjuméntl]

adj. **huge**, **massive**, **great and significant** 엄청나게 큰, 기념비적인

The invention of the steam engine was a **monumental** event in the history of transportation.

22 contract **
[kəntrǽkt]
n. contraction

v. **shorten**, constrict 줄이다, 수축하다

The professor decided to **contract** his lesson plan because he only had an hour for his lecture.

---

pursue 정부는 불법 이민에 맞서는 공격적인 절차를 계속해서 실행했다.
conserve 중국의 자이언트 판다를 보호하기 위한 노력은 계속되는 서식지의 감소로 인해 방해를 받아오고 있다.
toil 현대의 농업 기술 덕분에 농부들은 더 이상 밭에서 힘써 일하지 않아도 된다.
approximate 대략적인 추정치에 근거해 볼 때, 전 세계의 석유 매장량은 50년 이내에 고갈될 수 있다.
그 위작은 원작과 매우 비슷했기 때문에 전문가들마저 속았다.
monumental 증기 기관의 발명은 운송 수단의 역사에서 엄청나게 큰 사건이었다.
contract 그 교수는 강의 시간이 한 시간밖에 없었기 때문에 수업 계획을 줄이기로 결정했다.

23 puzzling **

[pʌ́zliŋ]

adj. **difficult to explain**, enigmatic 영문 모를

The origin of life is one of the most **puzzling** scientific mysteries.

24 divest **

[daivést]

v. **deprive**, **strip**, despoil 빼앗다, 박탈하다

The new regulation **divests** tenants of the right to renovate their apartments.

25 pacifier **

[pǽsəfàiər]

n. **peacemaker**, **arbitrator**, **mediator**, intermediary 중재자

The Dalai Lama is known as one of the greatest **pacifiers** in modern history.

26 permanently **

[pə́ːrmənəntli]

adv. **forever**, eternally, perpetually, everlastingly 영구히

Bleach removes the color from fabric **permanently**.

27 estimate **

[éstəmèit]

v. **assess**, **evaluate**, **judge**, **calculate** 평가하다, 추산하다

John tried to **estimate** the cost of the repairs.

28 hurdle **

[həːrdl]

n. **obstacle**, barrier, hindrance, impediment 장애물

Engineers faced many **hurdles** when they built the Panama Canal.

> 🦊 최신출제 포인트
>
> hurdle은 명사가 아닌 동사로도 많이 쓰인다. 동사로는 'hurdle an obstacle(장애물을 극복하다)'에서처럼 '극복하다'라는 뜻으로 주로 쓰이며, 동의어로는 overcome, surmount가 출제될 수 있으니 함께 알아두도록 하자.

29 relish **

[réliʃ]

v. **enjoy**, like, delight in, revel in 즐기다

Ronald, who used to be a sailor, **relishes** telling stories about his past journeys.

---

puzzling   생명체의 기원은 가장 영문 모를 과학적 수수께끼 중 하나이다.
divest   새로운 규정은 세입자들이 그들의 아파트를 개조할 권리를 빼앗는다.
pacifier   달라이 라마는 근대사에서 가장 위대한 중재자 중 한 명으로 알려져 있다.
permanently   표백제는 직물에서 색을 영구히 없앤다.
estimate   John은 수리 비용을 추산하려고 애썼다.
hurdle   기술자들은 파나마 운하를 건설할 때 많은 장애물에 직면했다.
relish   선원이었던 Ronald는 그의 과거 여정에 대해 이야기하는 것을 즐긴다.

30 **simulate****	v.	**imitate**, pretend, feign	흉내 내다, 가장하다
[símjulèit]		Engineers have created robots that closely **simulate** the body movements of humans.	

31 **hover****	v.	**drift**, **float**, **stay on the top**	맴돌다, 떠다니다
[hʌ́vər]		Dolphins sometimes **hover** in the water without swimming.	

32 **display****	v.	**show**, exhibit, present	보여 주다
[displéi]		The audience members **displayed** their approval of the musical performance by cheering enthusiastically.	

33 **ominous****	adj.	**foreboding**, portentous; **threatening**	불길한; 험악한
[ámənəs]		Some survivors of the Titanic reported that they had an **ominous** feeling before the voyage.	

34 **stretch****	v.	**extend**, lengthen	늘이다
[stretʃ]		A chameleon can **stretch** its tongue to about twice its body length.	

35 **concur****	v.	**agree**, assent, consent	동의하다
[kənkə́ːr]		An adjustment to the US Constitution requires that 75 percent of states **concur** on the proposed change.	

🐱 최신출제 포인트

concur는 'the two appointments concur(두 개의 예약이 겹치다)'에서처럼 '겹치다, 동시에 일어나다'라는 뜻으로 많이 쓰인다. 동의어로는 coincide가 출제될 수 있으니 함께 알아두도록 하자.

36 **crisis****	n.	**critical situation**, emergency	위기
[kráisis]		If a **crisis** occurs, citizens should use the escape routes and shelters that are located throughout the city.	

DAY 28
Hackers Vocabulary

simulate 기술자들은 사람의 몸동작을 면밀히 흉내 내는 로봇을 만들어 냈다.
hover 돌고래는 때때로 수영하지 않고 물 속에서 떠다닌다.
display 관중들은 열광적으로 환호하면서 그 음악 공연에 대한 호감을 보여 주었다.
ominous 타이타닉 호의 몇몇 생존자들은 항해 전에 불길한 느낌이 들었다고 말했다.
stretch 카멜레온은 혀를 자신의 몸 길이의 두 배로 늘일 수 있다.
concur 미국 헌법의 수정은 제안된 변경 사항에 대해 75퍼센트의 주들이 동의하는 것을 필요로 한다.
crisis 위기가 발생하면 시민들은 도시 도처에 위치한 도주로와 대피소를 이용해야 한다.

37 amplitude**
[ǽmplətjùːd]

n. **size**, **extent**, magnitude 크기, 규모

The **amplitude** of a wave is determined by the amount of energy used to create it.

> 🦊 최신출제 포인트
> amplitude와 함께 다음의 단어들을 구별하여 알아두도록 하자.
> • altitude 고도, 높이
> • aptitude 경향, 습성

38 disintegrate**
[disíntəgrèit]
n. disintegration

v. **break down**, **fall apart**, crumble 붕괴되다

The palace has **disintegrated** over the centuries and is now in ruins.

39 liken to**

phr. **compare to** ~에 비유하다

A tsunami striking the shore has been **likened to** a wall of moving water.

40 immoral**
[imɔ́ːrəl]

adj. **improper**, corrupt, vicious 부도덕한

Most cultures would agree that stealing is **immoral**.

41 instigate**
[ínstəgèit]

v. **cause**, provoke, trigger, incite 유발하다

A broken traffic light **instigated** a minor accident on the main street.

42 extraordinary**
[ikstrɔ́ːrdənèri]

adj. **exceptional**, **unusual**, remarkable 비범한

Grant had an **extraordinary** ability to understand others.

43 resurgence**
[risə́ːrdʒəns]

n. **comeback**, revival, rebirth 재기, 부활

After a very slow year, the economy is now making a **resurgence**.

---

amplitude disintegrate liken to immoral instigate extraordinary resurgence	파장의 크기는 그것을 만들기 위해 사용된 에너지 양에 의해 결정된다. 그 궁전은 수 세기에 걸쳐 붕괴되어서 지금은 폐허가 되었다. 해안을 덮치는 쓰나미는 움직이는 물의 벽이라고 비유되어 왔다. 대부분의 문화권은 절도가 부도덕하다는 것에 동의할 것이다. 고장난 신호등은 중심가에서 경미한 사고를 유발했다. Grant는 다른 사람들을 이해하는 데 비범한 능력을 가지고 있었다. 매우 부진한 한 해가 지난 후, 경제는 이제 재기를 하고 있다.

44 patent *
[pǽtnt]

adj. **evident**, obvious, apparent, manifest   명백한

Public protests demonstrated the people's **patent** opposition to the new immigration policy.

> 🦊 최신출제 포인트
> patent는 형용사가 아닌 명사로도 많이 쓰인다. 명사로는 'receive a patent(특허를 받다)'에서처럼 '특허'라는 뜻으로 주로 쓰이며, 동의어로는 license가 출제될 수 있으니 함께 알아두도록 하자.

45 regular *
[régjulər]

adj. **routine**, ordinary; **consistent**   정기적인; 일정한

According to dentists, flossing on a **regular** basis is important for preventing cavities.

46 by virtue of *

phr. **because of**, thanks to, on account of   ~ 덕분에(때문에)

By virtue of the US Constitution, it is illegal to imprison anyone without a trial.

47 sever *
[sévər]

v. **cut**, **cut off**, part, separate, divide   자르다, 분리하다

If a lizard **severs** its tail, the tail will grow back in a short time.

48 in conjunction with *

phr. **concomitant with**, **together with**, along with   ~과(와) 함께

A healthy diet **in conjunction with** regular exercise can lead to a longer life.

49 confidence *
[kánfədəns]

n. **certainty**, assurance, faith   확신

The most inspiring teachers have **confidence** in their students' ability to learn.

50 distinguish *
[distíŋgwiʃ]

v. **differentiate**, **tell apart**, discern   구별하다

Bees are unable to **distinguish** between the colors red and black.

---

patent 대중의 시위는 새로운 이민 정책에 대한 사람들의 명백한 반대를 보여주었다.
regular 치과 의사들에 따르면 정기적으로 치실질을 하는 것이 충치를 예방하는 데 중요하다.
by virtue of 미국 헌법 덕분에 재판 없이 누군가를 수감하는 것은 불법이다.
sever 도마뱀이 꼬리를 자르면, 그것은 단기간에 다시 자랄 것이다.
in conjunction with 규칙적인 운동과 함께 하는 건강한 식단은 장수로 이어질 수 있다.
confidence 가장 고무적인 교사들은 자신의 학생들의 학습 능력에 대해 확신을 갖고 있다.
distinguish 꿀벌은 빨간색과 검정색을 구별하지 못한다.

51 on the contrary *
phr. **conversely**, on the other hand 그와는 반대로

Ted was not bored; **on the contrary**, he couldn't be more fascinated with his assignment.

52 preponderance *
[pripándərəns]

n. **majority** 대부분

The **preponderance** of people did not own cars in the 1930s, so they traveled by train or boat.

53 intermingle *
[ìntərmíŋgl]

v. **mix**, blend 섞이다

In the city's main square, aromas from cafés and bakeries **intermingle**.

54 merchandise *
[mə́ːrtʃəndàiz]

n. **goods**, product, commodity 상품

The thieves stole **merchandise** worth thousands of dollars from the store.

> 🐾 최신출제 포인트
> merchandise는 명사가 아닌 동사로도 많이 쓰인다. 동사로는 'merchandise a new product (새 제품을 매매하다)'에서처럼 '매매하다'라는 뜻으로 주로 쓰이며, 동의어로는 market, trade가 출제될 수 있으니 함께 알아두도록 하자.

55 delicate *
[délikət]

adj. 1. **fragile**, brittle 깨지기 쉬운

The tea cups were so **delicate** that Sheila used them only for decoration.

adj. 2. **dainty**, exquisite, fine 섬세한

During spring, thousands of **delicate** flowers carpet the mountain meadows.

56 promising *
[prámisiŋ]

adj. **likely**, hopeful 유망한

Solar and wind power as energy sources don't look **promising** for the future.

---

on the contrary Ted는 지루하지 않았다. 그 반대로, 그는 과제에 굉장히 마음이 사로잡혔다.
preponderance 1930년대에는 대부분의 사람들이 차를 소유하지 않았기 때문에 그들은 기차나 배로 이동했다.
intermingle 그 도시의 주 광장에는 카페와 제과점으로부터 나는 향기가 섞인다.
merchandise 도둑들은 그 상점에서 수천 달러 상당의 상품을 훔쳤다.
delicate 그 찻잔들은 너무 깨지기 쉬워서 Sheila는 그것들을 장식용으로만 사용했다.
봄에는 수천 송이의 섬세한 꽃들이 산 목초지를 덮는다.
promising 에너지원으로서 태양열 에너지와 풍력은 미래에 유망해 보이지 않는다.

57 gesture *
[dʒéstʃər]

n. **a movement made with the head, hand or arm**　제스처, 몸짓

The baseball coach communicates with the batter using subtle **gestures**.

QUIZ

Choose the synonyms.

1. abundance
2. reinforce
3. estimate
4. simulate
5. adopt
6. stretch
7. conserve
8. distinguish
9. speculate
10. regular

ⓐ guess, suppose, hypothesize
ⓑ differentiate, tell apart, discern
ⓒ plenty, large number, profusion
ⓓ assess, evaluate, judge
ⓔ extend, lengthen
ⓕ keep, protect, save
ⓖ strengthen, support, consolidate
ⓗ take up, begin to use, select
ⓘ routine, ordinary
ⓙ imitate, pretend, feign

Answer　1.ⓒ 2.ⓖ 3.ⓓ 4.ⓙ 5.ⓗ 6.ⓔ 7.ⓕ 8.ⓑ 9.ⓐ 10.ⓘ

gesture　야구 코치는 미세한 제스처를 이용하여 타자와 의사소통을 한다.

Hackers Voca

Hackers TOEFL Vocabulary

이별이 다가오네요. 그래도 from time to time 내 생각이 나긴 할 거야.

1 analogous ***
[ənǽləgəs]

adj. similar, comparable, like, parallel — 유사한

Archimedes was certain that the wings of an airplane were **analogous** in function to the wings of a hummingbird.

2 repercussion ***
[rì:pərkʌ́ʃən]

n. effect, consequence, result — (사건·행동 등의) 영향

One of the **repercussions** of the Great Depression was a high unemployment rate.

3 impart ***
[impá:rt]

v. give, provide, bestow, offer, grant — 주다, 부여하다

Engineers are trying to **impart** human qualities to robots.

4 foster ***
[fɔ́:stər]

v. encourage, promote — 조장하다

Psychologists say that to **foster** good reading habits in their children, parents should be avid readers themselves.

🦊 최신출제 포인트

foster는 'foster over 100 children(100명이 넘는 아이들을 위탁 양육하다)'에서처럼 '위탁 양육하다'라는 뜻으로도 많이 쓰인다. 동의어로는 bring up, raise가 출제될 수 있으니 함께 알아두도록 하자.

5 elongate ***
[ilɔ́:ŋgeit]

v. stretch, lengthen, extend, prolong — 늘이다

Turtles have the ability to **elongate** their necks to catch prey.

---

analogous 아르키메데스는 비행기의 날개가 벌새의 날개와 기능 면에서 유사하다고 확신했다.
repercussion 대공황의 영향 중 하나는 높은 실업률이었다.
impart 공학자들은 로봇에 인간의 특성을 부여하려고 노력하고 있다.
foster 심리학자들은 자녀에게 좋은 독서 습관을 조장하기 위해서는 부모 스스로가 열렬한 독서가가 되어야 한다고 말한다.
elongate 거북은 먹이를 잡기 위해 목을 늘일 수 있는 능력을 가지고 있다.

6 in tandem with ***

phr. **in association with**, in conjunction with ~와 협력하여

The corporation worked **in tandem with** the local government on a community project.

7 transition ***
[trænzíʃən]

n. **change**, alteration, shift 변화, 변천

The biologist studied the caterpillar's metamorphosis, or physical **transition** into a butterfly.

8 scarce ***
[skɛərs]
n. scarcity

adj. **limited**, **short in supply**, **not readily available**; **rare** 부족한; 희귀한

Food was **scarce** for months after the typhoon destroyed the region's farms.

9 clear ***
[kliər]

adj. 1. **apparent**, **obvious**, **lucid** 분명한

It was very **clear** that the coach was angered by his team's loss.

v. 2. **remove**, clean 치우다

For safety, homeowners should **clear** the snow from the sidewalks in front of their homes.

10 relentless ***
[riléntlis]

adj. **continuous**, **unceasing**, persistent 끊임없는

The **relentless** rains during the monsoon season cause flooding in many tropical countries.

🦊 최신출제 포인트

relentless는 'relentless criticism(냉혹한 비판)'에서처럼 '냉혹한, 잔인한'이라는 뜻으로도 많이 쓰인다. 동의어로는 merciless, ruthless가 출제될 수 있으니 함께 알아두도록 하자.

11 intrinsic ***
[intrínzik]
adv. intrinsically

adj. **inherent**, innate 고유의, 타고난

Environmentalists argue that all species should be protected because of their **intrinsic** value.

---

in tandem with 그 기업은 지역 사업을 지방 정부와 협력하여 진행했다.
transition 그 생물학자는 애벌레의 변태, 즉 나비가 되는 신체적 변화에 대해 연구했다.
scarce 태풍이 그 지역의 농장들을 파괴한 후, 몇 달 동안 식량이 부족했다.
clear 감독이 그의 팀의 패배 때문에 화가 났다는 것이 매우 분명했다.
안전을 위해 집주인들은 집 앞 보도에 쌓인 눈을 치워야 한다.
relentless 우기 동안의 끊임없는 비는 많은 열대 국가에서 홍수를 야기한다.
intrinsic 환경 운동가들은 모든 종들이 그들 고유의 가치 때문에 보호되어야 한다고 주장한다.

12 compact ***
[kəmpǽkt]

adj. 1. **dense**, **thick** — 빽빽한

The gardener dug a hole in the **compact** soil.

adj. 2. **smaller**, pocket-sized, little — 작은

Some people prefer larger models of cell phones rather than **compact** ones.

v. 3. **compress**, condense — 압축하다

Paper is made by firmly **compacting** pulp.

13 predominantly ***
[pridάmənəntli]
adj. predominant

adv. **mainly**, **primarily**, mostly, largely — 주로, 대부분

Indonesia is a **predominantly** Muslim country.

14 widespread ***
[wáidsprèd]

adj. **prevalent**, **broadly accepted**, **common** — 광범위한, 널리 퍼진

The campaign to create a local park has received **widespread** support.

15 perishable ***
[périʃəbl]

adj. 1. **likely to decay**, **likely to spoil**, **spoilable** — 잘 상하는, 썩기 쉬운

Butter, milk, and fish are **perishable** goods that must be refrigerated.

adj. 2. **not permanent** — 영속하지 않는

Because Sandra thought a ballet career **perishable**, she opted to study acting instead.

> 🦊 최신출제 포인트
> perishable의 동사형인 perish는 '멸망하다'라는 뜻이며, 동의어로는 decline, collapse가 출제될 수 있으니 함께 알아두도록 하자.

---

compact
그 정원사는 빽빽한 흙에 구멍을 팠다.
어떤 사람들은 큰 기종의 휴대폰을 작은 것보다 선호한다.
종이는 펄프를 단단히 압축함으로써 만들어진다.

predominantly
인도네시아는 주로 이슬람 국가이다.

widespread
지역 공원을 조성하기 위한 활동은 광범위한 지지를 받아 왔다.

perishable
버터, 우유, 그리고 생선은 냉장 보관되어야만 하는 잘 상하는 제품들이다.
발레 직종이 영속적이지 않다고 생각했기 때문에, Sandra는 그 대신 연기를 공부하기로 선택했다.

16 myriad ***
[míriəd]

n. 1. **multitude**, millions 무수히 많음

A wine's flavor is influenced by a **myriad** of factors, including the soil the grapes are grown in.

adj. 2. **countless**, **innumerable**, **numerous** 무수한

Department stores offer **myriad** products for customers.

17 found ***
[faund]

v. **establish**, **create**, set up 창설하다, 설립하다

Cal **founded** the after-school program to keep kids off the streets and away from drugs.

18 swiftly **
[swíftli]
adj. swift

adv. **quickly**, speedily, rapidly 빠르게

At high altitudes, the weather can change **swiftly**.

19 crucially **
[krúːʃəli]
adj. crucial

adv. **decisively**, critically, definitively 결정적으로

A variety of social and economic factors have **crucially** influenced increases in juvenile delinquency.

20 scope **
[skoup]

n. **extent**, **range**, reach 범위

The issues brought up by the board members were outside the **scope** of the meeting agenda.

21 projection **
[prədʒékʃən]

n. **estimate**, calculation, forecast, prediction 추정, 예상

The company's **projections** were not accurate, and the shareholders lost money as a result.

> 🦊 최신출제 포인트
> projection의 동사형인 project는 '추정하다'라는 뜻 외에도 '계획하다'라는 뜻으로 많이 쓰이며, 동의어로는 plan, propose가 출제될 수 있으니 함께 알아두도록 하자.

---

myriad 와인의 맛은 포도가 자라는 토양을 포함하여 무수히 많은 요소에 영향을 받는다.
백화점은 고객들을 위해 무수한 상품들을 제공한다.
found Cal은 아이들을 길거리에서 벗어나고 마약으로부터 멀어지게 하기 위해 방과 후 프로그램을 창설했다.
swiftly 높은 고도에서는 날씨가 빠르게 변할 수 있다.
crucially 여러 가지 사회적·경제적 요소들이 청소년 범죄의 증가에 결정적으로 영향을 미쳤다.
scope 임원들에 의해 제기된 사안은 회의 안건의 범위에서 벗어난 것이었다.
projection 그 회사의 예상은 정확하지 않았고, 그 결과 주주들은 손해를 보았다.

22 feature **
[fíːtʃər]

n. **characteristic**, attribute, quality 특징

The building's unusual architectural **features** make it popular with tourists visiting the city.

> 🦊 최신출제 포인트
> **feature**는 명사가 아닌 동사로도 많이 쓰인다. 동사로는 'feature her talents(그녀의 재주를 특종으로 삼다)'에서처럼 '특종으로 삼다'라는 뜻으로 주로 쓰이며, 동의어로는 **spotlight**가 출제될 수 있으니 함께 알아두도록 하자.

23 employ **
[implɔ́i]

v. **use**, utilize, make use of 사용하다

Astronomers **employ** specialized software to track the movement of millions of objects in space.

24 proportion **
[prəpɔ́ːrʃən]

n. 1. **percentage**, rate 비율

A large **proportion** of the Canadian population lives near the US border.

n. 2. **size**, magnitude 크기, 규모

The influx of refugees into the country caused problems of huge **proportions**.

25 misleading **
[mislíːdiŋ]

adj. **deceptive**, **unreliable**, delusive 현혹시키는

Yetts gave customers false and **misleading** account statements.

26 seamless **
[síːmlis]

adj. **perfectly smooth** 아주 매끄러운

The skater won the gold medal for her **seamless** performance.

27 embellishment **
[imbéliʃmənt]
v. embellish

n. **decoration**, ornamentation, adornment 장식(물)

In comparison to standard quilts, crazy quilts use many more **embellishments**.

---

feature 그 건물의 흔치 않은 특징들은 도시를 방문하는 관광객들 사이에서 그것을 인기 있게 만든다.
employ 천문학자들은 우주에 있는 수백만 개의 물체들의 움직임을 추적하기 위해서 전문화된 소프트웨어를 사용한다.
proportion 캐나다 인구의 많은 비율이 미국 국경 가까이에서 살고 있다.
그 나라로의 난민 유입은 엄청난 규모의 문제들을 야기시켰다.
misleading Yetts는 고객들에게 거짓되고 현혹시키는 투자자 계정 보고서를 주었다.
seamless 그 스케이트 선수는 아주 매끄러운 연기로 금메달을 땄다.
embellishment 일반적인 누비이불과 비교하여 조각보 이불은 더 많은 장식을 사용한다.

28 sterile**

[stéril]

adj. **barren, unproductive**, infertile

척박한

The loss of the rainforests led to droughts, floods, and **sterile** soil.

> 🦊 최신출제 포인트
> sterile은 'sterile surgical equipment(살균한 수술 기구)'에서처럼 '살균한'이라는 뜻으로도 많이 쓰인다. 동의어로는 antiseptic가 출제될 수 있으니 함께 알아두도록 하자.

29 in response to**

phr. **in reaction to**

~에 대한 대응으로

In response to a dangerous situation, the human body will prepare itself to either flee or fight.

30 from time to time**

phr. **occasionally**, now and then

가끔

Steve calls his elementary school teacher and his friends **from time to time**.

31 ambiguous**

[æmbígjuəs]

adj. **open to various interpretations**, uncertain, obscure

모호한

The symbols in the cave were so **ambiguous** that archaeologists could not determine their purpose.

32 out of sight**

phr. **hidden**, invisible

보이지 않는 곳에

James kept the teddy bear he bought for Anna **out of sight** in the closet until her birthday.

33 perplexed**

[pərplékst]

adj. **puzzled**, bewildered

당혹스러운

The question of how the universe initially came into existence continues to leave scientists **perplexed**.

34 despondent**

[dispándənt]

adj. **unhappy**, discouraged, depressed

낙담한

The main character of the play is a **despondent** young man who feels uncomfortable in his hometown.

DAY **29**

Hackers Vocabulary

---

sterile	열대 우림의 상실은 가뭄, 홍수, 그리고 척박한 토양을 야기했다.
in response to	위험한 상황에 대한 대응으로 인체는 도망가거나 싸울 준비를 한다.
from time to time	Steve는 자신의 초등학교 시절 선생님과 친구들에게 가끔 전화를 한다.
ambiguous	동굴 안에 있는 기호들은 매우 모호해서 고고학자들은 그것들의 목적을 알아낼 수 없었다.
out of sight	James는 Anna를 위해 산 테디 베어를 그녀의 생일 전까지 옷장 속 보이지 않는 곳에 두었다.
perplexed	우주가 처음에 어떻게 생겨났는지에 대한 질문은 계속해서 과학자들을 당혹스럽게 한다.
despondent	그 연극의 주인공은 자신의 고향이 편치 않은 낙담한 청년이다.

35 collide **
[kəláid]
n. collision

v. **hit each other**, crash, strike 충돌하다

A train **collided** with a pickup truck late Monday morning in Waukesha County.

36 assessment **
[əsésmənt]
v. assess

n. **evaluation**, appraisal 평가

An **assessment** will be performed twice yearly to ensure safety standards are being met.

37 vital **
[váitl]

adj. **essential**, **important**, significant 매우 중요한

Facial expressions play a **vital** role in communication.

38 shrivel **
[ʃrívəl]

v. **dry up**, wither, wilt 시들다

The leaves of the tree **shriveled** because of the harsh drought conditions.

39 dissent **
[disént]

v. **oppose**, object, express disagreement 이의를 제기하다

Nearly 120 countries signed the UN's Convention on the Law of the Sea, while four countries **dissented**.

> 🐱 최신출제 포인트
> dissent와 발음이 비슷한 descent는 '하강(fall, plunge)'이라는 뜻이므로 시험에서 혼동하지 않도록 주의하자.

40 elegant **
[éligənt]

adj. **sophisticated**, graceful, refined 품위 있는, 세련된

Chester A. Arthur will be remembered for being the most **elegant** president.

41 qualify **
[kwáləfài]

v. **meet the requirement**; **entitle**, empower 자격을 갖추다; 자격을 주다

Students must maintain a C average or better to **qualify** for graduation.

---

collide 워키쇼 카운티에서 월요일 아침 늦은 시각에 기차가 소형 트럭과 충돌했다.
assessment 안전 기준이 지켜지고 있는지 확실히 하기 위해서 1년에 두 번 평가가 실시될 것이다.
vital 얼굴 표정은 의사소통에서 매우 중요한 역할을 한다.
shrivel 극심한 가뭄 때문에 나무의 잎들이 시들었다.
dissent 거의 120개 국가들이 유엔의 해양법 협약에 서명했지만, 4개 국가들은 이의를 제기했다.
elegant 체스터 A. 아서는 가장 품위 있는 대통령으로 기억될 것이다.
qualify 학생들은 졸업을 위한 자격을 갖추기 위해 평균 C 또는 그 이상의 학점을 유지해야만 한다.

42 evolve**
[iválv]

v. **develop**, progress (서서히) 발전하다, 진화하다

The article **evolved** into a tightly argued piece of writing.

43 despite**
[dispáit]

prep. **in spite of**, notwithstanding ~에도 불구하고

Despite a lack of money for college, Jerry managed to obtain a good education.

44 emergence*
[imə́:rdʒəns]
v. emerge

n. **appearance**, **advent**, **rise** 출현

The **emergence** of Japan as a world power began in the early 20th century.

45 surplus*
[sə́:rplʌs]

n. **excess**, **redundance**, **extra goods** 과잉, 잉여물

The price of food fell nearly 72% due to a huge **surplus**.

46 distant*
[dístənt]

adj. **faraway**, remote 먼

Neptune is the most **distant** planet from the Earth in our solar system.

> 🦊 최신출제 포인트
> distant는 'his distant attitude(그의 냉담한 태도)'에서처럼 '냉담한'이라는 뜻으로도 많이 쓰인다. 동의어로는 cold, aloof가 출제될 수 있으니 함께 알아두도록 하자.

47 aim*
[eim]

n. 1. **goal**, objective, purpose 목적, 목표

The prime minister began a three-day visit to India with the **aim** of enlisting support for peace efforts.

v. 2. **attempt** 목표하다, 겨냥하다

The soccer team **aimed** to make it to the semifinals.

---

evolve 그 기사는 명쾌하게 논증된 한 편의 글로 발전했다.
despite 대학 학비가 부족했음에도 불구하고 Jerry는 간신히 훌륭한 교육을 받을 수 있었다.
emergence 세계적인 강대국으로서의 일본의 출현은 20세기 초에 시작됐다.
surplus 엄청난 과잉 때문에 식품 가격이 거의 72%나 떨어졌다.
distant 해왕성은 우리 태양계에서 지구로부터 가장 먼 행성이다.
aim 국무총리는 평화를 위한 노력에 대해 지지를 얻을 목적으로 3일간의 인도 방문을 시작했다.
그 축구팀은 준결승까지 가는 것을 목표했다.

48 in the ascendant *
phr. **rising in importance**

(인기·세력 등이) 상승 중인

Christianity was **in the ascendant** in AD 380, when it was adopted as the official Roman state religion.

49 draw *
[drɔː]

v. **attract**, engage

(마음·이목 등을) 끌다

On average, London consistently **draws** more tourists than any city in the world.

50 overlie *
[òuvərlái]

v. **cover**, overspread

~위에 가로놓이다

The fall leaves **overlay** each other on the ground, making a beautiful palette.

51 signature *
[sígnətʃər]

n. **identifying mark**

서명

The **signatures** of famous historical figures are sometimes sold for large sums of money.

52 devoid of *
phr. **lacking in**, destitute of

~이 없는, 결여된

The Arctic tundra is a vast and stark region that is completely **devoid of** trees.

53 vessel *
[vésəl]

n. **ship**, boat, craft

배, 선박

Before boarding the **vessel**, the passengers were shown to their cabins.

🦊 최신출제 포인트
vessel은 'fill the vessel with water(그릇을 물로 채우다)'에서처럼 '그릇'이라는 뜻으로도 많이 쓰인다. 동의어로는 container가 출제될 수 있으니 함께 알아두도록 하자.

54 be incorporated in *
phr. **be part of**

포함되다, 편입되다

Morality **is incorporated in** the principles of most religions.

---

in the ascendant 기독교는 서기 380년에 인기가 상승 중이었고, 로마의 공식적인 국교로 채택되었다.
draw 평균적으로 런던은 세계의 어느 도시보다 더 많은 관광객들을 끊임없이 끌어들인다.
overlie 낙엽들은 땅에서 서로의 위에 가로놓여 아름다운 색채를 만들어 내고 있다.
signature 역사적으로 유명한 인물들의 서명은 종종 거액에 팔린다.
devoid of 북극 동토대는 나무가 완전히 없는 광활하고 황량한 지역이다.
vessel 배에 탑승하기 전에 승객들은 자신들의 선실을 구경했다.
be incorporated in 도덕성은 대부분의 종교의 행동 규범에 포함되어 있다.

55 trauma *

[tráumə]

adj. traumatic

n. **damage**

외상, 외상성 상해

Even a slight knock to the head can cause **trauma** to the brain.

QUIZ

Choose the synonyms.

1. analogous
2. repercussion
3. misleading
4. relentless
5. sterile
6. widespread
7. despite
8. vital
9. surplus
10. distant

ⓐ excess, redundance, extra goods
ⓑ deceptive, delusive
ⓒ essential, important, significant
ⓓ barren, unproductive, infertile
ⓔ prevalent, broadly accepted, common
ⓕ continuous, unceasing, persistent
ⓖ similar, comparable, like
ⓗ faraway, remote
ⓘ in spite of, notwithstanding
ⓙ effect, consequence, result

Answer 1.ⓖ 2.ⓙ 3.ⓑ 4.ⓕ 5.ⓓ 6.ⓔ 7.ⓘ 8.ⓒ 9.ⓐ 10.ⓗ

---

trauma 머리에 경미한 타격도 뇌에 외상을 야기할 수 있다.

DAY 30 Hackers Voca

Hackers TOEFL Vocabulary

우리의 길은 여기서 diverge하지만 당신께 행복이 가득하길 바랄게요!

1 pose ***
[pouz]

v. **present**, create, give rise to   (위협 등을) 가하다, 일으키다

Wild pigs **pose** a threat to the native plants of the Hawaiian Islands.

2 principal ***
[prínsəpəl]
adv. principally

adj. **most important**, major, main, prime   주요한

Hemley was one of the **principal** authors of the WWF's 1997 tiger report.

3 assorted ***
[əsɔ́ːrtid]

adj. **various**, varied, diverse   다채로운

The **assorted** cultures of New York City are signs of its mixed population.

> 🔹 최신출제 포인트
> assort는 '분류하다'라는 뜻의 동사로 쓰이며, 동의어로는 classify, categorize가 출제될 수 있으니 함께 알아두도록 하자.

4 ruthlessly ***
[rúːθlisli]

adv. **without mercy**, relentlessly, cruelly   무자비하게

European explorers **ruthlessly** took Native American land.

5 fluctuate ***
[flʌ́ktʃuèit]
n. fluctuation

v. **change**, vary   변동하다

Because the temperature **fluctuates** so much in Wisconsin, many people carry warm clothes and umbrellas in their cars.

---

pose 멧돼지들은 하와이 제도의 자생 식물들에 위협을 가한다.
principal 헴리는 세계야생동물기금의 1997년 호랑이에 관한 보고서의 주요한 저자들 중 한 사람이었다.
assorted 뉴욕 시의 다채로운 문화는 그곳이 가지각색의 사람들로 이루어졌다는 표시이다.
ruthlessly 유럽의 탐험가들은 북미 원주민들의 땅을 무자비하게 빼앗았다.
fluctuate 위스콘신 주의 기온은 매우 크게 변동하기 때문에 많은 사람들이 따뜻한 옷과 우산을 차에 넣고 다닌다.

6 viability ***

[vàiəbíləti]
adj. viable

n. 1. **ability to exist**, **ability to live** 생존 능력

Certain bacteria are known for their **viability** in the most extreme environments.

n. 2. **feasibility** 실행 가능성

The **viability** of sending astronauts to Mars has been questioned by many experts.

7 precarious ***

[prikɛ́əriəs]

adj. **unstable**, **insecure**, **uncertain** 불안정한

The stock's recent fall put investors in a **precarious** position.

8 imply ***

[implái]

v. **suggest**, **indicate**, connote 시사하다

A commentator **implied** that education became compulsory in the 1500s to encourage children to read the Bible.

9 diverge ***

[daivə́ːrdʒ]
adj. divergent

v. **separate**, **move apart**, part, branch 갈라지다

About four miles outside town, the road **diverges** and becomes two separate highways.

> 🦊 최신출제 포인트
> diverge와 발음이 비슷한 divulge는 '누설하다(leak, reveal)'라는 뜻이므로 시험에서 혼동하지 않도록 주의하자.

10 previously ***

[príːviəsli]

adv. **formerly**, before, antecedently 이전에

Today Alaska is part of the US, but it was **previously** owned by Russia.

11 portray ***

[pɔːrtréi]
n. portrait

v. **depict**, **show**, picture, describe 묘사하다, 보여주다

Early American writers often **portrayed** a pioneer life as harsh and difficult.

---

viability 어떤 박테리아들은 가장 극한의 환경에서의 생존 능력으로 알려져 있다.
          화성으로 우주인을 보내는 것의 실행 가능성은 많은 전문가들에 의해 의심받아왔다.
precarious 최근의 주가 하락은 투자자들을 불안정한 상태에 처하게 했다.
imply   해설자는 1500년대에 아이들이 성경을 읽도록 조장하기 위해 교육이 의무화되었다는 것을 시사했다.
diverge   마을에서 4마일 정도 벗어난 곳에서 그 길은 갈라져 두 개의 다른 고속도로가 된다.
previously 오늘날 알래스카는 미국의 일부이지만, 이전에는 러시아의 소유였다.
portray   초기 미국 작가들은 종종 개척자의 삶을 혹독하고 힘겨운 것으로 묘사했다.

12 suitable ***
[súːtəbl]

adj. **appropriate**, **proper**, apt   적절한

Jeans and a sweatshirt are not **suitable** attire for a formal event.

13 retard ***
[ritáːrd]

v. **slow down**, **delay**   지체시키다

Failing to obtain the necessary inputs on time can **retard** the production of the final product.

14 entirely ***
[intáiərli]
adj. entire

adv. **completely**, **wholly**, **totally**, **thoroughly**   완전히

In one Swedish city, there is a hotel made **entirely** of ice.

15 abruptly ***
[əbrʌ́ptli]
adj. abrupt

adv. **suddenly**, unexpectedly   갑자기

The meeting ended **abruptly** because the chairperson had to take an urgent call.

16 instructive ***
[instrʌ́ktiv]

adj. **informative**, educational, helpful, useful   교육적인, 유익한

Most documentaries aim to present their audiences with **instructive** content.

17 converse ***
[kənvə́ːrs]
adv. conversely

adj. **opposite**, reverse   반대의

John and his brother are very different, and they often hold **converse** opinions.

🦊 최신출제 포인트
converse는 형용사가 아닌 동사로도 많이 쓰인다. 동사로는 'converse with Jane(Jane과 대화를 나누다)'에서처럼 '대화를 나누다'라는 뜻으로 주로 쓰이며, 동의어로는 communicate, discourse가 출제될 수 있으니 함께 알아두도록 하자.

18 shortcoming **
[ʃɔ́ːrtkʌ̀miŋ]

n. **weakness**, **disadvantage**, defect, failing   결점, 단점

The inspection revealed some serious **shortcomings** in the company's security procedures.

---

suitable 청바지와 운동복 상의는 격식 있는 행사에 적절한 복장이 아니다.
retard 필요한 자원을 제때 얻지 못하는 것은 최종 제품의 생산을 지체시킬 수 있다.
entirely 스웨덴의 한 도시에는 완전히 얼음으로 만들어진 호텔이 있다.
abruptly 의장이 급한 전화를 받아야 했기 때문에 그 회의는 갑자기 끝나 버렸다.
instructive 대부분의 다큐멘터리는 시청자들에게 유익한 내용을 제공하는 것을 목표로 한다.
converse John과 그의 형제는 매우 달라서 종종 반대의 의견을 갖는다.
shortcoming 그 점검은 회사의 보안 절차에 존재하는 몇 가지 심각한 결점들을 보여 주었다.

19 vicinity **
[vísínəti]

n. 1. **neighborhood**, area 주변, 인근

There are a lot of historical buildings in the **vicinity** of Buckingham Palace.

n. 2. **closeness**, proximity 근접

The city of El Paso has a strong Hispanic influence because of its **vicinity** to the Mexican border.

20 abort **
[əbɔ́ːrt]

v. **quit**, halt, call off 중단하다

The research team **aborted** the experiment due to a lack of funds.

21 broaden **
[brɔːdn]

v. **widen**, expand, enlarge, develop 넓히다

Deciding it was time for personal growth, Timmy left home to travel the world for a year and **broaden** his horizons.

22 whereas **
[hwɛəræz]

conj. **while** ~에 반하여

Dorian prefers playing basketball at the park, **whereas** his roommate enjoys watching television.

23 prodigious **
[prədídʒəs]

adj. **massive**, enormous 막대한

Beavers store **prodigious** amounts of food to survive the harsh winter.

🦊 최신출제 포인트
prodigious는 'a prodigious talent(놀라운 재능)'에서처럼 '놀라운'이라는 뜻으로도 많이 쓰인다. 동의어로는 amazing, astonishing이 출제될 수 있으니 함께 알아두도록 하자.

24 artisan **
[ɑ́ːrtəzən]

n. **craftsman**, craftsperson 장인

The European Renaissance produced many famous **artisans**, including painters, metalworkers, and jewelry makers.

---

vicinity   버킹엄 궁전 주변에는 많은 역사적 건축물들이 있다.
            엘패소 시는 멕시코 경계와의 근접성 때문에 강한 라틴 아메리카의 영향이 있다.
abort   연구팀은 자금의 부족 때문에 실험을 중단했다.
broaden   개인적인 성장을 위한 시간이 됐다고 판단했기 때문에, Timmy는 1년 동안 세계를 여행하며 시야를 넓히기 위해 집을 떠났다.
whereas   Dorian의 룸메이트는 텔레비전을 보는 것을 즐기는 데 반해, Dorian은 공원에서 농구를 하는 것을 선호한다.
prodigious 비버는 혹독한 겨울을 견디기 위해 막대한 양의 식량을 비축한다.
artisan   유럽의 르네상스는 화가, 금속 세공사, 보석공을 포함한 많은 유명한 장인들을 배출하였다.

25 motif **
[moutí:f]

n. **design**, **pattern**, **device** — 무늬

The quilt that Thelma made last month has a repetitive floral **motif** that is very pleasing to the eye.

> 🦊 최신출제 포인트
> device는 주로 '장치, 기구'라는 뜻으로 쓰여서 motif의 동의어가 아니라고 생각할 수 있다. 그러나 'a medieval family's heraldic device(중세 가족의 문장 무늬)'에서처럼 device가 '무늬'라는 뜻으로 사용될 때에는 motif의 동의어가 될 수 있다.

26 antique **
[æntí:k]
n. antiquity

adj. **ancient**, archaic, old — 고대의, 오래된

Harry likes to collect **antique** Roman and Greek coins.

27 incessantly **
[insésntli]

adv. **constantly**, continuously, persistently — 끊임없이

Patton had to **incessantly** plead with Congress for equipment for his army.

28 habitat **
[hǽbitæt]

n. **environment**; **home**, **dwelling**, **living quarters** — 서식 환경; 거주지

Exotic species can have a negative impact on the local **habitat**.

29 steadfastly **
[stédfæstli]
adj. steadfast

adv. **firmly**, solidly, resolutely — 확고하게

Einstein **steadfastly** believed that the universe was eternal and refused to consider the Big Bang theory plausible.

30 keenly **
[kí:nli]
adj. keen

adv. **deeply**, intensely, acutely — 강렬하게, 몹시

The housing market is **keenly** affected by changes in interest rates.

31 intercourse **
[íntərkɔ̀:rs]

n. **exchange**, interchange — 교류, 교환

Studying abroad provides opportunities for cultural **intercourse**.

---

motif | Thelma가 지난달에 만든 누비 이불은 보기에 매우 예쁜 반복적인 꽃무늬가 있다.
antique | Harry는 고대 로마와 그리스 동전을 수집하는 것을 좋아한다.
incessantly | 패튼은 그의 군대를 위한 장비를 얻기 위해 국회에 끊임없이 청원해야 했다.
habitat | 외래종들은 지역 서식 환경에 부정적인 영향을 미칠 수 있다.
steadfastly | 아인슈타인은 우주가 영원하다고 확고하게 믿었고 빅뱅 이론이 이치에 맞다고 생각하길 거부했다.
keenly | 주택 시장은 금리 변화에 강렬하게 영향을 받는다.
intercourse | 해외에서 공부하는 것은 문화적 교류를 위한 기회를 제공한다.

32 episode**

[épəsòud]

n. **event**, **occurrence**, incident, happening — 하나의 사건

Watergate was an embarrassing **episode** in the history of US politics.

> 🦊 최신출제 포인트
> episode의 형용사형인 episodic은 '가끔씩 일어나는'이라는 뜻이며, 동의어로는 occasional, sporadic가 출제될 수 있으니 함께 알아두도록 하자.

33 bound for**

phr. **going to**, destined for — ~행의, ~를 향한

Jennifer bought a ticket for a train **bound for** Chicago.

34 penchant**

[péntʃənt]

n. **inclination**, tendency, fondness, liking — 경향, 기호

Louis XIV's **penchant** for spending without limits left France with huge debts.

35 incipient**

[insípiənt]

adj. **initial**, beginning — 초기의

If diagnosed in its **incipient** stages, cancer is treatable in a large number of cases.

36 distort**

[distɔ́ːrt]

v. **misrepresent**, twist, falsify — 왜곡하다

According to the senator, the media **distorted** the message of his speech.

37 redundancy**

[ridʌ́ndənsi]
adj. redundant

n. **duplication**; **superfluity**, extra capacity — 불필요한 중복; 과잉

Good communicators avoid **redundancy** in the information they present.

38 subject to**

phr. **susceptible to**, **likely to get** — ~에 영향을 받기 쉬운

Many orchids are sensitive to cold and **subject to** the slightest changes in temperature.

---

episode 워터게이트 사건은 미국 정치사에 있어 부끄러운 하나의 사건이었다.
bound for Jennifer는 시카고행 기차의 승차권을 샀다.
penchant 루이 14세의 제한 없는 소비 경향은 프랑스에 엄청난 빚을 남겼다.
incipient 초기 단계에서 진단을 받으면 암은 많은 경우에 치료가 가능하다.
distort 상원 의원에 따르면 그 매체가 그의 연설 메시지를 왜곡했다고 한다.
redundancy 훌륭한 의사 전달자는 그들이 제공하는 정보의 불필요한 중복을 피한다.
subject to 많은 난초들은 추위에 민감하고 온도의 매우 작은 변화에도 영향을 받기 쉽다.

39 bountiful **

[báuntifəl]
adv. bountifully

adj. **abundant**, **plentiful**, ample, prolific 풍부한

Each year a **bountiful** harvest of wheat and corn is produced in the state of Nebraska.

40 deter **

[ditə́:r]

v. **stop**, **preclude**, prevent, inhibit 방해하다, 막다

Slavery **deterred** the development of a just and equal society.

41 roundabout **

[ráundəbáut]

adj. **indirect**, circuitous 우회적인, 간접적인

Many commuters use **roundabout** routes to avoid traffic congestion.

42 dim **

[dim]

adj. **faint**, **weak**, obscure 희미한

Under the **dim** light of the moon, rescue workers searched all night for the missing hikers.

43 dubious **

[djú:biəs]

adj. **suspected**, suspicious, distrustful, questionable 의심스러운

Joseph's alibi seemed highly **dubious**, so the police took him in for questioning.

🐱 최신출제 포인트
dubious와 발음이 비슷한 devious는 '기만적인(deceitful, insincere)'이라는 뜻이므로 시험에서 혼동하지 않도록 주의하자.

44 alarm *

[əlá:rm]

n. 1. **fear**, fright, terror 공포

Jane felt **alarm** at the sight of the snake.

v. 2. **surprise**, startle, dismay 놀라게 하다

The result of Taiwan's presidential election is certain to **alarm** Beijing.

---

bountiful 네브래스카 주에서는 매년 풍부한 밀과 옥수수 수확량이 생산된다.
deter 노예 제도는 공정하고 평등한 사회의 발전을 방해했다.
roundabout 많은 통근자들이 교통 혼잡을 피하기 위해 우회적인 경로를 이용한다.
dim 희미한 달빛 아래 구조 대원들은 실종된 등산객들을 밤새도록 수색했다.
dubious Joseph의 알리바이가 매우 의심스러워 보였기 때문에 경찰은 그를 심문하려고 데려갔다.
alarm Jane은 뱀을 보자 공포를 느꼈다.
대만의 대통령 선거 결과는 베이징을 놀라게 할 것이 확실하다.

45 eminent *
[émənənt]
adv. eminently

adj. **distinguished**, outstanding, prominent 뛰어난

Stephen Hawking is one of the most **eminent** physicists to have ever lived.

46 perceptibly *
[pərséptəbli]

adv. **noticeably**, appreciably, sensibly 눈에 띄게, 상당히

The position of a plant will change **perceptibly** as it follows the sun across the sky.

47 ubiquitous *
[ju:bíkwətəs]

adj. **omnipresent**, universal 어디에나 존재하는

The fact that fast food is so **ubiquitous** plays a large part in the global obesity epidemic.

48 dryness *
[dráinis]
adj. dry

n. **aridity**, aridness, drought 건조

Crops do not grow well in deserts due to the **dryness** of the land.

49 constricted *
[kənstríktid]

adj. **narrow**, contracted 좁은, 죈

High blood pressure can often result from **constricted** blood vessels.

> 🦊 최신출제 포인트
> constrict는 '억제하다'라는 뜻의 동사로 쓰이며, 동의어로는 inhibit, restrain이 출제될 수 있으니 함께 알아두도록 하자.

50 elicit *
[ilísit]

v. **call forth**, obtain, extract (정보·반응 등을) 끌어내다

Survey questions must be designed to **elicit** truthful answers from respondents.

51 intervening years *

phr. **between years** 사이에 있는 세월

World War I ended in 1919, World War II started in 1939, and in the **intervening years**, Europe was at peace.

---

eminent 스티븐 호킹은 지금까지 살았던 가장 뛰어난 물리학자 중 하나이다.
perceptibly 식물은 하늘을 가로지르는 태양을 쫓기 때문에 식물의 자세가 눈에 띄게 변할 것이다.
ubiquitous 패스트푸드가 어디에나 존재한다는 사실이 전 세계적인 비만 확산에 중요한 역할을 한다.
dryness 토양의 건조함 때문에 사막에서는 농작물이 잘 자라지 않는다.
constricted 고혈압은 대개 좁은 혈관이 원인일 수 있다.
elicit 설문 조사 문항들은 응답자로부터 진실한 대답을 끌어낼 수 있도록 고안되어야 한다.
intervening years 제1차 세계대전은 1919년에 끝났고, 제2차 세계대전은 1939년에 시작되었는데, 그 사이의 세월 동안 유럽은 평화로웠다.

52 embrace*
[imbréis]

v. **accept**, take up, receive, adopt 받아들이다

It is not always easy for some people to **embrace** other cultures.

53 efficacy*
[éfikəsi]

n. **effectiveness**, efficiency, potency 효능

The **efficacy** of recycling programs varies greatly from city to city.

54 reckless*
[réklis]

adj. **careless**, heedless, inadvertent 부주의한

Tom's **reckless** driving caused the accident.

55 diversification*
[daivə̀ːrsəfikéiʃən]

n. **the emergence of many varieties** 다양화

Agriculture and manufacturing once dominated the economy, but modern times have brought more **diversification**.

56 dismiss*
[dismís]

v. **ignore**, disregard 무시하다, 묵살하다

William Blake's poetry is famous today, but his contemporaries largely **dismissed** his work.

🦊 최신출제 포인트
dismiss는 'dismiss the jury(배심원단을 해산시키다)'에서처럼 '해산하다'라는 뜻으로도 많이 쓰인다. 동의어로는 disband가 출제될 수 있으니 함께 알아두도록 하자.

57 etch*
[etʃ]

v. **cut**, carve, engrave 새기다

The Holocaust was a terrible event that will be forever **etched** in Jewish history.

58 precision*
[prisíʒən]
adj. precise
adv. precisely

n. **accuracy** 정확성

The atomic clock keeps time with extreme **precision**.

---

embrace 어떤 사람들에게는 다른 문화를 받아들이는 것이 항상 쉽지만은 않다.
efficacy 재활용 프로그램의 효능은 도시마다 매우 다르다.
reckless Tom의 부주의한 운전이 사고를 초래했다.
diversification 농업과 제조업은 한때 경제를 지배했으나, 현대는 더 많은 다양화를 가져왔다.
dismiss 윌리엄 블레이크의 시는 오늘날에는 유명하지만, 그와 같은 시대의 사람들은 대체로 그의 작품을 무시했다.
etch 유대인 대학살은 유대인들의 역사에 영원히 새겨질 끔찍한 사건이었다.
precision 원자시계는 극도의 정확성을 가지고 시간을 나타낸다.

59 currently *

[kə́:rəntli]

adj. current

adv. at the present time 현재는, 지금은

Currently, demand for oil is the highest it has ever been.

QUIZ

Choose the synonyms.

1. precarious
2. suitable
3. broaden
4. episode
5. entirely
6. reckless
7. shortcoming
8. bountiful
9. instructive
10. eminent

ⓐ informative, educational, helpful
ⓑ completely, wholly, totally
ⓒ distinguished, outstanding, prominent
ⓓ weakness, disadvantage, defect
ⓔ appropriate, proper, apt
ⓕ unstable, insecure, uncertain
ⓖ careless, heedless, inadvertent
ⓗ event, occurrence, incident
ⓘ widen, expand, enlarge
ⓙ abundant, plentiful, ample

Answer 1.ⓕ 2.ⓔ 3.ⓘ 4.ⓗ 5.ⓑ 6.ⓖ 7.ⓓ 8.ⓙ 9.ⓐ 10.ⓒ

currently 현재 석유에 대한 수요는 그 어느 때보다 높다.

Review TEST   DAY 26-30

Choose the synonym of the highlighted word in the sentence.

1. Despite the gender prejudice it fosters, schools still segregate boys and girls for gym classes.
   (A) commend   (B) instruct   (C) mandate   (D) separate

2. The premise of Darwin's theory of evolution is that all life descends from a common ancestor.
   (A) declaration   (B) conclusion   (C) presupposition   (D) feature

3. Researchers scrutinized the dinosaur fossils to determine exactly how old they were.
   (A) tested   (B) measured   (C) removed   (D) examined

4. In his most recent book, the author retrospects on the past 100 years of independent cinema in North America.
   (A) cuts down   (B) follows up   (C) looks back   (D) closes in

5. Historians have long debated an accurate date for the onset of the Cold War.
   (A) source   (B) pitfall   (C) beginning   (D) creation

6. The Nazi regime, headed up by Adolf Hitler, acted in patent disregard of international law.
   (A) unintentional   (B) obvious   (C) trivial   (D) despicable

7. The Colorado River toad secretes a potent toxin through its skin that can cause brain damage.
   (A) enhances   (B) conserves   (C) concentrates   (D) releases

8. New research is shedding light on how elderly care assistants can respond to anxious and despondent patients.
   (A) depressed   (B) entranced   (C) precarious   (D) dubious

9. Around 1.5 million people were ruthlessly massacred during the Armenian Genocide of the early 20th century.
   (A) rapidly   (B) cruelly   (C) uniformly   (D) eventually

10. Artists of the Renaissance embraced and celebrated their cultural ties to classical antiquity.
    (A) broadened   (B) accepted   (C) involved   (D) comprehended

정답 p.336

The Road Not Taken 가지 않은 길

Robert Frost

Two roads diverged in a yellow wood,
And sorry I could not travel both
And be one traveler, long I stood
And looked down one as far as I could
To where it bent in the undergrowth;

Then took the other, as just as fair,
And having perhaps the better claim,
Because it was grassy and wanted wear;
Though as for that the passing there
Had worn them really about the same.

And both that morning equally lay
In leaves no step had trodden black.
Oh, I kept the first for another day!
Yet knowing how way leads on to way,
I doubted if I should ever come back.

I shall be telling this with a sigh
Somewhere ages and ages hence:
Two roads diverged in a wood, and I —
I took the one less traveled by,
And that has made all the difference.

노란 숲속에 난 두 갈래 길
아쉽게도 한 사람 나그네
두 길 갈 수 없어 길 하나
멀리 덤불로 굽어드는 데까지
오래도록 바라보았다.

그리곤 딴 길을 택했다. 똑같이 곱고
풀이 우거지고 덜 닳아 보여
그 길이 더 마음을 끌었던 것일까.
하기야 두 길 다 지나간 이들 많아
엇비슷하게 닳은 길이었건만.

그런데 그 아침 두 길은 똑같이
아직 발길에 밟히지 않은 낙엽에 묻혀 있어
아, 나는 첫째 길을 후일로 기약해 두었네!
하지만 길은 길로 이어지는 법이라
되돌아올 수 없음을 알고 있었다.

먼 훗날 어디선가 나는
한숨 지으며 이렇게 말하려나
어느 숲에서 두 갈래 길 만나, 나는 —
덜 다닌 길을 갔었노라고
그래서 내 인생 온통 달라졌노라고.

Final TEST 1

Choose the synonym of the highlighted word in the sentence.

1. Over half of North America's indigenous population died from disease brought by the colonists.
   (A) contemporary   (B) heterogeneous   (C) native   (D) prolific

2. Depression medication can cause conspicuous weight gain, intensifying patients' low self-worth.
   (A) irrevocable   (B) strenuous   (C) noticeable   (D) unprecedented

3. Charles III was the sovereign of the Holy Roman Empire from 839 to 888 AD.
   (A) settler   (B) defender   (C) scholar   (D) ruler

4. Parenthood is still more of an impediment to women's professional development than to men's.
   (A) barrier   (B) deviation   (C) impetus   (D) benefit

5. Too little oxygen in rivers and lakes can result in mortality of aquatic organisms.
   (A) death   (B) reduction   (C) displacement   (D) subsistence

6. Fleming inadvertently discovered penicillin after noticing fungus on his bacteria cultures.
   (A) rapidly   (B) resentfully   (C) accidentally   (D) frankly

7. Detroit was home to America's formerly thriving automobile industry before the financial crisis.
   (A) emerging   (B) flourishing   (C) absorbing   (D) creative

8. Well-designed syringes are sharp and require a minimal application of force to penetrate the skin.
   (A) elude   (B) wound   (C) pierce   (D) extract

9. The sediment at the bottom of coastlines ranges from sand and gravel to mud.
   (A) habitat   (B) waste   (C) function   (D) deposition

10. The colored rattles found in Navajo cultures are used exclusively by healers performing rituals.
    (A) only   (B) annually   (C) credibly   (D) carefully

11. Ivy Lee is considered to have pioneered the modern field of public relations in the late 1800s.
(A) started (B) expanded (C) stabilized (D) engaged

12. Educators of young children should incorporate games and other fun activities in the curriculum.
(A) organize (B) undertake (C) engender (D) include

13. How the Great Pyramid of Giza was erected remains a topic of debate among archaeologists.
(A) designed (B) utilized (C) discovered (D) raised

14. Physiotherapy is used to help people resume normal physical activities after a serious injury.
(A) recommence (B) maintain (C) endure (D) perform

15. When a typhoon occurs near populated areas, it can cause a staggering amount of damage.
(A) unknown (B) shocking (C) limited (D) conclusive

16. Recent graduates often complain that professional experience is a requisite for many jobs.
(A) preference (B) requirement (C) consideration (D) advantage

17. The church was characterized by beautifully wrought stonework on its interior and exterior walls.
(A) confined (B) preserved (C) formed (D) painted

18. Despite his humble roots, Henry Ford became one of history's most important industrialists.
(A) modest (B) shameful (C) pretentious (D) unusual

19. Erosion is the mechanism by which the Grand Canyon was formed over several million years.
(A) evidence (B) challenge (C) phenomenon (D) means

20. Nihilism is a philosophy that states morals, ideas, and beliefs have no intrinsic worth or value.
(A) inherent (B) permanent (C) credible (D) sentimental

Final TEST 2

Choose the synonym of the highlighted word in the sentence.

1. Scientists have recently postulated the existence of not yet discovered planets beyond Neptune.
   (A) hypothesized   (B) concluded   (C) declined   (D) believed

2. Whether or not the Helen of Troy of Ancient Greek mythology was real is open to conjecture.
   (A) contention   (B) change   (C) speculation   (D) resistance

3. During World War II, Alan Turing had the novel idea of analyzing code with a machine.
   (A) conventional   (B) innovative   (C) lucid   (D) initial

4. A group of three men incited Cornwall's residents to revolt against King Henry's unfair tax levies.
   (A) permitted   (B) advanced   (C) constrained   (D) provoked

5. The population of Paris reached its peak in 1929 and declined in subsequent years.
   (A) preceding   (B) related   (C) contemporary   (D) following

6. Many Medieval manuscripts were embellished with elaborate illustrations.
   (A) exaggerated   (B) decorated   (C) outlined   (D) emphasized

7. A plausible theory regarding the dinosaurs' extinction is that a large comet collided with Earth.
   (A) possible   (B) sophisticated   (C) imaginative   (D) paradoxical

8. With a widening wealth gap between the rich and poor, many wonder if capitalism is still feasible.
   (A) logical   (B) equivocal   (C) viable   (D) impartial

9. Now and then, geniuses such as Einstein come along and change our view of the world.
   (A) Conventionally   (B) Regularly   (C) Occasionally   (D) Persistently

10. Archaeologists Carter and Carnarvorn took pains to ensure King Tut's tomb remained intact.
    (A) diminished   (B) undamaged   (C) obsolete   (D) versatile

Hackers Vocabulary

11. The HIV virus can remain dormant in a human body for years without causing any symptoms.
　　(A) conscious　　(B) isolated　　(C) impermeable　　(D) inactive

12. Darwin's theory of natural selection seemed absurd to his peers but is now widely accepted.
　　(A) ridiculous　　(B) inaccurate　　(C) negligible　　(D) tedious

13. Although the Celtic tribes' origins are obscure, Rome's conquest of them is well-documented.
　　(A) complicated　　(B) incredible　　(C) uncertain　　(D) noteworthy

14. It is widely believed that honesty is a significant facet of a successful marriage.
　　(A) aspect　　(B) base　　(C) cause　　(D) requirement

15. Bleach and ammonia should never be mixed together, since the combination forms lethal fumes.
　　(A) deadly　　(B) excessive　　(C) coarse　　(D) sporadic

16. Squirrels must accumulate seeds and nuts throughout the summer and fall to survive the winter.
　　(A) preserve　　(B) consume　　(C) approach　　(D) gather

17. With the rise of online piracy, the music industry is much less lucrative than it was in the past.
　　(A) accessible　　(B) profitable　　(C) admired　　(D) influential

18. A herd of stampeding bison can only be halted by a natural barrier, such as a cliff or a lake.
　　(A) intrigued　　(B) captured　　(C) located　　(D) stopped

19. In the late 1990s and early 2000s, 19 members of the European Union adopted the euro.
　　(A) took up　　(B) developed　　(C) led on　　(D) displayed

20. Submerged for centuries, Cleopatra's royal quarters were found off the coast of Alexandria.
　　(A) belongings　　(B) garments　　(C) staples　　(D) dwellings

정답 p.337

Final TEST 3

Choose the synonym of the highlighted word in the sentence.

1. Marine cyanobacteria are known to be prolific sources of biochemically active natural products.
   (A) original   (B) toxic   (C) intriguing   (D) abundant

2. Traumatic experiences in a person's adult life can trigger latent anxiety or panic disorders.
   (A) activate   (B) interrupt   (C) regulate   (D) lessen

3. For the safety of the public, hospitals must discard medical waste in properly sealed containers.
   (A) delineate   (B) throw away   (C) use up   (D) sanitize

4. Historians surmise that the prehistoric monument Stonehenge was completed over centuries.
   (A) renounce   (B) substantiate   (C) infer   (D) propose

5. In recent decades, several states abolished the death penalty, deeming it as unconstitutional.
   (A) refuting   (B) unveiling   (C) rejecting   (D) believing

6. There was anarchy in the streets of Paris following the accession of Louis XVI to the throne.
   (A) calm   (B) disorder   (C) anxiety   (D) surveillance

7. Ascending Mt. McKinley is a chancy endeavor even for experienced mountain climbers.
   (A) risky   (B) bold   (C) fruitless   (D) rigorous

8. A utilitarian approach to decision-making aims to produce the greatest benefit and least harm.
   (A) pragmatic   (B) pessimistic   (C) humble   (D) theoretical

9. Marxist socialists seek an equitable allocation of resources determined by use-driven demand.
   (A) variety   (B) distribution   (C) revitalization   (D) establishment

10. Molecules are mechanically interlocked to form connections analogous to keys on a key chain.
    (A) reinforced   (B) altered   (C) linked   (D) distorted

11. Bonobos have been observed crafting rudimentary tools similar to those of early humans.
(A) intricate (B) peculiar (C) primitive (D) useful

12. A number of treaties have been signed to slow the proliferation of nuclear weapons.
(A) resurgence (B) destruction (C) agitation (D) increase

13. Kangaroo rats that inhabit desert environments can subsist without water for long periods.
(A) thrive (B) survive (C) travel (D) hibernate

14. An intrusive family member can be a burden for a person who values his or her privacy.
(A) meddlesome (B) stubborn (C) cooperative (D) anxious

15. Goods can be shipped to the secluded communities of northern Canada only by air or sea.
(A) populated (B) remote (C) coastal (D) religious

16. Financial institutions have stringent requirements that must be met for a loan to be approved.
(A) strict (B) complex (C) burdensome (D) unreasonable

17. The presence of nearby prey triggers an instantaneous response in a great white shark.
(A) vicious (B) effective (C) immediate (D) involuntary

18. Customarily, American politicians who lose an election call their opponents to concede defeat.
(A) condemn (B) acknowledge (C) prevent (D) delay

19. The role of ancient Indian sages was to impart education and wisdom orally to the young.
(A) widen (B) reclaim (C) provide (D) evaluate

20. Spills of saltwater, a byproduct of oil drilling, have left acres of farmland in North Dakota sterile.
(A) barren (B) applicable (C) humid (D) turbulent

정답 p.337

Answer Key

Review TEST

* Review TEST의 해석은 고우해커스(goHackers.com) 해커스북자료실에서 확인할 수 있습니다.

DAY 1-5
1	(C) DAY1_5	2	(A) DAY1_34	3	(A) DAY2_1	4	(B) DAY2_52	5	(A) DAY3_1
6	(C) DAY3_45	7	(A) DAY4_8	8	(C) DAY4_23	9	(C) DAY5_10	10	(A) DAY5_48

DAY 6-10
1	(C) DAY6_15	2	(B) DAY6_16	3	(A) DAY7_4	4	(D) DAY7_51	5	(C) DAY8_7
6	(B) DAY8_29	7	(D) DAY9_5	8	(B) DAY9_9	9	(A) DAY10_19	10	(A) DAY10_7

DAY 11-15
1	(D) DAY11_14	2	(D) DAY11_43	3	(A) DAY12_20	4	(D) DAY12_33	5	(D) DAY13_2
6	(D) DAY13_41	7	(A) DAY14_25	8	(C) DAY14_9	9	(C) DAY15_2	10	(B) DAY15_40

DAY 16-20
1	(D) DAY16_37	2	(A) DAY16_50	3	(C) DAY17_8	4	(B) DAY17_53	5	(A) DAY18_33
6	(D) DAY18_50	7	(B) DAY19_9	8	(D) DAY19_31	9	(D) DAY20_30	10	(A) DAY20_27

DAY 21-25
1	(B) DAY21_4	2	(A) DAY21_2	3	(B) DAY22_2	4	(A) DAY22_18	5	(C) DAY23_2
6	(B) DAY23_46	7	(A) DAY24_12	8	(A) DAY24_15	9	(B) DAY25_22	10	(A) DAY25_15

DAY 26-30
1	(D) DAY26_44	2	(C) DAY26_42	3	(D) DAY27_28	4	(C) DAY27_38	5	(C) DAY28_2
6	(B) DAY28_44	7	(D) DAY28_16	8	(A) DAY29_34	9	(B) DAY30_4	10	(B) DAY30_52

Final TEST

- Final TEST의 해석은 고우해커스(goHackers.com) 해커스북자료실에서 확인할 수 있습니다.

TEST 1

1 (C) DAY1_6	2 (C) DAY2_11	3 (D) DAY12_8	4 (A) DAY5_41	5 (A) DAY7_40
6 (C) DAY8_14	7 (B) DAY10_14	8 (C) DAY11_38	9 (D) DAY13_37	10 (A) DAY14_14
11 (A) DAY17_5	12 (D) DAY17_40	13 (D) DAY19_2	14 (A) DAY20_41	15 (B) DAY22_28
16 (B) DAY23_8	17 (C) DAY25_10	18 (A) DAY26_41	19 (D) DAY28_10	20 (A) DAY29_11

TEST 2

1 (A) DAY1_14	2 (C) DAY3_4	3 (B) DAY4_47	4 (D) DAY6_38	5 (D) DAY7_13
6 (B) DAY9_24	7 (A) DAY11_1	8 (C) DAY12_3	9 (C) DAY14_16	10 (B) DAY15_1
11 (D) DAY17_46	12 (A) DAY18_6	13 (C) DAY19_13	14 (A) DAY21_10	15 (A) DAY14_1
16 (D) DAY24_3	17 (B) DAY25_12	18 (D) DAY27_7	19 (A) DAY28_14	20 (D) DAY22_26

TEST 3

1 (D) DAY2_12	2 (A) DAY3_14	3 (B) DAY25_25	4 (C) DAY6_21	5 (D) DAY8_24
6 (B) DAY9_19	7 (A) DAY11_8	8 (A) DAY12_46	9 (B) DAY14_22	10 (C) DAY15_20
11 (C) DAY16_4	12 (D) DAY18_12	13 (B) DAY17_27	14 (A) DAY21_16	15 (B) DAY23_31
16 (A) DAY24_16	17 (C) DAY26_24	18 (B) DAY27_20	19 (C) DAY29_3	20 (A) DAY29_28

goHackers.com

Hackers Vocabulary   INDEX

A

abandon	65, 178, 270, 295
abandoned	145
abate	274, 295
aberrant	259
aberration	107
ability	179, 262
a bit	157
abnormal	113, 259
abnormality	114
abnormally	127
abode	240
abolish	240
aboriginal	19
abort	321
abound	49
about	117, 186
abridge	238
abrupt	30
abruptly	320
abscond	89
absolute	66
absorb	71, 97, 130
absorbed in	125
abstain from	211
absurd	146, 195
absurdity	24
abundance	298
abundant	30, 73, 94, 116, 176, 196, 207, 218, 324
abundantly	168
abuse	152
accelerate	140, 159, 219
accent	153, 199
accentuate	212
accept	106, 193, 326
accept as true	102, 291
accepted	155
accepting that	157
accessible	96, 118, 138
accidental	252
accidentally	92, 156
acclaim	197
acclimate	201
accommodate	208
accompany	239
accomplish	84, 148, 246
accomplished	211
accomplishment	92, 163
accordingly	165, 206
accord with	267
account	73
account for	18
accrete	274
accumulate	238, 256, 274
accumulation	133, 199
accuracy	326
accurate	19, 143, 157, 291
accurately	54, 205
accustomed	105
achievable	132
achieve	84, 148, 238, 246
achievement	92, 163
acknowledge	106, 291
acknowledged	155
acme	233
acquire	71, 113, 188, 238
act against	39
activate	40, 241
active	132, 187, 191
act on	61
acute	85, 91, 178, 299
acutely	322
adapt	97, 110, 201, 208
adaptability	242
adaptable	50, 71
additional	88, 134
additionally	134
add to	62
adept	75, 202, 253
adequate	126, 289
adequately	34
adhere	118
adherent	66, 220
adhere to	219
adjacent	70, 215, 254
adjoining	70, 215
adjust	93, 97, 110, 201, 272
adjustability	242
adjustable	71
adjust to	208
administer	77, 130
administration	197
admire	126, 244
admit	106, 291
adopt	65, 278, 300, 326
adorn	94, 103, 136
adornment	182, 312
adroit	75
advance	100, 196
advanced	257
advancement	111
advance to	270
advantage	113
advantageous	268, 292
advent	269, 315
adversarial	262
adverse	211
adversity	202
advocate	48, 66, 75, 220, 268
affect	61, 77
affluent	54, 218, 247
afford	21
affordable	201
aftereffect	23
aftermath	23
afterward	174
against	169
age	27, 56
aggravate	103, 138
aggregate	238
aggregation	178
aggress	75
agile	187
agitate	274, 282
agitated	66
agitation	87, 242
agree	215, 303
agreement	154
ahead of	273
aid	85, 111, 146, 242
aim	115, 205, 315
akin	56
akin to	125
a large amount of	80
alarm	324
alarming	136, 290
albeit	162, 233
alike	241, 257
a little	157, 261
allay	260
alleged	49
allegedly	180
allegiance	101
allied	199
allocate	29
allocation	155
allot	29, 293
allotment	150, 155
allow	83, 104, 127, 193
all together	191, 249
allude to	175, 279
allure	221, 294
allusion	108
almost	28

INDEX A

almost complete	130
almost not	81
almost totally	28
alone	157
along with	305
also	194
alter	110, 122, 206, 249
alteration	72, 234, 309
alternate	44
alternative	124
although	162, 233
altogether	207
always	242, 260
amass	238
amaze	258
amazing	60, 145, 156, 188, 207
ambiguous	105, 313
ambition	180, 194
ambitious	166
ambivalent	230
ameliorate	95
amend	95
amiss	177
amount	123
ample	73, 126, 176, 196, 324
amplification	287
amplify	21, 167
amplitude	304
amply	34, 253
analogous	241, 257, 308
anarchic	192
anarchy	103
anchor	155, 292
ancient	232, 322
ancient times	273
anger	103
angst	180
annihilate	19
annoy	74
annual	210
annually	104
annul	240
anomaly	114
anonymous	149
antagonist	271
antagonistic	262
antagonize	103
antecede	85
antecedent	254
antecedently	319
anticipate	190
antiquated	242, 260
antique	232, 322
antiquity	273
anxiety	180
anxious	283
anxious to	241
anyone can see	179
apart from	150, 270
apex	101, 233
apparatus	128, 210, 299
apparent	39, 112, 144, 305, 309
apparently	26, 168, 267
appeal	54, 221
appealing	262
appear	93, 105
appearance	269, 315
appetizing	262
applaud	197
appliance	128, 251
applicable	75, 165
application	60
apply	153
appoint	105
apportion	293
apposite	280
appraisal	66, 314
appraise	31, 90, 215
appreciable	160
appreciably	52, 227, 325
appreciate	210
appreciation	229
apprehend	165
apprehensible	198
apprehensive	255, 283
approach	201
approaching	273
appropriate	75, 280, 320
approve	104
approximate	301
approximately	117, 186
approximation	250
apt	320
arbitrator	302
archaic	242, 260, 322
archetypal	181
archive	189
ardent	46, 98
arduous	22, 92
area	75, 166, 187, 321
arguable	166
argue	248, 271
argument	45, 271
argumentative	63, 202
arid	64, 85
aridity	181, 325
aridness	325
arise from	192
aristocracy	274
arouse	130, 221, 266
arrange	169
arrangement	246
arrival	269
arrive	116
arrive at	246
article	85, 140
artifact	140
artificial	250
artisan	321
as a result	51, 238
as a result of	149
as a rule of thumb	116
as a whole	191
ascend	25
ascendancy	36
ascertain	219
ascribable to	65
ascribe	111
ask	54
as one	181
aspect	228
aspiring	166
assail	39, 75
assault	75
assemblage	178
assemble	97, 206
assent	215, 303
assert	181, 248, 256
assertive	175
assess	31, 90, 148, 215, 302
assessment	66, 314
assiduously	284
assign	105
assignment	155
assimilate	71
assist	111, 146, 242
assist with	85
associate	133
associated	286
associate with	44
assort	169
assorted	30, 318
assume	54, 222, 278, 299
assumed	49
assumption	285
assurance	305

assure	20, 43	awkward	82, 87, 113	benchmark	269
assured	260			bendable	71
astonish	258	**B**		beneficial	292
astonishing	60, 156, 188, 207, 240, 290	back	146, 268	beneficial to	125
astonishingly	23	back up	242	be numerous	49
astound	258	balance	20, 73	be on the way	129
astounding	60, 207, 240	ban	196	be part of	316
astoundingly	23	banal	228	be plentiful	49
astute	108	bar	127	be prevalent	154
as well	134, 194	barely	81	beside	169
as well as	95	barren	64, 215, 313	besides	134, 150, 270
at first	76, 110	barrier	64, 127, 267, 302	best	113, 236
at intervals	33, 278	baseless	130	bestow	308
atone for	20	basic	144, 164, 174, 184, 281, 300	be tempted to	170
attack	39, 75	basically	106, 292	betterment	95
attain	246	basic element	156	between extremes	135
attainable	138	basic feature	300	between years	325
attainment	163	basic item	300	be widespread	154
attempt	41, 44, 59, 243, 315	basic method	231	be widespread in	80
attention	31, 244	basic motivation	259	bewildered	313
attenuate	288	basics	86	bias	129
attest	115	basis	137, 156	bind	87, 118
at the present time	327	be able to	161	bizarre	124, 208
at the recommendation of	197	be accompanied by	98	blame	232
at the same time	237, 264	bear	256	bleak	253
at the urging of	197	beat	282	blemish	128
at times	154	beat off	118	blend	59, 306
attract	28, 221, 316	beautiful	252	blended	56
attractive	262	beautify	103, 136	bloat	187, 217
attributable to	65, 169	beautifying	197	block	166
attribute	111, 312	be aware of	148	bloom	137
atypically	127	be calculated at	295	blooming	247
augment	177, 296	because of	149, 305	blossom	137, 226
augmentation	264	become familiar with	28	blow up	77
august	88	become numerous	90	blur	116
authentic	24, 94	become used to	28	boast	135
authenticate	22	be composed of	101	boat	316
authenticity	261	be dominant	154	body	178
authoritative	199	before	273, 319	bold	198
authorities	197	beg	54	bombard	39
authority	36	begin	61, 100, 134, 192, 280	bond	114, 133
authorized	199	begin again	220	book	216
authorized to	242	beginning	117, 171, 206, 298, 323	boom	36
automatic	40	begin to use	300	boon	113
autonomous	36	be higher than	71	border	168, 283
autonomy	209	be inclined to	170, 253	bordering on	219
auxiliary	42	be incorporated in	316	boring	31
available	118, 138	belch	111	bother	74
average	26	believable	65, 122	bounce back	206
aversion	251	believe	93, 102, 278	boundary	168, 248
avert	51, 94	belittle	111, 126	bound for	323
avoid	94, 169, 211	be made up of	101	boundless	208

bountiful	116, 176, 196, 324	by which	97	center	233
bountifully	168, 253			center on	139
brag	135	**C**		central	133
branch	319	cage	248	central idea	233
brave	198	calamitous	181	ceremonial	258
breach	53	calculate	177, 249, 302	certain	266
break	215	calculatedly	107	certainly	96, 188
breakable	184	calculation	311	certainty	305
break apart	53, 227	call	230	chain	202
break down	190, 304	call for	143, 283	challenge	236
breaking apart	136	call forth	325	challengeable	166
breaking off	222	call off	321	champion	75
break open	138	call upon	22	chance	228, 291
break out	138	camouflage	251	chancy	123
breakthrough	100	campaign	180	change	30, 45, 72, 97, 110, 122, 144, 206, 234, 249, 281, 309, 318
break up	49	cancel out	278		
breathtaking	145	candidly	93, 146, 286	change the direction of	153
breed	127	capable	202	channel	293
breeding	147	capacity	262	chaos	103
brew	129	captivating	62	chaotic	192
brief	175	capture	35, 263	character	87
brief view into	209	care	257	characteristic	87, 111, 167, 200, 282, 312
bright	110, 132, 147, 250	care for	207	characteristic of	83, 252
brighten	221	careful	21, 117, 166, 190	charge	126
brilliant	110, 132, 147, 250	carefully	139, 284	chase	55
bring about	50, 165, 211, 215, 229, 246, 281	careless	75, 178, 326	cheat	72
bring back	142	cargo	157	check	178
bring together	97, 158	carry on	129	cheer up	30
brittle	184, 306	carry out	135	chief	24, 82, 83, 147
broad	33, 168, 268	carve	31, 326	chiefly	76, 126
broaden	321	cast about	41	choice	50, 124
broadly	96, 105	cast aside	270	choose	294
broadly accepted	310	cast off	285	choosy	54
buffer	65, 128	casual	291	chronic	252
build	176, 204	casually	133	chronicle	55
buildup	133, 199	catastrophic	181	circuitous	148, 324
built-in	50	catch	35, 165, 263	circumstance	60
bulk	58	catch on	148	circumvent	243
bumpy	106	categorize	169	cite	279
burden	157	cause	18, 35, 40, 77, 95, 165, 211, 215, 229, 246, 266, 304	claim	20, 181, 256
burdensome	113			clarify	37, 221
burgeoning	136	caused by	65, 169	clash	92
burst	53, 77, 138	caution	244	classic	181, 250
bustling	112	cautious	21, 166, 209	classify	169
busy	112	cease	273, 289	clean	273, 309
buttress	292	ceaseless	44, 156, 275	clear	21, 39, 112, 144, 174, 190, 201, 244, 290, 309
by and large	191, 210, 217	ceaselessly	218		
by comparison	82	ceaselessness	228	clearly identify	19
bypass	243	cede	293	clearly visible	30
by requirement	146	celebrate	189	cleave	118
by the way	164	celebrated	49, 123	cleft	261
by virtue of	305	censure	232	clement	129

clever	108, 138, 147	commence	61, 100, 134, 192, 280	conceal	211, 251, 300
cleverness	227	commencement	298	concealed	261
cliché	252	commend	126	concede	291
climb	25	commensurate	272	conceivable	34
cling	118	commission	41	conceive	135, 262
cling to	219	commitment	101	concentrated on	125
close	137, 301	commodity	306	concentrate on	134
closely	170	common	186, 310	concept	53, 286
closeness	51, 250, 321	commonly	133, 201, 279	concern	257
close observation	86	commonplace	228, 252	concerned	283
cloud	116	commotion	242	concerning	66
clue	156, 236	communicate	117, 145, 258, 264	concerted	282
clumsy	87	compact	142, 228, 310	conclude	177, 233, 249, 284
cluster	206	comparable	184, 241, 257, 272, 308	conclusion	63
coalesce	53	comparative	33	conclusive	21
coarse	106, 179	comparatively	82	conclusively	300
coating	220	compare to	304	concomitant with	305
coerce	52, 237	compatible	199	concrete	195
coexisting	29	compel	52, 169, 180, 237	concur	303
cogent	58, 286	compelling	58, 72, 286	concurrent	29, 38
cognitive	263	compellingly	188	concurrently	237
coinage	158	compensate for	20	condemn	232
coincidence	77	compensation	86	condense	81, 142, 166, 310
coincide with	267	competence	179	condition	60
cold	210	competent	202	conduce	273
collaborate	149	compete with	271	conducive to	125
collaborative	282	competing	271	conduct	130, 301
collapse	93, 136	competitive	271	conference	146
collect	97, 238, 256	competitor	271	confidence	305
collection	62, 133	compile	256	configuration	246
collective	238	complaint	209	confine	248, 289
collectively	249	complement	122, 211	confined	241, 260
collide	314	complete	20, 31, 66, 156, 162, 204	confirm	22, 115, 134, 164, 219
collision	182	completely	48, 52, 78, 153, 207, 214, 292, 320	conflict	92
colonize	61			conflicting	43, 245, 271
colossal	32, 127, 132	complete stop	187	conform	201, 222
column	27, 212	complex	91, 103, 162, 270	conformation	246
combination	23, 62, 197, 240, 259	complicated	91, 162, 267, 270, 299	confront	59
combine	53, 59, 175, 190, 197, 222, 238	compliment	126, 197	congeal	166
combined	56, 238	comply	222	congenital	50
combined with	159	component	96, 152	congruent with	129
comeback	304	compose	139, 297	congruous	199
come before	85, 108	composite	221	conjecture	38, 62
come close	201	compound	62, 221	conjunction	23
come from	137	comprehend	165	conjuncture	259
come out	105	comprehensible	198	conjure	22
come together	187, 274	comprehension	229	connect	133, 165, 274
come toward	201	comprehensive	31, 196	connected	199, 286
come with	239	compress	142, 310	connection	133, 231, 259
coming	269	comprise	18, 101, 139, 231	connote	319
command	247	compulsorily	146	conquer	23, 61, 227
commemorate	189	compulsory	42	consciously	157

consecutive 149, 220	contracted 325	coupled with 159
consecutively 239	contraction 54	courageous 198
consensus 154	contradicting 234	course through 91
consent 154, 215, 303	contradiction 24	cover 160, 170, 211, 316
consequence 23, 63, 72, 201, 308	contradictorily 181	covered 261
consequent 266	contradictory 43, 58	cowardly 270
consequently 51, 165, 176, 206, 238	contrarily 20	crack 261
conserve 269, 301	contrast 229	craft 316
consider 31, 78, 86, 93, 290	contribute 273	craftsman 321
considerable 80, 143, 160, 164, 176	contrive 258	craftsperson 321
considerably 52, 59, 102, 227, 300	control 71, 80, 93, 104, 106, 217, 281	cramp 248
considering that 157	controllable 201	cramped 260
consistent 71, 199, 211, 305	controversial 202, 289	crash 182, 314
consistently 113, 148, 176	controversy 84	crave 104
consistent with 129	convenient 283	create 124, 182, 258, 288, 311, 318
consist of 101	convention 271	created 267
consolidate 290, 298	conventional 96, 162	creation 158
consonant 199	conventionally 33	creative 74, 138, 272, 283
consort with 44	converge 187	creativeness 227
conspicuous 19, 30, 112	converse 320	credible 65, 108, 286
conspicuously 165	conversely 20, 306	credit 111
constant 44, 71, 134, 156, 164, 229, 252, 281	convert 45, 122	crest 233
constantly 176, 242, 260, 322	convey 145, 258	crisis 264, 303
constellation 62	conviction 269	criterion 92, 269
constituent 96, 152	convince 20, 51, 246	critical 110
constitute 18, 139	convincing 58, 286	critically 187, 311
constitution 200	convincingly 188	critical situation 303
constrain 52, 87	cooperate 149	criticize 232
constrict 301	cooperative 282	cross 160
constricted 325	coordinate 185	crowd 241
construct 204	cope with 100	crowded 228
construe 243	copious 94, 196	crucial 91, 110, 204
consume 125, 177, 195, 248	copiously 168	crucially 187, 311
consumption 93	copy 78, 81, 127, 215	crude 88, 179
contain 169, 231, 290	core 233	cruelly 318
contaminate 56	cornerstone 156	crumble 304
contemplate 78, 290	correct 157, 206	crush 142, 254
contemporary 29	correctly 54, 205	cue 182, 264
contemptuous 219	correlate 274	culminate in 229
contend 181, 248, 256, 271	correlated 286	culmination 101
contention 45, 84	correspondingly 40	cultivated 135
contentious 63, 202	correspond to 267	cumbersome 113
contiguous 215	corroborate 134	curious 72
continual 156	corrupt 304	current 29, 53, 102, 143, 174
continually 218, 242	costly 293	currently 327
continuation 228	counter 39	curve 103
continue 34, 123, 129, 181, 253, 256	counteract 103, 278	cushion 65, 128
continued 44, 164, 281	counterbalance 278	custom 151
continuous 134, 149, 257, 309	counterpart 122	customarily 33
continuously 176, 242, 322	counterproductive 243	customary 105, 162
contour 25	countless 285, 296, 311	cut 89, 295, 305, 326
contract 142, 301	count on 22	cut off 305

D

dainty	114, 306
dam	166
damage	234, 317
damaging	102, 150
dampen	268
danger	82, 92
dangerous	110, 123, 152, 239
dangle	94
daring	198
deadly	152
deal with	100, 177, 205
dear	124
death	86
debatable	166, 289
debate	45, 84, 146, 271
debris	261
decay	29, 202
deceive	72
deception	45
deceptive	253, 312
decide	249, 284
decimate	142
decimation	266
decisive	91, 205
decisively	187, 300, 311
declaration	230
declare	256
decline	29
decompose	202
decorate	94, 103, 136
decoration	182, 312
decorative	197
decrease	29, 89, 116, 285, 295
dedication	101
deduce	177, 233
deduction	116
deem	93
deep	226
deeply	153, 322
deeply ingrained	282
defeat	23, 46, 227
defect	128, 163, 320
defective	230
defend	160, 296
deficiency	104
deficient	154, 212
deficient in	230
define	34, 140, 143
definite	112, 143, 174, 201, 205, 290
definitely	96, 188
definitive	21, 205
definitively	300, 311
deflate	254
deflect	153
deft	75
defunct	98
degenerate	75
degree	123
dejected	231
delay	84, 320
delete	264
deliberate	21
deliberate alteration	85
deliberately	107, 157, 182
deliberately alter	281
deliberation	146
delicate	114, 291, 306
delight in	302
delineate	244
deliver	258
delude	72
delusive	253, 312
deluxe	191, 271
demand	35, 143, 283
demanding	42, 54
demise	93
demolish	36, 94, 116, 142, 195
demolition	221, 285
demonstrate	86, 214, 270, 290
denominate	230
denote	43
dense	228, 310
depart	205
departure	107
dependable	51, 108
dependent	209
depend on	22
depend upon	200
depict	35, 284, 319
deplete	167, 280
deploy	157
deposit	214
deposition	147
depressed	231, 313
deprive	302
derivation	117
derive	91, 103, 177, 233, 238
derive from	137, 192
describe	319
description	73
desert	178, 295
deserted	145, 253
design	258, 322
designate	29, 105, 143, 230
designed	21
desirable	217
desire	104
desired	217
desolate	253
despise	159
despite	232, 263, 315
despoil	302
despondent	313
destined for	323
destitute of	230, 316
destroy	19, 36, 94, 116, 142, 195, 215
destruction	126, 221, 266, 285
destructive	44
detach	73
detailed	267
detect	70, 123, 170, 279
deter	324
deteriorate	75
determinant	95
determination	281
determine	177, 248, 249, 284
determined	140
detour	243
detrimental	102, 150
devastate	36, 116, 142, 195
devastating	44
devastation	221, 266, 285
develop	24, 105, 107, 129, 315, 321
development	176
deviant	259
deviate	205
deviation	107
device	128, 210, 299, 322
devise	107, 252, 258
devoid of	316
devour	177, 195
dictate	248
difference	168, 229, 274
different	112, 124, 128
different from one another	284
differential	180
differentiate	305
difficult	92, 145
difficulty	159, 236
diffuse	32
diffusion	143
digest	71
dig out	251

INDEX D

dig up	251	dispersal	217	divide	227, 305
diligently	284	disperse	49, 70, 81, 102, 115, 226	divine	260
dim	206, 324	displace	32, 175, 296	divulge	240
dimension	167	display	86, 214, 303	doctrine	273
diminish	89, 179, 274, 285, 295	dispose of	118, 189, 270	document	63
diminution	54	disposition	186	dodge	169
diminutive	41, 102	disproportion	198	dogma	273
dip	170	disprove	128	dogmatic	175
direct	293	disputable	166	domain	75, 166
direction	61	disputatious	63	domestic	128
disable	234	dispute	84, 114, 236, 271	domesticate	55
disadvantage	163, 320	disputed	202, 289	dominance	36
disagreement	45, 84, 271	disregard	25, 126, 231, 326	dominant	24, 147, 174
disappear	239	disrupt	254	dominate	80, 154
disassemble	190	disruption	126	donate	219, 273
disastrous	181	disseminate	70, 102	dormant	191
disband	49	dissemination	143, 207	double	221
discard	24, 270, 285	dissent	314	doubtful	155, 170
discern	123, 305	dissimilar	63, 128	doubting	236
discernible	143	dissimilarity	37	do well	210, 226
discharge	105, 111, 145, 218, 296	dissipate	70, 115, 226	downfall	93
disclaim	43	dissociate	285	downhearted	231
disclose	240	dissolve	175	downturn	33
disconnect	73	distance	281	drag	249
discord	53, 92	distant	60, 139, 315	drain	43
discount	231	distant past	273	dramatic	71
discourage	254	distaste	251	dramatically	150
discouraged	313	distinct	65, 112, 122, 154, 201, 244	drastic	164
discover	70, 279	distinction	229	drastically	29
discreet	166	distinctive	167, 282	draw	91, 249, 266, 316
discrepancy	37	distinctively	232, 238	drawback	163
discrepant	58	distinguish	123, 305	drawn out of	198
discrete	112, 154	distinguished	88, 325	dreary	253
discriminatory	180	distinguishing trait	269	dreg	261
discussion	146	distort	323	drench	200
disdain	159	distraction	137	drift	303
disdainful	219	distribute	29, 32, 102, 115, 293	drive	78, 180, 194
disengage	73	distribution	143, 155, 217	drive away	118
disguise	251	distrustful	209, 324	driving force	191
disgust	251	disturb	274	drought	325
disinclined	38	disturbed	255	dry	64, 85
disintegrate	304	disturbing	217	dryness	181, 325
disintegration	126, 136	disunite	285	dry up	314
disinter	251	diverge	205, 319	dual	221
dismantle	190	divergence	107, 229	dubious	170, 236, 324
dismay	324	divergent	128	due to	149, 169
dismiss	49, 326	diverse	63, 91, 318	dull	31
disorder	103	diversification	326	duplicate	78, 81, 127
disordered	192	diversion	137	duplication	323
disorganization	103	diversity	88, 274	durable	249
disorganized	192	divert	153	duration	132, 160
disparity	37, 198	divest	302	duty	158

dweller	52	elements	86	enforce	279
dwell in	25	elevate	208	engage	130, 216, 316
dwelling	240, 295, 322	elicit	325	engender	211
dwindle	285	eliminate	24, 33, 64, 115, 118, 142, 240	engrave	31, 326
dynamic	191	elite	274	engross	130

E

		elongate	308	engulf	251
		elucidate	37	enhance	144, 185
each	294	elude	169	enhancement	111
each year	104	emanate	33	enigma	114
eager	46, 283	embark on	280	enigmatic	267, 302
eager to	241	embed	38, 64, 182	enjoy	92, 302
earlier	41	embellish	94, 103	enlarge	21, 167, 187, 212, 217, 321
earliest	206, 216	embellishing	197	enlargement	96
early	222, 232	embellishment	312	enlist	295
earmark	29	embodiment	61	enormous	32, 38, 49, 72, 111, 132, 159, 321
earn	113, 238	embody	169	enormously	93, 259
earnestly	187, 284	embrace	290, 326	enough	126
earthly	136	emerge	33, 93, 105	enrich	144
ease	111	emergence	315	enroll	295
easily	48	emergency	264, 303	ensuing	51, 266
easily broken	184, 291	eminent	49, 325	ensure	43, 76
easily damaged	266	eminently	116	entail	35, 283
easy to handle	201	emit	84, 105, 145, 296	enter	127, 240
easy to recover	73	emphasis	199	enterprise	194
eat	177, 195	emphasize	42, 153, 199, 212	enthralling	62
eatable	292	empirical	84	enthusiastic	46, 98
eccentric	124, 259	employ	153, 180, 214, 312	entice	294
eccentricity	101	employment	60	enticing	145
echo	97	empower	314	entire	20
eclectic	91	empty	160, 167, 284	entirely	78, 154, 207, 292, 299, 320
economic well-being	76	empty of	230	entitle	314
edge	168, 283	enable	83, 127	entitled to	242
edible	292	enact	65	environment	322
edit	206	enactment	284	envision	135, 262
educational	320	encapsulate	81	ephemeral	83, 175
eerie	63	enclose	248	episode	323
efface	200, 264	encompass	101, 290	epitome	61
effect	72, 207, 308	encounter	59	epitomize	238
effective	244	encourage	30, 87, 196, 308	epoch	56
effectiveness	326	encouragement	142	equal	170, 272, 289
efficacy	326	encroach	177, 208	equilibrium	73
efficiency	326	encroachment	27	equipment	210
effort	41, 180	end	93, 115, 240, 273	equivalent	122, 257, 272
effortlessly	48	endanger	291	equivocal	105
eject	218, 243	endeavor	41, 44, 243	era	56
elaborate	91, 162, 267, 270	endorse	75, 268	eradicate	33, 64
elaborately	36	endow	219, 273	erase	200, 264
elaboration	176	endue	219	erect	123, 204
elegant	314	endure	34, 123, 155, 188	erode	232
element	152	enduring	114, 134, 249, 289	erratic	208, 247, 259
elemental	96	energetic	40, 132, 191	erroneous	66, 177
elementary	144, 174, 281	energy	74, 191, 205	erupt	77, 111

escalate	115	excess	315	expose	39, 89, 252	
escalating	136	excessive	61, 95, 241	exposed	55	
escape	89, 169	excessively	93, 123, 195, 250	express	26, 107, 189, 284	
especially	196, 282, 293	exchange	322	expunge	200	
essay	59	excitement	234	exquisite	114, 306	
essence	242	exciting	286	extant	23	
essential	50, 91, 110, 133, 144, 176, 204, 216, 247, 288, 294, 314	exclude	26, 106	extend	289, 303, 308	
		excluding	270	extendable	117	
essentiality	242	exclusive	280	extend across	160	
essentially	28, 63, 106, 214, 233, 292	exclusively	154, 237, 299	extended	82, 184	
establish	65, 311	exclusive to	210	extensive	33, 38, 52, 168, 268	
establishment	284	excrete	218, 296, 300	extensively	105	
estate	87	excused	191	extent	53, 79, 123, 138, 304, 311	
esteemed	77	execute	84, 135	exterior	39, 137	
estimate	90, 302, 311	exemplary	78, 181, 250	exterminate	19	
estimation	66	exemplify	238	external	137	
etch	31, 326	exempt	191	externally	26	
eternally	302	exemption	279	extinct	98	
eternize	253	exercise	153, 254	extirpate	33, 64	
evacuate	65, 218	exert	153	extra	88, 134	
evade	169	exertion	41	extra capacity	323	
evaluate	31, 90, 148, 215, 302	exhale	145	extract	91, 115, 325	
evaluation	66, 314	exhaust	167, 195, 280	extracted from	198	
evaporate	239	exhaustive	31, 156	extra goods	315	
even	211, 272	exhibit	214, 252, 303	extraordinary	41, 72, 113, 194, 286, 304	
evenly	113	exhilaration	234	extreme	50, 85, 95, 158, 164, 241, 299	
event	323	exigency	264	extremely	29, 86, 93, 116, 123, 214	
even though	162	exist	188	exuberant	207	
eventual	184, 247, 266	existence	104	exuberantly	168	
eventually	58, 134	existing	23, 102, 174	exude	84, 105	
everlasting	289	exorbitant	50, 61, 241			
everlastingly	302	exotic	208	**F**		
every year	104	expand	167, 187, 212, 217, 321	fabricate	176	
evidence	41, 77, 156, 259	expandable	117	face	59	
evident	39, 112, 144, 290, 305	expansion	96, 209	facet	228	
evoke	266	expansive	33	facilitate	83, 111	
evolve	315	expect	190	factor	95, 152	
exacerbate	138	expedite	140	fade	230, 239	
exact	19, 77, 83, 143, 157, 291	expel	218, 243	fail	25	
exactly	54, 205	expend	125, 195	failing	320	
examination	86	expensive	293	fail to notice	191	
examine	20, 178, 280, 292	experience	59, 92, 299	faint	206, 324	
example	149	experimental	43, 84	fairly	141, 227	
excavate	251	expert	36, 253	faith	269, 305	
exceed	71, 272	expertise	179, 217, 229	faithful	291	
exceedingly	123, 259	explain	18, 37, 243	fall	29, 93	
excel	71	explicit	174	fall apart	304	
excellent	62, 208	explode	77	false	66	
except for	270	exploit	18, 92	falsify	323	
exception	114	exploitation	152	familiar	137	
exceptional	113, 304	exploration	280	family	128	
exceptionally	116, 127, 232, 238	explore	280	famous	46, 49, 123	

faraway	315	flaw	128	foster	207, 308
far-reaching	168, 226, 268	flawed	230	foul	56
farthest	118	flee	89	found	311
farthest away	118	fleet	125	foundation	137, 156
fascinate	28	fleeting	175	founder	185
fascinating	62, 227	flexibility	242	found wanting	250
fashion	189, 209, 255, 288	flexible	26, 50, 71	fractional	45
fast	106, 200	float	303	fracture	261
fasten	118, 155	florescence	253	fragile	184, 291, 306
fastidious	54, 117	flourish	36, 129, 137, 210, 226	fragment	77, 227, 261
fatal	152	flourishing	112, 247	fragmentary	45
fatigue	280	flow	53, 143	fragmentation	126
fault	128	flow slowly	151	frankly	93, 146
faulty	177	fluctuate	318	free	98, 105, 191
favor	147	fluctuation	30, 168	freezing	210
favorable to	125	focus on	134, 139	freight	157
fear	324	fodder	204	friction	92
fearful	270	follow	55, 222	fright	324
fearsome	136	following	51, 82	frighten	125
feasibility	319	fondness	323	frightful	136
feasible	132	food	204	frigid	210
feat	92	footing	137	fringe	168
feature	167, 200, 269, 312	forage	204	frisson	234
feed	204	for all	232	frivolous	138
feign	303	forbid	196	from now on	190
fertile	30	force	52, 78, 87, 169, 180, 237, 279	from side view	282
fervent	98	forced	42	from time to time	60, 154, 313
fidelity	101	forceful	40, 175	frosty	210
field	75, 166	force out	243	fruitful	30
fierce	299	foreboding	303	frustrate	239
figure out	177, 249	forecast	190, 311	fuel	87
fill up	36	foremost	88, 158	fulfill	135, 148
film	220	forerun	85	fulfillment	163
final	21, 184, 222, 247	forerunner	254	full-blown	144
finally	58, 134	foresee	190	full-fledged	144
find	70, 170, 279	forestall	51	full sweep	263
fine	306	forever	302	fully	207, 292
fine-tune	46	forge	107	functional	139, 244
firm	83, 114, 140	forget	25	fundamental	144, 164, 174, 184, 216, 226, 242, 281
firmly	260, 322	form	77, 189, 200, 209, 246		
firmly established	282	formed	267	fundamentally	63, 106, 187, 292
firmness	281	former	41	fundamentals	86
first	216	formerly	319	furnish	249
fit	208	formidable	49	further	134, 196
fix	38	formulate	107	further explanation	287
fixation on	32	forsake	178, 295	furthermore	90
fixed	25, 84	for that reason	165	fuse	59, 175
fixedly	260	for the most part	210, 259	future generations	138
flag	230	fortify	115, 298		

G

flair	262	fortune	76		
flake	227	forum	240	gain	103, 113, 238, 264
flattery	167	forward	196	gainful	268

gain impetus	64	
gap	261	
gather	187, 206, 238, 256	
gather momentum	64	
gather together	97	
gauge	31	
gaze	44	
gear	97	
general	186, 196, 272	
general idea	53	
generally	42, 96, 126, 191, 217, 279	
generate	40, 124, 211, 293	
generously	253	
gentle	179	
gentry	274	
genuine	24, 94	
genuineness	261	
germane	165, 216	
gesture	264, 307	
get	188	
get around	243	
get back	142	
get older	27	
get rid of	24, 118, 189	
get worse	75	
gigantic	32, 100, 127, 159	
give	21, 130, 293, 308	
give a rational basis of	192	
give a reason for	18	
give energy to	87	
given that	157	
given the right to	242	
give off	84, 105, 145	
give rise to	50, 165, 182, 215, 318	
give up	104, 178	
glacier	167	
glimpse into	209	
glowing	110	
gluttonous	95	
goal	115, 205, 315	
gobble	177	
go beyond	272	
going to	323	
golden age	253	
goodness	112	
goods	306	
gorgeous	252	
go through	127, 299	
go up	25	
govern	80	
government	197	
grab	35	
graceful	314	
gradually	218	
graduate to	270	
grand	88, 91	
grandeur	129	
grant	21, 219, 291, 308	
graphic	250	
grasp	165	
gratify	67	
great	38, 49, 100, 226	
greatly	86, 150, 259	
greatness	190	
great quantity	58	
greedy	95	
grievance	209	
groom	273	
grossly	250	
groundless	130	
groundwork	137	
group	62, 178, 197, 206	
grow	298	
grow accustomed to	28	
growing	136	
growth	196, 209, 264	
grow up	27	
guarantee	20, 43, 76	
guard	296	
guess	38, 73, 299	
gulp	177

H

habit	151	
habitat	322	
habitation	240, 295	
habitual	105	
habitually	201	
hairline	107	
hallmark	269	
halt	187, 273, 289, 321	
hamper	186, 257	
hampered	26	
handle	100, 177, 205, 254, 281	
hand over	293	
handy	283	
hang	94	
haphazard	291	
happening	323	
hard	83	
harden	166	
hardly	81	
hardly perceived	125	
hardship	202	
hard to recognize	125	
harmful	102, 150, 181, 211	
harness	214	
harsh	42, 158, 195, 220	
harshness	202	
hasten	159	
hasty	78	
haul	249	
havings	87	
havoc	285	
hazard	82, 92	
hazardous	239	
head	160	
healthy	270	
heart	233	
hearten	30	
heave	208, 249	
heed	244	
heedless	326	
height	156	
heighten	150	
heir	293	
help	111, 146	
helpful	292, 320	
helpful for	125	
help with	85	
hence	51, 176, 238	
henceforth	190	
hereafter	190	
heritage	185	
hesitantly	159	
hesitation	45	
heterogeneous	30	
heyday	253	
hidden	206, 251, 313	
hide	211, 251, 300	
hierarchical	213	
highlight	42, 153, 199	
highly	116, 123	
high point	101, 253	
high-priced	293	
high-quality	165	
high regard	214	
hinder	51, 106, 186, 196, 222, 257, 284	
hindered	26	
hindrance	267, 302	
hint	236	
hire	41, 216	
history	55	
hitherto	74	
hobby	76	
hoist	208	

hold	208	immense	38, 49, 111, 127	impute	111
hold back	163	immensely	93, 259	inaccurate	189
hold in place	155, 229	immerse	170	inactive	179, 191
hold tightly	219	immersed in	125	in addition	90, 134, 150, 264
hole	44	imminent	273	in addition to	95
hollow	160	immobile	218, 237, 262	inadequate	212
holy	260	immoral	78, 304	inadvertent	252, 326
home	128, 295, 322	immortalize	253	inadvertently	92, 156
homogeneous	56	immune	191	in agreement with	129, 131
homogenize	296	immunity	279	inappropriate	74
honest	117	immutable	269	in association with	309
honestly	93, 146	impact	61, 207	inaugurate	134
honor	244	impalpable	188	in-between	135
hopeful	306	impart	117, 258, 308	inborn	34
host	241	impartial	205	incarnate	169
hostile	262	impartially	141	incentive	54, 90, 100, 142
household	128	impatient to	241	inception	171
hover	303	impede	94, 186, 257, 284	incessant	44, 156, 252, 275
however	122, 233	impediment	64, 267, 302	incessantly	218, 322
huge	38, 49, 100, 111, 127, 132, 159, 301	impel	78, 180	incident	102, 323
hugely	123	impending	273	incidentally	164
humble	285	impenetrable	50, 179, 268	incipient	323
hunt	41, 204	imperfect	230	incise	31
hurdle	302	imperil	291	incite	50, 76, 130, 304
hurried	78	impermeable	50, 179	incitement	54, 90, 100
hurry	159	impertinent	96	inclement	195, 220
hypothesize	20, 299	impervious	50, 179	inclination	61, 95, 139, 186, 323
hypothetical	143	impetus	54, 140, 185, 259	inclined	243
		implant	38, 64, 182	inclining	243
		implausible	28, 155	include	101, 190, 231, 290

I

ice sheet	167	implement	135, 251	incoherent	62
idea	232, 286	implication	108, 201, 236	incompatible	58
ideal	181, 236	implicit	52	incomplete	45
identical	170	implied	52	inconceivable	147, 158, 202
identify	70, 123, 140, 143	imply	175, 319	inconclusive	155
identifying mark	316	importance	42, 72, 190	in conflict	58
idiosyncrasy	101	important	19, 91, 101, 110, 133, 176, 198, 314	in conjunction with	181, 305, 309
if	194	important event	262	inconsistency	37
ignore	25, 231, 326	important part	292	inconsistent	43
ill at ease	255	impose	279	incorporate	169, 190, 222
illuminate	221	imposing	74	incorporeal	188
illusory	253	imprecise	189, 286	incorrect	66, 230
imaginable	34	impressive	23, 49, 71, 74, 145, 198	increase	21, 115, 150, 158, 167, 196, 212, 217, 264, 296, 298
imaginary	143	imprint	77		
imaginative	74, 283	improbable	28, 155	increase in number	90
imagine	135, 262	improper	74, 78, 304	increase in speed	219
imbalance	198	improve	24, 95, 124, 144	increasing	257
imbibe	97	improvement	176	increasingly	163
imitate	81, 97, 127, 215, 303	improvised	192	incredible	41, 60, 202
immeasurable	208	impudent	96	incredibly	23, 93
immeasurably	86	impulse	185, 259	incredulous	236
immediate	254, 282	impunity	279	indecision	45

indecisive	155	ingenuously	286	instigate	304
indeed	76	ingredient	152	instruction	247
indefinite period	98	inhabit	25, 61	instructive	320
in demand	217	inhabitant	52	instrument	74, 251, 299
independence	209	inherent	50, 309	in substance	292
independent	36	inherent in	252	insubstantial	63
in detail	207	inherently	233	insufficiency	104
indicate	26, 43, 86, 143, 175, 189, 223, 264, 270, 290, 319	inheritance	185	insufficient	212
		inheritor	293	intact	162
indication	41, 156, 236	inhibit	87, 196, 284, 324	in tandem with	309
indicative	78	inhospitable	186	intangible	188
indifferent	75	initial	216, 323	integral	204
indigenous	19	initially	76, 110	integrate	53, 190, 290
indirect	148, 324	initiate	40, 61, 100, 134, 192	integration	35, 240
indiscriminately	212	initiative	194	intense	22, 85, 95, 299
indispensable	204, 216, 288, 294	injure	234	intensely	269, 322
indistinguishable	170	injurious	102	intensify	21, 62, 115, 144, 150, 185
individual	154, 200	innate	34, 50, 309	intensity	243
individually	294	innominate	149	intensive	156
induce	51, 229, 246, 266	innovation	126, 136, 158	intentional	21
inducement	100, 142	innovative	55, 138, 272	intentionally	107, 157, 182
induction	186	innumerable	285, 296, 311	intention to harm	56
in (due) time	134	inordinate	61	interaction	85
industriously	284	inordinately	195	interchange	44, 322
in earnest	187	in parallel	237	interconnect	290
in effect	28	in particular	196	intercourse	322
inequality	198	in principle	239	interest	28, 76, 257
inescapable	266	in profile	282	interfere with	254, 257
in essence	292	inquire into	20	interfering	228
inevitable	266	inquiring	72	interlock	165
inexact	189	inquiry	280	intermediary	302
in existence	23	inquisitive	72	intermediate	135
in fact	76	in reaction to	313	intermingle	306
infer	73, 177, 233	in reference to	149	intermingled	56
inferior	97	in response to	313	intermittent	233, 294
infertile	215, 313	insatiable	95	intermittently	60
infinite	208	insecure	319	in terms of	66, 149
inflame	76	insert	38, 182	interplay	85
inflate	187	insight	286	interpret	243
inflation	96	insightful	108	interrupt	222, 254
inflict	77	insignificant	138, 196, 228	interval	281
influence	61, 77, 207	insolent	96	intervening years	325
influential	91	inspect	178, 292	in the ascendant	316
informally	133	inspection	86	in the end	58, 134
information	156	inspire	212	in theory	239
informative	320	in spite of	232, 263, 315	in the same way	194
infrequent	233, 262, 283, 294	in spite of that	122	intimate	137
infrequently	33	install	55	intimately	170
infringe	177	instant	254	intimidate	125
in general	116, 217	instantaneous	282	intricate	91, 162, 270, 299
ingenious	138, 147, 272	instantly	23	intrigue	28
ingenuity	227	instead	192	intriguing	227

intrinsic	309	juicy	56	lead	160
intrinsically	63, 233	junction	231	leader	185
introduce	134, 185	juncture	231, 259	leading	19, 60
introduction	186, 269	just	21, 81, 142	lead the way	160
intrude	208, 240	justifiably	50	lean toward	147
intrusion	27	justified	21	learn	71
intrusive	228	justify	18, 192	learn thoroughly	71
in truth	76	justly	50	leave	295
invade	177, 208, 240			leave behind	214
invaluable	220	**K**		leave out	26
invariable	71, 211, 269	keen	178, 283	leftover	288
invariably	260	keenly	322	legacy	185
invasion	27	keen to	241	legally	81
invent	252, 258	keep	181, 237, 301	legendary	46
inventive	74, 138, 272, 283	keep from	211	legible	292
inventiveness	227	keep in check	104	legitimate	21
investigate	20, 280, 292	keep out	26	legitimately	81
inviolable	175	key	133	length	132, 160
invisible	313	kind	88	lengthen	289, 303, 308
invite	221	knowable	198	lengthy	184
inviting	262	knowingly	107, 182	lessen	29, 179, 230, 274, 285, 295
invoke	22			less important	42
involuntary	40	**L**		less noticeable	254
involve	35, 216	labor	301	lesson	199
involved	162, 299	laborious	22, 92, 145	let	104, 127
ironic	117	lack	104	lethal	152
irregular	208, 233, 247	lacking	230	liability	158
irregularity	114	lacking in	316	liberal	257
irremediable	101	lag	84	liberate	98, 105
irreparable	101	lamentably	231	lifeless	215
irretrievably	26	land	187	lifelike	250
irreversible	101, 136	landscape	35, 187	lift	208
irreversibly	26	language	47	light	221
irrevocable	101, 136	large	33, 73, 80, 100, 111, 159, 164, 268	like	125, 302, 308
irrevocably	26	largely	42, 59, 259, 310	likely	107, 122, 306
isolated	55, 157, 251	large number	298	likely to get	32, 64, 323
issue	234, 264	large quantity	58	liken to	304
it can be assumed	258	last	34, 123, 222	likewise	40, 194
item	85, 140	lasting	249, 289	liking	323
it is apparent	179	lastly	58	limit	104, 185, 196, 248, 289
it is clear	179	latent	153	limited	146, 152, 241, 309
		later	82, 134, 174	limitless	208
J		lateral	203	limpid	190
jargon	47	launch	61	linger	272
jeopardize	291	lavish	94, 191, 271	link	114, 133, 165, 231, 274
jeopardy	82, 92	lavishly	253	linked	199, 286
jettison	285	lawfully	50, 81	little	310
join	165, 295	lax	178	little by little	218
joint	282	lay	214	live in	25
jointly	181	lay down	214	liveliness	74
judge	31, 90, 148, 302	layer	220, 274	lively	112
judiciously	193	layered	66	living	23, 104

living quarters	295, 322	
load	157	
loath	38	
locate	279	
locate exactly	19	
location	244	
locomotion	108	
lodge	64, 208	
logical	98, 163	
lonely	157	
long	104	
longing	283	
long-lasting	82, 134, 249	
look after	207	
look back	230, 294	
look for	59	
look into	20	
look on	298	
loom	93, 105, 129	
loose	46, 62, 105	
loosen	98	
low growth	33	
loyalty	101	
lucid	190, 244, 309	
lucrative	268	
ludicrous	195	
luminous	110	
lure	100, 221	
luxuriant	207	
luxurious	191, 271	

M

magnificence	129	
magnificent	88, 91, 114, 198, 208, 252	
magnify	21, 167	
magnitude	123, 167, 304, 312	
main	60, 83, 165, 318	
mainly	42, 59, 76, 108, 126, 259, 310	
main part	58	
mainstay	292	
maintain	181, 237, 248, 256, 269	
majestic	88, 91	
majesty	129	
major	51, 83, 318	
majority	58, 306	
make	176, 288	
make amends for	20	
make an effort	243	
make clear	37	
make into law	65	
make it	116	
make known	39	
make progress	64	
make room for	208	
makeshift	115	
make the best use of	32	
make up	18, 139, 297	
make up for	20	
make use of	18, 180, 312	
make visible	252	
make worse	138	
malleable	26	
mammoth	159	
manage	71, 100, 130, 205	
manageable	201	
manage to	161	
mandate	247	
mandatorily	146	
maneuver	164, 281	
manifest	144, 169, 270, 290, 305	
manifestation	41	
manifold	63, 91	
manipulate	281	
manipulation	85	
man-made	250	
manner	255, 288	
manufactured	267	
margin	185, 283	
marginally	261	
mark	77	
marked	122, 143	
markedly	102, 300	
marvelous	114, 156, 188	
masked	261	
mass	52, 58	
massive	132, 159, 301, 321	
master	36, 71, 133	
mastery	217	
match	271, 274, 289	
matchless	24	
material	195, 234	
materialize	93	
matter	234, 264	
mature	27	
maximize	118	
maximum	156	
maybe	237	
meager	146, 154, 261	
mean	26	
meander	103	
meaningful	51, 80	
means	74, 299	
measure	92, 123, 178, 215, 269	
mechanics	32	
mechanism	128, 299	
meddlesome	228	
median	135	
mediator	302	
meditate	86	
medium	74	
meet	177, 187	
meet the requirement	314	
meet (with)	59	
melt	175	
memorialize	189	
menace	56, 125, 291	
mental	263	
mention	108, 279	
merchandise	306	
mere	228	
merely	142	
mere subsistence	220	
merge	59, 175	
merit	53, 112	
message	199	
metamorphose	249	
method	124, 189, 201, 299	
methodical	263	
methodically	160, 241	
meticulous	117, 190	
meticulously	139, 207	
migrate	45	
mild	31, 129, 179	
milestone	262	
millions	311	
mimic	215	
mingle with	44	
miniature	41	
minor	31, 196	
minute	102	
minutely	207	
miraculous	188	
mislead	72	
misleading	253, 312	
misrepresent	323	
miss	191	
mistaken	66	
misuse	152	
mix	222, 306	
mixed	30, 56, 230	
mixture	221	
mix with	44	
mobile	107	
mobilize	157	
mode	189, 255, 288	
model	149, 250	

moderate	129, 179	mutual	139	not favorable	211
moderately	141	mutually exclusive	284	nothing more than	228
modern	29	myriad	311	notice	31, 244
modest	152, 285	mysterious	72, 267	noticeable	19, 30, 82, 122, 143, 160, 164
modification	72	mystery	114	noticeably	52, 102, 257, 325
modify	110, 206, 249	mythical	46	not in agreement with	170
modulate	272			not in consensus with	170
moisten	268	**N**		notion	53, 286
mold	209	naively	286	not large	152
momentous	51	name	230	not permanent	310
monarch	133	narrative	73	not strict	46
monitor	55	narrow	241, 325	not subject to	191
monotonous	31	native	19, 34	not suitable	186
monstrous	32	natural	34	not to mention	95
monumental	301	nature	242	notwithstanding	263, 315
moral	117, 199	nausea	251	novel	28, 55
more complex	267	near	201, 301	novelty	126
moreover	90, 134, 150, 264	nearby	70	now and then	147, 154, 313
more subtle	254	nearest	254	no wonder	27
more than enough	73	nearly	28, 57, 117, 186	noxious	150
mortality	86	nearness	51, 250	nullify	240
most favorable	113	necessary	42, 247, 288, 294	numberless	285
most important	158, 318	necessity	247	numerous	176, 285, 296, 311
most likely	132	need	283		
mostly	42, 76, 96, 310	negative	211	**O**	
most popular	148	neglect	25	oath	39, 248
most remote	118	neglectful	178	obey	222
most respected	158	negligent	178	object	85, 140, 314
most satisfactory	236	negligible	196	objection	98
motif	322	neighborhood	321	objective	205, 315
motion	108, 143, 264	neighboring	70, 215, 254	obligate	52
motionless	218, 262	nevertheless	122, 233	obligation	158
motivate	30, 212	new	28, 55	obligatorily	146
motivation	54, 142, 185	newer	259	obligatory	42
motive	142	next generations	138	oblige	87, 169, 237
mount	25, 115, 298	next in a series	256	obliterate	264
movable	107	next to	169	obscure	105, 116, 206, 211, 268, 286, 313, 324
move	144	nimble	187		
move apart	319	no more than	142	observation	239
move around	45	nonetheless	122	observe	298
move closer	187	nonmaterial	188	obsession with	32
movement	108, 143	nonsensical	146	obsolete	34
move out	218	norm	92, 295	obstacle	64, 127, 267, 302
move toward	201	normal	96	obstruct	166, 186, 284
moving forward	140	normally	88, 279	obstruction	64, 127, 267
multiplication	196	notable	19, 41, 101, 122, 198	obtain	103, 113, 142, 188, 238, 325
multiplicity	88	notably	165, 196, 282	obtainable	96, 118, 138
multiply	43, 90, 127, 296, 298	not definitive	155	obvious	30, 39, 112, 144, 174, 190, 244, 290, 305, 309
multitude	241, 311	not enough	212		
mundane	228	noteworthy	198	occasional	233, 294
mutation	234	not expected	59	occasionally	33, 60, 147, 154, 278, 313
mutilate	234	not explained	290	occupant	52

occupy	25, 130	order	41, 70, 247	paradox	24
occurrence	102, 323	ordinarily	88	paradoxical	43, 117
occur together with	98	ordinary	96, 228, 305	paradoxically	181
occur with	239	organize	185	parallel	289, 308
odd	63, 65, 124, 208	organized	263	paramount	82
oddity	101	orientation	144, 186	parcel out	293
oddly	127	origin	117	parched	85
offer	21, 232, 249, 308	original	74, 206, 216, 272	part	77, 150, 152, 227, 305, 319
official	199	originally	76, 110	partake of	248
official document	189	original method	231	partial	45
offset	20, 278	originate	33, 100, 103, 192, 252	participant	89
often	279	originate from	137, 192	particle	227
old	232, 242, 322	ornament	94, 103, 136, 182	particular	18, 65, 200
old-fashioned	260	ornamental	197	particularly	196, 282, 293
ominous	303	ornamentation	312	partisan	66
omnipresent	325	or so	231	pass	65
on account of	305	ostensibly	168, 267	passionate	98
once	194	ostentatious	295	pastime	76
once in a while	147	outbreak	183	patent	305
one after another	22	outcome	23, 63, 72	pattern	322
ongoing	44, 149, 281	outdated	34, 242, 260	pay attention to	134
on impulse	128	outermost	118	peacemaker	302
onlooker	168	outline	25, 244, 294	peak	156, 165, 233
only	103, 142, 154, 237, 280, 299	outlying	139	peculiar	65, 124, 167, 282
only just	81	outmoded	260	peculiarity	101, 200
on paper	239	out of date	34	peerless	24
on purpose	157	out of sight	313	penchant	323
onset	298	out of use	34	penetrate	127
on the condition that	194	outrun	71	perceive	210
on the contrary	306	outstanding	19, 62, 88, 101, 208, 263, 325	percentage	80, 312
on the other hand	20, 306	outwardly	168	perceptible	119
on-the-spot	254, 282	outweigh	148	perceptibly	325
on the spur of the moment	128	overall	191, 196, 217, 238	perception	286
on the surface	26	overestimated	99	perfect	24, 124
on the whole	210, 217	overflow	49	perfectly smooth	312
ooze	151	overlie	316	perform	135, 301
opaque	268	overlook	191	perhaps	237
openly	93	overly	195	peril	82, 92
operate	281	overriding	147	perilous	123, 239
opinion	53	oversee	106	period	56, 140, 160, 281
opponent	271	overspread	316	periodically	60, 278
oppose	39, 314	overview	294	periphery	168
opposing	234, 245	overwhelming	72	perishable	310
opposite	320	owing	62	permanent	136
opposition	98	owing to	149, 169	permanently	26, 302
opt	294			permit	83, 104, 127, 193
optimal	236	**P**		pernicious	102, 152
optimize	32	pace	178	perpetual	289
optimum	113	pacifier	302	perpetually	218, 242, 302
option	50, 124	pack	36	perpetuate	253
opulent	207, 271	palatial	91	perplexed	313
orchestrate	185	paper	63	persevere	34, 129

persist	34, 123, 129	portentous	303	prerequisite	279
persistence	228	portion	77, 150	prescribe	248
persistent	134, 252, 281, 309	portrait	46	present	102, 214, 303, 318
persistently	322	portray	35, 284, 319	present-day	29
perspective	144, 182, 186	pose	318	presently	150
persuade	20, 51, 246	position	55, 244, 279	preserve	181, 237, 269, 301
persuasive	58, 286	possession	87	pressure	87, 232, 279
persuasively	188	possibility	153	prestige	42, 214
pertinent	165, 216	possible	34, 107, 122, 132, 153	prestigious	77
pervasive	22	possibly	237	presumable	107
phase	140, 228	post	27, 212	presumably	258
phenomenal	194	posterity	138	presume	54, 102, 222, 278
phenomenon	102	postulate	20	presuppose	54
physical	195	potency	326	presupposition	285
picture	35, 46, 319	potent	91	pretend	303
piece	227	potential	153	pretty	141
pierce	127	potentially	237	prevail	148, 154, 227
pillar	27, 212	power	191	prevailing	24, 174
pine	104	powerful	72, 91	prevalent	22, 186, 310
pinnacle	101, 156, 233	practicable	132	prevent	51, 94, 106, 186, 324
pinpoint	19	practical	139, 155, 244	previous	41
pioneer	185	practically	57	previously	74, 319
pitch in with	273	practice	151, 301	previous to	273
pitfall	159	pragmatic	139, 155, 244	prey	56
place	84, 214, 244, 279	praise	126, 167, 197	priceless	124, 220
place of safety	263	pray to	22	pride oneself on	135
plague	74	precarious	319	primarily	76, 106, 110, 126, 310
plainly	146, 286	precede	85	primary	60, 83, 144, 184, 281, 300
plan	124	precious	124, 220	prime	82, 165, 253, 318
planned	21	precipitate	165	primeval	222
plausible	65, 122	precise	19, 42, 143, 157, 190, 291	primitive	88, 174, 222, 242
plead	54	precisely	54, 139, 205, 237	primordial	206
please	67	precision	326	principal	60, 83, 147, 318
pledge	39, 248	preclude	94, 106, 324	principally	108, 126
plentiful	73, 94, 116, 176, 196, 218, 324	precondition	279	principle	231, 273
plentifully	168	predecessor	254	prior	41
plenty	298	predict	190	prior to	273
pliable	71	prediction	311	pristine	176
plug	36	predominance	36	prized	263
plunge	170	predominant	60	probable	107, 122
pocket-sized	310	predominantly	310	probably	258
point	264	predominate	148	probe	280, 292
point of view	144, 182	preeminent	88, 158	problem	163, 236
point out	223	prefer	147	procedure	32
polished	135	preference	95	proceed to	270
pollute	56	prehistoric	232	process	205
ponder	78, 86	prejudice	129	proclamation	230
pool	197	premise	285	procure	113, 188
poor	97	preoccupation with	32	prodigious	321
populate	61	preoccupied with	125	produce	124, 135, 176, 182,
pore	44	preponderance	306		215, 266, 293, 300
portable	107	preposterous	146, 195	product	306

productive	30
proficient	75, 211, 253
profitable	268, 292
profound	226
profoundly	153
profuse	94
profusion	298
progress	100, 315
progression	70
progressive	257
progressively	163
progress to	270
prohibit	196
prohibitive	50
projection	311
proliferate	90
proliferation	196
prolific	30, 324
prolong	289, 308
prolonged	82, 164, 184
prominence	190
prominent	19, 24, 30, 49, 62, 143, 263, 325
prominently	165
promise	39, 248
promising	306
promote	30, 48, 75, 196, 241, 308
prompt	30, 90, 229, 241, 254, 282
promptly	23
proneness	139
prone to	32, 64
pronounced	122
pronouncement	230
proof	259
propagate	43, 127
propagation	147, 207
propel	78, 180
proper	75, 280, 320
properly	81
property	87, 111
proponent	48, 66
proportion	80, 312
proposal	232
propose	20
proposition	232
propulsion	140
prospective	153
prosper	36, 129, 210, 226
prosperity	76
prosperous	112, 247
protect	65, 128, 160, 269, 301
protest	209
prototype	149

protract	289
protracted	184
proudly possess	135
prove	22, 115, 192
prove false	128
provide	21, 130, 219, 249, 308
provided that	194
provoke	50, 76, 130, 215, 281, 304
prowess	179
proximity	51, 250, 321
prudent	166
prudently	193
public area	240
public square	240
pull	249
pulpy	56
pure	176
purely	142, 299
purpose	115, 205, 315
purposely	182
pursue	59, 301
pursuit	76
push	78, 180
put	84
put effort together	149
put forth	153
put in place	55
put into action	157
put through	84
put together	197
put to use	214
puzzle	114
puzzled	313
puzzling	267, 302

Q

qualified to	242
qualify	314
quality	87, 111, 167, 200, 312
quantify	178
quarrelsome	63
quarters	240
question	114, 236, 264
questionable	170, 324
questioning	72
quick	125, 187, 200
quick look into	209
quickly	23, 48, 106, 311
quick to recover	73
quit	321

R

radical	164
radically	214
raid	240
rainless	85
raise	204, 208, 296
rally	206
ramification	72
random	228, 291
randomly	212
randomness	137
range	53, 79, 138, 311
rapid	200
rapidly	106, 311
rapidly expand	36
rapidly expanding	136
rapport	114
rare	262, 283, 309
rate	80, 148, 178, 312
rather	149, 192
ratio	80
rational	98, 163
ravage	36, 116
raw	88
reach	201, 246, 311
reachable	96
reach completion in	229
reach the highest point in	229
readable	292
readily	48
real	24, 94
realize	148, 246
realm	166
realness	261
reason	233
reasonable	21, 98, 163
reasonably	141
reawaken	221
rebellion	108
rebirth	304
rebound	206
rebut	128
recall	25, 230
receive	326
reciprocal	139
reciprocity	85
reckless	326
recognizable	292
recognize	70, 106, 210
recognized	155

recollect	25, 230	relevant	165, 216	resilient	73
recommence	220	reliable	51, 65, 108	resist	155
recompense	86	relic	152, 288	resistance	98
reconcile	158	relieve	260	resistant	179
record	55, 63, 189	relinquish	104, 178	resolute	114, 140
recover	109, 142, 206	relish	302	resolutely	322
recovery	206	relocate	251	resolve	52, 249
recruit	295	reluctant	38, 235	resonate	97
recurrent	153	rely on	22	resort to	200
recurring	153	rely upon	200	resound	97
reduce	89, 167, 260, 274, 295	remain	123, 272	respect	244
reduction	54, 116	remainder	60	respected	77
redundance	315	remaining	23	respective	200
redundancy	323	remains	60, 147, 152, 261, 288	respectively	294
redundant	94	remarkable	19, 23, 41, 62, 82, 101, 194, 304	responsibility	158
refer	111	remarkably	150, 166, 227, 257, 300	restart	220
reference	108	remember	25, 230	restore	19
refer to	175, 279	reminisce	230	restrain	87, 104, 163, 196, 289
refill	19	remnant	60, 152, 288	restrict	87, 104, 186, 196, 289
refine	24, 124	remote	55, 60, 139, 157, 251, 315	restricted	241, 260
refined	114, 135, 314	remove	24, 64, 91, 115, 118, 251, 309	result	23, 63, 72, 201, 308
refinement	111	removed	60	resultant	266
reflect	86, 97	renew	19, 189, 221	resulting	266
reform	95	renounce	104	resume	220
refrain from	211	renowned	49, 123	resurgence	304
refuge	263	repayment	86	retain	237, 269
refusal to accept	98	repeat	81, 97	retard	320
refuse	29	repeated	153	retrieve	142
refute	39, 128	repel	118	retrospect	294
regain	142	repercussion	207, 308	return	206
regard	31, 93, 257	repetitious	94	reunite	158
regenerate	189	replace	32, 175, 296	reveal	39, 240, 290
regime	197	replenish	19	revealed	55
region	244	replicate	78	revel in	302
regrettably	231	report	63, 73	revere	244
regular	305	reportedly	180	reverse	46, 320
regularly	113, 148, 201, 278	represent	35, 43, 169, 238, 284	revise	206
regulate	93, 272	representative	78	revitalize	189
reinforce	115, 185, 212, 298	representative of	83	revival	304
reiterate	97	reproduce	43, 78, 81, 127, 215	revive	109, 189
reject	29, 43, 104, 270	reproduction	147	revoke	240
rekindle	221	repudiate	43	revolt	108
relate	133	request	54	revolution	136
related	199, 216	require	35, 143, 169, 237, 248, 283	revolutionize	291
relationship	114	required	42, 216, 247, 294	revolve around	139
relative	33, 184	requirement	247, 279	rich	54, 116, 191, 207, 218, 271
relatively	82	requisite	247, 288, 294	riddle	114
relaxed	46	resemble	301	ridicule	159
relay	117	reserve	35, 216	ridiculous	195
release	84, 98, 105, 113, 145, 285, 296, 300	residence	240, 295	right	21
relentless	309	resident	52	rightfully	50
relentlessly	318	residue	60	rigid	83

rigidly	234
rigidness	202
rigor	202
rigorous	42, 83, 158, 220, 258
rigorously	234, 237
rim	283
rise	25, 115, 158, 264, 315
rising in importance	316
risk	82
risky	110, 123, 239
ritual	258
rival	271, 289
robust	25, 39, 191, 270
root	38
root up	64
rot	202
rotate	44
rough	88, 106, 179, 301
roughly	117, 186, 231
roundabout	148, 324
routine	96, 305
routinely	201
rude	96
rudimentary	174, 222
rudiments	86
rugged	106
ruin	36, 116, 221, 285
ruinous	44
rule	80, 271, 295
rule out	106
ruler	133
ruling	24
rummage	204
run away from	89
run out of	280
run through	91
rupture	53, 261
rush	140, 159
rushed	78
ruthlessly	318

S

sacred	175, 260
sadly	231
safe	188
safeguard	160
safe to eat	292
same	170
sanctuary	263
satisfactorily	34
satisfactory	289
satisfy	20, 67
saturate	200, 268
save	35, 269, 301
scan	178
scanty	146, 154, 261
scarce	146, 154, 261, 283, 309
scarcely	81
scarcity	104
scatter	32, 70, 81, 115, 226
scattered	146
scattering	217
scenario	140
scene	35
scenery	35
scheme	124
scope	53, 79, 138, 311
scores	241
scorn	159
scornful	219
scrupulous	117
scrutinize	292
scrutiny	86
seamless	312
search	41, 204, 280
search for	59
seclude	285
secluded	55, 60, 157, 251
secondary	209
secrete	300
secure	76, 155, 188
securely	260
sedentary	24
sediment	147
seduce	294
see	31, 170, 298
seek	41, 44, 59
seeming	39
seemingly	168, 267
seep	151
segment	77
segregate	285
seize	35
select	294, 300
selection	50
self-assured	260
self-confident	260
self-determining	36
self-rule	209
send	145
send out	145
sensational	286
sense	70, 286
sensible	98, 163
sensibly	193, 325
separate	73, 112, 154, 285, 305, 319
separately	294
sequence	45, 70
sequence of events	140
sequential	220
sequentially	22, 239
serial	220
series	45, 70, 202
serious	176
seriously	187, 269
seriousness	83
set	84
setback	46
set down	214
set forth	214
settle	52
settled	24, 84
set up	55, 204, 311
sever	305
severe	42, 83, 85, 95, 158, 195, 220
severely	29, 234, 237, 269
severity	83
shape	77, 209, 246, 288
share	150, 248
sharp	30, 108, 178
sharply	269
shatter	215, 227
shelter	263
shield	160
shift	144, 309
shining	110
ship	316
shipment	157
shock	258
shocking	240
shockingly	23
shoddy	97
short	261
shortage	104
shortcoming	128, 163, 320
shorten	301
short in supply	309
short-lived	83, 115, 175
shortly	150
show	39, 86, 214, 223, 270, 303, 319
show off	135
showy	295
shrewd	108
shrivel	314
shun	169
shy	270

side	203	solidify	166	spread out	115		
sign	41, 156, 182, 268	solidly	322	spring	33		
signal	182, 264	solitary	55, 103, 157, 251	spring up	105		
signature	316	solve	52	sprinkle	81		
significance	72	sometimes	147	spur	76, 90, 185, 241		
significant	41, 51, 71, 80, 122, 160, 164, 176, 198, 205, 226, 314	somewhat	149, 157, 192, 261	stabilize	229		
		soon	150	stage	140		
significantly	52, 59, 102, 227, 300	soothe	260	staggering	240		
signify	26, 43	sophisticated	103, 135, 314	stagnant	179		
sign up	295	sophistication	229	stagnation	33		
silky	22	sort	88	stalwart	39, 270		
similar	241, 257, 308	sought-after	217	stamp out	33		
similarly	40, 194	source	117	standard	92, 162, 269, 295		
similar to	125	sovereign	133	stand by	242		
simple	21, 152, 222	space	281	standing	42		
simply	142	spacious	73	standpoint	182		
simulate	303	span	132, 160	standstill	187		
simultaneous	38	spark	281	staple	300		
simultaneously	237, 264	sparse	146, 261	stare	44		
single	103, 280	sparsely	272	start	40, 61, 100, 185, 192, 298		
site	244	spawn	182	startle	324		
situate	84, 279	speak in favor of	48	startling	60, 290		
situation	60, 140	spearhead	160	start (on)	280		
sizable	73	special	18, 167	state	34, 107, 189, 223		
size	123, 167, 304, 312	specialist	36	statement	230		
size up	215	specially	282, 293	static	237		
skeptical	236	species	88	stationary	24, 218, 229		
skilled	202, 211, 253	specific	18, 174	status	42, 214		
skillful	75, 253	specifically	293	stay	272		
slack	46	specify	34, 105, 107, 143, 189	stay on the top	303		
slanted	243	specimen	149	steadfast	114, 140		
sleek	22	spectacular	145, 198	steadfastly	322		
slight	31, 107, 125, 196	spectator	168	steadily	176		
slightly	157, 192, 261	spectrum	53, 79	steady	229, 275		
sloping	243	speculate	73, 299	stem from	137, 192		
slow down	320	speculation	38, 62	step	140		
slowly	218	speed	178	sterile	64, 215, 313		
sluggish	179	speedily	311	stick	118		
small	31, 41, 138, 152	speed up	140, 159, 219	stick to	219		
smaller	310	speedy	125, 200	stiff	83		
smart	147	spell	227	stiffen	166		
smash	182, 215	spend	125	still	122, 233		
smooth	22	sphere	166	stimulate	40, 76, 90, 130, 229, 241, 246		
snake	103	splendid	91, 114, 198, 252	stimulus	54, 90, 185, 259		
sneer	159	splendor	129	stipulate	34, 143		
soak	200, 268	split	53	stir	87, 282		
soak up	97	spoilable	310	stock	133		
so far	74	spontaneous	40	stockpile	35		
sole	103, 280	sporadic	233, 294	stop	106, 273, 289, 324		
solely	154, 237, 299	sporadically	33	stop by force	163		
solemnly	187	spot	170	store up	35		
solid	25	spread	32, 70, 102, 143, 207, 209, 293	straightaway	23		

strain	232
strange	63, 65, 72, 208
strategy	124, 164
stratified	66
stratify	274
stray	205
stream	53, 143
strength	112, 205, 243
strengthen	115, 185, 298
strenuous	22, 92, 145
stress	42, 153, 199
stretch	138, 303, 308
strew	81
strict	42, 83, 158, 258
strictly	234, 237
strictness	202
strife	92
strike	39, 314
striking	23, 71, 74, 82, 122
strikingly	29, 257
string	70, 202
stringent	258
strip	302
strive	243
strong	39, 40, 91, 122, 270, 299
strong belief	269
strong competitor	265
strongly	153
strong opinion	269
structure	200
struggle	243
stubbornness	281
stuff	36, 234
stunning	145, 240
stunt	257
stunted	26
sturdy	25, 39
style	189
subdue	23
subject	89, 209, 252
subject to	323
subordinate	42, 209
subscribe	268
subsequence	256
subsequent	51, 82
subsequently	174
subsidiary	42
subsist	188
subsistence	104
substance	234, 242
substantial	25, 51, 80, 164, 176, 195
substantially	59, 102, 150
substantiate	22, 134
substitute	32, 124, 175
substitutive	124
subterfuge	45
subtle	125
subtraction	116
succeed	129
succeeding	51, 82
successful	112
succession	45, 70, 256
successive	220
successively	22, 239
successor	293
succulent	56
sudden	30
sudden increase	183
suddenly	320
suddenly emit	111
sue	126
suffer	34, 299
suffer paralysis	168
sufficient	126, 163, 289
sufficiently	34
suggest	175, 248, 319
suggestion	108, 232
suit	208
suitable	75, 280, 320
summarize	81, 238
summary	294
summit	156
sum up	81
superb	208, 252
superficial	39, 137
superficially	26
superfluity	323
superfluous	94
superintend	106
superior	165
supersede	32, 175
supervise	106, 130
supervision	239
supplant	32, 175, 296
supplement	177, 211
supplementary	88, 134
supply	249
support	75, 85, 115, 146, 192, 229, 242, 256, 268, 298
supporter	48, 66, 220
suppose	20, 54, 222, 278, 299
supposed	49, 143
supposedly	180, 258
supposing	194
supposition	38, 62
suppress	163
supremacy	36
supreme	24, 82, 113, 158, 184
surely	96
surge	158
surmise	62, 73, 222
surpass	71, 272
surplus	315
surprise	258, 324
surprising	207, 290
surprisingly	23, 166, 181, 261
surrender	293
surveillance	239
survival	104
survive	34, 188
surviving	23, 289
susceptible	266
susceptible to	32, 64, 323
suspect	73
suspected	324
suspend	94
suspicious	170, 236, 324
sustain	155, 181, 256
sustained	164
swagger	135
swallow	251
swell	187, 212, 217
swelling	96
swift	125, 200
swiftly	311
swing	94
switch	144
symmetry	73
symptom	41
synchronous	38
synopsis	294
synthesis	240
synthesize	53, 290
synthetic	250
system	162
systematic	263
systematically	160, 241

T

tacit	52
tactic	164
take advantage of	18
take apart	190
take care of	207
take in	71, 97
take into account	290

taken out of	198	thoroughly	78, 292, 320	transplant	251
take on	278	though	162, 233	trap	35, 263
take precedence over	108	thoughtful	21	trappings	182
take turns	44	thought to be	258	trauma	317
take up	300, 326	threat	56	traumatic	217
talent	262	threaten	125, 291	travel	45
tame	55	threatening	303	tremendous	49, 72, 100, 111, 132
tangible	195	threshold	185	trend	61, 95, 139
tangled	91, 299	thrill	234	trespass	177, 208, 240
tantalize	198	thrive	36, 129, 137, 210, 226	trial	43
tantalizing	145	thriving	112, 247	trick	45
taste	95	throughout	159	trigger	40, 165, 281, 304
teaching	199	through which	97	triumph	154, 227
tear	53	throw away	270, 285	trivial	31, 138, 196
teasing	145	throw out	243	trouble	159
tedious	31	thrust	140	true	24, 94, 157
teem	49	thus	51, 176, 206, 238	truism	252
tell apart	305	thwart	239	trustworthy	51, 108
temperate	129, 179	tidy	273	truthfully	93
tempo	178	tie	114, 118, 133	try	44, 59
temporary	83, 115	tight	258	tumult	242
tempt	198, 294	tightly	237	tumultuous	66
tempting	145, 262	timid	270	tune	272
tenacity	281	tiny	41, 102	tuned to	131
tend	207	tire	280	turbulence	242
tendency	61, 95, 139, 323	to a large extent	259	turbulent	66
tend to	253	to be sure	96	turmoil	87, 242
tenet	273	together	181, 249	turn aside	205
tension	232	together with	159, 305	twist	103, 323
tentative	43, 221	toil	301	twofold	221
tentatively	159	tolerate	34, 193	type	88
tentativeness	45	tone	133	typical	78, 105, 250
tenuous	63	tool	251	typically	40, 88, 148
term	132, 230	torpid	191	typical of	83
terminal	222	to some degree	149	typify	238
terminate	273	to some extent	149, 212		
terminology	47	total	20, 196, 238	**U**	
terrain	187	totally	48, 154, 207, 320	ubiquitous	325
terrestrial	136	trace	77, 103, 156, 244, 288	ultimate	184, 247
territory	187	track	55	ultimately	58, 134
terror	324	tradition	185, 271	unaccounted for	290
thanks to	305	traditional	105, 162	unaffected	162
theoretically	239	traditionally	33, 40	unaffordable	50
therefore	51, 176, 206, 238	tragic	181	unalterable	269
thick	228, 310	train	55	unambiguous	174, 201
thin	107, 261	trait	111, 167	unanticipated	59
thing	85	transfer	117, 144	unassuming	285
think	86, 278	transform	45, 122	unavoidable	266
thinkable	34	transition	309	unbelievable	28, 146, 188, 202
think of	31	transitory	115, 175	unbiased	205
thinly	272	transmit	117, 145, 258	unbroken	162
thorough	31, 156, 190	transparent	190	unceasing	149, 309

uncertain	105, 206, 221, 286, 313, 319	unhappy	313	unsophisticated	21
uncertainly	159	unidentified	149	unspoiled	176
unchangeable	136, 229, 269	unification	35	unspoken	52
unchanging	71, 237	uniform	211	unstable	255, 319
unchangingly	148	uniformly	113	unsuitable	74
unclear	206, 268, 286	unify	290	unsure	221, 230
uncommon	262, 283	unimaginable	147, 158, 202	unsurprising	27
uncommonly	238	unimportant	138	unsurprisingly	27
uncomplicated	21	uninhabitable	186	unthinkable	147, 158
unconcerned	75	unintended	252	until now	74
unconsciously	156	unintentional	252	unreliable	312
unconsolidated	62	unintentionally	92, 156	untouched	176
uncover	39, 252	uninterested	75	unused	34
uncovered	55, 130	uninterrupted	149, 164, 275	unusual	55, 65, 113, 124, 262, 283, 304
undamaged	162	union	23, 35, 240	unusually	127, 238
undecided	230, 258	unique	28, 65	unvaried	31
underdeveloped	26	unique among	144	unvarying	56
underestimate	111, 126	uniquely	232	unveil	39, 240
undergo	299	unique to	210	unwavering	114, 140
underline	42, 153, 199, 212	unite	222, 290	unwieldy	82
undermine	288	unitedly	249	unwilling	38, 235
underpinning	156	universal	272, 325	unwittingly	92
underrate	111	unknown	149	up	296
underscore	212	unleash	113	up-and-down	123
understand	148, 165, 210, 243	unlikely	28, 155	updated	259
understandable	198	unlimited	208	uphold	256
understanding	229, 286	unloose	113	upholder	48
undertake	278	unmoving	218, 237	upper class	274
undertaking	248	unnamed	149	upper crust	274
undervalue	111	unnecessary	94	upright	123
undetermined	258	unoccupied	284	uprising	108
undeveloped	174	unpaid	62	upset	254, 274
undisputed	155	unparalleled	24	upsetting	217
undoubtedly	188	unplanned	40, 192, 228	upsurge	183
undue	61, 241	unprecedented	28	urbane	135
unduly	195	unpredictable	228, 247	urge	140
unearth	251	unpredictably	261	use	18, 60, 93, 125, 152, 180, 254, 312
uneasiness	180	unprepared	192	used everywhere	272
uneasy	255, 283	unpretentious	285	useful	292, 320
unequaled	24	unproductive	313	use up	125, 167, 195, 280
unethical	78	unpromising	244	usual	162
uneven	106, 180, 247	unprompted	40	usually	88, 279
unexpected	30	unqualified	66	utilitarian	139, 155
unexpectedly	261, 320	unrefined	88	utilization	60, 93
unexplored	130	unrehearsed	192	utilize	18, 180, 214, 312
unfavorable	186, 195, 211, 244	unresolved	258	utter	66
unfilled	160	unrest	87	utterly	48
unfit	74	unrivaled	24		
unforeseen	59	unsafe	239	**V**	
unfortunately	231	unsettle	274	vacant	145, 160, 284
unfounded	130	unsettled	62, 258	vacate	65
unfriendly	186	unskillful	87	vague	105, 286

INDEX | 365

validate	164	voluntary	40	with all	232
valuable	124, 220	voracious	95	withdraw	115
value	53	voracious predator	265	wither	230, 314
valued	263	vow	39, 248	within limits	212
vanish	239	vulnerable	266	with precision	205
vanquish	23	vulnerable to	32	with regard to	66, 149
variance	30, 168			with respect to	66, 149
variation	30, 168, 234			withstand	155

W

varied	30, 63, 318	warrant	43, 76
variety	88, 274	wary	166, 209
various	63, 91, 318	watch	239
vary	318	watchful	209
varying	128	waterless	64
vast	38, 49, 73	waterlessness	181
vastly	259	wax	158
vehicle	74	way	201, 255, 288, 299
veil	300	weak	63, 266, 291, 324
venerate	244	weaken	230, 288
vent	111	weakening	29
veracious	291	weakness	320
verge	283	wealth	76
verging on	219	wealthy	54, 218, 247
verification	259	wear away	232
verify	22, 134, 164, 219	wear down	232
versatile	50	wear out	232
versatility	242	weary	280
vertical	123	well-built	39
vessel	316	well-developed	144
vestige	77, 152	well-known	123
viability	319	well-off	218
viable	64, 132	well-to-do	54
vibrant	132	wet	268
vicinity	321	wet thoroughly	200
vicious	304	whereas	321
victim	56	whereby	97
view	35, 53	while	233, 321
viewer	168	whole	20, 162
viewpoint	144	whole range	263
vigor	74, 205	wholesale	52
vigorous	40, 191, 270	wholly	207, 292, 320
violent	66	wide	33, 268
virtual	130	widely	105
virtually	28	widely scattered	272
virtue	53, 112	widely spread	115
visible	55, 119	widen	321
visualize	135, 262	widespread	22, 168, 174, 186, 268, 310
vital	91, 314	wield	153, 254
vitality	74, 205	willingly	48
vivacious	132	wilt	314
vivid	132, 250	wind	103
vocabulary	47	wipe out	142, 200
void	65, 160, 284	wisely	193

witness	298
wonderful	156
wordy	94
work hard	301
work out	84, 177
work out at	295
work together	149
worldly	136
worried	283
worry	180, 257, 274
worsen	62, 138
worshiper	197
worth	53
wreck	94
wreckage	261
wrong	66, 177
wrought	267

Y

yardstick	269
yearly	104, 210
yearn	104
yet	122, 233
yield	293

Z

zealous	46

TOEFL 고득점을 위한!
해커스 토플에서 제공하는 **특별한 혜택!**

01
시험지 생성 프로그램
(goHackers.com)

클릭 한 번이면 단어 시험지가 뚝딱! 혼자 공부할 때, 스터디에서도 간편하게 이용 가능!

02
동영상강의(별매)
(HackersIngang.com)

선생님의 상세한 설명과 다양한 시청각 자료로 쉽고 재미있는 어휘 학습!

03
다양한 버전의 유/무료 MP3
(HackersIngang.com)

학습 방법에 따라 교재에 있는 어휘를 MP3와 함께 외우면 암기 효과가 2배!

04
토플 인터넷 강의 무료 수강
(goHackers.com)

목표 점수, 영역별로 제공하는 해커스인강 명품 강의 무료 체험!

05
방대한 무료 토플 자료
(goHackers.com)

학습전략부터 어휘 정리까지 영역별로 다양하고 유용한 무료 자료 제공!

06
유학 정보 제공
(goHackers.com)

유학 및 교환학생 준비부터 현지생활에 대한 정보까지 풍부하게 제공

15	canal [kənǽl]	운하 농지의 관개, 배수, 용수, 선박의 이동 등을 위해 인공적으로 만든 수로
16	propulsion [prəpʌ́lʃən]	추진 공기나 물을 밀어내면서 그 반작용으로 생긴 힘으로 비행기나 배를 전방으로 이동시키는 행위
17	chronometer [krənámətər]	크로노미터 항해 중에 배의 위치를 정확히 측정하기 위해서 쓰는 정밀한 시계
18	GPS	위성 항법 장치 (Global Positioning System) 인공위성을 이용하여 어느 곳에서든 자신의 위치를 정확히 파악할 수 있는 시스템
19	supersonic [sù:pərsánik]	초음속의 관련 supersonic aircraft 초음속 항공기
20	aerospace industry	항공우주 산업 항공기나 우주 비행체, 관련된 부속기기와 소재들을 개발, 생산, 가공, 수리하는 산업 활동
21	technological innovation	기술 혁신
22	expertise [èkspərtí:z]	전문 기술
23	computer system	전산 체계 컴퓨터와 같은 계산 장치로 논리적이고 수학적인 연산을 진행하는 시스템
24	debug [di:bʌ́g]	(컴퓨터 프로그램에서) 오류를 검출하여 제거하다 관련 bug (컴퓨터 시스템이나 프로그램의) 오류
25	circuit [sə́:rkit]	(전기) 회로 전기적 성질을 얻기 위해 도선을 사용하여 부품들을 연결한 것 참고 일반적으로 '순환(로)'이라는 뜻으로 쓰임
26	telecommunication [tèləkəmjù:nikéiʃən]	전자 통신 전기적 신호를 이용하여 한 장소에서 다른 장소로 정보를 전송하는 것
27	optical fiber	광섬유 유리 등의 투명한 절연체를 가늘고 길게 뽑아서 만든 광학적 섬유
28	semiconductor [sèmikəndʌ́ktər]	반도체 전기가 잘 통하는 도체와 전기가 통하지 않는 부도체의 중간 정도의 전기 전도성을 가지고 있는 물질
29	alloy [ǽlɔi]	합금 하나의 금속에 다른 종류의 원소를 한 가지 이상 첨가하여 만든 금속 관련 metal alloy 금속 합금
30	heavy machinery	중장비

Hackers Vocabulary

30 기술/공학

Technology Engineering

토플에서는 산업 기술 및 공학 관련 주제들이 출제되기도 한다. 배, 자동차, 비행기 등 인류가 사용해온 교통수단의 발전 과정과 각각의 작동 원리, 컴퓨터와 신소재에 대한 내용이 주로 출제되고 있다. 지금부터 관련 어휘들을 익혀두도록 하자.

01	**wagon** [wǽgən]	짐마차
02	**harness** [háːrnis]	마구 재갈이나 고삐같이 말에 장착하는 장비의 총칭
03	**galley** [gǽli]	갤리선 고대 그리스·로마 시대부터 18세기까지 사용된 돛과 노가 있는 선박
04	**steam power**	증기력 물에 열을 가해 발생시킨 증기의 압력에서 얻는 동력 파생 steam-powered 증기를 동력으로 하는 관련 steam engine 증기기관
05	**external combustion engine**	외연 기관 기관 외부의 연소장치에서 연소시켜 발생한 연소가스의 열을 증기로 만들고, 이를 통해 동력을 얻는 기관
06	**internal combustion engine**	내연 기관 기관 내부에서 연소하여 직접 열에너지를 기계적 에너지로 변환하는 기관
07	**locomotive** [lòukəmóutiv]	기관차 ⓝ locomotion 이동 능력 관련 steam locomotive 증기 기관차
08	**gear** [giər]	기어 2개 또는 그 이상의 회전축 사이에서 회전이나 동력을 전달하는 장치
09	**cylinder** [sílindər]	(엔진의) 실린더 내연기관, 증기기관, 펌프 등의 장치에서 피스톤이 왕복운동을 하는 통으로 된 부분 참고 일반적으로 '원통'이라는 뜻으로 쓰임
10	**transmission** [trænsmíʃən]	(자동차의) 변속기 참고 일반적으로 '전달, 전송'이라는 뜻으로 쓰임
11	**power source**	전력원
12	**aerodynamics** [ɛ̀əroudainǽmiks]	항공 역학 항공기가 비행할 때 공기로부터 받는 힘이나 항공기 각 부분에 작용하는 기류 상황 등을 연구하는 학문
13	**aviation** [èiviéiʃən]	항공 항공기를 이용하여 사람이나 물건을 운송하는 행위
14	**navigate** [nǽvəgèit]	(바다·하늘 등을) 항해하다 ⓝ navigation 항해

16	**log cabin**	통나무집
17	**skyscraper** [skáiskrèipər]	고층 건물
18	**urbanization** [ə́ːrbənizeiʃən]	도시화 ⓐ **urban** 도시의 ⓥ **urbanize** 도시화하다
19	**suburb** [sʌ́bəːrb]	교외 도심지를 벗어나 주변에 있는 지역 ⓐ **suburban** 교외의
20	**outskirt** [áutskə̀ːrt]	변두리
21	**zoning** [zóuniŋ]	(도시 계획의) 구역제 도시의 무질서한 확산을 막기 위해서 도시 내의 토지 이용과 용도를 단계적이고 계획적으로 정리하는 일
22	**residential** [rèzədénʃəl]	주택지의
23	**commercial zone**	상업 지역
24	**metropolitan** [mètrəpálitən]	대도시의
25	**satellite city**	위성 도시 중심 대도시의 주변에 위치한 중소 도시들의 총칭
26	**commute** [kəmjúːt]	통근 (거리)
27	**infrastructure** [ínfrəstrʌ̀ktʃər]	사회적 생산 기반 국가와 사회의 경제 기반이 되는 구조 또는 시설들의 총칭
28	**aqueduct** [ǽkwədʌ̀kt]	송수교 하천이나 도로 위를 가로지르는 상하수도를 받치기 위해 만들어진 다리
29	**sewerage** [súːəridʒ]	하수도
30	**Chicago school**	시카고파 1880~1910년 활약했던 시카고의 근대 건축가 그룹으로, 건축의 기능적인 면을 중시함

29 건축/도시계획

Hackers Vocabulary
Architecture
City Planning

건축은 토플에서 자주 다뤄지는 주제 중 하나이다. 고대 건축물의 특징이나 미국과 그 주변국의 시대별 건축 양식에 대한 내용이 주로 출제되며, 건축과 더불어 현대의 도시 구조와 이로 인해 생겨난 사회 현상들에 대한 내용들도 출제되고 있다. 지금부터 건축/도시계획 주제 관련 어휘들을 익혀보자.

01	**architecture** [ɑ́ːrkətèktʃər]	건축
02	**adobe** [ədóubi]	아도비 벽돌 짚과 찰흙을 섞어 모양을 빚은 후, 굽지 않은 채로 햇볕에 말려서 만든 벽돌
03	**timber** [tímbər]	목재
04	**finish** [fíniʃ]	(페인트·광택제 등의) 마감 칠
05	**insulation** [ìnsəléiʃən]	단열재
06	**electric wiring**	전기 배선
07	**plumbing** [plʌ́miŋ]	배관 기체나 액체 등을 이동시키기 위하여 관을 이어 배치하는 작업
08	**dome** [doum]	돔 반구의 형태로 만들어진 지붕이나 천장
09	**column** [kɑ́ləm]	기둥 참고 일반적으로 '(신문의) 기고란' 또는 '줄, 열'이라는 뜻으로 쓰임
10	**arch** [ɑːrtʃ]	아치형 구조물
11	**corridor** [kɔ́ːridər]	회랑 건축물 내부의 구획들이나 두 건축물 사이를 잇기 위해 지붕을 씌워 연결해 놓은 긴 복도
12	**drainage** [dréinidʒ]	배수시설 ⓥ drain 물을 빼내다
13	**Gothic** [gɑ́θik]	고딕 양식 12~16세기 서유럽에서 유행한 건축 양식으로, 수직 첨탑, 뾰족한 아치, 스테인드 글라스가 특징
14	**stained glass**	스테인드 글라스 여러 가지 색의 유리 조각을 납의 틀에 끼워 넣고 용접해 그림 모양을 나타낸 장식용 유리
15	**Art Nouveau**	아르 누보 19~20세기 유럽과 미국에서 유행한 건축 양식으로, 자연물을 본뜬 복잡한 곡선의 장식이 특징

16	**photosensitive** [fòutousénsətiv]	감광성의 **관련** photosensitivity 감광성 (물질의 색깔이 방사선이나 빛에 의해 변하는 현상)
17	**emulsion** [imʌ́lʃən]	(사진 필름의) 감광유제 필름이나 인화지 표면에 발라 빛에 반응하도록 만드는 액체상태의 물질
18	**sensitize** [sénsətàiz]	(필름 등에) 감광성을 주다
19	**autochrome** [ɔ́:təkròum]	오토크롬 뤼미에르 형제가 개발한 초기 컬러 사진용 감광 재료 또는 건판
20	**iodine** [áiədàin]	요오드
21	**chloride** [klɔ́:raid]	염화물
22	**heliography** [hì:liágrəfi]	헬리오그라피, 사진 제판법 니엡스가 발명한 금속판과 카메라 옵스큐라를 사용하여 최초의 사진을 찍었던 사진술
23	**daguerreotype** [dəgɛ́ərətàip]	다게레오타이프, 은판 사진법 다게르가 발명한 요오드화은을 바른 은판을 감광제로 사용한 사진술
24	**calotype** [kǽlətàip]	칼로타이프 탈보트가 발명한 요오드화은을 바른 종이를 감광제로 사용한 사진술
25	**portraiture** [pɔ́:rtrətʃər]	인물 사진 기법
26	**out of focus**	아웃 포커스 초점이 맞지 않아 사진이나 화면이 흐려 보이는 상태
27	**superimpose** [sù:pərimpóuz]	슈퍼임포즈 두 개 이상의 화면이 한 필름 위에 겹쳐서 나타나게 하는 기법
28	**candid** [kǽndid]	(사진 등이) 포즈를 취하지 않은, 자연스러운 **참고** 일반적으로 '솔직한'이라는 뜻으로 쓰임
29	**life-size(d)** [làifsáiz(d)]	실물 크기의
30	**authenticity** [ɔ̀:θentísəti]	진짜임, 진품임

28 사진 — Photography

Hackers Vocabulary

토플에서는 카메라의 발명과 작동 원리, 사진 기법 및 사진 사조의 변화에 대한 내용을 자주 접할 수 있다. 이 주제의 지문이나 강의에서는 과학 기술 및 예술 분야의 생소한 어휘들을 종종 볼 수 있으니, 지금부터 소개되는 어휘들을 잘 익혀서 사진 주제 강의와 지문 이해를 위한 기초 체력을 길러보자.

01	**develop** [divéləp]	(필름을) 현상하다
02	**exposure** [ikspóuʒər]	노출 사진 촬영 시 필름에 빛을 투여하는 것
03	**angle** [ǽŋgl]	각도
04	**format** [fɔ́ːrmæt]	(사진·책 등의) 판형
05	**photo paper**	사진 전용 인화지
06	**negative** [négətiv]	음화 사진을 찍은 대상과 사진의 명암관계가 반대인 것
07	**positive** [pázətiv]	양화 사진을 찍은 대상과 사진의 명암관계가 같은 것
08	**reversed** [rivə́ːrst]	거꾸로 된, 반대의
09	**camera obscura**	카메라 옵스큐라, 암상자 어두운 방의 작은 구멍을 통해 바깥 경치를 반대쪽의 벽에 거꾸로 찍어내는 초기 카메라
10	**pinhole camera**	핀홀 카메라 렌즈 대신 상자에 바늘구멍을 뚫어 사진을 찍는 카메라
11	**optics** [áptiks]	광학 빛의 특징과 그에 따라 일어나는 현상을 연구하는 학문 참고 optic 눈의
12	**iris** [áiəris]	(사진기의) 조리개, (안구의) 홍채 사진기의 조리개와 안구의 홍채는 각각 렌즈와 눈을 통과하는 빛의 양을 조절하는 역할을 함
13	**retina** [rétənə]	(눈의) 망막
14	**pupil** [pjúːpəl]	눈동자, 동공 참고 일반적으로 '학생, 제자'라는 뜻으로 쓰임
15	**photolithography** [fòutəliθágrəfi]	사진 석판술 사진기술을 응용하여 인쇄판을 만드는 방법

16	**premiere** [primíər]	(영화의) 개봉, (연극의) 초연
17	**release** [rilí:s]	개봉, 출시 참고 일반적으로 '(긴장 등을) 풀다'라는 뜻으로 쓰임
18	**performance** [pərfɔ́:rməns]	공연, 연주회
19	**dramatist** [drǽmətist]	극작가, 각본 작가 (= playwright)
20	**adapt** [ədǽpt]	각색하다 ⓝ adaptation 각색 참고 일반적으로 '적응하다'라는 뜻으로 쓰임
21	**theatrical** [θiǽtrikəl]	연극의, 극적인 (= dramatic)
22	**drama** [drɑ́:mə]	극, 연극
23	**scenery** [sí:nəri]	무대 장치, (무대의) 배경 참고 일반적으로 '풍경, 경치'라는 뜻으로 쓰임
24	**prop** [prɑp]	(연극·영화에 쓰이는) 소품, 소도구
25	**costume** [kʌ́stju:m]	(연극·영화에 쓰이는) 의상
26	**stagecraft** [stéidʒkrӕft]	(연극의) 연출 기법
27	**vaudeville** [vɔ́:dəvil]	희가극 경쾌한 음악과 대사를 특징으로 하고 행복한 결말로 끝나는 음악극
28	**burlesque** [bərlésk]	풍자극
29	**pantomime** [pǽntəmàim]	팬터마임, 무언극 (= mime) 대사 없이 표정과 몸짓만으로 연기하는 연극
30	**cabaret** [kӕ̀bəréi]	카바레 식당이나 클럽에서 저녁에 하는 밴드 연주나 연극 등의 공연

27 영화/연극

Hackers Vocabulary
Film Theater

영화와 연극은 토플에서 자주 다뤄지는 주제 중 하나이다. 영화의 발전 역사나 영사기술의 발달에 대한 내용이 종종 출제되며, 여러 종류의 연극 형식이나 연극의 연출 기법에 대한 내용이 출제되기도 한다. 지금부터 영화/연극 주제 관련 어휘들을 익혀보자.

01	**motion picture**	영화
02	**monochrome film**	흑백 영화 (= black-and-white film)
03	**silent film**	무성 영화 소리 없이 영상만으로 된 영화
04	**sound film**	발성 영화 영상과 소리가 함께 나오는 영화
05	**synchronization** [sìŋkrənizéiʃən]	(영화의) 화면과 음향의 일치, 동시 녹음 참고 일반적으로 '동기화'라는 뜻으로 쓰임
06	**filmmaker** [fílmmèikər]	영화 제작자, 영화 회사
07	**project** [prάdʒekt]	(빛·영상 등을) 비추다, 영사하다 ⓝ projection 영사, 투사 관련 projector 영사기
08	**reel** [riːl]	릴 필름을 감을 때 쓰는 틀
09	**clip** [klip]	클립 영화 필름 중 일부만 잘라서 보여주는 부분
10	**celluloid** [séljulɔ̀id]	영화 필름, 과거 영화 필름에 쓰던 물질
11	**storyboard** [stɔ́ːribɔ̀ːrd]	스토리보드 영화나 만화 등의 주요 장면들을 그림이나 사진으로 정리한 것
12	**Kinetoscope** [kiníːtəskòup]	키네토스코프 에디슨과 딕슨이 발명한 초기의 영사기
13	**Cinemascope** [sínəməskòup]	시네마스코프 초대형 화면을 사용한 영화
14	**nickelodeon** [nìkəlóudiən]	니켈로데온, 5센트 극장 5센트(nickel)의 입장료에서 그 이름이 유래된 미국 초기의 영화관
15	**peep show**	요지경 상자 작은 구멍이나 돋보기를 통해 움직이는 것 같이 보이는 여러 가지 그림들을 들여다볼 수 있게 만든 상자

16	**wind instrument**	관악기 나무나 금속으로 만들어진 관에 숨을 불어서 소리를 내는 악기
17	**woodwind** [wúdwìnd]	목관악기 클라리넷, 오보에같이 목재로 만들어진 관악기
18	**brass** [bræs]	금관악기 트럼펫, 호른같이 금속으로 만들어진 관악기
19	**strings** [striŋs]	현악기 (연주자) 관련 string quartet 현악 4중주곡 (2대의 바이올린, 비올라, 첼로로 구성되어 이루어지는 연주 형태)
20	**duet** [djuːét]	2중주, 2중창 참고 solo 독주, 독창 trio 3중주, 3중창
21	**choir** [kwaiər]	합창단, 성가대
22	**chorus** [kɔ́ːrəs]	후렴 (= refrain), 합창
23	**compose** [kəmpóuz]	작곡하다 ⓝ composition 작곡, 작품 참고 일반적으로 '구성하다, 조직하다'라는 뜻으로 쓰임
24	**opus** [óupəs]	(유명 작곡가의 번호가 매겨진) 작품, 작품 번호 특정 작곡가의 전작품을 연대순으로 정리해 붙인 일련 번호. Op.로 줄여 쓰기도 함.
25	**folk music**	민속 음악
26	**opera** [ápərə]	오페라
27	**choreography** [kɔ̀ːriágrəfi]	안무 ⓥ choreograph 안무를 하다
28	**recitative** [rèsitətíːv]	레치타티보, 서창 오페라, 칸타타 등에서 대사에 중점을 두는 창법
29	**Romanticism** [rouméntəsizm]	낭만주의 형식보다 개성과 천재성을 강조한 18세기 말~19세기 초에 유럽 등지에서 유행한 음악 운동
30	**ragtime** [rǽgtàim]	래그타임 당김음이 많은 것이 특징인 피아노 연주 스타일로, 재즈와 달리 즉흥 연주가 거의 없음

26 음악

토플에서는 음악 주제의 강의와 지문도 출제되고 있으며, 클래식과 재즈 등 특정 음악 장르에 대해 주로 다루고 있다. 지금부터 음악의 기본 요소와 관련된 어휘를 비롯해, 주요한 장르와 그 장르에서 주로 사용되는 악기, 연주법 등에 대한 어휘들을 익혀보자.

01	**note** [nout]	음, 음표
02	**scale** [skeil]	음계 음들을 높이에 따라 차례대로 정리한 것 참고 일반적으로 '저울'이라는 뜻으로 쓰임
03	**acoustic** [əkúːstik]	음향의, 청각의
04	**pitch** [pitʃ]	음의 높이
05	**movement** [múːvmənt]	악장, 리듬, 박자
06	**tune** [tjuːn]	ⓝ 곡조, 선율 ⓥ (악기를) 조율하다
07	**octave** [áktiv]	옥타브 높은 음과 낮은 음의 진동수 비율이 1대 2인 완전8도 음정
08	**chord** [kɔːrd]	화음 (= harmony) 관련 discord 불협화음
09	**modulation** [màdʒuléiʃən]	조바꿈 곡의 중간에 조를 바꾸는 것
10	**lyrics** [líriks]	가사 참고 단수형 lyric은 '서정시'를 의미함
11	**compilation** [kàmpəléiʃən]	(여러 음반에서 내용을 딴) 모음집
12	**phonograph** [fóunəgræf]	축음기 (= record player)
13	**instrument** [ínstrəmənt]	악기 참고 일반적으로 '기구'나 '수단'이라는 뜻으로 쓰임
14	**harpsichord** [háːrpsikɔ̀ːrd]	하프시코드 피아노의 전신이 된 건반 악기로, 현을 때려서 소리를 내는 피아노와는 달리 현을 튕겨서 소리를 냄
15	**percussion** [pərkʌ́ʃən]	타악기 팀파니, 드럼같이 손이나 채로 치거나 서로 부딪쳐서 소리를 내는 악기

| 17 | **replica**
[réplikə] | 모형, 복제품 (= reproduction) |
|---|---|---|
| 18 | **pottery**
[pátəri] | 도자기, 도예 |
| 19 | **calligraphy**
[kəlígrəfi] | 서예 |
| 20 | **craft**
[kræft] | (수)공예
참고 일반적으로 '기술, 기능'이라는 뜻으로 쓰임 |
| 21 | **texture**
[tékstʃər] | (직물의) 감촉, 질감 |
| 22 | **gemstone**
[dʒémstòun] | (보석의) 원석, 준보석 |
| 23 | **ornament**
[ɔ́ːrnəmənt] | 장식(품) (= decoration) |
| 24 | **naturalism**
[nǽtʃərəlìzm] | 자연주의
실제 사물을 보이는 그대로 충실하게 묘사하는 예술 양식 |
| 25 | **Baroque**
[bəróuk] | 바로크 양식
질서와 균형을 거부하고 표현에 있어서 과장과 왜곡, 화려한 색채를 특징으로 하였던 예술 양식 |
| 26 | **Neoclassical**
[nìːouklǽsikəl] | 신고전주의의
관련 Neoclassicism 신고전주의 (그리스 로마 신화 주제로 합리주의적 미학을 추구한 예술 양식) |
| 27 | **impressionism**
[impréʃənìzm] | 인상주의
19세기 후반~20세기 초에 일어난 예술 운동으로, 자연을 충실하게 재현하는 기존의 미술을 거부하고 빛에 따라 달라지는 사물의 인상을 주로 묘사하였음
관련 impressionist 인상파 화가 |
| 28 | **expressionism**
[ikspréʃəniìzm] | 표현주의
화가의 주관을 표현에 집중한 예술 운동으로, 사회적 혼란이 야기한 고통과 공포, 그리고 폭력과 같은 극단적인 감정을 원색과 기하학적 모양을 통해 나타냄 |
| 29 | **Dada/Dadaism** | 다다이즘
제차 세계대전 말부터 유럽과 미국을 중심으로 일어난 예술 운동으로, 새로운 미술 기법으로 기존의 예술적 전통을 거부하고 파괴함 |
| 30 | **ready-made**
[rèdiméid] | 레디메이드
마르셀 뒤샹(Marcel Duchamp, 1887~1968)이 창조해낸 미적 개념으로, 이미 만들어진 기성 제품에 본래의 용도와 다른 의미를 부여하여 미술작품으로 재탄생시키는 것
마르셀 뒤샹 Marcel Duchamp, 〈샘 Fountain〉, 1917. ▶
: 뒤샹이 동네 철물점에서 구입한 남성용 변기에 'R. Mutt'라고 서명해 뉴욕에서 열린 앙데팡당전에 출품한 작품 |

25 미술/공예

Hackers Vocabulary
Arts Crafts

토플에서는 각 시대별 대표적인 미술 양식과 그 특징에 대한 지문들을 자주 접할 수 있다. 이 주제의 강의와 지문을 쉽게 이해하기 위해서 다양한 미술 장르를 일컫는 어휘나 미술 관련 기초 어휘, 시대별 예술 사조 관련 어휘들을 익혀두도록 하자.

01	**appreciation** [əpriːʃiéiʃən]	(예술가나 예술 작품에 대한) 평가, 감상
02	**artisan** [áːrtəzən]	장인, 기능공 (= journeyman) 관련 apprentice 견습생
03	**fine art**	순수 미술 회화나 조각같이 실용성보다는 절대적인 미의 추구를 목적으로 하는 미술 관련 applied art 응용미술 (공예나 장식과 같이 실제적인 효용을 목적으로 하는 미술)
04	**oil painting**	유화
05	**mural** [mjúərəl]	벽화
06	**abstract** [æbstrǽkt]	ⓝ 추상화 ⓐⓓ 추상적인 참고 일반적으로 '개요'라는 뜻으로 쓰임
07	**asymmetric** [èisəmétrik]	비대칭의, 불균형적인 관련 symmetric 대칭적인
08	**subject** [sʌ́bdʒikt]	(그림·사진 등의) 대상, 소재
09	**self-portrait** [sèlfpɔ́ːrtrit]	자화상 관련 portrait 초상화
10	**engraving** [ingréiviŋ]	판화, 조각
11	**etching** [étʃiŋ]	에칭(화), 동판화 동판에 부식 방지액을 바른 후, 바늘로 그림을 새기고 표면을 질산으로 부식시키는 판화법
12	**statuary** [stǽtʃuèri]	조각상들
13	**sculpture** [skʌ́lptʃər]	조각(품)
14	**proportion** [prəpɔ́ːrʃən]	비율 참고 복수형 proportions는 '크기, 넓이'를 의미함
15	**mold** [mould]	거푸집, 틀 참고 일반적으로 '성격, 성질'이라는 뜻으로 쓰임
16	**plaster cast**	석고 모형 참고 일반적으로 '깁스, 석고 붕대'라는 뜻으로 쓰임

17	**character** [kǽriktər]	(책·영화 등의) 등장인물 참고 일반적으로 '성격, 특징'이라는 뜻으로 쓰임
18	**rhetoric** [rétərik]	수사법, 미사여구 사상이나 감정을 효과적으로 전달하기 위해 사용되는 문체와 언어 사용법
19	**metaphor** [métəfɔ̀ːr]	은유, 비유 표현하고자 하는 대상을 보다 효과적으로 표현하기 위하여 다른 사물이나 현상에 빗대어 나타내는 어법 관련 simile 직유
20	**exaggeration** [igzæ̀dʒəréiʃən]	과장, 과장된 표현 관련 understatement 절제, 절제된 표현
21	**connotation** [kɑ̀nətéiʃən]	함축된 의미 관련 denotation 명시적, 직접적 의미
22	**symbolism** [símbəlìzm]	(문학·예술의) 상징적 표현
23	**catharsis** [kəθɑ́ːrsis]	카타르시스 예술 작품의 제작이나 감상을 통해 우울함, 불안감과 같은 부정적인 감정을 정화하는 것
24	**rhyme** [raim]	운 운문에서 일정한 위치에 반복적으로 나타나는 같은 음 혹은 비슷한 음
25	**cliché** [kliːʃéi]	상투적인 문구
26	**commentary** [kɑ́məntèri]	주석 본문의 의미를 알기 쉽게 설명해 놓은 글 참고 복수형 commentaries는 '(개인적 경험의) 기록, 회고록'을 의미함
27	**publication** [pʌ̀bləkéiʃən]	출판(물)
28	**copy** [kɑ́pi]	(책·신문 등의) 한 부
29	**collection** [kəlékʃən]	(시·소설 등의) 모음집
30	**manuscript** [mǽnjuskrìpt]	(책·악보 등의) 원고, 필사본

Hackers Vocabulary

24 문학   Literature

토플에서는 시대별 문예 사조의 흐름과 특징, 구체적인 문학 장르나 작품과 관련된 내용이 주로 출제되고 있다. 이 주제의 강의와 지문은 다양한 문학 장르를 일컫는 어휘나 수사 기법을 가리키는 어휘들을 다수 포함하고 있으니, 더 빠른 지문 이해를 위해서 관련 어휘들을 익혀두도록 하자.

01	**genre** [ʒáːnrə]	(예술 작품의) 장르
02	**poetry** [póuitri]	시, 운문 관련 poetic 시의, 시적인 　　　 poetics 시학, 시론
03	**prose** [prouz]	산문 운문과 달리 양식이나 운율, 리듬에 제약이 없는 글
04	**fairy tale**	동화
05	**folktale** [fóuktèil]	민간 설화
06	**fiction** [fíkʃən]	소설, 허구 파생 fictional 허구의, 소설적인
07	**fable** [féibl]	우화 의인화한 동물이나 무생물을 주인공으로 하여 교훈을 주는 짧은 이야기
08	**chronicle** [kránikl]	연대기 주요한 역사적 사실들을 시간순으로 열거한 기록
09	**biography** [baiágrəfi]	전기 특정 인물의 일생에 관해 서술한 글 관련 autobiography 자서전
10	**epic** [épik]	서사시 영웅이나 신을 주인공으로 하여 국가나 민족의 부흥과 같은 역사적 사실들을 묘사하는 시
11	**recite** [risáit]	암송하다, 낭독하다
12	**minstrel** [mínstrəl]	음유 시인 중세 유럽에서 귀족들을 섬기던 음악인
13	**plot** [plɑt]	(시·소설·극 등의) 줄거리, 구성
14	**narrative** [nǽrətiv]	묘사, 이야기
15	**point of view**	시점 관련 first-person point of view 1인칭 시점 　　　 third-person point of view 3인칭 시점
16	**omniscient** [ɑmníʃənt]	모든 것을 다 아는, 전지의 관련 omniscient point of view 전지적 시점

17	**syllable** [síləbl]	음절 한 번에 소리 낼 수 있는 발화의 최소단위
18	**mother language**	모국어 (= mother tongue)
19	**daughter language**	파생 언어 라틴어에서 발전해나간 프랑스어같이 특정 언어에서 발전한 언어
20	**source language**	기점 언어 다른 언어로 번역되기 전의 원어
21	**borrowed word**	차용어 외국에서 들어와 한국어에 동화되어 사용되는 언어
22	**dialect** [dáiəlèkt]	방언, 사투리 관련 accent 억양 (사람의 출신 지역이나 계층을 보여 주는 것)
23	**terminology** [tə̀ːrmənάlədʒi]	(전문) 용어
24	**jargon** [dʒάːrgən]	특수 용어
25	**cuneiform** [kjuːníːəfɔ̀ːrm]	설형문자 고대 메소포타미아를 중심으로 사용되었던 쐐기 모양의 문자
26	**Sanskrit** [sǽnskrit]	산스크리트어 힌두교, 불교 등의 경전에 쓰였던 고대 인도 힌두교도의 문어
27	**etymology** [ètəmάlədʒi]	(특정 낱말의) 어원, 어원학
28	**derivative** [dirívətiv]	파생어
29	**root** [ruːt]	(파생어 등의) 어근 단어에서 뜻을 가지는 중심 부분 참고 일반적으로 '(식물의) 뿌리'나 '근원'이라는 뜻으로 쓰임
30	**prefix** [príːfiks]	접두사 어근의 앞에 첨가되어 그 뜻을 제한하거나 문법 기능을 하는 접사의 한 종류 관련 affix 접사 suffix 접미사 (어근의 뒤에 첨가되어 그 뜻을 제한하거나 문법 기능을 하는 접사의 한 종류)

23 언어

Hackers Vocabulary

Linguistics

토플에서는 언어와 관련된 주제들도 다뤄진다. 이 주제의 강의와 지문에서는 언어학의 기본 이론이나 언어습득이론, 환경에 의한 언어의 변화, 언어의 역사에 대한 내용이 주로 출제되고 있다. 지금부터 언어 관련 어휘들을 익혀보자.

01	**linguistics** [liŋgwístiks]	언어학
02	**sociolinguistics** [sòusiəliŋgwístiks]	사회언어학 사회적, 문화적인 맥락에서 사용되는 언어를 분석하여 사회와 언어의 관계를 연구하는 학문
03	**phonetics** [fənétiks]	음성학 말소리의 물리적 속성이나 음향적인 특징을 연구하는 학문 파생 **phonetic** 음성의
04	**semantics** [simǽntiks]	의미론 언어의 의미의 기원 및 변화와 발전을 연구하는 학문 파생 **semantic** 의미의, 의미론적인
05	**syntax** [síntæks]	통사론 문장의 구성 원리와 그 과정을 연구하는 학문
06	**phonology** [fənálədʒi]	음운론 언어의 소리 체계를 의미 변별적 관점에서 연구하는 학문
07	**morphology** [mɔːrfálədʒi]	(언어) 형태론, 어형론 단어의 형태 변화와 구성에 대해 연구하는 학문
08	**language acquisition**	언어 습득 관련 **language acquisition device** 언어 습득 장치 (언어의 습득을 관장하는 뇌의 부분)
09	**critical period hypothesis**	결정적 시기 가설 생물학적으로 언어 습득이 일어나는 시기가 결정되어 있어서 이 시기가 지나면 언어습득이 어려워진다는 가설
10	**innatism** [inéitìzm]	생득설 인간은 생물학적으로 언어 학습 능력을 타고난다는 가설
11	**universal grammar**	보편 문법 노암 촘스키(Noam Chomsky, 1928~)가 주장한 생득적이고 모든 언어에 보편적으로 포함된 문법
12	**utter** [ʌ́tər]	(소리를) 내다, 말하다 참고 일반적으로 '완전한'이라는 뜻으로 쓰임
13	**articulation** [ɑːrtìkjuléiʃən]	조음, 발화
14	**literacy** [lítərəsi]	글을 읽고 쓸 줄 아는 능력 관련 **illiteracy** 문맹
15	**verbal** [və́ːrbəl]	언어의, 구두의 (= oral)
16	**nonverbal** [nànvə́ːrbəl]	비언어적인 관련 **nonverbal communication** (몸짓, 표정 등의) 비언어적 의사소통

17	**Enlightenment** [inláitnmənt]	계몽주의 18세기 후반 유럽에서 일어난 낡은 관습의 타파와 사회 개혁을 목표로 하는 운동
18	**theology** [θiálədʒi]	신학 특정 종교의 신과 교리를 연구하는 학문
19	**Confucianism** [kənfjúʃənìzm]	유교
20	**secular** [sékjulər]	세속적인 (= worldly) 관련 divine 신의, 신성한
21	**ecclesial** [iklí:ziəl]	교회의 (= ecclesiastical)
22	**Catholicism** [kəθáləsìzm]	가톨릭교의 신앙·교리 참고 소문자를 사용한 catholicism은 '보편성, 포용성'을 의미함
23	**pagan** [péigən]	이교도
24	**worship** [wə́:rʃip]	예배, 숭배
25	**monastery** [mánəstèri]	수도원 관련 monk 수도승 convent 수녀원
26	**hymn** [him]	찬송가
27	**priest** [pri:st]	사제, 성직자 관련 Pope 교황
28	**cathedral** [kəθí:drəl]	대성당 주교가 관장하며 교구의 중심이 되는 성당
29	**resurrection** [rèzərékʃən]	부활 참고 대문자를 사용한 the Resurrection은 '그리스도의 부활'을 의미함
30	**mythology** [miθálədʒi]	신화

22 철학/종교

Hackers Vocabulary
Philosophy
Religion

토플에서는 철학/종교 관련 어휘도 자주 접할 수 있다. 주로 역사 관련 지문 등에서 대상이 되는 국가, 문화, 시대적 배경을 설명하는 데 관련 어휘들이 자주 사용되고 있다. 지금부터 소개되는 철학/종교 관련 어휘들을 익혀 강의와 지문을 더 쉽게 이해해보자.

01	**philosophy** [filásəfi]	철학
02	**intellectual** [ìntəléktʃuəl]	ⓝ 지식인 ⓐ 지적인
03	**liberty** [líbərti]	(지배·권위로부터의) 자유 참고 복수형 liberties는 '특권'을 의미함
04	**empirical** [impírikəl]	실증적인, 경험이나 실험에 의한 관련 theoretical 이론적인
05	**rational** [ræʃənl]	이성적인, 합리적인
06	**virtuous** [vɜ́ːrtʃuəs]	도덕적인, 고결한 ⓝ virtue 미덕
07	**criterion** [kraitíəriən]	(판단이나 평가의) 기준 참고 복수형은 criteria
08	**ethics** [éθiks]	윤리(학) ⓐ ethical 윤리적인 관련 morals 도덕
09	**utilitarian** [juːtìlətɛ́əriən]	공리주의의 ⓝ utilitarianism 공리주의 ('최대 다수의 최대 행복 실현'으로 행위의 가치를 판단하는 철학 이념) 참고 일반적으로 '실용적인'이라는 뜻으로 쓰임
10	**aesthetics** [esθétiks]	미학 미와 예술의 본질과 가치를 연구하는 학문
11	**humanism** [hjúːmənìzm]	인본주의, 인문주의 인간의 가치를 주된 관심사로 삼는 인간 중심적인 사상 ⓐ humanistic 인문주의의, 인본주의적인
12	**holism** [hóulizm]	전체론 전체는 단순히 구성 요소들의 합 그 이상이라고 생각하여 전체성을 강조하는 사상 ⓐ holistic 전체론의
13	**nationalism** [næʃənəlìzm]	민족주의 자기 민족이 가장 가치 있다고 여기며 민족적 특성을 보호하려는 사상
14	**imperialism** [impíəriəlìzm]	제국주의 강대국들이 다른 나라를 식민지화하여 자국의 정치적, 경제적 이익을 추구하는 침략 형태
15	**antagonism** [æntǽgənìzm]	적의, 적대감 (= hostility)
16	**transcendentalism** [trænsendéntəlìzm]	초월주의 개인의 감정과 직관 및 상상력을 중시하는 사상 개혁 운동

16	**specimen** [spésəmən]	표본, 시료 연구용으로 사용될 수 있도록 채취하여 보존한 물품이나 생물의 일부
17	**document** [dákjumənt]	기록, 문서
18	**inscription** [inskrípʃən]	비명, 비문 책이나 비석에 적히거나 새겨진 글
19	**notation** [noutéiʃən]	(특히 수학·과학·음악에서) 표기법, 기호
20	**pictograph** [píktəgræf]	상형 문자 (= hieroglyph) 사물의 형상을 본떠서 만든 문자
21	**artifact** [á:rtəfækt]	인공 유물 참고 일반적으로 '인공물' 혹은 '공예품'이라는 뜻으로 쓰임
22	**remains** [riméinz]	유적, (사람·동물의) 유해
23	**relic** [rélik]	유물, 유적
24	**deposit** [dipázit]	매장물, 퇴적물 참고 일반적으로 '보증금'이라는 뜻으로 쓰임
25	**earthenware** [ə́:rθənwɛ̀ər]	토기, 도기 점토를 불에 구워 만든 다공질의 용기
26	**chip** [tʃip]	(그릇이나 연장의) 이가 빠진 흔적, (물건에서 떨어져 나간) 조각, 부스러기
27	**burial** [bériəl]	매장 시체나 유골을 땅속에 묻는 장례법
28	**tomb** [tu:m]	무덤
29	**cremation** [kriméiʃən]	화장 시체를 불에 태우는 장례법
30	**exodus** [éksədəs]	(많은 사람들이 동시에 하는) 탈출, 대이동

Hackers Vocabulary

21 고고학 Archaeology

고고학은 토플에서 자주 다뤄지는 학문 분야 중 하나이다. 특정한 유적이나 유물의 특성, 그것을 발굴하고 분석하는 방법, 분석 결과를 통해 유추한 과거 생활상 등과 관련된 내용이 자주 출제되고 있다. 지금부터 소개되는 어휘들을 잘 익혀서 고고학 강의와 지문 이해를 위한 기초 체력을 길러보자.

01	**archaeology** [àːrkiálədʒi]	고고학 유적과 유물을 통하여 과거의 문화 및 생활 방식을 연구하는 학문
02	**antiquity** [æntíkwəti]	고대 참고 복수형 antiquities는 '(고대의) 유물'을 의미함
03	**radio carbon dating**	방사성 탄소 연대 측정법 유물에 남아있는 방사성 탄소의 농도를 조사함으로써 유물의 연대를 측정하는 방법
04	**prehistory** [priːhístəri]	선사 시대 역사적 사실이 문자 기록으로 존재하지 않는 시대
05	**Stone Age**	석기 시대 돌을 이용하여 만든 도구를 사용했던 시대로 구석기 시대와 신석기 시대로 나뉨
06	**Paleolithic** [pèiliəlíθik]	구석기 시대의 관련 Paleolithic Era 구석기 시대 (돌을 깨뜨려 도구를 만들어 사용했던 시대)
07	**Neolithic** [nìːəlíθik]	신석기 시대의 관련 Neolithic Era 신석기 시대 (정착 생활을 시작하고 돌을 갈아 도구를 만들어 사용했던 시대)
08	**Bronze Age**	청동기 시대 청동으로 주요 도구를 만들어 사용했던 시대
09	**Iron Age**	철기 시대 철로 주요 도구를 만들어 사용했던 시대
10	**cave art**	(석기 시대의) 동굴 벽화 스페인의 알타미라 동굴 천장에서 발견된 구석기 시대 벽화 ▶
11	**chronology** [krənálədʒi]	연대기, 연표 역사적 사실이나 사건들을 연대순으로 열거한 기록
12	**excavate** [ékskəvèit]	발굴하다
13	**restoration** [rèstəréiʃən]	복원, 복구
14	**engrave** [ingréiv]	(나무·돌·금속 등에) 새기다
15	**fossilized** [fásəlàizd]	화석화된 ⓝ fossil 화석

18	**irrigation** [ìrəgéiʃən]	관개 농사에 필요한 물을 인공적으로 농경지에 공급하는 일
19	**cultivation** [kʌ̀ltəvéiʃən]	경작 땅을 갈아서 농사를 짓는 일
20	**(animal) husbandry**	축산업 농업의 한 부문으로, 가축을 번식시키고 길러서 생산물을 얻는 산업
21	**domestication** [dəmèstikéiʃən]	가축화 ⓥ domesticate 가축화하다, 길들이다
22	**livestock** [láivstàk]	가축
23	**self-sustaining** [selfsəstéiniŋ]	자급 자족의, 자립의
24	**aborigine** [æ̀bɔːrídʒəniː]	원주민 참고 대문자를 사용한 Aborigine은 '오스트레일리아 원주민'을 의미함
25	**ethnic** [éθnik]	민족의 참고 복수형 ethnics (= ethnology)는 '민족학'을 의미함
26	**communal** [kəmjúːnəl]	공동의
27	**oral history**	구전 역사 사람들의 입으로 전해진 역사적 사실을 수집하여 정리한 것
28	**totemism** [tóutəmìzm]	토테미즘 신성하게 여기는 특정 동식물이나 자연물을 토템이라 하며, 토테미즘은 토템을 신성시하는 신앙을 바탕으로 이루어지는 사회 체제를 의미함
29	**animism** [ǽnəmìzm]	애니미즘 무생물을 포함한 자연계의 모든 사물에 영혼이 존재한다고 믿는 세계관
30	**cannibalism** [kǽnəbəlìzm]	식인 풍습 (= anthropophagy)

20 인류 Anthropology

Hackers Vocabulary

토플에서는 인류의 기원과 진화 과정, 인류 문명의 발전과 특징 등에 대한 인류학 주제 강의와 지문들도 자주 출제되고 있다. 더 빠른 지문 이해를 위해서 지금부터 소개되는 인류학 관련 어휘들을 익혀두도록 하자.

01	**anthropology** [ænθrəpάlədʒi]	인류학 인류의 문화와 생물학적 속성을 연구하는 학문
02	**ancestor** [ǽnsestər]	(사람의) 조상 관련 ancestry 가계, 혈통
03	**descendant** [diséndənt]	후손
04	**evolution** [èvəlúːʃən]	진화
05	**anthropoid** [ǽnθrəpɔ̀id]	유인원 고릴라, 침팬지같이 꼬리가 없고 인간과 닮은 포유류
06	**Australopithecus** [ɔːstrèiloupíθikəs]	오스트랄로피테쿠스 성에 따라 노동을 분담했다는 것과 도구를 사용했다는 점에서 유인원과 구별되는 최초의 인류
07	**Homo erectus**	호모 에렉투스 오스트랄로피테쿠스에서 한 단계 진화하여 직립 보행을 하고 불을 사용했던 인류
08	**Neanderthal man**	네안데르탈인 호모 사피엔스와 동시대를 살다가 멸종된 석기 제작 기술과 매장 풍습이 있었던 인류
09	**tribe** [traib]	부족
10	**clan** [klæn]	씨족 공통된 조상을 가진 혈연 집단
11	**patriarchal** [pèitriάːrkəl]	가부장제의 관련 matriarchal 모계 중심의
12	**hierarchy** [háiərὰːrki]	(사회나 조직 내의) 계급, 계층
13	**civilization** [sìvəlizéiʃən]	문명
14	**nomadic** [noumǽdik]	유목의 ⓝ nomad 유목민
15	**sedentism** [sédntizm]	정착 생활 유목 생활에서 벗어나 영구적인 거주지에서 생활하는 방식
16	**gathering** [gǽðəriŋ]	채집 관련 hunting and gathering 수렵과 채집
17	**agriculture** [ǽgrikʌ̀ltʃər]	농업

16	**colony** [káləni]	식민지 ⓥ colonize 식민지화하다 참고 대문자를 사용한 복수형 the Colonies는 '(후에 미국을 형성하는) 북미 동부의 13개 영국 식민지'를 의미함
17	**plantation** [plæntéiʃən]	플랜테이션, 대농장 식민지의 농업 개척 과정에서 현지 원주민의 값싼 노동력과 서양의 자본, 기술을 결합한 단일경작 농업 관련 planter 대농장주
18	**American Revolution**	미국 독립 혁명 1775년부터 1783년까지 미국 13주 식민지가 독립을 위해 영국과 싸운 전쟁
19	**Declaration of Independence**	미국 독립 선언(서) 1776년에 영국의 식민지였던 미국이 필라델피아에서 독립을 선언한 사건
20	**frontier** [frʌntíər]	(특히 19세기 미국의) 개척지와 미개척지의 경계 지방 참고 복수형 frontiers는 '(학문, 연구)의 최첨단 분야'를 의미함
21	**Indian reservation**	인디언 보호 구역 미국 정부가 지정한 아메리카 원주민들의 자치 지역
22	**slavery** [sléivəri]	노예 제도, 노예 신분
23	**abolitionist** [æ̀bəlíʃənist]	(미국에서의) 노예 제도 폐지론자
24	**Civil War**	미국 남북 전쟁 1861~1865년 동안 미국에서 노예제를 둘러싼 남부와 북부의 대립으로 인해 발생한 내전
25	**Emancipation Proclamation**	노예 해방 선언 1863년 미국의 남북전쟁 중에 링컨 대통령이 남부 연합 정부의 노예를 해방할 것을 선포한 선언
26	**Reconstruction** [rì:kənstrʌ́kʃən]	미국의 남북 전쟁 후 재건 시대
27	**mechanization** [mèkənizéiʃən]	기계화
28	**modernization** [mɑ̀dərnizéiʃən]	현대화
29	**Industrial Revolution**	산업 혁명 18세기 말 영국에서 시작된 생산 기술의 혁신에 따른 사회적, 경제적 대변혁
30	**Great Depression**	대공황 1929년 미국에서 시작해 전 세계로 확대된 경제 공황

19 역사

History

역사는 토플에서 가장 많이 다뤄지는 주제 중 하나이다. 중세 서양사를 비롯하여, 신대륙의 발견부터 1900년대 초반까지의 미국 역사와 관련된 내용의 강의와 지문이 자주 출제되고 있다. 지금부터 소개되는 역사 관련 어휘들을 통해 핵심적인 역사적 사건의 의미까지 함께 익혀두도록 하자.

01 **epoch** [épək]
(중요한 사건·변화가 일어난) 시대

02 **medieval** [mìːdíːvəl]
중세의
관련 Middle Ages 중세 (게르만 민족 이동 이후부터 르네상스가 끝날 때까지의 5~16세기의 시기)

03 **feudalism** [fjúːdəlìzm]
봉건 제도
주군은 신하에게 토지를 주고, 신하는 주군에게 군사적인 의무를 다하는 중세 시대의 사회 제도

04 **hereditary** [hərédətèri]
세습의

05 **emperor** [émpərər]
황제

06 **aristocracy** [ærəstákrəsi]
귀족

07 **guild** [gild]
길드
중세 도시의 설립 및 발전 과정에 중요한 역할을 했던 상공업자들의 독점적, 배타적 동업 조합

08 **patron** [péitrən]
(화가·작가 등에 대한) 후원자
중세 시대에는 영주, 귀족 계층이, 르네상스 이후에는 부유한 시민 계층이 후원자로 예술 발전에 중요한 역할을 하였음

09 **peasant** [péznt]
소작농
농토를 소유하지 못하여 지주로부터 토지를 빌려 농사를 짓는 사람
관련 tenant 소작인
landlord 지주

10 **serf** [səːrf]
농노
농민과 노예를 합친 단어로, 중세 봉건사회에서 영주의 땅에 농사를 지으며 살았던 피지배 계층

11 **rebellion** [ribéljən]
반란
관련 riot 폭동

12 **Pre-Columbian** [prìːkəlʌ́mbiən]
(아메리카 대륙과 그 문화가) 콜럼버스가 미 대륙을 발견하기 이전의

13 **New World**
신세계
신대륙이라고도 하며 과거에 남북 아메리카 및 오스트레일리아 대륙을 가리켜 부르던 용어

14 **pilgrim** [pílgrim]
순례자
관련 palmer 성지 순례자
참고 대문자를 사용한 Pilgrim은 '1620년에 영국의 종교적 탄압을 피해 메이플라워호를 타고 미국으로 이주한 청교도 중의 한 사람'을 의미함

15 **Puritan** [pjúərətn]
청교도
16세기 후반의 신교도들로, 칼뱅주의를 바탕으로 철저한 금욕주의를 주장하였던 개혁파
참고 소문자를 사용한 puritan은 '(종교, 도덕적으로) 엄격한 사람'을 의미함

17	**phenomenon** [finámənàn]	현상 참고 복수형은 phenomena
18	**culture shock**	문화 충격 낯선 문화나 사회 환경에 직면했을 때 감정의 불안을 느끼는 상태
19	**panic** [pǽnik]	(갑작스러운) 극심한 공포
20	**craze** [kreiz]	(일시적인) 대유행
21	**peer group pressure**	또래 압력 또래 집단에서 소수 의견을 가진 사람이 다수의 의견에 동조해야 한다고 느끼는 압박감
22	**placebo effect**	플라시보 효과 약효가 없는 가짜 약을 진짜 약으로 가장하여 투여할 때 실제로 환자의 병이 호전되는 심리 효과 관련 nocebo effect 노시보 효과 (진짜 약을 투여해도 환자가 불신하면 약효가 없는 현상)
23	**stereotype** [stériətàip]	고정 관념, 정형화된 이미지
24	**hypothesis** [haipáθəsis]	가설 참고 복수형은 hypotheses
25	**defense mechanism**	방어 기제 자아가 위협받을 때 스스로를 보호하기 위해 무의식적으로 사용하는 사고 및 행동 수단
26	**displacement activity**	전위 행동 반대되는 두 가지 충동의 갈등 상황에서 일어나는 제3의 행동
27	**passive-aggressive behavior**	수동적 공격성 방해, 고의적 지연 등과 같이 겉으로 드러나지 않는 소극적인 방법으로 적대감을 표출하는 행동
28	**cognitive dissonance**	인지적 부조화 신념과 행동간의 모순이 생길 때 발생하는 인지적 불일치 상태
29	**audience effect**	관중 효과 다른 사람이 보는 것으로 인해 행동의 양, 속도, 질 등이 영향을 받는 현상
30	**Freudian** [frɔ́idiən]	프로이트 학설의 지그문트 프로이트(Sigmund Freud, 1856~1939) ▶ : 오스트리아 출신의 정신분석학 창시자

18 심리 — Psychology

심리학은 토플에서 가장 자주 다뤄지는 주제 중 하나이다. 인간 심리에 영향을 주는 요인이나 특정한 심리 현상에 대해 소개하는 강의와 지문들이 자주 출제되고 있다. 지금부터 심리학의 기초 어휘와 토플에서 특히 자주 다뤄지는 심리 현상을 일컫는 용어들을 익혀서 심리학 지문과 강의를 이해하기 위한 기초 체력을 길러보자.

01	**mentality** [mentǽləti]	사고 방식 ⓐ mental 정신의
02	**stimulus** [stímjuləs]	자극제 참고 복수형은 stimuli
03	**motivation** [mòutəvéiʃən]	동기 부여 참고 일반적으로 '자극, 유도'라는 뜻으로 쓰임
04	**drive** [draiv]	충동
05	**impulse** [ímpʌls]	(반응을 불러일으키는) 자극
06	**trigger** [trígər]	(반응을 유발하는) 계기 참고 일반적으로 '방아쇠'라는 뜻으로 쓰임
07	**instinct** [ínstiŋkt]	본능
08	**outlet** [áutlet]	(감정·생각 등의) 발산 수단
09	**subconscious** [sÀbkánʃəs]	잠재 의식적인 ⓝ subconsciousness 잠재의식 관련 unconscious 무의식적인
10	**intrinsic** [intrínzik]	고유의, 내적인 관련 extrinsic 외적인
11	**repression** [ripréʃən]	(감정·욕구의) 억압
12	**disinhibition** [disìnhəbíʃən]	탈억제 어떤 자극에 대해 순간적으로 반응을 억제하지 못하는 상태
13	**infancy** [ínfənsi]	유아기
14	**adolescence** [ædəlésns]	청소년기
15	**implicit memory**	암묵 기억 의식하고 있지는 않지만 특정한 행동을 할 때 행동에 영향을 주는 기억
16	**altruistic behavior**	이타 행동 행위를 하는 당사자가 아닌 타인이나 다른 집단에게 도움을 주는 행동 관련 altruism 이타주의

17	**attorney** [ətə́ːrni]	변호사 관련 prosecutor 검사 　　judge 판사 　　jury 배심원단
18	**accuse** [əkjúːz]	기소하다 ⓥ accusation 고발
19	**commit** [kəmít]	(죄·과실을) 저지르다
20	**witness** [wítnis]	증인
21	**guilt** [gilt]	유죄 ⓐ guilty 유죄의 관련 innocent 무죄의
22	**sentence** [séntəns]	(형의) 선고
23	**penalty** [pénəlti]	처벌
24	**fine** [fain]	벌금
25	**investigation** [invèstəgéiʃən]	(범죄·상황 등에 대한) 수사
26	**victim** [víktim]	(범죄·사고 등의) 피해자
27	**theft** [θeft]	절도 관련 burglary 빈집털이
28	**forgery** [fɔ́ːrdʒəri]	위조죄 ⓥ forge 위조하다 관련 fraud 사기
29	**delinquency** [dilíŋkwənsi]	(특히 청소년의) 비행 관련 juvenile delinquency 미성년 범죄
30	**criminology** [krìmənálədʒi]	범죄학 범인, 범죄의 발생 원인 및 그 대책 등을 연구하는 학문 관련 criminologist 범죄학자

17 법

Hackers Vocabulary — Law

토플에서는 법 관련 어휘들도 자주 접할 수 있다. 역사, 경제 등 다양한 주제의 강의와 지문에서 관련 법률의 제정 및 적용, 법정 사례 등을 다루고 있으니, 지금부터 소개되는 법 관련 어휘들을 익혀 강의와 지문을 더 쉽게 이해해보자.

01	**principle** [prínsəpl]	(법·규정의 기본이 되는) 원칙
02	**obligation** [àbləgéiʃən]	(법적·도덕적) 의무
03	**legal system**	법률 제도 관련 legal 합법적인 illegal 불법적인
04	**Constitution** [kànstətjú:ʃən]	헌법 참고 소문자를 사용한 constitution은 '구성, 구조'를 의미함
05	**legislation** [lèdʒisléiʃən]	입법 행위
06	**enact** [inǽkt]	(법을) 제정하다
07	**institution** [ìnstətjú:ʃən]	법령 참고 일반적으로 '대학, 은행 등과 같이 특정 목적을 지닌 대규모 기관'이라는 뜻으로 쓰임
08	**provision** [prəvíʒən]	(법률 관련 문서의) 조항 참고 일반적으로 '공급, 준비'라는 뜻으로 쓰임 관련 stipulation 규정
09	**resolution** [rèzəlú:ʃən]	결의안 의논하고 협의하여 결의에 부칠 안건 ⓥ resolve 결의하다
10	**property right**	재산권
11	**patent act**	특허법
12	**license** [láisəns]	허가
13	**Justice Department**	법무부 (= Department of Justice)
14	**judicial** [dʒu:díʃəl]	사법의 참고 일반적으로 '공정한, 공평한'이라는 뜻으로 쓰임
15	**jurisdiction** [dʒùərisdíkʃən]	사법권 재판을 할 수 있는 권력으로, 입법권, 행정권과 함께 삼권분립주의를 구성하는 통치권 중 하나
16	**court** [kɔ:rt]	법정 관련 Supreme Court 대법원

17	**contract** [kάntrækt]	계약
18	**franchise** [fræntʃaiz]	프랜차이즈 가맹점이 본사의 상호 및 상표 경험, 노하우, 인지도를 인수받는 대가로 일정한 금액을 지불하고 사업을 운영하는 경영 방식
19	**retail** [ríːteil]	소매 소매업자와 소비자 사이에 이루어지는 상품 판매 거래 관련 **wholesale** 도매
20	**supplier** [səpláiər]	공급자
21	**manufacturer** [mænjufǽktʃərər]	제조 회사
22	**mass production**	대량 생산
23	**raw material**	원자재
24	**standardization** [stændərdizéiʃən]	표준화 제품의 품질, 모양, 크기, 성능 등을 일정한 규격에 맞추어 통일하는 것
25	**incentive** [inséntiv]	장려금 직원들의 성과 창출을 장려하기 위해 업무 목표 달성 정도에 따라 회사가 제공하는 보상
26	**performance rating**	인사 고과 등급 직원의 능력, 실적, 태도를 종합적으로 평가하여 등급화한 것
27	**out-of-work** [àutəvwə́ːrk]	실직 중인
28	**union** [júːnjən]	노동 조합 노동자가 주체가 되어 근로조건의 유지 및 개선을 위하여 조직한 단체 참고 일반적으로 '연합, 통합'이라는 뜻으로 쓰임
29	**labor movement**	노동 (조합) 운동 노동 조합을 중심으로 근로자의 경제적, 사회적 지위의 향상을 위하여 행하는 운동
30	**strike** [straik]	파업 노동자가 자신의 요구 조건을 관철시키기 위하여 업무를 일시적으로 중단하는 행위 관련 **walkout** 동맹 파업

16 경영

Hackers Vocabulary
Business Management

토플에서는 기업 운영에 대해 다루는 경영학 주제도 출제된다. 경영학의 여러 분야 중에서도 특히 마케팅과 관련된 주제가 주로 출제되고 있다. 지금부터 일반적으로 자주 쓰이는 경제학 기본 어휘들과 마케팅 관련 어휘들을 함께 익혀보자.

01	**corporation** [kɔ̀ːrpəréiʃən]	(큰 규모의) 기업
02	**entrepreneur** [àːntrəprənə́ːr]	사업가
03	**advertiser** [ǽdvərtàizər]	광고주 광고 활동을 의뢰하는 개인이나 법인
04	**target marketing**	표적 마케팅 소비자를 작은 단위로 나누어 그 구역에 속한 이들의 특성에 맞는 제품을 제공하는 마케팅 전략
05	**green marketing**	그린 마케팅 환경 친화적인 상품을 개발하여 브랜드의 이미지를 높이고 매출을 향상시키는 마케팅 전략
06	**brand loyalty**	상표 충성도 소비자가 특정 브랜드를 선호하여 그 브랜드의 상품을 계속해서 구매하는 정도 관련 royalty 로열티 (다른 이의 상표권, 저작권, 특허권 등을 사용하는 대가로 지불하는 돈)
07	**endorsement** [indɔ́ːrsmənt]	(유명인의 상품) 선전 · 보증 관련 일반적으로 '배서, 승인'이라는 뜻으로 쓰임
08	**flyer** [fláiər]	(광고 · 안내용) 전단
09	**slogan** [slóugən]	슬로건 대중의 행동을 조작하기 위해 광고, 선전 등에 쓰이는 쉽고 단순한 문구
10	**buzzer** [bʌ́zər]	버저 특정 제품이나 브랜드에 대해 호의적인 소문을 내도록 기업이 고용한 사람 참고 일반적으로 '소리를 내는 기계'라는 뜻으로 쓰임
11	**voucher** [váutʃər]	할인권, 상품권
12	**boycott** [bɔ́ikɑt]	불매 운동
13	**accounting** [əkáuntiŋ]	회계
14	**capital** [kǽpətl]	자본금 관련 일반적으로 '수도'라는 뜻으로 쓰임
15	**merger** [mə́ːrdʒər]	(조직 · 사업체의) 합병
16	**bankruptcy** [bǽŋkrʌptsi]	파산

16	**stagflation** [stæɡfléiʃən]	스태그플레이션 경기가 침체되어 수요가 감소함에도 불구하고 물가는 오히려 상승하는 현상
17	**monopoly** [mənápəli]	(시장의) 독점
18	**manipulation** [mənìpjuléiʃən]	주가 조작 주식의 가격을 인위적으로 올리거나 내리거나 고정시키는 불법 행위
19	**speculation** [spèkjuléiʃən]	투기 단기간에 시세 변동에서 오는 이익을 취하려고 투자하는 행위 참고 일반적으로 '추측'이라는 뜻으로 쓰임
20	**fiscal year**	회계 연도 회계 기록을 정확히 정리하기 위해 인위적으로 설정한 예산의 단위 기간
21	**audit** [ɔ́:dit]	회계 감사 회계 조작이나 부정을 막기 위해 제3자가 회계 기록을 검사하는 것
22	**currency** [kə́:rənsi]	통화 거래의 지급 수단으로 기능을 하는 은행이나 정부가 발행하는 지폐와 주화
23	**monetary** [mánətèri]	화폐의
24	**savings account**	보통 예금 예금과 인출이 자유로운 은행 예금
25	**interest** [íntərəst]	이자
26	**mortgage** [mɔ́:rɡidʒ]	(담보) 대출
27	**credit** [krédit]	신용 거래
28	**bank run**	뱅크런, 예금 인출 사태 은행이 도산할지도 모른다는 불안감에 많은 사람들이 한꺼번에 예금을 인출하려고 하는 현상
29	**auction** [ɔ́:kʃən]	경매
30	**bid** [bid]	입찰하다 관련 bidder 가격 제시자

15 경제 Economics

토플에서는 경제학 관련 강의와 지문도 가끔 출제되고 있다. 생소하고 어렵게 느껴질 수 있으나, 경제학의 기본적인 개념과 용어만 알아두면 쉽게 이해할 수 있는 내용의 강의가 자주 출제되고 있으니, 지금부터 관련 어휘와 그 개념을 익혀보자.

01	**import** [impɔ́ːrt]	수입하다 관련 export 수출하다
02	**domestic** [dəméstik]	국내의 참고 일반적으로 '가정의, 집안의'라는 뜻으로 쓰임
03	**international trade**	국제 무역
04	**tariff** [tǽrif]	관세 국외에서 수입되는 상품에 매기는 세금
05	**quota** [kwóutə]	쿼터, 할당량 일정 기간 동안 수입하거나 수출하도록 허용되는 재화나 용역의 양
06	**protectionist** [prətékʃənist]	보호무역론자 관련 protectionism 보호무역주의 (국가가 무역에 개입하여 자국 산업을 보호해야 한다는 주장)
07	**smuggle** [smʌ́gl]	밀수하다
08	**tax revenue**	조세 수입 정부가 국민이나 사기업으로부터 강제적으로 징수하는 화폐나 재화
09	**levy** [lévi]	(세금의) 부과
10	**subsidy** [sʌ́bsədi]	(국가·기관이 제공하는) 보조금
11	**surplus** [sə́ːrplʌs]	흑자 수익이 비용보다 많은 경우 관련 deficit 적자 (수익이 비용보다 적은 경우)
12	**law of supply and demand**	수요와 공급의 법칙 수요와 공급이 균형을 이루는 균형점에서 상품의 가격과 거래량이 결정된다는 법칙
13	**boom** [buːm]	(사업·경제의) 호황
14	**depression** [dipréʃən]	불경기 관련 Great Depression 대공황 (1929년부터 1939년까지 지속된 세계적인 경제 공황)
15	**inflation** [infléiʃən]	인플레이션 화폐의 가치 하락으로 인해 전반적인 물가가 상승하는 현상

15	**ruling party**	여당 (= government party) 가장 많은 의석수를 차지하여 정권을 잡고 있는 정당 관련 opposition party 야당
16	**Democrat** [déməkræt]	미국의 민주당원 관련 Democratic Party 미국의 민주당 Republican Party 미국의 공화당
17	**Whig** [hwig]	(과거 영국의) 휘그당 17세기에 만들어진 영국 최초의 근대적 정당으로 진보적인 성향을 가졌던 반왕권적 정당
18	**election** [ilékʃən]	선거 관련 vote 표, 투표
19	**campaign** [kæmpéin]	(사회·정치적 목적을 위한 조직적인) 운동
20	**platform** [plǽtfɔːrm]	(정당의) 공약 참고 일반적으로 '(기차역의) 승강장'이라는 뜻으로 쓰임
21	**constituency** [kənstítʃuənsi]	선거구 관련 electorate (전체) 유권자
22	**presidency** [prézədənsi]	대통령 직
23	**veto** [víːtou]	거부권 결의된 사항을 단독으로 거부할 수 있는 권한
24	**check and balance**	견제와 균형 여러 기구가 권력을 나눠 가짐으로써 서로 견제하면서 균형을 이루는 것
25	**conservatism** [kənsə́ːrvətìzm]	보수주의 관련 progressivism 진보주의
26	**diplomacy** [diplóuməsi]	외교(술) 국가 간에 맺는 모든 정치적인 관계 관련 diplomat 외교관
27	**ambassador** [æmbǽsədər]	대사 국가를 대표하여 다른 국가에 파견되는 외교사절의 최고 직급
28	**convention** [kənvénʃən]	(국가나 지도자 간의) 조약, 협약 참고 일반적으로 '관습'이라는 뜻으로 쓰임
29	**ally** [əlái]	동맹국
30	**Cold War**	냉전 제2차 세계대전 이후 발생한 자본주의 진영과 사회주의 진영 사이의 정치, 외교, 이념, 군사상의 갈등

14 정치/외교

Hackers Vocabulary
Political Science Diplomacy

토플에서는 정치/외교 관련 어휘들도 자주 접할 수 있다. 주로 중세에서 미국 현대에 이르기까지의 역사적 사건을 다루는 강의와 지문에서 정치적, 외교적 배경을 설명하기 위해 자주 사용되고 있다. 지금부터 소개되는 정치/외교 관련 어휘들을 익혀 강의와 지문을 더 쉽게 이해해보자.

01	**dynasty** [dáinəsti]	왕조
02	**monarchy** [mánərki]	군주제 군주에 의해 통치되는 정치 제도 관련 monarch 군주
03	**reign** [rein]	(왕의) 통치 기간
04	**succession** [səkséʃən]	승계 참고 일반적으로 '연속'이라는 뜻으로 쓰임
05	**revolution** [rèvəlúːʃən]	혁명 참고 천문학에서는 '공전'이라는 뜻으로 쓰임
06	**democracy** [dimákrəsi]	민주주의 관련 communism 공산주의
07	**federal** [fédərəl]	연방제의 관련 federalism 연방제 (국가의 주권이 중앙 정부와 주에 나눠져 있는 정치 제도)
08	**council** [káunsəl]	(지방 자치 단체의) 의회 관련 city council 시 의회 district council 지역 의회
09	**Congress** [káŋgris]	미국의 의회, 국회 관련 Parliament 영국의 의회
10	**Capitol** [kǽpətl]	미국 국회 의사당 관련 House of Parliament 영국의 국회 의사당 ▶ 워싱턴 D.C.에 위치한 미국 국회 의사당
11	**cabinet** [kǽbənit]	(정부의) 내각 국가의 행정권을 가지고 있는 기관
12	**imposition** [ìmpəzíʃən]	(새로운 법률·세금 등의) 시행
13	**bureaucracy** [bjuərákrəsi]	관료 제도 전문적인 지식 혹은 능력을 가진 사람들이 임명되어 정치 지도를 하는 통치 제도 ⓝ bureaucrat 관료 ⓐ bureaucratic 관료의
14	**political party**	정당 비슷한 정치적 견해를 가진 사람들이 모여 만든 단체

17	**gasoline** [gǽsəliːn]	휘발유 (= petrol)
18	**petrochemical** [pètroukémikəl]	석유 화학의
19	**generator** [dʒénərèitər]	발전기 기계적 에너지를 전기 에너지로 변환하는 장치
20	**power plant**	발전소 발전기를 이용하여 전력을 생산하는 곳
21	**waterpower** [wɔ́ːtərpàuər]	수력
22	**thermal power generation**	화력 발전 화석 연료를 연소시켜 발생한 열로 물을 가열하여 이때 발생한 증기로 발전기를 돌려 전기를 생산하는 방식
23	**hydroelectricity** [hàidrouilektrísəti]	수력 전기 물의 힘을 이용하여 발전기를 돌려서 만들어진 전기 관련 hydroelectric power generation 수력 발전
24	**tidal power generation**	조력 발전 조수 간만의 차를 이용하여 발전기를 돌려 전기를 생산하는 방식 관련 tide 조수 (밀물과 썰물)
25	**wind power generation**	풍력 발전 바람으로 날개를 회전시켜서 발생한 회전력으로 전기를 생산하는 방식
26	**solar power generation**	태양열 발전 태양 에너지를 모아서 열로 바꾸고 열기관을 돌려 전기를 생산하는 방식
27	**blackout** [blǽkàut]	정전 참고 일반적으로 '일시적인 의식, 시력, 기억의 상실'이라는 뜻으로 쓰임
28	**alternative energy**	대체 에너지 화석 연료를 대체할 수 있는 에너지 자원
29	**ethanol fuel**	에탄올 연료 사탕수수나 옥수수 등에서 추출한 에틸 알코올로 만들어진 연료
30	**geothermal energy**	지열 에너지 지구 내부에 축적되어 있는 열 에너지

13 자원/에너지

Hackers Vocabulary

Resources Energy

자원과 에너지는 토플에서 자주 다뤄지는 주제이다. 주요 광물이나 연료를 채취하고 가공하는 방법, 미래에도 지속 가능한 대체 에너지원에 관련된 내용이 자주 출제되고 있다. 지금부터 관련 어휘와 그 개념을 익혀보자.

01	**fossil fuel**	화석 연료 석탄, 석유같이 동식물의 유해가 지하에서 오랜 시간에 걸쳐 온도와 압력을 받아서 만들어진 연료
02	**mineral** [mínərəl]	광물 관련 mineral resource 광물 자원
03	**ore** [ɔːr]	광석 유용한 광물을 다량으로 함유한 암석
04	**coal mine**	탄광
05	**extraction** [ikstrǽkʃən]	추출 혼합물로부터 어떤 특정한 성분을 분리해 내는 것 관련 oil extraction 석유 추출 mineral extraction 광물 채굴
06	**reserves** [rizə́ːrvz]	매장량
07	**depletion** [diplíːʃən]	(자원 등의) 고갈 ⓥ deplete 다 써버리다
08	**smelter** [sméltər]	제련소 광석을 녹여서 함유한 금속을 얻어내는 사업소
09	**blast furnace**	용광로 높은 온도로 광석을 녹여서 금속을 분리하고 추출하는 가마
10	**petroleum** [pətróuliəm]	석유
11	**oil pool**	오일 풀 (= oil reservoir) 지층 사이에 고여 있는 석유 웅덩이
12	**oil field**	유전 원유가 저장되어 있는 지층이 집중되어 있는 지역
13	**drilling** [dríliŋ]	시추 지질 조사나 자원의 채취를 위하여 굴착 장치를 이용해 지층에 구멍을 뚫는 작업 관련 drilling rig 굴착 장치 (땅을 굴착해서 석유를 채취할 때 사용되는 기계)
14	**tanker** [tǽŋkər]	(석유·가스 등을 싣는) 대형 선박 관련 oil tanker 유조선
15	**refining** [riːfáiniŋ]	정제 관련 petroleum refining 석유 정제 (원유를 분류해서 여러 가지 석유 제품을 제조하는 작업)
16	**kerosene** [kérəsìːn]	등유 석유의 구성 성분 중에서 휘발유 다음으로 끓는 점이 높은 기름

17	**igneous rock**	화성암 마그마가 냉각, 응고되어 이루어진 암석
		관련 granite 화강암 (화성암의 일종으로 마그마가 지하 깊은 곳에서 천천히 식어 형성된 암석)
18	**lava** [láːvə]	용암
19	**strait** [streit]	해협 두 육지 사이에 위치하는 좁은 바다
20	**continental drift theory**	대륙이동설 하나의 거대한 대륙이었던 판게아가 갈라져서 현재의 대륙이 형성되었다는 이론
21	**plate tectonics**	판구조론 10여 개의 거대한 판으로 구성된 지각이 맨틀 위를 떠다니며 이동하고 있다는 이론
22	**mantle** [mǽntl]	(지구의) 맨틀 지구의 지하 약 30km에서 2,900m까지의 부분으로 점성이 있는 유체의 성질을 가짐
23	**uplift** [ʌplíft]	융기 (= upheaval) 지각 변동에 의해 지표면이 상승하는 현상 참고 일반적으로 '격변'이라는 뜻으로 쓰임
24	**seismic** [sáizmik]	지진의 관련 seismic wave 지진파 aftershock 여진
25	**landslide** [lǽndslàid]	산사태 관련 mud slide 이류 (산사태 때 흘러내리는 진흙 더미)
26	**sand dune**	사구 바람에 의해 운반된 모래가 쌓여서 형성된 언덕
27	**plain** [plein]	평원 기복이 없어 거의 수평에 가까운 낮고 평평한 토지
28	**continental shelf**	대륙붕 육지를 둘러싸고 있는 깊이 200m의 바다
29	**ocean floor**	대양저 수심 4~6km의 바다 밑 지형
30	**crevasse** [krəvǽs]	크레바스 빙하 표면의 가늘고 깊게 갈라진 틈

12 지리/지질

Hackers Vocabulary
Geography
Geology

토플에서는 암석의 형성, 지각의 형성과 구조 등 지리/지질 주제의 지문과 강의도 자주 출제된다. 지금부터 소개되는 관련 어휘들에 대해 익혀서 지리/지질 주제의 강의와 지문 이해를 위한 기초 체력을 길러보자.

01	**geology** [dʒiάlədʒi]	지질학 지각의 조성, 성질, 구조, 역사 등을 연구하는 학문
02	**topography** [təpάgrəfi]	지형학 소규모 지형의 생성 원인과 발달 과정을 연구하는 학문 파생 topographical 지형학의
03	**terrain** [təréin]	지형 관련 landscape 경관
04	**stratum** [stréitəm]	(암석 등의) 층 참고 복수형은 strata
05	**sediment** [sédəmənt]	퇴적물
06	**weathering** [wéðəriŋ]	풍화 (작용) 지표 부근의 암석이 물리적, 화학적 작용에 의해 분해되어 토양으로 변화하는 과정
07	**erosion** [iróuʒən]	침식 바람, 물, 눈, 얼음 등의 이동에 의해 지표가 마모되거나 이동되는 현상
08	**aquifer** [ǽkwəfər]	대수층 수분이 지표 속으로 침투한 뒤 불침투성의 지층에 가로막혀 생성된 지하수층
09	**groundwater** [gráundwɔ̀:tər]	지하수
10	**water table**	지하수면 지하수의 위쪽 표면
11	**safe yield**	안전채수량 지하수의 수량 감소, 고갈, 수질 악화를 유발하지 않고 대수층에서 채취할 수 있는 물의 양
12	**quartz** [kwɔ:rts]	석영 주로 육각기둥 모양의 결정을 가지는 단단한 광물로 유리, 시계, 도자기 등을 만들 때 쓰임
13	**clay** [klei]	점토
14	**shale** [ʃeil]	셰일 점토가 굳어져서 생성된 퇴적암
15	**sandstone** [sǽndstòun]	사암 주로 모래가 굳어져서 생성된 퇴적암
16	**limestone** [láimstòun]	석회석 탄산칼슘을 주성분으로 하는 퇴적암

15	**Pluto** [plú:tou]	명왕성 1930년에 발견된 후 태양계의 9번째 행성으로 분류되었으나 2006년에 행성 분류법이 바뀌면서 왜소 행성으로 분류됨
16	**Terrestrial planets**	지구형 행성 (= inner planet) 수성, 금성, 화성, 지구같이 목성형 행성에 비해 크기가 작고, 밀도는 매우 높은 행성
17	**Jovian planets**	목성형 행성 목성, 토성, 천왕성, 해왕성같이 지구형 행성에 비해 크기가 크고, 밀도는 작은 행성
18	**heliocentric theory**	지동설 (= the Copernican system) 코페르니쿠스가 주장한 태양을 중심에 두고 나머지 다른 행성들이 그 주위를 공전한다는 이론 관련 geocentric theory (= the Ptolemaic system) 천동설
19	**revolution** [rèvəlú:ʃən]	공전 한 천체가 일정한 주기를 갖고 다른 천체의 주위를 도는 운동 ⓥ revolve 공전하다
20	**rotation** [routéiʃən]	자전 천체가 자신의 무게중심을 지나는 축을 중심으로 하여 회전하는 운동
21	**orbit** [ɔ́:rbit]	궤도 중심력에 의해 그 주위를 도는 물체가 지나가는 일정한 길
22	**precession** [pri:séʃən]	세차 운동 지구의 자전같이 회전하고 있는 물체의 회전축이 고정된 특정축의 둘레를 도는 현상
23	**satellite** [sǽtəlàit]	(행성의) 위성 달과 같이 행성의 주위를 도는 천체 참고 일반적으로 '인공위성'이라는 뜻으로 쓰임
24	**phase** [feiz]	(주기적으로 형태가 변하는 달의) 상 참고 일반적으로 '단계'라는 뜻으로 쓰임
25	**eclipse** [iklíps]	(일식·월식의) 식 관련 solar eclipse 일식 (태양이 달에 의해 가려지는 현상) lunar eclipse 월식 (달이 지구의 그림자에 의해 가려지는 현상)
26	**lunar cycle**	태음 주기 달의 공전 주기, 약 29.5일. 관련 lunar year 태음년 (태음력에서의 1년. 약 354일.) solar year 태양년 (약 365일)
27	**albedo** [ælbí:dou]	알베도, 반사율 달, 행성 등이 태양으로부터 받은 빛을 반사하는 정도를 수치로 나타낸 것
28	**crater** [kréitər]	크레이터 운석, 화산, 내부가스의 분출 등의 이유로 형성된 위성이나 행성 표면의 구멍 달의 크레이터 ▶
29	**visible light**	가시 광선 눈으로 감지할 수 있는 빛
30	**magnetic field**	자기장 자석 주위에 자기력이 작용하는 공간 관련 magnetic force 자기력 (자성을 가진 물체들이 서로 밀거나 당기는 힘)

11 천문

Hackers Vocabulary

Astronomy

천문학은 토플에서 다뤄지는 이해하기 가장 까다로운 주제 중 하나이다. 태양계의 특징, 별의 탄생과 소멸 등 천문학의 기초가 되는 내용들이 주로 출제되지만, 개념이 복잡하고 생소한 어휘들이 다수 나온다. 따라서 지금부터 소개되는 관련 어휘와 그 개념을 익혀 천문학 강의와 지문을 더 쉽게 이해해보자.

01	**celestial body**	천체 (= heavenly body) 우주를 구성하고 있는 항성, 행성, 위성, 소행성, 운석, 성단 등의 총칭
02	**planet** [plǽnit]	행성 스스로 빛을 내지 못하며 항성 주위를 도는 천체의 한 종류 관련 star 항성 (태양같이 스스로 빛을 내는 천체의 한 종류)
03	**meteor** [míːtiər]	유성, 별똥별 작은 천체가 지구의 대기권에 진입한 뒤 공기와 마찰해 소멸하면서 빛을 내는 현상
04	**comet** [kámit]	혜성 태양계 내에서 태양이나 항성을 중심으로 일정 궤도를 가지고 도는 작은 천체
05	**meteoroid** [míːtiərɔ̀id]	유성체 태양계 내에서 배회하고 있는 암석
06	**meteorite** [míːtiəràit]	운석 우주로부터 지구에 진입한 암석이 대기와의 마찰에 의해 타고 난 뒤 발견된 것
07	**stellar** [stélər]	별의, 항성의 관련 interstellar 항성간의
08	**constellation** [kànstəléiʃən]	별자리
09	**variable star**	변광성 시간의 흐름에 따라서 밝기가 변하는 별
10	**star formation**	별의 형성 기체 분자와 먼지들이 밀집한 지역이 어떤 계기로 수축하기 시작하여 별이 생성되는 현상
11	**dwarf star**	왜성, 난쟁이별 항성 진화 단계에서 거성과 대응하여 사용하는 단어로 청년기나 장년기에 있는 별 관련 giant star 거성 (항성이 진화하여 형성되는 별로, 직경, 광도, 질량 등이 현저하게 큼)
12	**nebula** [nébjulə]	성운 먼지, 수소 가스, 플라즈마 등으로 이루어진 구름 모양의 천체 ◀ 오리온 성운
13	**supernova** [sùːpərnóuvə]	초신성 수명을 다한 별이 큰 폭발을 일으켜 밝기가 평소의 수억 배에 이르렀다가 서서히 그 밝기가 감소하는 현상
14	**solar system**	태양계 태양과 태양의 중력에 의해 태양 주변을 돌고 있는 천체들이 이루고 있는 계로, 수성, 금성, 지구, 화성, 목성, 토성, 천왕성, 해왕성, 총 8개 행성이 존재함

17	**prevailing wind**	우세풍, 탁월풍
		한 지역에서 특정 기간 동안에 가장 자주 나타나는 풍향의 바람
18	**atmospheric pressure**	기압
		관련 barometer 기압계
19	**front** [frʌnt]	(기상) 전선
		발생지가 다른 두 종류의 공기가 마주치는 경계선
20	**glaciation** [glèiʃiéiʃən]	빙하 작용
		빙하가 형성, 이동, 후퇴하면서 지표를 침식, 운반, 퇴적하는 것
21	**icecap** [áiskæ̀p]	만년설
		높은 산이나 극지 등을 뒤덮고 있는 녹지 않는 빙하
22	**tundra** [tʌ́ndrə]	툰드라, 동토대
		여름 동안에만 지표의 얼음이 녹아서 한정된 종류의 초목만 자랄 수 있는 지대
23	**hemisphere** [hémisfìər]	(지구의) 반구
		관련 Northern Hemisphere 북반구
		Southern Hemisphere 남반구
		참고 생리학에서는 '뇌의 반구'라는 뜻으로 쓰임
24	**life zone**	생물 분포대
		온도, 강수량, 습도 등의 기후 조건에 따라 분류된 여러 가지 생물의 분포 지역
25	**microclimate** [máikrouklàimit]	미기후
		지표의 영향을 받아 생기는 지표면 가까운 곳의 국지적인 기상 상태
26	**subtropics** [sʌ̀btrάpiks]	아열대 지방
		열대와 온대의 중간에 위치한 기온은 높으나 강수량은 적은 기후를 가진 지역
27	**El Niño**	엘니뇨 현상
		동태평양 적도 부근의 해수면 온도가 5개월 이상 평년보다 높은 상태로 지속되는 현상
28	**Pleistocene epoch**	홍적세, 빙하시대
		약 200만년 전부터 약 1만 2천년 전까지의 시기로, 최소 4회에서 최대 6회 사이의 빙기가 있었음
29	**interglacial period**	간빙기
		빙기와 다음 빙기 사이의 기간으로 비교적 기후가 온난한 시기
30	**Milankovitch's hypothesis**	밀란코비치 가설
		지구의 3가지 특징(지구의 자전축의 기울기 변화, 지구의 공전 궤도의 타원형 모양, 지구의 세차운동)이 집약적으로 작용해 기후에 영향을 미친다는 가설

10 기상 Meteorology

Hackers Vocabulary

토플에서는 강수 현상을 발생시키는 물의 순환 과정, 빙하기같은 장기적인 기후 변화, 이상 기온현상 등 기상 관련 강의와 지문이 출제되기도 한다. 더 빠른 지문 이해를 위해 지금부터 소개되는 기상 관련 어휘와 개념들을 익혀두도록 하자.

01	**meteorology** [mìːtiərálədʒi]	기상학 대기의 구성, 대기 중의 여러 가지 기상 현상, 기상이 지표면에 미치는 영향 등을 연구하는 학문
02	**precipitation** [prisìpətéiʃən]	강수(량) 비, 눈, 우박, 안개 등으로 일정 기간 동안 특정 위치에 내린 물의 총량
03	**rainfall** [réinfɔ̀ːl]	강우(량) 일정 기간 동안 특정 위치에 내린 비의 양
04	**humidity** [hjuːmídəti]	습도
05	**arid** [ǽrid]	건조한 ⓝ aridity 건조
06	**semiarid** [sèmiǽrid]	반건조 지대의 관련 semiarid zone 반건조 지대 (사막 주변에 분포하는 비교적 건조 정도가 덜한 지역)
07	**drought** [draut]	가뭄 관련 flood 홍수
08	**monsoon** [mɑnsúːn]	계절풍 계절에 따라 부는 방향이 변화하는 바람 참고 일반적으로 '(동남아시아 여름철의) 우기, 장마'라는 뜻으로 쓰임
09	**temperature** [témpərətʃər]	온도, 기온 참고 일반적으로 '체온'이라는 뜻으로 쓰임
10	**thermometer** [θərmάmətər]	온도계
11	**Celsius** [sélsiəs]	섭씨 1기압에서 물의 어는 점을 0℃, 끓는 점을 100℃로 하여 그 사이를 100등분한 온도 측정 단위 관련 Fahrenheit 화씨 (1기압에서 물의 어는 점을 32℉, 끓는 점을 212℉로 하여 그 사이를 180등분한 온도 측정 단위)
12	**heat wave**	혹서, 열파 수일 혹은 수주 동안 계속되는 이상 고온 현상
13	**equator** [ikwéitər]	적도
14	**elevation** [èləvéiʃən]	해발 높이, 고도 (= altitude)
15	**latitude** [lǽtətjùːd]	위도 적도를 기준으로 특정 지역의 남북 위치를 나타내는 좌표 관련 longitude 경도 (특정 지역의 동서 위치를 나타내는 좌표)
16	**weather vane**	풍향계

17	**deforest** [diːfɔ́ːrist]	삼림을 없애다 ⓝ deforestation 산림 파괴
18	**white pollution**	백색 오염 컵, 음식 용기와 같은 플라스틱에 의한 오염
19	**light pollution**	광공해 가로등같은 인공조명이나 대기 오염물질 때문에 밤하늘이 밝아지는 현상
20	**ambient** [ǽmbiənt]	주변
21	**soil erosion**	토양 침식 바람이나 강수에 의해 지표의 토양이 제거되는 현상
22	**runoff** [rʌ́nɔ̀ːf]	지표 유출 강수 등으로 인해 과잉으로 공급된 물이 토양에 스며들지 못하고 하천에 유입되기 전까지 지표 위를 흐르는 것
23	**cover crop**	피복 식물 클로버와 같이 양분 유출, 토양 침식 등을 방지할 목적으로 겨울에 밭에 심어 두는 식물
24	**pesticide** [péstəsàid]	살충제, 농약 관련 pest 해충
25	**fertilizer** [fə́ːrtəlàizər]	비료 관련 compost 퇴비
26	**detergent** [ditə́ːrdʒənt]	세제
27	**submarine** [sʌ̀bməríːn]	해양의 참고 일반적으로 '잠수함'이라는 뜻으로 쓰임
28	**fish farm**	양식장
29	**spillage** [spílidʒ]	(기름 등의) 유출
30	**oil slick**	유막 수면을 덮고 있는 유출된 기름의 얇은 막

09 환경/생태

Hackers Vocabulary
Environmental Science Ecology

토플에서는 인간이 자연에 미치는 영향, 생태계 보존 등 환경과 관련된 내용이 자주 출제된다. 지금부터 소개되는 환경/생태 관련 강의와 지문에 나오는 주요 어휘들을 익혀두도록 하자.

01	**ecosystem** [ékousìstəm]	생태계 특정 지역에 살고 있는 모든 생물과 그 지역의 비생물적 환경을 총칭하는 단어
02	**ecology** [ikálədʒi]	생태학 생물 간의 상호 관계나 생물과 환경 사이의 관계를 연구하는 학문
03	**marsh** [ma:rʃ]	습지 (= wetland) 지대가 낮고 물이 잘 빠지지 않아 진흙이 많고 늘 물이 고여 있는 수심이 얕은 지역
04	**prairie** [prέəri]	(북미의) 대초원 북미의 내륙 지방에 넓게 발달한 온대 기후의 초원
05	**biodiversity** [bàioudaivə́:rsəti]	생물학적 다양성 다양한 생물들의 총 개체수나 여러 종들의 다양한 정도 관련 species diversity 종 다양성 (특정 지역에서 볼 수 있는 서로 다른 종의 빈도와 다양성)
06	**ecological succession**	생태 천이 생물의 군집 구조가 여러 가지 환경 요인에 의해 점진적으로 다른 구조로 변해가는 현상
07	**pollutant** [pəlú:tənt]	오염 물질 ⓥ pollute 오염시키다
08	**overhunting** [òuvərhʎntiŋ]	남획 관련 overirrigation 지나친 관개 overgrazing 과도한 방목
09	**endangered** [indéindʒərd]	(동식물이) 멸종될 위기에 이른 관련 threatened (야생 동물이) 멸종될 위기에 처한
10	**mass extinction**	대량 멸종 관련 extermination 몰살
11	**genetic modification**	유전자 조작(변형) 관련 Genetically Modified Organism(GMO) 유전자 변형 농산물
12	**greenhouse effect**	온실 효과 대기 중의 이산화질소나 이산화탄소 등이 온실의 유리처럼 작용하여 지구의 온도를 높이는 현상
13	**landfill** [lǽndfil]	쓰레기 매립지
14	**acid rain**	산성비 관련 acid 산, 산성의
15	**desertification** [dezə̀:rtəfikéiʃən]	사막화
16	**logging** [lɔ́:giŋ]	벌목

15	**isotope** [áisətòup]	동위원소 같은 수의 양성자를 가지지만 다른 수의 중성자를 가지는 원자들
16	**element** [éləmənt]	원소 한 종류의 원자로만 구성된 순물질
17	**compound** [kámpaund]	화합물 두 종류 이상의 원자들이 화학적으로 결합해서 구성된 순물질
18	**molecule** [máləkjù:l]	분자 독립적인 입자로 행동하는 원자들의 결합체
19	**saline** [séilain]	염분이 함유된
20	**oxidation** [àksədéiʃən]	산화 산소와 결합하는 것 또는 수소를 포함한 화합물이 수소를 잃는 것 ⓥ **oxidize** 산화시키다
21	**reduction** [ridʌ́kʃən]	환원 화합물이 산소를 잃는 것 또는 수소를 얻는 것 ⓥ **reduce** 환원시키다 참고 일반적으로 '감소'라는 뜻으로 쓰임
22	**catalyst** [kǽtəlist]	촉매 화학 반응 속도를 증가시키거나 감소시키는 효과를 내면서 화학 반응이 종료된 후에도 원래의 상태를 유지하는 물질
23	**evaporation** [ivæ̀pəréiʃən]	증발 ⓥ **evaporate** 증발하다
24	**alkali** [ǽlkəlài]	염기 (= base) 수용액에 넣으면 해리되어 수산 이온(OH-)을 생성하는 물질
25	**acid** [ǽsid]	산 수용액에 넣으면 해리되어 수소 이온(H+)을 생성하는 물질
26	**neutralize** [njú:trəlàiz]	(화학 물질을) 중화시키다
27	**concentration** [kànsəntréiʃən]	농도 용액이 얼마나 진하고 묽은지를 나타내는 수치
28	**osmosis** [ɑzmóusis]	삼투 (현상) 농도가 다른 두 용액을 반투막으로 분리시켰을 때 물이 농도가 낮은 쪽에서 높은 쪽으로 이동하는 현상
29	**carbohydrate** [kà:rbouháidreit]	탄수화물 관련 **protein** 단백질 **fat** 지방
30	**enzyme** [énzaim]	효소 생체 내에서 촉매로 작용하는 단백질

08 화학

토플에서는 화학 관련 어휘들도 자주 접할 수 있다. 모든 과학 분야의 기초가 되는 학문인 만큼 다양한 주제의 과학 강의와 지문에서 기본적인 화학 용어, 원소 이름 등이 사용된다. 지금부터 소개되는 화학 관련 어휘들을 익혀 강의와 지문을 더 쉽게 이해해보자.

01	**chemicals** [kémikəls]	화학 물질
02	**oxygen** [άksidʒən]	산소(O) 관련 hydrogen 수소(H) nitrogen 질소(N)
03	**mercury** [mɔ́:rkjuri]	수은(Hg) 참고 대문자를 사용한 Mercury는 천문학에서 '수성'이라는 뜻으로 쓰임
04	**sodium chloride**	염화나트륨(NaCl) 일반적인 소금의 화학식
05	**density** [dénsəti]	밀도 물질의 질량을 부피로 나누어 얻는 값
06	**solution** [səlú:ʃən]	용액 두 가지 이상의 물질이 균일하게 섞여 있는 혼합물 관련 solute 용질 (용매에 녹아 용액을 만드는 성분) solvent 용매 (용질을 녹여 용액을 만드는 성분)
07	**dissolve** [dizάlv]	용해시키다
08	**dilute** [dilú:t]	희석하다 ⓝ dilutor 희석액
09	**saturate** [sǽtʃərèit]	포화시키다 ⓝ saturation 포화 (상태) 참고 일반적으로 '흠뻑 적시다'라는 뜻으로 쓰임
10	**crystallize** [krístəlàiz]	결정체를 이루다 ⓝ crystal 결정체
11	**filter** [fíltər]	ⓝ 필터, 여과장치 ⓥ 여과하다, 거르다
12	**atom** [ǽtəm]	원자 물질을 구성하는 기본 단위로 고유의 화학적 성질을 잃지 않으면서 물질을 이루는 최소 입자. 원자는 원자핵(nucleus)과 그 주위를 도는 전자(electron)들로 구성되며, 원자핵은 양성자(proton)와 중성자(neutron)로 구성되어 있음.
13	**flame test**	불꽃 시험 금속을 불꽃 속에 넣어서 나타나는 색깔을 보고 원소 고유의 색깔과 비교하여 시료의 원소 종류를 판별하는 시험
14	**periodic table**	주기율표 모든 원소들을 물리적, 화학적 성질이 비슷한 것끼리 분류되도록 배열한 표

15	**horizontal** [hɔ́ːrəzάntl]	수평의
16	**vertical** [vɔ́ːrtikəl]	수직의
17	**wave** [weiv]	파동 공간이나 물질의 한 곳에서 발생한 진동이 차츰 주변으로 퍼져 나가는 현상 참고 일반적으로 '파도, 물결'이라는 뜻으로 쓰임
18	**wavelength** [wéivlèŋkθ]	파장 파동의 모양에서 마루와 마루 사이의 거리
19	**frequency** [fríːkwənsi]	(소리·전자파 등의) 진동수, 주파수 정해진 시간 내에 진동이 일어나는 횟수 참고 일반적으로 '빈도'라는 뜻으로 쓰임
20	**electromagnetic** [ilèktroumægnétik]	전자기의 관련 electromagnetic wave 전자기파 (주기적으로 세기가 변하는 전자기장이 퍼져 나가는 현상)
21	**solar radiation**	태양 복사 태양으로부터 복사되는 모든 전자기파
22	**spectrum** [spéktrəm]	스펙트럼 빛의 성분을 파장의 길이에 따라 분해하고 나열한 것 참고 일반적으로 '범위'라는 뜻으로 쓰임
23	**ultraviolet** [ʌ̀ltrəvάiəlit]	자외선의 관련 ultraviolet ray 자외선 (가시광선보다 파장이 짧아 눈에 보이지 않는 빛)
24	**infrared** [ìnfrəréd]	적외선의 관련 infrared ray 적외선 (가시광선보다 파장이 길어 눈에 보이지 않는 빛)
25	**sound wave**	음파
26	**radio wave**	전파
27	**light wave**	광파
28	**white noise**	백색 소음 라디오 소음같이 모든 주파수의 성분이 포함되어 있는 잡음
29	**universal gravitation**	만유인력 우주의 모든 물체가 서로를 끌어당기는 힘
30	**law of conservation of momentum**	운동량 보존의 법칙 외부로부터 힘을 받지 않는 고립된 상황에서는 전체 운동량의 총합이 보존된다는 법칙

07 물리

토플에서는 물리학 관련 어휘들을 자주 접할 수 있다. 모든 과학 분야의 기초가 되는 학문인 만큼 다양한 주제의 과학 강의 및 지문에서 기본적인 물리학 용어들이 사용된다. 지금부터 소개되는 물리학 관련 어휘와 개념을 익혀 과학 주제 이해를 위한 기초 체력을 길러보자.

01	**mass** [mæs]	질량 주위 환경에 따라 달라지지 않는 물질의 고유한 양
02	**acceleration** [æksèləréiʃən]	가속도 시간에 따라 속력이 변화하는 정도
03	**friction** [fríkʃən]	마찰 두 물체가 접하여 움직일 때 접촉면에서 이를 방해하는 힘이 작용하는 현상
04	**velocity** [vəlásəti]	속도 관련 speed 속력 (velocity는 방향성이 가미된 개념이고, speed는 방향에 관계 없는 물체의 빠르기)
05	**momentum** [mouméntəm]	운동량 물체의 속도와 질량의 곱 참고 일반적으로 '탄력, 여세'라는 뜻으로 쓰임
06	**resistance** [rizístəns]	저항 전류가 흐르는 것을 방해하는 작용
07	**ohm** [oum]	옴 전기 저항 단위로, 기호로 Ω을 사용함
08	**electric current**	전류
09	**in series**	직렬로 참고 일반적으로 '연속적으로'라는 뜻으로 쓰임
10	**in parallel**	병렬로 참고 일반적으로 '(~와) 동시에'라는 뜻으로 쓰임
11	**inertia** [iná:rʃə]	관성 정지한 물체는 계속 정지한 상태로 있으려고 하고 움직이는 물체는 계속 움직이려고 하는 성질
12	**locomotion** [lòukəmóuʃən]	운동(력)
13	**convection** [kənvékʃən]	대류 공기나 물같은 유체에 온도 차가 생기면 순환 운동이 일어나는데, 이로 인해 열이 전달되는 현상 관련 radiation 복사 (매개체 없이 열이 고온의 물체에서 저온의 물체로 직접 전달되는 현상) conduction 전도 (접촉해 있는 물체를 통해 열이 전달되는 현상)
14	**trajectory** [trədʒéktəri]	탄도, 궤도

17	**nausea** [nɔ́:ziə]	메스꺼움 ⓥ nauseate 메스껍게 하다
18	**infection** [infékʃən]	감염
19	**sprain** [sprein]	ⓥ (특히 팔목·발목을) 삐다, 접지르다 ⓝ 삠, 접질림
20	**necrosis** [nəkróusis]	괴사 생체의 조직이나 세포가 열, 독물, 타박 등의 이유로 부분적으로 죽는 현상
21	**paralysis** [pərǽləsis]	마비 ⓥ paralyze 마비시키다
22	**dehydration** [dì:haidréiʃən]	탈수(증)
23	**ailment** [éilmənt]	(비교적 심각하지 않은) 질병
24	**diagnosis** [dàiəgnóusis]	진단 ⓥ diagnose 진단하다
25	**asthma** [ǽzmə]	천식
26	**measles** [mí:zlz]	홍역 호흡기를 통해 전염되며, 발병 시 발열, 발진 등이 일어나는 바이러스성 질병
27	**smallpox** [smɔ́:lpὰks]	천연두 고열과 함께 온몸에 나타나는 특유의 발진이 주요 특징인 바이러스성 전염병
28	**malnutrition** [mæ̀lnju:tríʃən]	영양실조
29	**amnesia** [æmní:ʒə]	기억 상실(증)
30	**remedy** [rémədi]	치료(약)

06 의학/건강

Hackers Vocabulary

Medical Science Health

토플에서는 의학이나 건강 관련 어휘들도 자주 접할 수 있다. 주로 생리학, 생물학 주제의 강의와 지문에서 특정 질병이나 증상에 대한 어휘들이 자주 사용된다. 지금부터 소개되는 관련 어휘들을 익혀 강의와 지문을 더 쉽게 이해해보자.

01	**clinical** [klínikəl]	임상의 관련 clinical medicine 임상 의학 (환자를 대면하여 치료하는 의료 행위)
02	**donate** [dóuneit]	기증하다 ⓝ donation 기증 ⓝ donor 기증자
03	**disorder** [disɔ́:rdər]	(신체 기능의) 장애, 이상 관련 eating disorder 식이 장애 psychiatric disorder 정신 장애
04	**epidemic** [èpədémik]	유행병, 전염병
05	**contagious** [kəntéidʒəs]	전염성의 관련 contagious disease 전염병
06	**pathogen** [pǽθədʒən]	병원균, 병원체 질환을 일으키는 미생물이나 물질
07	**infestation** [ìnfestéiʃən]	(기생충 등의) 체내 침입
08	**antibiotic** [æ̀ntibaiátik]	항생제 미생물의 발육을 억제하거나 사멸시키는 물질
09	**immune system**	면역 체계 외부 위협과 내적 장애로부터 신체를 보호하기 위해 생체의 내부 환경을 조절하는 기제 관련 immunity 면역력
10	**vaccination** [væ̀ksənéiʃən]	예방접종 ⓝ vaccine 백신 (감염 전에 미리 면역 체계를 활성화시키기 위한 목적으로 주입되는 불성화된 병원체)
11	**tolerance** [tálərəns]	내성 특정 항생제의 반복적인 사용으로 인해 세균이 그 약물에 대한 저항성을 획득하는 것
12	**hiccup** [híkʌp]	딸꾹질
13	**sneeze** [sni:z]	재채기 관련 cough 기침
14	**symptom** [símptəm]	(병의) 증상
15	**fatigue** [fəti:g]	피로 관련 chronic fatigue 만성 피로
16	**irritation** [ìrətéiʃən]	염증 ⓝ irritant 염증이나 가려움을 유발하는 자극물

17	**vertebra** [vɜ́ːrtəbrə]	척추 참고 복수형은 vertebrae
18	**marrow** [mǽrou]	골수 (= bone marrow) 뼈 안에서 혈액 세포를 만들어 내는 조직
19	**apparatus** [æ̀pərǽtəs]	(신체의) 기관 관련 the sensory apparatus 감각 기관
20	**Rapid Eye Movement (REM)**	(수면 중의) 급속 안구 운동 수면 중에 안구가 급속히 운동하는 현상. 이때 뇌파가 각성에 가깝게 나오고 꿈을 꿈. 관련 Non-Rapid Eye Movement (NREM) 비급속 안구 운동
21	**tissue** [tíʃuː]	조직 유사한 형태나 기능을 가지는 세포들의 모임
22	**cell wall**	세포벽
23	**membrane** [mémbrein]	(인체 피부·조직의) 막
24	**nerve** [nəːrv]	신경 신체의 외부나 내부의 자극을 감지하여 이를 통합하고 신체의 반응을 조절하는 신체 기관
25	**hypothalamus** [hàipəθǽləməs]	시상하부 주로 신체의 항상성을 유지하는 데 관여하는 뇌의 한 부분
26	**cortex** [kɔ́ːrteks]	피질 신체 기관에서 안과 겉층이 기능이나 구조 면에서 차이가 있을 때 그 기관의 겉층을 일컫는 단어 관련 cerebrum cortex 대뇌 피질
27	**cuticle** [kjúːtikl]	큐티클 생물의 세포 가장 바깥 부분을 덮고 있는 단단한 막 모양의 구조
28	**limb** [lim]	사지, 팔다리
29	**vocal cord**	성대
30	**inner ear**	내이 회전을 감지하는 평형기관인 반고리관과 듣기를 담당하는 달팽이관으로 구성된 귀의 가장 안쪽 부분

05 생리/해부

Hackers Vocabulary
Physiology Anatomy

토플에서는 인체를 구성하고 있는 기관들의 특징이나 기능과 관련된 주제들이 출제된다. 인체를 구성하는 요소와 기관의 명칭, 신체 작용을 가리키는 어휘들을 이해하고 있으면 더 쉽고 빠르게 강의와 지문을 이해할 수 있으므로 지금부터 관련 어휘들을 익혀보자.

01	**anatomy** [ənǽtəmi]	해부학
02	**circulatory** [sə́ːrkjulətɔ̀ːri]	혈액 순환의 관련 circulatory system 순환계 (심장, 혈관, 림프관같이 혈액과 림프액의 순환에 관여하는 신체 기관들)
03	**blood vessel**	혈관 관련 artery 동맥 vein 정맥
04	**red blood cell**	적혈구 (= erythrocyte) 혈관을 타고 이동하면서 신체 조직의 산소나 이산화탄소를 운반하는 혈액 세포 관련 white blood cell 백혈구 (외부 물질이나 감염성 질환으로부터 신체를 보호하는 혈액 세포)
05	**secrete** [sikríːt]	(주로 체내에서 만든 것을) 분비하다 관련 excrete (노폐물 등을 몸 밖으로) 배설하다
06	**respiratory** [réspərətɔ̀ːri]	호흡의, 호흡 기관의 관련 respiratory system 호흡계 (기도, 폐, 기관지, 횡격막 같이 호흡에 관여하는 신체 기관들)
07	**inhale** [inhéil]	숨을 들이마시다
08	**exhale** [ekshéil]	숨을 내쉬다
09	**nostril** [nástrəl]	콧구멍
10	**airway** [ɛ́ərwèi]	(코에서 폐까지의) 기도
11	**ingest** [indʒést]	(음식·약 등을) 섭취하다
12	**digest** [daidʒést]	소화하다 ⓝ digestion 소화 관련 digestive system 소화계 (위, 장 같이 섭취한 음식물의 소화와 흡수를 담당하는 신체 기관들)
13	**intestine** [intéstin]	장, 창자
14	**metabolism** [mətǽbəlìzm]	물질대사 생물 내에서 일어나는 물질의 모든 화학적 변화
15	**skeleton** [skélətn]	골격, 해골 관련 skull 두개골
16	**joint** [dʒɔint]	관절

15	**nectar** [néktər]	(꽃의) 꿀
16	**infested** [inféstid]	(해충 등이) 들끓는
17	**insecticide** [inséktəsàid]	살충제
18	**exoskeleton** [èksouskélətn]	외골격 곤충이나 게의 껍데기같이 몸의 바깥쪽을 둘러싸서 몸을 보호하거나 지지하고 있는 골격 관련 endoskeleton 내골격 (척추 동물의 뼈와 같이 체내 깊숙이 들어 있는 골격)
19	**pheromone** [férəmòun]	페로몬 한 개체의 체내에서 만들어진 뒤 체외로 방출되어 동종의 다른 개체에 행동적·생리적 반응을 유도하는 물질
20	**sting** [stiŋ]	ⓝ (곤충 등의) 침 ⓥ 쏘다, 찌르다
21	**bioluminescence** [bàioulù:mənésns]	생물 발광 반딧불이와 같이 생물체가 스스로 빛을 내는 현상
22	**ephemeral insects**	하루살이 곤충
23	**swarm** [swɔːrm]	(한 방향으로 이동하는 곤충의) 떼
24	**social insect**	사회성 곤충 꿀벌이나 개미같이 동종의 개체들이 서로 일을 나눠서 하며 집단 생활을 하는 곤충
25	**hive** [haiv]	벌집, (한 벌집에 사는) 벌떼
26	**wasp** [wɑsp]	말벌
27	**fruit fly**	초파리
28	**firefly** [fáiərflài]	반딧불이
29	**cicada** [sikéidə]	매미
30	**grasshopper** [grǽshàpər]	메뚜기

04 생물 (4) 곤충

Hackers Vocabulary

곤충 관련 생물학 강의와 지문에서는 벌이나 매미 등과 같은 특정한 곤충의 신체구조, 변태 과정, 특수한 생활방식에 대해서 주로 다룬다. 지금부터 소개되는 곤충 관련 주요 어휘들을 익혀두도록 하자.

01	**complete metamorphosis**	완전 변태 곤충이 성장 과정에서 알 - 유충 - 번데기의 3단계를 거쳐 성충으로 변하는 성장 방식
02	**larvae** [láːrviː]	유충 성체가 되기 전의 어린 형태의 곤충 참고 단수형은 larva
03	**caterpillar** [kǽtərpìlər]	애벌레 몸이 길고 체표에 털이 많은 나비목의 유충
04	**pupa** [pjúːpə]	번데기 참고 복수형은 pupae
05	**cocoon** [kəkúːn]	고치 완전 변태를 하는 곤충의 유충이 번데기로 변할 때 만드는 껍데기
06	**incomplete metamorphosis**	불완전 변태 유충이 이미 성충과 비슷한 형태를 가지며 번데기 시기 없이 성충이 되는 성장 방식
07	**ecdysis** [ékdəsis]	탈피 견고한 표피를 가지고 있는 동물이 성장 과정에서 오래된 표피를 벗는 현상
08	**mimicry** [mímikri]	의태 몸을 보호하거나 사냥을 쉽게 하기 위해 주변 환경이나 다른 종의 생물과 매우 비슷한 모양을 하는 것 v mimic 모방하다
09	**protective coloration**	보호색
10	**camouflage** [kǽməflàːʒ]	(보호색이나 형태 등을 통한) 위장
11	**microhabitat** [màikrouhǽbitæt]	미소 서식지 미생물, 곤충같은 작은 생물들이 서식하기에 적합한 환경을 가지고 있는 장소
12	**antennae** [ænténiː]	(곤충의) 더듬이 참고 단수형은 antenna
13	**abdomen** [ǽbdəmən]	(곤충의) 배 관련 head (곤충의) 머리 　　　thorax (곤충의) 가슴
14	**pollinator** [pálənèitər]	꽃가루 매개자 꽃의 수술에서 생산되는 꽃가루를 암술로 옮기는 생물로, 대부분 곤충임

18	**cluster** [klÁstər]	군생 한 지역에서 함께 생활하는 동종 생물의 집합
19	**clump** [klʌmp]	(촘촘히 붙어 자라는 나무 등의) 무리, 덤불
20	**scrubland** [skrÁblænd]	관목 지대 키가 작은 수목이 나타나는 지역으로, 연 강수량이 비교적 적거나 연평균 기온이 비교적 낮음
21	**canopy** [kǽnəpi]	수관 숲의 나뭇가지들이 지붕 모양으로 우거진 것 참고 건축에서는 '위쪽을 가리는 지붕처럼 돌출된 건축구조'라는 뜻으로 쓰임
22	**forest understory**	(식물 군락의) 하층 수관 밑에서 생육하고 있는 식물들의 집합
23	**timberline** [tímbərlàin]	수목 한계선 기후가 건조되거나 한랭해져 수목이 생육할 수 없는 한계선
24	**deciduous** [disídʒuəs]	낙엽성의, 매년 잎이 떨어지는 관련 evergreen 상록의
25	**shade-tolerant** [ʃéidtɑ̀lərənt]	내음성의, 응달에서 자라는 관련 shade plant 음지 식물 sun plant 양지 식물
26	**broad-leaved** [brɔ̀ːdlíːvd]	잎이 넓은, 활엽의 관련 broadleaf tree 활엽수 (참나무, 야자수같이 평평하고 넓은 잎을 지니고 있는 나무)
27	**conifer** [kóunəfər]	침엽수 소나무, 잣나무같이 바늘 모양의 잎을 지니고 있는 나무 ③ coniferous 침엽수의
28	**insectivorous plant**	식충 식물 끈끈이 주걱, 파리지옥같이 작은 동물들을 잡아먹고 이를 소화시켜 양분을 흡수하는 식물 파리지옥 ▶
29	**alga** [ǽlgə]	조류 김, 다시마같이 물속에 서식하며 광합성을 하는 식물 참고 복수형은 algae
30	**arboreal** [ɑːrbɔ́ːriəl]	수목의, (동물 등이) 나무에서 사는

03 생물 (3) 식물

Hackers Vocabulary

식물 관련 생물학 강의와 지문에서는 잎, 줄기 등 식물의 각 기관이 지닌 기능, 광합성과 같은 대사작용, 특수한 종류의 식물들에 대한 내용이 주로 다뤄진다. 지금부터 소개되는 식물 관련 어휘와 그 개념을 익혀 강의와 지문을 더 쉽게 이해해보자.

01	**botany** [bátəni]	식물학
02	**seed** [si:d]	씨앗, 종자
03	**spore** [spɔːr]	홀씨, 포자 곰팡이, 버섯, 고사리 등이 번식하는 데 사용하는 생식 세포
04	**germination** [dʒɜ̀ːrmənéiʃən]	발아 씨앗이 싹터서 식물로 자라는 과정
05	**pollen** [pálən]	꽃가루 씨앗 식물이 번식하는 데 사용하는 가루같은 모양의 생식 세포
06	**photosynthesis** [fòutousínθəsis]	광합성 빛 에너지를 이용해 물과 이산화탄소로부터 유기물과 산소를 만들어 내는 작용
07	**chlorophyl(l)** [klɔ́ːrəfil]	엽록소 식물이 광합성을 할 때 사용하는 초록색 색소
08	**cellulose** [séljulòus]	섬유소 식물의 세포벽에 존재하는 물질로 종이, 플라스틱, 섬유 등을 만드는 데 사용됨
09	**stem** [stem]	(식물의) 줄기
10	**petal** [pétl]	꽃잎
11	**stoma** [stóumə]	(식물의 잎·줄기에 있는) 기공, 숨구멍 참고 복수형은 stomata
12	**vein** [vein]	(식물의) 잎맥 참고 일반적으로 '(혈관 중) 정맥'이라는 뜻으로 쓰임
13	**taproot** [tǽprùːt]	곧은 뿌리, 원뿌리 관련 fibrous root 수염뿌리
14	**perennial** [pəréniəl]	다년생 식물 관련 perennial herb 다년생초
15	**annual** [ǽnjuəl]	일년생 식물 참고 일반적으로 '매년의'라는 뜻으로 쓰임
16	**biennial** [baiéniəl]	2년생 식물
17	**vegetation** [vèdʒətéiʃən]	초목 특정 지역의 지표를 덮고 있는 식물 전체

16	**bivalve** [báivælv]	쌍각류 조개 홍합, 바지락같이 두 개의 껍질을 가지고 있는 연체동물	
17	**mate** [meit]	(새·동물의) 짝	
18	**courtship** [kɔ́ːrtʃip]	(동물의 짝짓기를 위한) 구애	
19	**breed** [briːd]	ⓥ 새끼를 낳다, 사육하다 ⓝ (특히 개, 고양이 등의) 품종 [관련] breeding season 번식기	
20	**fertilization** [fə̀ːrtəlizéiʃən]	수정 난자와 정자가 융합하여 하나의 세포를 형성하는 과정 [관련] internal fertilization 체내 수정 external fertilization 체외 수정	
21	**hatchling** [hǽtʃliŋ]	갓 부화한 새나 동물	
22	**feeding habit**	먹이섭취 습성 초식성, 육식성같이 동물이 먹이를 섭취하는 습성 [관련] herbivore 초식동물 carnivore 육식동물 omnivore 잡식동물	
23	**scavenger** [skǽvindʒər]	죽은 동물을 먹는 동물 ⓥ scavenge 죽은 고기를 먹다	
24	**prey** [prei]	먹이, 사냥감 [관련] predator 포식자	
25	**bottom feeder**	강, 호수, 바다의 바닥에서 먹이를 찾는 물고기	
26	**endotherm** [éndəθə̀ːrm]	온혈 동물 체온을 일정하게 유지하는 동물 [관련] ectotherm 변온 동물	
27	**hibernation** [hàibərnéiʃən]	(동물의) 겨울잠 [관련] aestivation (동물의) 여름잠	
28	**migration** [maigréiʃən]	(철새·동물의 대규모) 이주, 이동 [관련] migratory bird 철새	
29	**vocalization** [vòukəlizéiʃən]	(동물이 발성하여 내는) 소리	
30	**echolocation** [èkouloukéiʃən]	반향 정위 돌고래, 박쥐와 같은 생물들이 음파를 발사한 후, 되돌아오는 음파를 통해 이동에 필요한 정보를 얻는 일	

02 생물 (2) 동물

Hackers Vocabulary

Biology

동물 관련 생물학 강의와 지문에서는 다양한 동물 종의 특징이나 번식 방법, 겨울잠과 같은 특수한 생존방식 등이 주로 다뤄진다. 지금부터 동물 관련 어휘와 개념을 익혀보자.

01	**mammal** [mǽməl]	포유동물 고양이, 말같이 태반을 가지고 있으며 새끼를 낳아 젖을 먹여 기르는 동물
02	**cetacean** [sitéiʃən]	고래목의 동물
03	**ruminant** [rúːmənənt]	반추동물 소, 양같이 4개의 위를 가지며 되새김질을 하는 포유동물
04	**tusk** [tʌsk]	엄니 코끼리의 상아같이 입 밖으로 돌출한 포유류의 앞니나 송곳니
05	**avian** [éiviən]	조류의
06	**plumage** [plúːmidʒ]	(새의) 깃털
07	**reptile** [réptil]	파충류 뱀, 도마뱀, 악어같이 피부가 변형된 각질 비늘로 덮여 있고 평생 폐로 호흡하며 알을 낳는 동물
08	**venom** [vénəm]	(뱀 등의) 독 관련 venomous 독이 있는 nonvenomous 독이 없는
09	**amphibian** [æmfíbiən]	양서류 개구리, 두꺼비같이 어릴 때는 아가미로 호흡하고 성장하면 폐호흡과 피부호흡을 동시에 하는 동물
10	**gill** [gil]	(물고기의) 아가미
11	**fin** [fin]	(물고기의) 지느러미
12	**rodent** [róudnt]	설치류 쥐, 토끼같이 일생 동안 자라는 한 쌍의 뾰족한 앞니를 가진 포유동물
13	**invertebrate** [invə́ːrtəbrət]	무척추동물 관련 vertebrate 척추동물
14	**arthropod** [άːrθrəpὰd]	절지동물 게, 거미, 곤충같이 몸이 딱딱한 외골격으로 쌓여 있고 몸에 마디가 있는 동물
15	**mollusk** [mάləsk]	연체동물 문어, 조개, 달팽이같이 무르고 연한 몸을 가진 동물

15	**niche** [nitʃ]	(특정 생물이 살기에) 적합한 환경, 적소 관련 경영학에서는 '(시장의) 틈새'라는 뜻으로 쓰임
16	**flora** [flɔ́:rə]	(특정 장소 · 시대 · 환경의) 식물군 특정 지역에 생육하고 있는 모든 식물종들의 총칭
17	**fauna** [fɔ́:nə]	(특정 장소 · 시대 · 환경의) 동물군 특정 지역에 생육하고 있는 모든 동물종들의 총칭
18	**biomass** [báiouma̋s]	(특정 지역 내의) 생물량 중량이나 에너지량으로 나타낸, 특정 지역 내에 존재하는 생물체의 총량
19	**food web**	먹이 그물 생태계의 여러 먹이 사슬들이 얽혀 이루어진, 마치 그물과 같이 복잡한 관계 관련 food chain 먹이 사슬
20	**biological clock**	생체 시계 생물의 몸에 내재된 생체적 기구로, 동식물의 생리, 대사, 행동, 노화같은 주기적 리듬을 담당함
21	**circadian** [sərːkéidiən]	(24시간을 주기로 변하는 생물체의) 생물학적 주기의 관련 circadian rhythm 일주율 (24시간의 주기로 되풀이되는 생물의 행동이나 생리적 변화)
22	**cell division**	세포 분열
23	**reproduction** [rì:prədʌ́kʃən]	생식, 번식
24	**offspring** [ɔ́:fspriŋ]	새끼, 자손
25	**dormancy** [dɔ́:rmənsi]	휴면 (상태), 비활동 상태 추위 등의 불리한 환경에 대한 반응으로 활동이나 성장을 하지 않는 상태
26	**organism** [ɔ́:rɡənìzm]	유기체, 생물
27	**microorganism** [màikrouɔ́:rɡənìzm]	미생물 효모, 곰팡이, 세균같이 육안으로는 잘 보이지 않는 0.1mm 이하의 크기를 가진 생물
28	**fungus** [fʌ́ŋɡəs]	곰팡이류 참고 복수형은 fungi
29	**bacteria** [bæktíəriə]	박테리아, 세균 단 하나의 세포로 이루어진 미생물 참고 단수형은 bacterium
30	**paleontology** [pèiliəntálədʒi]	고생물학 화석에 근거해서 과거 지질시대 생물체의 발생과 진화과정, 그리고 당시의 환경 등을 연구하는 학문

01 생물 (1) 일반

Hackers Vocabulary

Biology

생물학은 토플에서 가장 자주 다뤄지는 주제이다. 다양한 생물종이 환경에 적응하는 과정과 그 결과, 여러 종의 생물이 함께 살아가는 방식에 대한 강의와 지문이 자주 출제되고 있다. 지금부터 소개되는 생물학 기초 어휘와 그 개념을 익혀 강의와 지문을 더 쉽게 이해해보자.

01	**adaptation** [ædəptéiʃən]	적응 생물의 기능이나 형태 등이 거주 환경에 적합하게 변화하는 것
02	**natural selection**	자연 선택 세대가 지나면서 주어진 환경에 불리한 형질을 가진 개체의 수는 줄고, 유리한 형질을 가진 개체의 수는 늘어나는 현상
03	**speciation** [spì:ʃiéiʃən]	종 분화 유전자 교류 차단 등의 요인으로 인해 시간이 지남에 따라 하나의 종으로부터 여러 개의 다양한 종이 생기는 현상
04	**mutation** [mju:téiʃən]	돌연변이 유전자를 이루는 DNA에 변화가 일어나 유전 형질이 바뀌는 현상 ⓥ **mutate** 돌연변이를 일으키다
05	**relict** [rélikt]	잔존 생물, 살아 있는 화석 오랜 기간 동안 종 고유의 형질을 유지하면서 살아남은 생물종
06	**superorganism** [sjù:pərɔ́:rɡənìzm]	생물의 군집, 초개체 꿀벌, 개미같이 각자 세분화된 역할을 담당하면서 집단을 이루어 하나의 개체처럼 활동하는 생물체
07	**colonization** [kàlənizéiʃən]	(동식물의) 군집 형성 한 생물종이 새로운 장소로 이동하여 그곳에서 번식하고 집단을 이루며 정주하는 현상 관련 역사, 인류학에서는 '식민지화'라는 뜻으로 쓰임
08	**community** [kəmjú:nəti]	군집 일정 지역 내에 서식하고 있는 모든 동식물 생물체들의 집합
09	**symbiosis** [sìmbióusis]	공생 다른 종에 속하는 두 개 이상의 생물들이 상호 작용을 하며 단독으로는 얻지 못하는 이익을 주고 받는 생활 형태. 이익을 얻는 주체에 따라 기생, 편리공생, 상리공생으로 구분됨.
10	**parasitism** [pǽrəsaitìzm]	기생 한 생물이 다른 생물에 해를 끼치면서 자신은 이익을 얻는 관계
11	**parasite** [pǽrəsàit]	기생충, 기생 생물 기생 관계에서 이득을 보는 생물 관련 **host** 숙주 (기생 관계에서 해를 입는 생물)
12	**commensalism** [kəménsəlìzm]	편리공생 공생하는 두 개 이상의 생물 중 한쪽만 이익을 얻고 다른 한쪽은 이익 또는 불이익을 받지 않는 관계
13	**mutualism** [mjú:tʃuəlìzm]	상리공생 공생하는 두 개 이상의 생물들이 서로 이익을 주고 받는 관계
14	**epiphyte** [épəfàit]	착생 식물 다른 식물이나 바위에 붙어서 생활하지만, 그것으로부터 물이나 영양분을 공급받지는 않는 식물

토픽별 빈출어휘 BOOK
구성

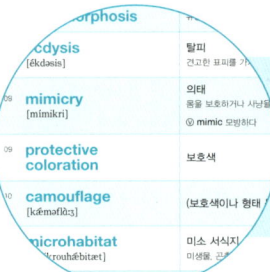

출제 경향 미리보기
토플에서 각 토픽별로 어떤 내용의 강의와 지문들이 주로 출제되는지 확인할 수 있도록 하여, 어휘 암기 전에 출제 경향을 익힐 수 있도록 하였습니다.

빈출어휘
각 토픽별로 지문에서 자주 나오는 토픽 관련 빈출어휘들을 발음기호, 우리말 뜻과 함께 수록하였습니다. 뜻만으로는 이해하기 어려운 어휘들은 우리말 뜻과 더불어 설명도 추가로 제공합니다.

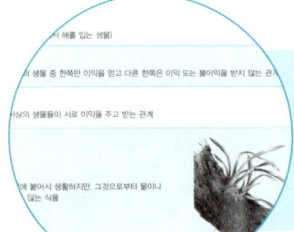

관련 및 참고 설명
빈출어휘와 관련해서 알아두면 좋을 어휘, 또는 참고할 사항을 정리하여 뜻 아래에 관련, 참고로 수록하여 보다 깊이 있는 어휘 학습이 가능합니다.

사진 및 관련 이미지
일부 빈출어휘는 단어와 관련된 사진 또는 이미지를 설명과 함께 수록하여 어휘에 대한 이해는 물론 배경지식까지 습득할 수 있습니다.

CONTENTS

01	생물 (1) 일반	4
02	생물 (2) 동물	6
03	생물 (3) 식물	8
04	생물 (4) 곤충	10
05	생리/해부	12
06	의학/건강	14
07	물리	16
08	화학	18
09	환경/생태	20
10	기상	22
11	천문	24
12	지리/지질	26
13	자원/에너지	28
14	정치/외교	30
15	경제	32
16	경영	34
17	법	36
18	심리	38
19	역사	40
20	인류	42
21	고고학	44
22	철학/종교	46
23	언어	48
24	문학	50
25	미술/공예	52
26	음악	54
27	영화/연극	56
28	사진	58
29	건축/도시계획	60
30	기술/공학	62

HACKERS
VOCABULARY
토픽별 빈출어휘 BOOK

?

아, 이 단어 어디서 봤는데!
근데... 뜻이 뭐였더라?

Reading 지문을 읽다가, Listening 강의를 듣다가,
날 듯, 날 듯, 기억나지 않는 단어 때문에
안타까웠던 적 있으시죠?

단어 뜻을 몰라 사전을 찾아 봐도
우리말이 더 어려워 이해하기
힘들었던 적도 있으실 거예요.

[토픽별 빈출어휘 Book]에는
토플 지문에 자주 등장하는 어휘를 엄선하여
토픽별로 수록하고, 이해하기 어려운 단어는
설명과 이미지를 통해 보다 쉽게
이해할 수 있도록 하였습니다.

시험 전, [토픽별 빈출어휘 Book]을 보고 간다면,
이번 토플 시험에서 **반드시 반가운 단어**를 만나실 거예요.

저작권자 ⓒ 2017, David Cho 이 책 및 음성파일의 모든 내용, 이미지, 디자인, 편집 형태에 대한 저작권은 저자에게 있습니다.
서면에 의한 저자와 출판사의 허락 없이 내용의 일부 혹은 전부를 인용, 발췌하거나 복제, 배포할 수 없습니다.

HACKERS
VOCABULARY

개정 2판 20쇄 발행 2025년 4월 7일
개정 2판 1쇄 발행 2015년 7월 1일

지은이	David Cho	언어학 박사, 前 UCLA 교수
펴낸곳	(주)해커스 어학연구소
펴낸이	해커스 어학연구소 출판팀

주소	서울특별시 서초구 강남대로61길 23 (주)해커스 어학연구소
고객센터	02-537-5000
교재 관련 문의	publishing@hackers.com
동영상강의	HackersIngang.com

ISBN	978-89-6542-103-0 (13740)
Serial Number	02-20-01

저작권자 ⓒ 2017, David Cho
이 책 및 음성파일의 모든 내용, 이미지, 디자인, 편집 형태에 대한 저작권은 저자에게 있습니다.
서면에 의한 저자와 출판사의 허락 없이 내용의 일부 혹은 전부를 인용, 발췌하거나 복제, 배포할 수 없습니다.

외국어인강 1위,
해커스인강(HackersIngang.com)
해커스인강

- 효과적인 단어 학습을 돕는 **교재 MP3**
- 해커스 스타강사의 **본 교재 인강**

전세계 유학정보의 중심,
고우해커스(goHackers.com)
고우해커스

- **토플 라이팅/스피킹 첨삭 게시판, 토플 보카 시험지 생성기** 등 무료 학습 콘텐츠
- **국가별 대학 및 전공별 정보, 유학 Q&A 게시판** 등 다양한 유학 정보

헤럴드 선정 2018 대학생 선호브랜드 대상 '대학생이 선정한 외국어인강' 부문 1위

어떤 사람은 교환학생에서 '**한국인만 만나고 왔다**'고 말하지만,
누군가는 '**인생의 전환점**'이 되었다고 말합니다.

어떤 사람은 워킹홀리데이에서 '**설거지만 하고 왔다**'고 말하지만,
누군가는 '**꿈을 찾게 되었다**'라고 말합니다.

어떤 사람은 해외유학을 다녀와서 '**무엇도 달라진 것이 없다**'고 말하지만,
누군가는 '**지금의 나를 존재하게 한 소중한 경험**'이라고 말합니다.

여러분은 어느 쪽이 되고 싶으신가요?